dtv
premium

Olaf Benzinger

Bob Dylan

Seine Musik und sein Leben

Mit Schwarzweißabbildungen

Deutscher Taschenbuch Verlag

Der Inhalt dieses Buches wurde auf einem nach den
Richtlinien des Forest Stewardship Council zertifizierten
Papier der Papierfabrik Munkedal gedruckt.

Originalausgabe
April 2006
© 2006 Deutscher Taschenbuch Verlag GmbH & Co. KG,
München
www.dtv.de
Umschlagkonzept: Balk & Brumshagen
Umschlagfoto: David Michael Kennedy,
www.davidmichaelkennedy.com
Redaktion und Satz: Lektyre Verlagsbüro, Germering
Gesetzt aus der Revive 565 10/12,5ʻ
Druck und Bindung: Kösel, Krugzell
Gedruckt auf säurefreiem, chlorfrei gebleichtem Papier
Printed in Germany
ISBN-13: 978-3-423-24548-7
ISBN-10: 3-423-24548-4

Inhalt

Vorwort

Rockpoet – ungekrönter König der Protestbewegung in den sechziger Jahren – Stimme, ja Herzschlag einer ganzen Generation – Rimbaud des Rock – Mann mit den Masken – der verkörperte Widerspruch – Prediger – Pokerface – Typ, der kein Wort zu viel sagt – der Mann, der den amerikanischen Folk im Alleingang auf Rock umpolte – der bedeutendste Rockkünstler Amerikas – genialer Songwriter – Moralist der Popkultur – Rebell – Tambourine Man: Die Slogans und Klischees, mit denen man Bob Dylan immer wieder zu charakterisieren versucht, sind Legion.

Was ist nicht alles über diese Ikone der Popkultur geschrieben worden – fast alles, auch das Gegenteil! Und merkwürdig: Beides ist irgendwie wahr. Doch wer kennt Dylan wirklich? Welche Quelle ist zuverlässig, wo werden seine eigenen Mythenbildungen bloß kolportiert, wo hinterfragt, wo berichtigt, wo bestätigt? Beim Versuch, sich dem Werk und der Person Bob Dylans zu nähern, bewegt man sich über so viel Glatteis, dass es gar nicht möglich ist, an der einen oder anderen Stelle nicht auszurutschen.

Dylans Werk ist in keinem goldenen Büchlein gesammelt, das auf dem Hochaltar der Kunstkritik verlesen werden kann. Dylans Werk besteht aus Steinen und Glasscherben, die im Sonnenlicht grell aufblitzen. Die Auseinandersetzung mit seiner Kunst findet nicht auf einem kulturästhetisch abgesicherten Fundament statt, im Gegenteil: Dylan zwingt durch seine Lieder geradezu zur Subjektivität.

Gewiss wird niemand nach einer ernsthaften Beschäftigung mit seinem Werk Alben wie ›The Freewheelin' Bob Dylan‹, ›Bringing It All Back Home‹, ›Highway 61 Revisited‹, ›Blonde On Blonde‹, ›Blood On The Tracks‹, vielleicht auch ›Oh Mercy‹ und ›Time Out Of Mind‹ abqualifizieren können. Diese Arbeiten sind Meisterwerke und unbestrittener Teil der absoluten Spitze dessen, was in dem Genre Folk- bzw. Rockmusik erschienen ist. Auch ein paar uninspirierte Ausreißer »nach unten« sind nicht wirklich umstritten, etwa ›Self Portrait‹, ›Knocked Out Loaded‹ oder ›Down In The Groove‹. Doch was ist mit den Alben zwischen diesen extremen Polen?

Ein auch nur flüchtiger Blick auf die Beurteilungsskala namhafter Dylankenner bestätigt das Fehlen objektiver Kriterien. So gehört für Michael Gray beispielsweise ›Street Legal‹ zu den besten Arbeiten Dylans in den siebziger Jahren, Greil Marcus wertet die Platte dagegen als »lediglich tote Luft« ab. Über ›MTV Unplugged‹ fällt Michael Gray das vernichtende Urteil als »schlimmstes und schrecklichstes Produkt eines großen Künstlers überhaupt«, Nigel Williamson konzediert der Platte im Gegensatz dazu den Status eines »konzentrierten, stimmigen und gelungenen Live-Albums«. Wer hat Recht? Jeder? Keiner?

Auch das vorliegende Buch ist nicht mehr, aber auch nicht weniger als eine weitere Zugangsmöglichkeit zum wohl komplexesten Gesamtwerk, das bisher aus der Popkultur heraus entstanden ist. Dabei werde ich Bob Dylan nicht weltanschaulich zu analysieren oder gar zu erklären versuchen, keine geschlossene Biografie seines Lebens anbieten, nicht den Künstler und seine Motive psychologisch hinterfragen. Ich versuche, einen sachlichen Zugang zu Dylans Werk zu ebnen, biete quasi einen Reiseführer zu seinem künstlerischen Kosmos an. Wichtig ist mir das Verständnis seiner Songs, Alben und Schaffensperioden. Technische Details zu den jeweiligen Aufnahmesessions gehören hier genauso dazu wie konkrete Songinformationen, Angaben zu wesentlichen Coverversionen, biografische Hintergründe, ein Überblick über unveröffentlichtes Material und so weiter. Mein Fokus gilt dem Plattenwerk Dylans, andere künstlerische Aktivitäten wie Filmarbeiten oder Buchpublikationen werden nur am Rande gestreift.

Eine Warnung sei frühzeitig ausgesprochen: Dies ist kein Fanbuch. Ich nehme mir bei aller Wertschätzung von Dylans Werk die Freiheit, Zweitrangiges und künstlerisch Nachstehendes aus seiner Feder – und davon gibt es eben auch eine Menge – als solches entsprechend zu benennen. Ich halte es also mit jenem Kritiker der ›New York Times‹, der glaubhaft versichert: »Dylan ist so gut wie Shakespeare!«, ohne den Nachsatz zu vergessen, »auch Shakespeare hat 'ne Menge Mist geschrieben«. Mir ist bewusst, dass ich damit natürlich diejenigen vor den Kopf stoße, die jedes Räuspern auf einem Dylan-Bootleg zur Message erhöhen und jeden Song, sei er auch noch so lieblos heruntergeleiert, genial finden wollen. Das ist das gute Recht eines jeden, doch mein Ansatz ist es nicht.

Insofern ist bei allem Bemühen um Sachlichkeit auch der vorliegende Guide zu Dylans Werk grundsätzlich subjektiv.

Einige Menschen haben mir beim vorliegenden Buch geholfen: haben mir Informationen aus den CBS/Sony-Studios in New York und Nashville zur Verfügung gestellt; haben den Text inhaltlich, gestalterisch, sprachlich und orthografisch auf Herz und Nieren geprüft; haben mich gebremst, wenn ich dabei war, mich zu verzetteln, und mich ermutigt, wenn mich die Detailfülle zuweilen zu erdrücken drohte, und vieles mehr. Ihnen und Euch allen danke ich aufs herzlichste: Tom Beachers, Brigitte Hellmann, Stephanie Lütje, Rosemie Mailänder, Nina Rössler, Kayla Smith, Jutta Schmoll-Barthel, Conny Suttner, Karola Wehmeier, Herbert Withing und Andrea Wörle
Ich widme das Buch meiner Mutter Lilo Benzinger – sie weiß schon, warum!

Abkürzungen

acc	Akkordeon	omn	Omnichord
b	Bass		(digitales
bj	Banjo		Harmonieinstrument)
bz	Bouzouki	org	Orgel
clav	Clavinette	p	Klavier
do	Dobro	perc	Percussion,
	(Stahlgitarre)		diverses Rhythmus-Gerät
dr	Schlagzeug	rec	Blockflöte
fl	Flöte	sax	Saxofon
g	Gitarre	sb	Waschbrett, Scrub Board
	(akustisch oder	steel-g	Pedal-Steel-Gitarre,
	elektrisch)		Hawaii-Gitarre
harm	Mundharmonika	synth	Synthesizer
kb	Keyboards,	tp	Trompete
	Tasteninstrumente	tromb	Posaune
	allgemein	v	Geige
mand	Mandoline	voc	Gesang, Stimme

Einleitung: Erste Annäherung

Am 24. Mai 1941 um 21:05 wird Bob Dylan als Robert Allen Zimmerman im St. Mary's Hospital in Duluth, Minnesota, geboren. Seine Großeltern sind russisch-jüdische Einwanderer aus Odessa bzw. aus einem Gebiet im heutigen Litauen, seine Eltern, Abraham H. und Beatrice »Beatty« Zimmerman kamen bereits als Staatsbürger der Vereinigten Staaten zur Welt.

Nach der Geburt von Roberts jüngerem Bruder David zieht die Familie von Duluth nach Hibbing, einer Kleinstadt nahe der kanadischen Grenze, die vor allem vom Erzbergbau geprägt ist. Dort betreibt Abraham Zimmerman ein kleines Geschäft für Elektrogeräte. Roberts Kindheit verläuft recht unspektakulär. Allerdings lässt der Junge schon früh eine Vorliebe für Musik erkennen und beginnt als Zehnjähriger mit dem Klavier- und Gitarrespiel. Aus derselben Zeit sind auch erste Gedichte für seine Eltern anlässlich von Mutter- und Vatertag belegt. Am 22. Mai 1954 begeht Robert seine Bar-Mizwa, die offizielle feierliche Einführung mit dem vollendeten 13. Lebensjahr in die jüdische Glaubensgemeinschaft – und betritt damit die Welt der Rechte und Pflichten. Der junge Mann zeigt von Anfang an wenig Neigung, in die beruflichen Fußstapfen seines Vaters zu treten: »Ich wollte schon immer ein Gitarrist oder Sänger sein. Seit ich zehn war, oder elf oder zwölf, hat mich überhaupt nichts anderes mehr interessiert. Es war das Einzige, was mir wirklich etwas bedeutete.«

In den Folgejahren erhält das Musikinteresse des jugendlichen Robert Zimmerman neue Nahrung: Der bereits am 1. Januar 1953 gestorbene Country-Star Hank Williams wird Dylans erstes musikalisches Idol. Doch auch Rock'n'Roller wie Chuck Berry, Buddy Holly und Little Richard begeistern den jungen Mann; er beginnt, ihre Schallplatten zu sammeln und ihre Songs nachzuspielen. Im Jahr 1955 gründet er seine erste Schulband, The Shadow Blasters, ein Jahr später folgt die Neuformation The Golden Chords. Die Gruppe hat mit ihren lauten und sehr rohen und ungeschliffenen Rock'n'Roll-Adaptionen bei den Gleichaltrigen des Ortes durchaus Erfolg, bei den Erwachsenen hingegen stößt die Band erwartungsgemäß auf wenig Gegenliebe. Im Oktober 1957 trifft Robert seine Jugendliebe und erste ernsthafte Freundin, Echo Helstrom. Die Beziehung der beiden hält zwar nur ein knappes Jahr, aber Dylan wird ihr einige Jahre später eines seiner bekanntesten Liebeslieder zueignen: »Girl From The North Country« vom zweiten Album ›The Freewheelin' Bob Dylan‹.

Nach dem Auseinanderbrechen der Golden Chords 1958 nützt Dylan jede Gelegenheit, um vor Publikum zu spielen; es existieren erste Tonband-Aufnahmen aus dieser Zeit, bei denen Dylan gängige Rock'n'Roll-Titel imitiert. Außerdem fährt er häufig ins rund 300 Kilometer entfernte Minneapolis, wo er regelmäßig verschiedene Musik-Clubs besucht, vor allem das Ten O'Clock Scholar Coffeehouse auf dem Universitätscampus. In Minneapolis erlebt Robert Zimmerman auch zum ersten Mal eines seiner großen Idole live auf der Bühne: Am 31. Januar 1959 besucht er das Konzert des charismatischen Rock'n'Rollers Buddy Holly, der nur drei Tage später bei einem Flugzeugabsturz tödlich verunglückt.

Robert schließt die Schule in Hibbing im Juni ab und schreibt sich im Herbst an der Universität von Minneapolis ein. Er besucht allerdings kaum Lehrveranstaltungen, sondern spielt regelmäßig im Ten O'Clock und versucht, sich als Folksänger zu etablieren. Im Wesentlichen besteht sein Repertoire aus Standards sowie aus Songs von Odetta, einer populären Bluessängerin der fünfziger und frühen sechziger Jahre. In dieser Zeit legt er sich das Pseudonym »Bob Dylan« zu, dessen Entstehung er selbst immer wieder unterschiedlich begründet. Am verlässlichsten dürfte wohl Robert Sheltons Rekonstruktion in seiner Biografie ›No Direction Home‹ sein, nach der sich der junge Robert Zimmerman an dem Westernhelden Matt Dillon orientiert, die Schreibweise aber extravagant variiert. Wie dem auch sei: Am 2. August 1962 ändert Robert Allen Zimmerman offiziell seinen Namen standesamtlich in Bob Dylan.

In Minneapolis steigt er immer intensiver in die Folkszene ein und beginnt, sich eingehend mit der Musik des amerikanischen Folksängers und Bürgerrechtlers Woody Guthrie zu beschäftigen. Guthrie ist zu diesem Zeitpunkt bereits eine Legende in Amerika, hat mit Songs wie »This Land Is Your Land« oder »Pastures Of Plenty« dem amerikanischen Traum von einem sozial gerechten und humanitär orientierten Land eine mächtige Stimme verliehen; in den fünfziger Jahren wird er zum Idol der Gewerkschaftsbewegung sowie zu einer wichtigen Leitfigur der Intellektuellen- und Bürgerrechtsszene. Bereits mit 42 Jahren erkrankt Guthrie an einem unheilbaren Nervenleiden (Chorea Huntington) und liegt deshalb seit 1954 im Greystone Hospital in New Jersey/New York.

Dylan liest seine Autobiografie ›Bound For Glory‹ und wird endgültig zum Fan des berühmten Sängers. Er lässt zwar keine Gelegenheit aus, um in einem der lokalen Clubs in Minneapolis aufzutreten – besonders häufig besucht er das Purple Onion im Ortsteil St. Paul –, doch angeregt von Guthries Beschreibung des Wanderlebens drängt es ihn zunehmend aus der eher provinziellen Enge der Stadt. Odetta bestärkt Dylan in seinem Wunsch, nach New York zu gehen, dort Woody Guthrie im Krankenhaus zu besuchen und vor allem sich in der Weltstadt als Musiker durchzusetzen.

Am 24. Januar 1961 kommt Dylan schließlich im winterlichen New York an und besucht schnurstracks das Folkcafé Wha?. Dessen Wirtin, Manny Roth, beschafft dem Neuankömmling einen ersten Schlafplatz. Schon am nächsten Tag besucht Dylan Woody Guthrie; bei unzähligen weiteren Besuchen in den folgenden Monaten entsteht zwischen dem dahinsiechenden Folksänger und dem scheuen, etwas kauzigen Jungmusiker eine Freundschaft, die sich vornehmlich über Musik vermittelt. Auf die Frage, worüber er mit Guthrie denn so gesprochen habe, sagt Dylan später: »Ich habe nicht viel mit ihm gesprochen. Er nannte den Titel eines Songs, den er hören wollte …, und ich kannte alle seine Songs. Da war nichts, was ich ihn hätte fragen können. Er war nicht der Typ, dem du Fragen stellst.«

Allmählich fasst Dylan Fuß in der New Yorker Folkszene, wird Stammgast in Clubs wie dem Café Wha?, dem Commons, Gerde's Folk City oder dem Gaslight Club. Er schließt enge Bekanntschaft mit Musikern wie Fred Neil, Ramblin' Jack Elliott, Phil Ochs und Dave van Ronk, lernt auch Bluesgrößen wie John Lee Hooker, Big Joe Williams oder Victoria Spivey kennen. Er hört ihnen zu, begleitet sie zuweilen und spielt, wann immer es möglich ist, selbst Songs. Einen treffenden Eindruck von Dylans Repertoire dieser Tage gibt ein Band, das er im Mai bei einem Besuch in Minneapolis aufnimmt und das als so genanntes »Minneapolis Party Tape« auf diversen Bootlegs kursiert. Zu dieser Zeit schreibt Dylan auch seine beiden ersten offiziell veröffentlichten Songs »Song To Woody« und »Talkin' New York«.

Im April 1961 lernt er seine Freundin und Muse der frühen Jahre, Suze Rotolo kennen. Er bemüht sich um einen Plattenvertrag bei dem Label Folkways, scheitert aber. Doch nach und nach wird Dylan in der Szene bekannt. Sein Auftritt im Vorprogramm der Greenbriar Boys in Gerde's Folk City im September findet in der ›New York Times‹ durch den Musikkritiker und späteren Dylan-Biografen Robert Shelton eine sehr lobende Besprechung. Dadurch wiederum wird über Umwege der bekannte Jazz-Produzent John Hammond sr. – er betreute Billie Holiday, Count Basie, Benny Goodman und viele andere – auf Dylan aufmerksam, gibt ihm einen Plattenvertrag mit Columbia Records und protegiert ihn.

Auch Albert Grossman bemerkt den jungen strubbeligen Musiker. Grossman gilt als der aggressivste Manager der Szene und hat bereits Odetta sowie das Folktrio Peter, Paul & Mary unter Vertrag (später werden neben anderen noch The Band, Janis Joplin oder Gordon Lightfoot hinzukommen). Er spürt instinktiv das Potenzial Dylans, der so gar nicht in das gängige Klischee des Folkies passen will. Im Mai 1962 wird Grossman schließlich dessen erster Manager.

Unter der Regie von John Hammond sr. nimmt Dylan sein erstes Album auf. Die Session dauert gerade mal zwei Nachmittage. Obwohl auf der Platte neben zahlreichen Blues- und Folktiteln nur seine zwei Originalsongs »Song To Woody« und »Talkin' New York« zu hören sind, erwirbt sich Dylan einen Ruf als talentierter Songschreiber, der ihn rasch zu einer bekannten Lokalgröße werden lässt. Pete Seeger, der mit ihm oft im Krankenzimmer von Woody Guthrie sitzt, überredet ihn zu Aufnahmen für das Folklabel Broadside Records. Dylan wird dort einige Songs veröffentlichen, wegen seiner vertraglichen Bindung an Columbia allerdings unter dem Pseudonym Blind Boy Grunt. Er gibt für die Bürgerrechtsbewegung CORE (Congress Of Racial Equality) ein Benefizkonzert, nimmt an Aufnahmesessions bei Columbia teil und ist Mittelpunkt der einstündigen CBS-Radio-Sendung ›Folksinger's Choice‹ der renommierten Moderatorin Cynthia Gooding. War sein erstes offizielles Konzert am 4. November 1961 in der Carnegie Recital Hall mit nur 53 zahlenden Zuhörern noch ein Flop, so ziehen seine zahlreichen Auftritte in Gerde's Folk City (ab 24. April 1962 als Headliner) oder im Gaslight Club ein ständig wachsendes Publikum an. Dabei präsentiert Dylan zunehmend eigene Songs, die er scheinbar mühelos aus dem Ärmel schüttelt – darunter das frühe Meisterwerk »Blowin' In The Wind«, das in der sehr gefälligen, weichgespülten Fassung von Peter, Paul & Mary Platz Zwei der amerikanischen Hitlisten erreicht. Einen zusätzlichen Kreativitätsschub erfährt Dylan dadurch, dass seine Freundin Suze Rotolo mit ihrer Mutter – natürlich gegen seinen Willen – für ein halbes Jahr nach Italien reist und seine Songs ein treffliches Ventil für den daraus resultierenden jugendlichen Liebes- und Weltschmerz bieten.

Dylan nimmt im Laufe des Jahres 1962 unter nun professionellen Bedingungen zahlreiche Songs für verschiedene Auftraggeber auf: bei Columbia Records für sein zweites Album ›The Freewheelin' Bob Dylan‹, für Broadside Records und für seinen Musikverlag Witmark & Sons. Diese so genannten »Witmark Demos«, die ursprünglich als Promotion-Material geplant waren, bilden den Grundstock für zahlreiche Bootlegs, die vor allem in den späten sechziger und siebziger Jahren geradezu als Kultobjekte getauscht und gehandelt werden. Im Herbst engagiert John Hammond eine Begleitband für Dylan und am 14. November wird mit »Mixed Up Confusion« ein Rock'n'Roll-Titel eingespielt und als Single veröffentlicht. Doch nach wenigen hundert verkauften Exemplaren zieht CBS die Platte rasch wieder zurück, um dem Image Dylans als Folksänger nicht zu schaden.

Ende des Jahres reist Dylan zum ersten Mal nach Europa und fasst nun auch in der Londoner Folkszene rasch Fuß. Er gibt eine Reihe von Club-Konzerten und erweckt bei der BBC großes Interesse. Zuhause in New York erlebt er allerdings beim Fernsehsender seiner Plattenfirma CBS eine schmerzliche Niederlage: Bei einem geplanten Auftritt in der bekannten ›Ed Sullivan Show‹ im Frühjahr 1963 wird sein Song »Talkin' John Birch Paranoid Blues« zensiert, und auch auf ›The Freewheelin'‹ darf der bissige Spottgesang auf eine krause rechtsradikale Gruppierung nicht erscheinen. Dennoch wird ›Freewheelin'‹ schon bald nach der Veröffentlichung im Mai 1963 zu einem ersten Meilenstein in Dylans Werk. Die Platte enthält neben »Blowin' In The Wind« weitere Klassiker wie »Masters Of War«, »Don't Think Twice, It's All Right« und vor allem das meisterhafte »A Hard Rain's A-Gonna Fall«. Mit diesem Album gelingt Dylan der Durchbruch: Seinem Idol Woody Guthrie nun künstlerisch entwachsen, etabliert er sich nicht nur als außergewöhnlicher Songwriter, sondern setzt sich auch als Interpret seiner eigenen Lieder durch. Schon bald wird er, gerade mal 22 Jahre alt, zum Jungstar der Szene – von der Bürgerrechtsbewegung als »Stimme seiner Generation« hofiert.

Es beginnt ein rascher Aufstieg, der ihm Auftritte bei den bedeutendsten Folk- und Bürgerrechtsveranstaltungen beschert: Dylan füllt selbst so renommierte Häuser wie die ehrwürdige Carnegie Hall bis auf den letzten Platz, beginnt eine mehrjährige Liaison mit der Folk-Queen Joan Baez und wird zum unumstrittenen Sprachrohr der intellektuellen Protestbewegung. Zwei Monate nach der Ermordung John F. Kennedys im November 1963 veröffentlicht Dylan sein drittes Album mit dem programmatischen Titel ›The Times They Are A-Changin'‹ – eine Platte voller düsterer Protestsongs, die, wie zum Beispiel »With God On Our Side«, zu wahren Hymnen der amerikanischen Friedensbewegung werden.

Doch so schnell, wie der fast kometenhafte Aufstieg Dylan vorantreibt, so schnell entfernt sich der Künstler auch von seiner bisherigen Basis. Seine Beziehung zu Suze Rotolo geht genauso in die Brüche wie zahlreiche Freundschaften aus seinen frühen New Yorker Tagen. Einige hängen ihm das Etikett eines Opportunisten an, der seine Mitmenschen nach Belieben benutzt und sie dann fallen lässt, wenn sie ihm nicht mehr dienlich erscheinen. Doch auch seiner Fangemeinde zeigt Dylan schon früh, dass er nicht bereit ist, sich künstlerisch vereinnahmen und festlegen zu lassen. So ist sein angestammtes Publikum sehr irritiert, als im Sommer 1964 mit seinem vierten Album ›Another Side Of Bob Dylan‹ eine Platte erscheint, auf der ausschließlich persönliche Lieder ohne jegliche Protestambition enthalten sind.

Wie kompromisslos Dylan seine Brüche vollzieht, zeigt beispielsweise auch eine völlig unangemessene Rede, mit der er ausgerechnet anlässlich der Entgegennahme eines renommierten Bürgerrechtspreises die stiftende Organisation »Emergency Civil Liberties Committee« heftig brüskiert (siehe Seite 63). Doch Dylans Abschied von der Folkszene ist noch radikaler: Auf seinem

fünften Album ›Bringing It All Back Home‹ präsentiert er eine
Plattenseite lang harte Rockmusik, und er wagt es, im Juli 1965
auch gegen heftige Fan- und vor allem Veranstalterwiderstände
beim Mekka der Folkbewegung, dem Newport Folk Festival, mit
E-Gitarre und krachender Rockband aufzutreten. Dass ihn dabei
das Publikum von der Bühne pfeift und buht, wird schon bald zur
wichtigen Legende seiner künstlerischen Identität.

Dylan gerät Mitte der sechziger Jahre in den Strudel eines immer hektischer werdenden Star-Daseins: Ein Buchprojekt, zwei
Konzertfilme, zahlreiche Konzerte in Nordamerika, Tourneen
durch Europa und Australien und unzählige öffentliche Termine
fordern ihren Tribut; umso erstaunlicher ist, dass er mit seinen
beiden Alben ›Highway 61 Revisited‹ und der Doppel-LP ›Blonde
On Blonde‹ 1965 und 1966 zwei überragende Meisterwerke der
Rockmusik dieser Zeit schafft – rau, wild und ungezähmt, einzig-
artig in ihrer Mischung aus ätzendem Sound und bizarrer Poesie.
Mit diesen Arbeiten erklimmt Dylan den absoluten Rockolymp.
Die Platten gehören bis heute zu den einflussreichsten Werken
der populären Kultur – und sie sind der Maßstab, an dem Dylan
sich seither messen lassen muss.

Wie vielen der großen Musikerpersönlichkeiten der sechziger
Jahre wächst der immens ansteigende Druck auch Dylan über den
Kopf und wird schließlich unerträglich. Doch im Gegensatz zu anderen hat Dylan Glück, er kann standhalten und überlebt. Nach
einem schweren Motorradunfall im Sommer 1966 zieht er sich
zusammen mit seiner Familie – Dylan hat im Jahr 1965 in aller
Abgeschiedenheit das Ex-Model Sara Lowndes geheiratet und ist
mittlerweile Vater eines Sohnes geworden – nach Woodstock in
die Privatsphäre zurück und hält sich über anderthalb Jahre lang
jeglicher Öffentlichkeit fern. Da die Informationen spärlich fließen, ist in der Presse von lebenslanger Behinderung und Bett-
lägrigkeit, ja sogar vom Tod der jungen Rockikone die Rede. Den
einzigen engen Außenkontakt hält Dylan wohl zu den Musikern
der Rockgruppe The Band. Sie beziehen ganz in der Nähe seines
Domizils ein Bauernhaus und richten dort ein Studio ein, in dem
sie mit und ohne Dylan in zahlreichen lockeren Sessions eine
eigenwillige Mixtur aus traditionellem Liedgut und moderner
Rockmusik produzieren. Der Öffentlichkeit werden diese Aufnahmen erst bekannt, als Teile davon als so genannte »Basement

Tapes« auf dem Schwarzmarkt kursieren. Im Jahr 1975 wird ein (editorisch unbefriedigendes) Doppelalbum offiziell veröffentlicht, eine umfassende Ausgabe des weithin wohl unterschätzten Materials steht aber bis heute noch aus.

In den letzten Tagen des Jahres 1967 überrascht Dylan seine inzwischen trotz allem weiter gestiegene Fangemeinde mit ›John Wesley Harding‹, einem ruhigen und fast spartanisch schlicht gehaltenen Country-Album, das nicht nur den musikalischen Trends der aktuellen psychedelischen Welle entgegenläuft, sondern auch einen starken Kontrast zu seinen Rockalben ›Highway 61 Revisited‹ und ›Blonde On Blonde‹ darstellt.

Dylan verschließt sich weiterhin der Öffentlichkeit, steht bis auf ganz wenige Anlässe – etwa dem Memorial-Konzert anlässlich des Todes von Woody Guthrie oder einem Auftritt auf dem Isle-Of-Wight-Popfestival – auf keiner Bühne. Stattdessen schockiert er lieber seine Fans mit Platten wie ›Nashville Skyline‹ und vor allem ›Selfportrait‹, einem Sammelsurium von Evergreens, Traditionals und banalen Schlagern, die mit keinem Ton an den wilden Rebellen früherer Jahre erinnern. Die fast zeitgleich eingespielte Platte ›New Morning‹ versöhnt sein Publikum zwar ein wenig, doch auch sie zeigt unmissverständlich: In einer Zeit, in der die Beatles sich trennen, die Rolling Stones beginnen, sich nur mehr selbst zu zitieren, und Jimi Hendrix, Jim Morrison und Janis Joplin sterben, ist Dylan erwachsen geworden, hat seine bilderstürmerische Phase endgültig hinter sich gelassen.

Auch in den folgenden Jahren zeigt Dylan wenig Neigung, sich auf die Mechanismen und Zwänge des Rockbusiness einzulassen: Er ist im Grunde nur noch Rockgeschichte, kein prägender Bestandteil der aktuellen Szene dieser Jahre.

Vereinzelt tritt er bei Benefizveranstaltungen wie dem von Ex-Beatle George Harrison initiierten »Concert For Bangla Desh« auf, spielt sporadisch einige Songs ein (»Watching The River Flow«, »When I Paint My Masterpiece«, »George Jackson«), schreibt die Filmmusik zu dem Western ›Pat Garrett jagt Billy the Kid‹ (von Sam Peckinpah, in den Hauptrollen Kris Kristofferson und James Coburn), in dem er auch in einer Nebenrolle mitspielt. Nebenbei veröffentlicht er seine Songtexte als Buch, nimmt eher widerwillig die Ehrendoktorwürde der berühmten Princeton University entgegen, experimentiert mit Allen Ginsberg im Hinblick auf eine

Verquickung von Lyrik und Musik – ansonsten pflegt er hauptsächlich sein Familienleben, über dem sich allerdings, zunächst
nur für Vertraute erkennbar, erste dunkle Wolken zeigen.

Im Sommer 1973, sieben Jahre nach der letzten Tournee, beginnt Dylan, das Material für ein neues Album zu schreiben und
ein neues Tourprojekt zu konzipieren. Seine musikalischen Weggefährten bei der Platte (›Planet Waves‹) wie bei der umfänglichen
Nordamerika-Tournee sind seine Gefährten aus Woodstocker Tagen, die Musiker von The Band. Mit der Tournee, die am 3. Januar
1974 in Chicago ihren Ausgang nimmt, beginnt in gewisser Weise
die zweite Karriere des Bob Dylan. Wieder spornt ihn eine persönliche Beziehungskrise zu kreativen Höchstleistungen an: Die Ehe
mit Sara bricht auseinander, und Dylan verarbeitet diesen Verlust
poetisch und musikalisch mit einem seiner eindringlichsten Werke,
dem Album ›Blood On The Tracks‹. Die Platte gilt neben ›Highway
61 Revisited‹ und ›Blonde On Blonde‹ als herausragendes Meisterwerk in Dylans Schaffen. Was jene Alben an revolutionär Neuem
beinhalten, gleicht ›Blood On The Tracks‹ durch Abgeklärtheit,
Tiefe und Sensibilität wieder aus.

In der Phase der Trennung von seiner Frau stürzt Dylan sich in
künstlerische Aktivitäten, schart eine sich neu herausbildende Begleitband um sich und arbeitet erstmals systematisch zusammen
mit einem Koautor, Jacques Levy, an den Texten seiner neuen
Songs. Fast zufällig stößt er auf die Geschichte des schwarzen Profiboxers Rubin Carter, der im Zuchthaus für Morde büßen muss,
die er nie begangen hat. Dylan nimmt sich des Justizskandals an
und ist maßgeblich daran beteiligt, dass Carter nach jahrelangen
juristischen Auseinandersetzungen schließlich rehabilitiert wird.
Im Sommer 1975 formt Dylan aus seiner neuen Crew eine Tour-
truppe, zu der sich auch Joan Baez, Roger McGuinn, Allen Ginsberg, Jack Elliott, Joni Mitchell und andere gesellen. Die Konzertreihe im Herbst des Jahres ist angelegt als Rock-Revue und wird
unter dem Titel »Rolling Thunder Revue« als Legende in die Anna-
len der Rockgeschichte eingehen. Der besondere Status des
Rolling-Thunder-Projekts hat viele Väter. Zum einen hat Dylan
hervorragende Mitmusiker gefunden, die einen sehr komplexen
Sound auf die Bühne zaubern: Der Klang der Formation ist zwar
grundsätzlich vertraut, bietet aber mit Elementen wie Scarlett
Riveras prominent hervorgehobenem Geigenpart zahlreiche Über-

raschungsmomente. Außerdem erreicht Dylan durch die Zusammenarbeit mit Levy neue Textdimensionen, die ihm bislang verschlossen geblieben sind. Und schließlich hat er mit der Geschichte um Rubin »Hurricane« Carter eine gesellschaftliche Botschaft, hinter der sich – nach langen Jahren der »politischen Abstinenz« Dylans – endlich wieder einmal das gute Gewissen Amerikas vereinen lässt. Der Tourbetrieb bildet auch das Ausgangsmaterial für eine vierstündige experimentelle Filmcollage, die zwei Jahre später unter dem Titel ›Renaldo & Clara‹ erscheint, im Gegensatz zur gefeierten Konzert-Revue aber sowohl beim Publikum wie auch bei der Kritik durchfällt. Das nach der Tour veröffentlichte neue Album ›Desire‹ wird dagegen in den Staaten zur kommerziell erfolgreichsten Dylanplatte überhaupt.

Die Jahre 1976/1977 sind angefüllt mit der intensiven Arbeit an ›Renaldo & Clara‹, an der Produktion des davon unabhängigen Konzertfilms ›Hard Rain‹, einigen wenigen Auftritten und vor allem der persönlichen Bewältigung der nun auch juristisch vollzogenen Scheidung von seiner Frau Sara. Erst im Jahr 1978 geht Dylan wieder auf eine ausgedehnte Tournee, die ihn nach Japan, Neuseeland, Australien, Europa und Nordamerika führt. Erstmals tritt Dylan dabei auch in Deutschland auf: in Dortmund, Berlin, und am 1. Juli auf dem Zeppelinfeld in Nürnberg. Dieser Auftritt in jener symbolträchtigen, unter Hitler erbauten Arena, die den Nationalsozialisten für ihre Massenveranstaltungen diente, gehört zu den bedeutendsten Bühnenacts Dylans überhaupt – ganz im Gegensatz zum Konzert in Berlin zwei Tage zuvor, wo er zusammen mit seinen Musikern übel ausgebuht wird.

Am Ende des Jahres nach der anstrengendsten Tour seines Lebens mit fast 120 Konzerten und einem reichlich schlampigen Album ›Street Legal‹ bleibt ein mental und künstlerisch ausgebrannter Bob Dylan zurück, der sich auf eine neue Sinnsuche begibt. In den vier Jahren 1974 bis 1978 hat er sich mit hervorragenden Alben und Konzerten ein neues Publikum erobert – und nicht zuletzt große Teile seiner alten Fans wieder gewonnen –, doch erneut macht er einen radikalen Schnitt, der sein Publikum ähnlich vor den Kopf stößt wie sein Bruch mit den Folkies Mitte der sechziger Jahre und sein Rückzug vom Rock am Ende des Jahrzehnts: Dylan vollzieht eine grundlegende und fast fanatisch betriebene Hinwendung zum Christentum.

Im christlichen Glauben findet er Kraft und Neuorientierung, besucht drei Monate lang eine Klosterschule, schließt sich einer protestantischen Glaubensgemeinschaft an und lässt sich im Spätwinter taufen. Seine folgenden Alben ›Slow Train Coming‹, ›Saved‹ und ›Shot Of Love‹ sind angefüllt mit frommen Heilsbotschaften, seine Auftritte werden zu Predigten; in einer gut halbjährlichen Konzerttour durch Nordamerika weigert er sich strikt und beharrlich, auch nur ein einziges seiner bisherigen älteren Lieder zu spielen, sondern bringt – sehr zum Verdruss seines Publikums – ausschließlich neues Material. Erst Ende 1980 beginnt er, seine starre Haltung aufzugeben und einen Mix aus verschiedenen Phasen seines Schaffens zu präsentieren – ein Konzept, das er bis auf den heutigen Tag beibehält. Auch nimmt er sich in neuen Songs nun wieder verstärkt weltlicher Themen an.

Die achtziger Jahre stellen in Dylans Karriere ein Jahrzehnt relativer Stagnation dar: Er bestreitet zwar zahlreiche – qualitativ höchst unterschiedliche – Konzerte in fast aller Welt, nimmt einige Live- und Studioalben auf, tritt bei öffentlichkeitswirksamen und viel beachteten Events wie dem »Aid For Africa«-Projekt in Erscheinung (und beansprucht dabei stets wie selbstverständlich die Rolle des Top-Act), erhält eine Reihe wichtiger Auszeichnungen und spielt einige Konzertmitschnitte und Filmmusiken ein, dennoch bleiben viele dieser Aktivitäten seltsam blutleer und distanziert, schemenhaft und kraftlos. Einzig die beiden Alben ›Infidels‹ und vor allem ›Oh Mercy‹ ragen hervor und halten dem Vergleich mit den guten Platten früherer Tage stand. Sein Privatleben schirmt Dylan noch hermetischer gegen Einblicke von außen ab, als er dies in vergangenen Zeiten schon getan hat. So wird seine zweite, sechs Jahre dauernde Ehe mit der Sängerin Carolyn Dennis und die Geburt einer gemeinsamen Tochter vor der Öffentlichkeit lange Zeit völlig geheim gehalten.

Eine Ende der achtziger Jahre spontan entstandene lockere Jamsession mit den Musikerfreunden George Harrison, Tom Petty, Jeff Lynn und Roy Orbison bringt als Ergebnis zwei nicht nur in ihrer Entspanntheit vorbildliche Rockalben hervor (›Traveling Wilburys Vol. 1‹ und ›Vol. 3‹), sondern löst vor allem bei Dylan einen erneuten Kreativitätsschub und – wichtiger noch – eine offenbar ganz frische Lust an der Musik aus. Ab Sommer 1988 beginnt Bob Dylan mit neuen Konzertaktivitäten, die ihn im Grunde bis heute

nicht mehr losgelassen haben – die so genannte »Never Ending
Tour«. Seit Juni 1988 ist Dylan mit unterschiedlichen Begleit-
bands praktisch permanent unterwegs und absolviert in dieser
Zeit weit über 1500 Konzerte. Dazwischen nimmt er sich nur vergleichsweise kürzere Auszeiten – Regenerationsphasen, in denen
er primär Kraft tankt, aber auch das Material für die sporadischen
neuen Alben schreibt und zusammenträgt.

Der permanente Tourbetrieb bestimmt Dylans Bild in der Öffentlichkeit, dazu kommen einzelne Events, die sein Image als
Grandseigneur der Rockmusik untermauern. Lediglich einige Beispiele seien aufgezählt: Am 30. Januar 1990 erhält er im Französischen Kulturministerium in Paris die bedeutende Auszeichnung
»Commandeur des Arts et des Lettres«; am 20. Februar 1991 erhält er den »Grammy Award« für sein Lebenswerk; am 18. Oktober 1992 veranstaltet Columbia ein prominent besetztes Konzert
(inklusive TV-Ausstrahlung und Doppelalbum) zu Dylans dreißig-
jährigem Bühnenjubiläum; am 17. Januar 1993 ist Dylan offizieller
Gast bei Bill Clintons Feierlichkeiten anlässlich der Übernahme
der amerikanischen Präsidentschaft; als einer der ersten Rock-
musiker publiziert er am 7. Februar 1995 mit »Highway 61 Interactive« eine eigene CD-ROM; am 27. September 1997 singt
Dylan am Welt-Eucharistie-Tag in Bologna vor 300 000 Zuhörern,
darunter Papst Johannes Paul II., der ihn zu einer Privataudienz
empfängt; im selben Jahr wird Dylan erstmals für den Literatur-
Nobelpreis vorgeschlagen; am 15. Mai 2000 erhält Dylan aus der
Hand von König Carl Gustav von Schweden den renommierten
»Berwaldhallen Popular Music Prize« der königlichen Akademie
der Musik … und so fort.

Ende Mai 1997 berichten die Zeitungen in aller Welt, Dylan sei
schwer erkrankt und liege im Sterben. In der Tat wird Dylan am
25. Mai des Jahres, einen Tag nach seinem 56. Geburtstag, mit
einem schweren und grundsätzlich lebensbedrohlichen Pilzbefall
in der Lunge (Histoplasmosis) ins St. John's Krankenhaus in Santa
Monica eingeliefert. Die Meldungen in der Öffentlichkeit sind
zwar wie schon bei seinem Motorradunfall 1966 etwas überzeich-
net, aber Dylan ist ernsthaft erkrankt, muss ein knappes Vierteljahr pausieren und die für den Sommer geplante Europatournee
stornieren. Doch anders als 1966 nimmt Dylan seine Erkrankung
diesmal nicht zum Anlass, völlig aus dem aufreibenden Tour-

betrieb auszusteigen. Bereits im August steht er wieder auf der Bühne.

Seit Beginn der neunziger Jahre produziert und veröffentlicht Dylan eine Hand voll Live-Alben, einige Platten ausschließlich mit Coverversionen von Bluestiteln und Traditionals sowie drei Alben mit eigenem Material: ›Under The Red Sky‹ (1990), ›Time Out Of Mind‹ (1997) und ›"Love And Theft"‹ (2001). Während ›Under The Red Sky‹ beim Publikum fast untergeht, werden die beiden späteren Alben von der Kritik wie von der Zuhörerschaft gleichermaßen als großartige Spätwerke gefeiert und mit höchsten Auszeichnungen geehrt.

Daneben schreibt er den – Oscar-gekrönten – Titelsong zum Kinofilm ›Wonder Boys‹ mit Michael Douglas (2000) sowie die Filmmusik zu ›Masked And Anonymous‹ (2003), in dem er an der Seite von Jeff Bridges und Jessica Lange selbst auch die Hauptrolle der alternden Rocklegende Jack Fate spielt. Im Jahr 2004 publiziert er den ersten Teil seiner Autobiografie ›Chronicles 1‹ – ein eindrucksvoller Beleg dafür, dass Dylan sich nicht nur lyrisch zu vermitteln vermag, sondern auch zu kraftvoller Prosa imstande ist. Ansonsten macht er, was er schon seit über fünfzehn Jahren tut: Er ist unermüdlich auf Tour.

Im Laufe seiner einzigartigen Karriere – das zeigt bereits diese sehr kursorische Zusammenfassung seiner Vita – schlägt Dylan viele künstlerische Haken. Man kann ohne Übertreibung feststellen: Sein Œuvre ist das wohl vielseitigste und komplexeste Gesamtkunstwerk der Popkultur. Dennoch lassen sich einige Konstanten in seinem Schaffen finden, die unter einer zuweilen kaleidoskopartig sich verändernden Oberfläche ein verlässliches und stabiles Fundament bilden.

Hierbei fällt als Erstes Dylans Zugang zur Musik ins Auge. Dieser ist in seinem Grundsatz konservativ geprägt, seine Wurzeln sind der schwarze Blues, der weiße Folk und die sich daraus ableitenden Genres Countrymusik, Rhythm & Blues und Rock'n'Roll. Sie sind ihm bei aller Unterschiedlichkeit gleichermaßen selbstverständlich: »Für mich gibt es keinen Unterschied zwischen Muddy Waters und Bill Monroe, zwischen Hank Williams und Elvis Presley.« Diese Musikstile bilden gleichsam die Außenlinie von Dylans Spielfeld; nur selten überschreitet er sie, und wenn, dann mit eher fragwürdigen Ergebnissen, wie Alben à la ›Selfportrait‹ oder ›Empire Burlesque‹ zeigen.

Im Grunde greift Dylan stets auf dieselben musikalischen Muster zurück. Recht vordergründig zeigt sich dies beispielsweise daran, dass auf jedem seiner Alben mindestens ein Blues im klassischen Zwölf-Takte-Schema zu finden ist. Musikalische Neuerungen wie etwa der psychedelische Rock in der zweiten Hälfte der sechziger Jahre lassen ihn dagegen erstaunlich unberührt.

Konservativ ist auch die Herangehensweise in seinen Live-Konzerten: »Nobody sings Dylan like Dylan« ist der Slogan und das Label, mit dem Dylans Plattenfirma in den sechziger Jahren seine Musik bewirbt und beschreibt. Dieser Slogan ist in den siebziger Jahren noch Versprechen und Verheißung, in den Achtzigern meist nur noch Nostalgie, seit den neunziger Jahren schließlich nicht selten auch eine Drohung. Dylan ist nicht der durchgestylte Popstar, der eine zur Perfektion getriebene und bis in die letzten Lichteffekte ausgeklügelte Show immer und immer wieder reproduziert. Er ist und bleibt ein fahrender Sänger – einer, der zuweilen singt, was ihm in den Kopf kommt, und der seine Konzerte nicht in ein Klischee pressen lässt. Insofern ist jeder seiner Auftritte immer wieder ein »erstes Mal«.

Ein wichtiges Charakteristikum von Dylans Musik ist sein Gitarrenspiel, das seine große Nähe zum Blues offenbart. Dylans Gitarrentechnik vermeidet im Grunde jede Virtuosität, ist sehr funktional und dabei höchst ökonomisch: Mit technisch recht einfachen Mitteln erzielt er ein hohes Maß an künstlerischer Effektivität – ein Musikverständnis, das er bewusst oder unbewusst von Bluesmusikern wie Leadbelly oder John Lee Hooker übernimmt und perfektioniert: »Ich wollte nicht die Leadgitarre spielen, ich wollte niemanden damit beeindrucken. Ich brauchte das Gitarrenspiel nur als Gerüst zur Unterstützung meiner Phrasierung beim Singen«, schreibt er in seinen ›Chronicles‹.

Diese ökonomische Auffassung hinsichtlich seiner Musik zeigt sich auch und vielleicht besonders in Dylans Aufnahmestil im Studio: Zu Beginn seiner Karriere ist es üblich, ein Album im Laufe weniger Sessions einzuspielen. Die Aufnahmezeit ist teuer und man konzentriert die Einspielungen auf wenige einzelne Tage. Seit den Soundbasteleien der Beatles (vor allem ab ›Sgt. Pepper's‹), der Beach Boys (›Pet Sounds‹), der frühen Pink Floyd und zahlreicher anderer Gruppen verändert sich die Studioarbeit jedoch entscheidend: Die einzelnen Songs werden immer kleinteiliger analysiert und produziert, wodurch Sounds und Songstrukturen entstehen, die sich mit konventionellen Instrumenten live nicht mehr ohne weiteres realisieren lassen.

Selbst die Umsetzungen ehemals marginaler Bestandteile der Musik werden allmählich zur Hauptsache der technischen Aufbereitung. Dylan bringt es auf den Punkt: »Früher hat man eine Platte in drei oder vier Tagen eingespielt, und das war's ... Heute braucht man vier Tage, um allein den Schlagzeugsound hinzukriegen.« Auch wenn er sich dieser Entwicklung im Laufe der Zeit nicht völlig entziehen kann, steht er ihr stets skeptisch gegenüber. Schon bei den frühen Aufnahmen zu seinem Debütalbum reagiert Dylan sehr ablehnend, als ihn sein Produzent John Hammond bittet, einen Song ein zweites Mal einzuspielen: »Ich sagte: nein. Ich sehe nicht, wie ich einen Song zweimal hintereinander singen kann. Das ist doch schauderhaft.« Und an anderer Stelle: »Meine Musik ist der Blues, und Blues kann man nicht zu Hause im Lehnstuhl arrangieren. Blues spiegelt das Gefühl jenes Moments wider, in dem du ihn spielst.«

So kommt es, dass sich auf allen Dylan-Alben auch Aufnahmefehler und technische Mängel befinden, die jeder andere Musiker mit den zahlreichen Korrekturmöglichkeiten, die die moderne Tontechnik bietet, kurzerhand eliminieren würde. Dass allerdings unter solchen Fehlern die Qualität und vor allem die Intensität eines Stückes nicht unbedingt leiden muss, zeigt als ein Beispiel von vielen der Titel »Wedding Song« vom Album ›Planet Waves‹ (siehe Seite 154.)

Dylans Musik ist nicht vorstellbar ohne die dazugehörigen Texte. Vielerorts findet sich gar die Ansicht, dass seine Musik gleichsam nur das Vehikel für seine poetischen Botschaften darstellt, doch dies greift viel zu kurz. Das Besondere und – zumindest innerhalb der Popkultur – absolut Einmalige in Dylans Kunst ist die unauflösliche Verzahnung von Text und Musik, also die Einheit von Inhalt und Darbietung. Dylans Texte können gedruckt und gelesen – abgesehen vielleicht von wenigen Ausnahmestücken wie »It's Alright, Ma (I'm Only Bleeding)«, »A Hard Rain's A-Gonna Fall« oder »Desolation Row« – nicht annähernd jene Kraft, Magie und Faszination entwickeln, die sie durch Dylans Präsentation erreichen. Anders ausgedrückt: Wer Dylan-Texte liest, ohne ihn je auf Platte gehört oder besser noch im Konzert erlebt zu haben, wird niemals seine künstlerische Potenz erfassen und verstehen können. Die Macht von »Amerikas größtem lebenden Dichter« (Allen Ginsberg) vermittelt sich nicht über das Wort und die Botschaft an sich, sondern über deren Performance. Nur durch die Kombination von Vortrag und Inhalt erzielt Dylan seine kolossale Wirkung.

Als Beispiel mag dies Dylans berühmtestes Lied seiner frühen Jahre, »Blowin' In The Wind« verdeutlichen. Schon kurz nach der Veröffentlichung des Songs auf ›The Freewheelin'‹ gibt es rund sechzig Coverversionen: So unterschiedliche Interpreten wie Marlene Dietrich, Peter, Paul & Mary, die Hollies oder die Duke Ellington Bigband beschäftigten sich mit dem Stück. Manche Fassungen sind hemmungslos kitschig, andere rhythmisch bedrängend, und in weichgespülter Folkschlager-Version stürmt der Song sogar die Hitparaden. Doch keine dieser frühen Aufnahmen erreicht die Schärfe, die Klarheit und die Intensität von Dylans eigener Fassung auf ›Freewheelin'‹. Stärker als in jeder anderen Version zeigt sich hier die raue und spröde Schönheit des Liedes, das trotz seiner verletzlichen Brüchigkeit so viel Kraft besitzt, dass es zur Hymne einer ganzen Generation wird.

Aufschlussreich ist nebenbei bemerkt in diesem Zusammenhang auch Dylans eigene Umdeutung des Songs in späteren Lebensphasen: In der Zeit seines Rückzugs von der Öffentlichkeit und seiner Konzentration auf die eigene Familie interpretiert er den Song – etwa auf dem Benefizkonzert zugunsten der Flut- und Hungeropfer in Bangladesch im Sommer 1971 – als gemütliche Country-Nummer. Zweieinhalb Jahre später, als er sich mit großer Kraftanstrengung die Bühnen wieder neu erobern muss, kommt das Lied entsprechend als krachender Rocktitel daher. Wieder vier Jahre später, im Rahmen seiner primär kommerziell orientierten 78er-Tournee erklingt die Nummer als ansprechendes, wenngleich harmloses Poplied.

Der Reiz von Dylans Kunst, das Verstörende, Einzigartige, immer wieder Neue und Provokative lässt sich nicht mit gängigen Kategorien beschreiben, das Besondere seiner Musik geht aus keiner Notation hervor, das Einzigartige seiner Texte nicht aus den niedergeschriebenen Worten. Entscheidend ist die Art seines Vortrags.

In diesem Licht verliert die immer wieder diskutierte Frage nach Dylans dichterischen Vorbildern rasch an Bedeutung. Er selbst nennt auf Anfragen neben vielen anderen immer wieder Allen Ginsberg, Henry Miller, William Blake, Bert Brecht, François Villon, Charles Baudelaire und Arthur Rimbaud. Doch Dylans Texte entstammen tieferen Wurzeln, wie er einmal offenbart: »Wenn ich schreibe, denke ich nicht. Ich reagiere nur und bringe es zu Papier.«

Dies macht einen rationalen Zugang zu Dylans Texten so schwierig, zuweilen sogar unmöglich. Seine Wortlabyrinthe und Sprachkaleidoskope entschlüsseln sich auch dem englischen bzw. amerikanischen Muttersprachler oft nicht – zumindest nicht in einem rational eindeutigen Sinn. Die Rezeption eines wichtigen Dylansongs fordert auch beim Adressaten den Prozess der kreativen Eigenschöpfung und der subjektiven Spiegelung. In manchen Liedern lässt Dylan einen Film ablaufen, den man ohne weiteres verstehen und nachvollziehen kann (etwa in »Hurricane«), oft aber fächert er ein wahres Assoziationsgeflecht auf: Wortkaskaden, die, gemeinhin in die Schublade »surrealistisch« gesteckt, jedem Zuhörer eine unmittelbar subjektive Reaktion abverlangen. Die Frage ist in diesen Stücken nicht: Worum geht es?, sondern: Was sagt der Song mir persönlich, welche Reaktionen, Gefühle, Assoziationen, Gedanken, Ideen, Bilder etc. löst er jetzt gerade in mir aus?

Mit dieser Fähigkeit, einen Song und einen Text gleichzeitig auf höchst unterschiedlichen Ebenen anzusiedeln – auf emotionaler wie rationaler, auf universeller wie individueller –, wird Dylan zum einmaligen Phänomen der modernen Kultur. Der Schriftsteller Allen Ginsberg würdigte dies (mit der ausdrücklichen Unterstützung zahlreicher Professoren in den USA und in England) in seiner Begründung für die Nominierung Dylans als Kandidat für den Literatur-Nobelpreis: »Er ist ein bedeutender amerikanischer Poet und Sänger des 20. Jahrhunderts, dessen Werke ganze Generationen in aller Welt beeinflusst haben. Er verdient den Nobelpreis in Anerkennung seiner gewaltigen und universellen Fähigkeiten.«

Ein wichtiges Klischee hinsichtlich Dylans Persönlichkeit ist seine Tendenz zur Legendenbildung. Zu dieser Einschätzung trägt er selbst von seinen frühen Anfängen im New Yorker Greenwich Village bis heute immer wieder bei. Mit großer Phantasie liefert er reichhaltiges Material zur teils romantischen Ausschmückung seiner persönlichen Vergangenheit, wobei es ihm ganz offenbar ziemlich gleichgültig ist, sich um 180 Grad zu drehen und sich dabei völlig zu widersprechen.

Der Schlüssel hierfür mag wohl in einem sehr frühen Lebensabschnitt zu suchen sein: Dylan erlebte sich schon als Kind als Außenseiter, fühlte sich von der genormten Welt abgelehnt. Bereits 1962 äußerte er in einem Gespräch mit dem Journalisten Jules Siegel: »Ich sehe Dinge, die andere Menschen nicht sehen. Ich fühle Dinge, die andere Menschen nicht fühlen. Es ist schrecklich. Die lachen nur, aber ich habe das immer schon so empfunden.«

Dementsprechend erscheint Dylan die Welt oft feindselig, ist für ihn voller Gefahren. Seine Verteidigung besteht darin, sich unsichtbar zu machen. Also denkt er sich immer wieder Masken aus, um sich abzuschirmen, seine Identität zu bewahren und nicht von den Ansprüchen »da draußen« aufgesogen zu werden. Dylan, der Maskenmann – dieses Bild zieht sich durch seine gesamte Karriere: Er spricht davon in seinen Konzerten (»jetzt hab ich wieder meine Bob-Dylan-Maske auf«, siehe Seite 260) und tritt sogar tatsächlich maskiert auf (etwa bei Konzerten der Rolling Thunder Revue und im Film ›Renaldo & Clara‹, siehe die Seiten 175 und 300).

Dazu gehört fast zwangsläufig, dass er sich ständig neu erfindet. Schon in seinen frühen New Yorker Tagen nimmt er unablässig abwechselnde Identitäten an: Mal gibt er sich als Zirkusarbeiter aus, mal als Schaustellergehilfe, mal als Landstreicher, mal als fahrender Musiker. Dieser permanente Wandel bleibt das beständigste Motiv in Dylans künstlerischem Leben: ein offenbar tief verankertes Bedürfnis, just jene Stelle mit aller Macht in die Luft zu jagen, auf der er soeben noch gestanden hat. Dylan bleibt keiner Szene treu, seine einzige Konstante ist die Veränderung.

Natürlich ist es das Bestreben der Öffentlichkeit, der Fans, der Kulturszene, »ihren« Bob Dylan zu definieren und zu vereinnahmen. Entsprechende Versuche etwa von Journalisten, in Interviews etwas über den »wahren« Bob Dylan herauszufinden, geraten daher zuweilen zu lustigen Katz-und-Maus-Spielchen. Als Beispiel sei Dylans Antwort zitiert, die er dem renommierten und ihm persönlich auch recht gut bekannten Musikjournalisten Nat Hentoff im Jahr 1966 auf dessen Frage gab, wie er – Dylan – beim Rock'n'Roll gelandet sei:

»Aus Leichtsinn. Meine große Liebe ließ mich sitzen. Ich fing an zu trinken, und ehe ich's mich versah, war ich in einem Kartenspiel. Dann in einem Würfelspiel. Ich wachte auf in einem Billardclub. Eine dicke mexikanische Lady zerrte mich vom Spieltisch weg und nahm mich mit nach Philadelphia. Dort ließ sie mich in einem Haus allein, und das Haus brannte ab. Ich landete in Phoenix, bekam einen Job als Chinese, arbeitete in einem Discountladen, als die dicke mexikanische Lady reinkam … Der erste Typ, der mich von der Straße auflas, fragte mich, ob ich ein Star werden wolle. Was konnte ich da sagen?«

Dylan ist ein permanenter, leibhaftiger Protest gegen alle Festlegungen und Konventionen – auch gegen die Konventionen, die er selbst installiert. Der einzig reale Standpunkt ist für ihn der Ort, an dem er sich gerade befindet, Widersprüche irritieren ihn nicht, sie scheinen ihn eher zu reizen. Dem »wahren«, »privaten«, »persönlichen« Bob Dylan wirklich nahe zu kommen, ist unter solchen Voraussetzungen unmöglich und gelingt selbst engen, persönlich verbundenen, langjährigen Wegbegleitern wie etwa dem Journalisten und Dylan-Biografen Robert Shelton nicht.

Bob Dylan hat zu verschiedenen Zeiten sehr verschiedene Dinge gesagt, aber: Er hat in jeder Lebensphase etwas zu sagen. Und ganze Generationen haben das Gefühl, er spricht ihnen damit direkt aus der Seele. Die unübersehbaren Markierungen auf seinem künstlerischen Weg sind seine Schallplatten und seine Lieder, in denen er sich seinem Publikum präsentiert.

Talkin' New York

Als Dylan zusammen mit einem Freund, Fred Underhill, am 24. Januar 1961 im winterlichen New York ankommt, hat er wohl hauptsächlich zwei Dinge im Kopf: erstens so schnell wie möglich Woody Guthrie zu besuchen; und zweitens möglichst rasch in die Folksinger-Szene einzusteigen. Also führt ihn sein Weg an jenem kalten und verschneiten Dienstag von Grand Central Station schnurstracks ins Folkcafé Wha? und er besucht am nächsten Tag Woody Guthrie im Greystone Hospital in Morristown, New Jersey – zahlreiche weitere Besuche an seinem Krankenbett folgen. (Zur Atmosphäre dieser Besuche äußert sich Dylan ausführlich am Ende des zweiten Kapitels seiner autobiografischen ›Chronicles Vol. 1‹.) Der enge Kontakt zu Guthrie löst in Dylan zwiespältige Gefühle aus: Zum einen quält es ihn, sein einst vor Kraft und Ausstrahlung nur so strotzendes Idol dahinsiechen und verfallen zu sehen, andererseits verleiht ihm die Nähe zu Woody Guthrie gleichsam eine Art Weihe. Er zieht eine große mentale Stärke aus den Treffen im Krankenhaus, sie »begleiten« ihn bei seinem Bemühen, in der Szene Fuß zu fassen.

Wann immer es geht, spielt er – meist als Pausenfüllsel – in Clubs wie dem Café Wha?, dem Commons, Gerde's Folk City oder dem Gaslight Club und weiteren Szenetreffs, seine Erinnerungen hierzu sind im ersten Kapitel der ›Chronicles‹ festgehalten. Dylan schließt Szene-Freundschaften mit zahlreichen Wirten, Gästen, Zeitungsleuten und vor allem mit Musikern wie Fred Neil oder Ramblin' Jack Elliott. Doch unter den vielen Bekanntschaften, die für sein Überleben in der rauen neuen Welt New Yorks auch ganz notwendig sind, ragen nur einige wenige heraus:

Als Erster wäre der Musiker Dave van Ronk (1936–2002) zu nennen. Er ist zwar nur fünf Jahre älter als Dylan, aber schon mit mehreren Alben etabliert (»King of MacDougal Street«) und daher vor allem ein künstlerisches Vorbild. Doch van Ronk bietet dem jungen Neuankömmling auch ein Stück logistischer Heimat, denn wenn dieser immer mal wieder nicht weiß, wo er die Nacht verbringen soll, bietet er ihm ein Sofa in seinem Appartement in

Album-Info

Veröffentlichung: 19. März 1962
Produzent: John Hammond sr.
Liner Notes: Robert Shelton (unter
    dem Pseudonym Stacey Williams)
Coverfoto: Don Hunstein

Songs:
1. She's No Good
2. Talkin' New York
3. In My Time Of Dyin'
4. Man Of Constant Sorrow
5. Fixin' To Die
6. Pretty Peggy-O
7. Highway 51
8. Gospel Plow
9. Baby Let Me Follow You Down
10. House Of The Risin' Sun
11. Freight Train Blues
12. Song To Woody
13. See That My Grave Is Kept Clean

(1.: Jesse Fuller
2. & 12.: Bob Dylan
3., 4., 6., 8., 10., 11.: Traditional
5.: Bukka White
7.: Curtis Jones
9.: (Eric) Ric Von Schmidt
13.: Blind Lemon Jefferson)

Weitere Dylan-Songs dieser frühen Phase:

Ain't Gonna Grieve
Ballad For A Friend
Gypsy Lou
Hard Times In New York Town [1]
Poor Boy Blues
Standing On The Highway

Dazu private Amateureinspielungen
zahlreicher Fremdtitel, darunter die
mittlerweile offiziell veröffentlichten:

Baby Please Don't Go [3]
Dink's Song [2]
I Ain't Got No Home [3]
I Was Young When I Left Home [2]
Rambler, Gambler [2]
The Story Of East Orange,
    New Jersey [3]
This Land Is Your Land [2]
Wade In The Water [3]

Offiziell veröffentlicht auf:
[1] Bootleg Series 1
[2] Bootleg Series 7
[3] Highway 61 Interactive

der 15th Street an. Daves Ehefrau Terry van Ronk übernimmt sogar einige Monate lang Dylans chaotische Auftrittsplanung.

John Hammond sr. (1910–1987) ist Dylans erster musikalischer Mentor. Der bekannte Jazz-Produzent wird über eine Zeitungsnotiz auf Dylan aufmerksam und protegiert sehr zur Verwunderung zahlreicher Kollegen und Fachleute den jungen

Session	Bisher offiziell veröffentlicht	Bisher offiziell unveröffentlichte Songs und Outtakes
alle in New York, Columbia Studios, Studio A	BD – Bob Dylan BS 1 – Bootleg Series 1	
20. November 1961	She's No Good (BD) Fixin' To Die (BD) He Was A Friend Of Mine (BS 1) House Of The Risin' Sun (BD) Talkin' New York (BD) Song To Woody (BD) Baby Let Me Follow You Down (BD) In My Time Of Dyin' (BD)	Connecticut Cowboy
22. November 1961	Man On The Street (BS 1) Man Of Constant Sorrow (BD) Pretty Peggy-O (BD) See That My Grave Is Kept Clean (BD) Gospel Plow (BD) Highway 51 (BD) Freight Train Blues (BD) House Carpenter (BS 1)	(As I Go) Ramblin' Round

Musiker. Entsprechend macht schon bald das spöttische Wort von Dylan als »Hammond's Folly« – Hammonds Torheit – in der Szene die Runde.

Dylans erster publizistischer Mentor ist der Folkkritiker der ›New York Times‹, Robert Shelton (1926–1995). Am 29. September 1961 veröffentlicht er unter dem Titel »Bob Dylan – A Distinctive Stylist« einen ausführlichen Artikel, in dem er dem strubbeligen Youngster eine künstlerisch bedeutsame Zukunft vorhersagt. Auch wenn der Artikel heftigen Widerspruch hervorruft – »Dylan kann nicht singen, kann kaum spielen und hat von Musik wirklich keine Ahnung. Ich glaube, Sie haben nicht mehr alle Tassen im Schrank«, meint etwa Fred Hellerman von den Weavers –: Robert Shelton wird mit seiner Einschätzung Recht behalten.

Die wohl wichtigste Bezugsperson Dylans in den frühen New Yorker Jahren ist seine Freundin Suze Rotolo (geboren 1944). Sie ist seine Muse, wäscht ihm die Kleider und sagt ihm, wann er zum Friseur gehen muss –, an ihrer Seite wird der nach außen hin oft schroff und abweisend wirkende Bobby sanft und weich. Schon bald spricht man in der Szene von den beiden als »Hänsel und Gretel« – welch ein Kontrast zu dem Etikett, das nur zweieinhalb Jahre später Dylan und Joan Baez erhalten werden: »King and Queen«. Vor allem aber weckt und verstärkt Suze Dylans Sensibilität für soziale Themen, die er in seiner frühen Songwriter-Phase auch intensiv verarbeitet. Als Sekretärin von CORE (Congress Of Racial Equality) sitzt sie an der Quelle und macht ihn mit vielen Persönlichkeiten der Bürgerrechtsbewegung bekannt. Allerdings – und das wird zum großen Problem der beiden – ist Suze nicht bereit, sich in die Rolle des Anhängsels eines berühmten Mannes zu fügen, und als Dylan rasch an Popularität und Ruhm gewinnt, ist ihre Beziehung zum Scheitern verurteilt.

Schließlich lernt Dylan Albert Grossman (1927–1986) kennen, den wohl besten, zugleich aber auch aggressivsten Manager New Yorks. Der clevere Geschäftsmann erkennt, dass nach den Jahren des Rock'n'Roll nun zu Beginn der Sechziger das große Geld eher mit Folk zu machen ist, und mit Peter, Paul & Mary sowie mit Odetta hat er schon zwei Zugpferde in seinem Stall (später werden noch Janis Joplin, The Band, Gordon Lightfoot und Todd Rundgren dazukommen). Grossmans Erfolgsgeheimnis basiert auf zwei Säulen: Zum einen lässt er seinen Künstlern größtmögliche kreative Freiheit, zum anderen fährt er gegenüber der Öffentlichkeit, speziell gegenüber der Presse, einen sehr scharfen und forcierten Kurs.

Als Dylan im November 1961 erstmals das Columbia Studio in New York für die Aufnahmen zu seinem Debütalbum betritt, hat er es bereits zur lokalen Szene-Bekanntheit gebracht. Immer wieder bekommt er die Gelegenheit, vor allem Bluesmusiker wie John Lee Hooker, Big Joe Williams oder Victoria Spivey bei deren Auftritten zu begleiten. Einen treffenden Eindruck von Dylans Repertoire dieser Tage gibt ein Band, das er im Mai bei einem Besuch in Minneapolis aufnimmt und das als so genanntes ›Minneapolis Party Tape‹ auf diversen Bootlegs kursiert. Dasselbe gilt für Aufnahmen ein gutes halbes Jahr später: Als Dylan im Winter seine Heimat besucht, nimmt er im Beecher Hotel am 22. Dezember 26 Songs auf, die später als ›The Minnesota Hotel Tapes‹ den Grundstock des Bootleg-Albums ›Great White Wonder‹ (siehe Seite 286) bilden.

Am 4. November veranstaltet das Folkore Center New York das erste Solokonzert Bob Dylans in der Carnegie Recital Hall, einem kleinen Konzertraum für rund 200 Personen. Doch nur 53 Zuhörer finden sich ein. Dennoch ist Dylan der Mittelpunkt einer einstündigen CBS-Radio-Sendung, ›Folksinger's Choice‹, durch das Programm führt die prominente Moderatorin Cynthia Gooding; dies trägt natürlich sehr zu Dylans Bekanntheit bei.

Nun betritt er am 20. November mit seiner Gitarre also das Columbia Studio, dort lässt John Hammond ihn einfach drauflosspielen. Nach einigen Anläufen bringt Dylan als Erstes den Titel »She's No Good« aufs Band. Der Song heißt auf der Langspielplatte ursprünglich noch »You're No Good« und stammt von Jesse Fuller. Fuller (1896–1976) macht sich vor allem in den Fünfzigern einen Namen als Ein-Mann-Band, eine abenteuerliche Konstruktion erlaubt ihm das gleichzeitige Spiel von Gitarre, Mundharmonika, Trommel und Kazoo, eine Art Blasekamm. »She's No Good« ist eine der bekannteren Nummern Fullers und firmiert häufig auch unter dem Titel »Crazy About A Woman«.

»Fixin' To Die« ist ein Blues des schwarzen Bukka White alias Booker T. Washington White (1906? –1977), den Dylan bei Dave van Ronk zum ersten Mal auf einer alten Bluesplatte aus den frühen Vierzigern hört.

Auch der berühmte Bordellsong »House Of The Risin' Sun« geht auf eine Anregung Dave van Ronks zurück, denn dieser hat eigentlich vor, das Lied für seine nächste Platte selbst einzuspielen. Doch Dylan ist schneller und klaut dazu noch van Ronks Arrangement – ein übler Affront gegenüber seinem Freund. Natürlich ist dieser stinksauer und spricht einige Wochen lang kein Wort mehr mit ihm. Die Geschichte wird oft als Beispiel für Dylans Egoismus zitiert, und es besteht sicher kein Zweifel daran, dass er, wenn es ihm denn dienlich erscheint, ohne weiteres bereit ist, andere recht rücksichtslos auszunutzen. Doch man muss es leider so lakonisch sagen: Das sind nun mal die Mechanismen dieses Geschäfts, und auch Dylan selbst wird seinerseits immer wieder hemmungslos benutzt. Allerdings weiß er sich besser als andere zu wehren.

»Talkin' New York« ist die erste von zwei Eigenkompositionen auf dem Album. Ganz dem Stile Woody Guthries verschrieben, schildert Dylan launig seine ersten Eindrücke von New York. »Song To Woody«, das zweite Original, ist eine sensible Hommage an sein Idol, er spielt es mehrmals auch an Guthries Krankenbett. Das Stück ist der erste von insgesamt fünf Songs, die Dylan im Laufe seiner Karriere über reale amerikanische Anti-Helden schreibt (die anderen sind 1971 »George Jackson«, 1975 Rubin »Hurricane« Carter und »Joey« Gallo sowie 1981 »Lenny Bruce«). Auch wenn Dylan Woody Guthrie als künstlerisches Vorbild schon bald überholt, bleibt der legendäre Bürgerrechtssänger doch sein stetiger Begleiter. Dies zeigt sich vielleicht am deutlichsten beim spektakulären und hochstilisierten Anniversary-Concert (siehe Seite 242) im Oktober 1992, wo Dylan als eine von nur drei Solo-Nummern eben jenen »Song To Woody« spielt.

»Baby Let Me Follow You Down« lernt Dylan von dem jungen Bostoner Bluessänger Eric Von Schmidt (in den Plattencredits als Ric Von Schmidt ausgewiesen), der den Song wiederum von Blind Boy Fuller (aka Fulton Allen) entlehnt. »In My Time Of Dyin'«, ein thematisch eng mit »Fixin' To Die« korrespondierender Blues, stammt von Blind Willie Johnson. Für die Einspielung, die laut den Cover Notes von Robert Shelton (unter dem Pseudonym Stacey Williams) frei improvisiert ist, leiht sich Dylan eine Lippenstifthülle von Suze Rotolo. Damit erzielt er einen Glissando-Effekt, wie er üblicherweise durch Glas- oder Metallröhrchen erzeugt wird. Dass aber, wie Shelton meint, Suze dies mit weit geöffneten Augen staunend verfolgt hätte, darf angezweifelt werden.

»Man Of Constant Sorrow« ist ein Folksong aus der Südstaaten-Hillbilly-Tradition, den Dylan wahrscheinlich von Pete Seegers Halbbruder Mike lernt. »Pretty Peggy-O« ist dagegen ein Titel, der ursprünglich aus dem schottischen Liedgut stammt und in der Zeit des amerikanischen Bürgerkriegs in die Neue Welt gelangt. Dylan interpretiert ihn in einer originellen Mixtur aus Blues und Westernsong, vor allem der eng verzahnte Stimmen-Wechsel zwischen Gesang und Mundharmonika verdient besondere Aufmerksamkeit.

»See That My Grave Is Kept Clean« ist der dritte Song des Albums, der sich explizit mit dem Thema Tod beschäftigt. Der

Blues stammt von dem einflussreichen Südstaatenmusiker Blind
Lemon Jefferson (1893–1929), der zum Vorbild einer ganzen Generation von Bluesmusikern wurde. Der bekannteste seiner
»Schüler« ist der mittlerweile nicht minder legendäre Leadbelly
(1885? –1949), den wiederum Dylan zu seinen großen Vorbildern
erklärt.

»Gospel Plow« ist ein Anfang der sechziger Jahre sehr populä-
res Traditional. Bei diversen Clubauftritten begleitete Dylan den
Folksänger Len Chandler bei dem Stück, bevor er es hier in einer
eigenen, sehr gehetzten Version interpretiert. Eine wichtige Nord-
Süd-Verbindung in den Vereinigten Staaten ist der Highway 51,
ihm ist der gleichnamige Blues gewidmet. Dylan greift auf das
Arrangement von Curtis Jones, Tommy McClennan und C. White
zurück. Als Abschluss folgt »Freight Train Blues«, eine ausgesprochen lustige Adaption eines Titels von John Lair, bei der Dylan
den längsten Ton seiner gesamten Karriere singt: das »uh« im Wort
»Blues« im zweiten Refrain; er hält den Ton beachtliche 24 Sekunden lang.

In den Sessions spielt Dylan noch eine Reihe weiterer Songs
ein, die aber – allesamt vergleichsweise blasser – nicht auf das
Album kommen. »He Was A Friend Of Mine«, »Man On The
Street« und »House Carpenter« werden immerhin in den Neunzigern auf ›Bootleg Series 1‹ veröffentlicht.

Blickt man aus heutiger Sicht auf das vor mehr als vierzig Jahren
erschienene Debüt, so ist erstaunlich, wie viele Parallelen sich zwischen den ersten Songversuchen Anfang der sechziger Jahre und
beispielsweise dem Alterswerk ›"Love And Theft"‹ offenbaren.
Ungeachtet aller musikalischer Wege – wie wir sehen werden, oft
genug auch Irrwege –, die Dylan zwischendurch einschlägt, zeigt
sich eine starke musikalische und inhaltliche Klammer zwischen
dem ersten und dem bislang letzten Plattenwerk Bob Dylans.

Dabei ist wohl allen Versuchen zu widersprechen, die dem Debüt des schüchtern wirkenden, pausbäckigen jungen Mannes im
Wissen um seine späteren Leistungen bereits das Etikett eines
ganz frühen Meisterwerks anheften wollen. Dylan befindet sich
auf ›Bob Dylan‹ als Künstler quasi noch im Embryonalzustand.
Die Platte ist weitgehend unausgereift und ungeschliffen, selbst
der Produzent John Hammond merkt an: »Dylans Gitarrenspiel

steckt – ich will es mal liebenswürdig ausdrücken – noch in den Anfängen, und sein Mundharmonikaspiel ist bestenfalls passabel.« Mit geradezu amateurhafter Begeisterung geht Dylan in die Aufnahmen, und er glaubt an jede Note, die er singt oder spielt, und sei sie noch so falsch.

Dylan zeigt sich auf seinem Debütalbum noch nicht als Songwriter, auch wenn »Talkin' New York« und vor allem »Song To Woody« sein Potenzial vielleicht schon erahnen lassen. Noch ist er Interpret, und die Platte ist ein repräsentativer Querschnitt dessen, was er in den Coffeehouses in Greenwich Village zu dieser Zeit vorträgt. Dabei wird bereits hier eine unverkennbare eigene musikalische Handschrift deutlich: Jede stilistische Anlehnung – und er bedient sich reichlich und ohne zu zögern bei Vorbildern und Inspirationsquellen – dient letztlich dem Zweck, einen eigenen, ganz persönlichen emotionalen Zugang zu den Songs zu bieten. Unter diesem Blickwinkel lässt sich auch eine Frage beantworten, die Dylans Debüt für viele Zuhörer aufwirft: Wie kommt ein gerade mal Zwanzigjähriger dazu, eine Platte voller düsterer Themen und Reflexionen über den Tod aufzunehmen? Eine allgemeine jugendliche Todessehnsucht oder die Berührtheit von Woody Guthries Schicksal greifen als Erklärung sicherlich zu kurz. Schlüssiger ist die Erkenntnis, dass sich bereits hier in diesem frühen und künstlerisch noch sehr unbewussten Stadium Dylans Grundthema zeigt, das ihn sein ganzes Leben begleitet: das Problem des Überlebens in einer Welt des Verrats, des Unrechts, der Unordnung, des Chaos, die Furcht vor Tod, Einsamkeit und Untergang. Zugleich legt Dylan seine wichtigsten Quellen und Einflüsse offen.

Noch bevor das Album erscheint, nimmt Dylan an einer weiteren Aufnahmesession teil: Am 2. März begleitet er im Studio Victoria Spivey, Lonnie Johnson und Big Joe Williams – ein Foto dieser Sitzung findet sich auf der Cover-Rückseite von ›New Morning‹. Für sein brillantes Mundharmonikaspiel auf »Sitting On Top Of The World«, einem Blues, den er dreißig Jahre später selbst für ›Good As I Been To You‹ aufnimmt, erntet er hervorragende Kritiken in der Presse.

A Hard Rain's A-Gonna Fall

Obwohl sein Debütalbum weder kommerziell noch künstlerisch wirklich befriedigend ist, trägt es doch enorm zu Dylans Bekanntheit bei. Er wird für zahlreiche Auftritte engagiert: nicht nur in New York, sondern auch in Cambridge, Boston, Chicago und Montreal. Selbst im fernen England spricht man von dem jungen zerzausten Musiker mit der kratzbürstigen Stimme, und als Dylan Ende 1962 das erste Mal nach London fliegt, wird er dort von Medien wie Publikum gleichermaßen als neuer Hoffnungsträger für den Folk begrüßt.

Auch mehren sich die Anfragen nach Einspielungen seiner Songs: Der Musikverlag Witmark & Sons nimmt den gesamten Katalog seiner Lieder auf. Viele dieser Stücke werden niemals offiziell veröffentlicht, sind aber auf den 1964 erscheinenden Bändern ›The Witmark Demos‹ enthalten und bilden den Grundstock für zahlreiche Dylan-Bootlegs. Pete Seeger, die Leitfigur der politisch engagierten Folkszene und Vertrauter Dylans vom Krankenbett Woody Guthries, überredet ihn außerdem zu einigen Aufnahmen für das kleine Folklabel Broadside. Da Dylan vertraglich an Columbia gebunden ist, erscheinen diese Aufnahmen unter dem Pseudonym Blind Boy Grunt.

Doch die wichtigsten Einspielungen des Jahres 1962 macht Dylan natürlich für seine Plattenfirma CBS. Es wird immer ein Rätsel bleiben, weshalb Columbia ausgerechnet dem Newcomer Bob Dylan das Privileg einräumt, sein zweites Album in verschiedenen Sessions über einen so langen Zeitraum verteilt aufzunehmen, wie dies bei ›The Freewheelin' Bob Dylan‹ der Fall ist. Man kann nur vermuten, dass maßgebliche Kreise bei CBS den Vertrag mit Dylan nach dem schleppenden Absatz des ersten Albums nicht unbedingt weiter erfüllen und das Ganze einfach stillschweigend auslaufen lassen wollen.

Letztlich ist das zweite Album vor allem dem Engagement von John Hammond sr. zu verdanken, der das Projekt nicht aus den Augen verliert, sondern die Sache am Leben hält. Dylan geht unter Hammonds Regie sieben Mal im Laufe eines Dreivierteljahres

Album-Info

Veröffentlichung: 27. Mai 1963
Produzent: John Hammond
Gastmusiker:
  George Barnes (g)
  Howard Collins (g)
  Rene Gamey (b)
  Leonard Gaskin (b)
  J. Bruce Langhorne (g)
  Herb Lovelle (dr)
  Dick Wellstood (p)
Liner Notes: Nat Hentoff
Coverfoto: Don Hunstein

Songs:
  1. Blowin' In The Wind
  2. Girl From The North Country
  3. Masters Of War
  4. Down The Highway
  5. Bob Dylan's Blues
  6. A Hard Rain's A-Gonna Fall
  7. Don't Think Twice, It's All Right
  8. Bob Dylan's Dream
  9. Oxford Town
  10. Talking World War III Blues
  11. Corrina, Corrina
  12. Honey, Just Allow Me One More Chance
  13. I Shall Be free

(11. Traditional, Arranged by Bob Dylan;
12. Henry Thomas & Bob Dylan;
alle anderen Titel Bob Dylan)

Weitere Dylan-Songs dieser Phase
(Livemitschnitte, Witmark Demos,
Broadside Sessions etc.):

All Over You
Ballad Of Donald White
Bob Dylan's New Orleans Rag
Dusty Old Fairgrounds
Farewell
He Was A Friend Of Mine [1]
I'd Hate To Be You On That Dreadful Day
John Brown
Last Thoughts On Woody Guthrie [1]
Long Ago, Far Away
Long Time Gone
Only A Hobo [1]

Paths Of Victory [1]
Playboys And Playgirls
Seven Curses [2]
Tomorrow Is A Long Time [3]
Train A-Travelin'
Walking Down The Line [1]
Who Killed Davey Moore? [1]

Offiziell veröffentlicht auf:
[1] Bootleg Series 1
[2] Bootleg Series 2
[3] More Bob Dylan's Greatest Hits

Session	Bisher offiziell veröffentlicht	Bisher offiziell unveröffentlichte Songs und Outtakes
alle in New York, Columbia Studios, Studio A	FW – The Freewheelin' B – Biograph BS 1 – Bootleg Series 1 BS 7 – Bootleg Series 7 H61-I – Highway 61 Interactive (CD-ROM)	
24. April 1962	Rambling, Gambling Willie (BS 1) Sally Gal (BS 7)	Going To New Orleans Talkin' John Birch Paranoid Blues The Death Of Emmett Till (I Heard That) Lonesome Whistle Baby Please Don't Go Milkcow (Calf's) Blues Wichita Blues (Going To Louisiana) Rocks And Gravel
25. April 1962	Let Me Die In My Footsteps (BS 1) Talkin' Hava Negeilah Blues (BS 1) Talkin' Bear Mountain Picnic Massacre Blues (BS 1)	
9. Juli 1962	Baby, I'm In The Mood For You (B) Blowin' In The Wind (FW) Quit Your Low Down Ways (BS 1) Honey Just Allow Me One More Chance (FW) Down The Highway (FW) Bob Dylan's Blues (FW) Worried Blues (BS 1)	
26. Oktober 1962	Corrina, Corrina (FW)	That's All Right, Mama
1. November 1962	Rocks And Gravel (H61-I)	
14. November 1962	Mixed Up Confusion (B) Don't Think Twice, It's All Right (FW) Kingsport Town (BS 1)	Whatcha Gonna Do?
6. Dezember 1962	Oxford Town (FW) I Shall Be Free (FW) A Hard Rain's A-Gonna Fall (FW)	Hero Blues
24. April 1963	Girl Of The North Country (FW) Masters Of War (FW) Talkin' World War III Blues (FW) Bob Dylan's Dream (FW) Walls Of Redwing (BS 1)	

ins Studio – dazu noch ein weiteres Mal im April 1963 unter der Produktionsleitung von Tom Wilson. Das Resultat dieses ungewöhnlichen Prozedere jedenfalls ist, dass Dylan, der zur damaligen Zeit Songs wie am Fließband schreibt, aus einem sehr großen Fundus eigener Lieder schöpfen kann.

Dies erklärt nicht nur den künstlerischen Quantensprung, der zwischen dem Debütalbum und ›Freewheelin'‹ liegt, sondern auch das verblüffend durchgängige hohe Niveau aller Songs des Albums. Daneben bleiben selbst Perlen in der Flut von Dylans Schaffens-Mania unberücksichtigt und gelangen nur als inoffizielle Outtakes oder eben über Witmark oder Broadside an die Öffentlichkeit. In diesem Sinne ist ›Freewheelin'‹ also eine Art »Best of« der damaligen Schaffenphase Dylans und kein gewöhnliches Album, für das ein Künstler das Material verfasst und dieses im Studio dann einspielt.

Die zunehmende Popularität verändert natürlich Dylans Leben, auch wenn gemessen an späteren Maßstäben ›The Freewheelin'‹ noch aus einer weitgehenden Privatheit heraus entstanden ist. Rein äußerlich vollzieht er den Bruch mit seiner Herkunft und den Schritt hin zu einer neuen Identität als Künstlerpersönlichkeit, als er am 2. August 1962 seine Namensänderung von Robert Zimmerman in Bob Dylan offiziell und behördlich legalisiert. Doch die Konsolidierung dieser Identität ist natürlich auch bei Dylan nicht primär die Frage einer Unterschrift, und so vollzieht vor allem er selbst einen entscheidenden Wandel: quasi vom nordamerikanischen Landei zum New Yorker Szenestar, der er spätestens nach Erscheinen von ›Freewheelin'‹ ist.

Auf diesen Identitätswandel angesprochen erklärt Dylan dem bekannten Chicagoer Radiomoderator Stud Terkel in einem langen und berühmt gewordenen Interview: »Ich habe den Eindruck, früher – also zu Zeiten von Woody Guthrie und Pete Seeger – war alles leicht voneinander zu unterscheiden, schwarz und weiß, gut und schlecht. Aber heute gibt es viel mehr als nur zwei Seiten … Es ist so, als würde man versuchen, einen Nagel in ein Brett zu schlagen. Da ist dieses Brett, und da ist ein Nagel neben dem anderen, und jeder, der neu dazukommt, will einen neuen Nagel einschlagen, obwohl man kaum noch eine freie Stelle findet. Ich hoffe, ich finde den Platz für meinen Nagel.« Frage von Stud Terkel: »Warum nehmen Sie sich nicht einfach ein neues Brett?« Antwort: »Mir reicht das alte. Ich suche nur nach einer freien Stelle für meinen Nagel.«

Eine wichtige Konstante in Dylans Leben ist seine Freundin Suze Rotolo, mit der er ein Appartement in der 4th Street teilt. Umso panischer reagiert er, als sie ihm eröffnet, zusammen mit ihrer Mutter im Sommer für ein halbes Jahr nach Italien zu gehen, um in Perugia und Neapel Kunst zu studieren. Alle Bemühungen Dylans, das Mädchen bei sich zu halten, scheitern: Seine Muse fliegt ins ferne Europa, ihm bleiben nur jugendlicher Weltschmerz und Liebeskummer. Doch Dylan gelingt es, seine überbordenden Emotionen in künstlerische Kreativität umzusetzen, und wie besessen stürzt er sich auf neues Material, schreibt Song um Song. Es scheint in Dylans Karriere fast ein Mechanismus zu sein, in Phasen persönlicher Krisen besonders kreativ zu werden. Er selbst sagt dazu: »Ich kann nicht schreiben, wenn es mir gut geht. Wenn es mir gut geht, dann spiele ich. Wenn ich schreibe, bin ich krank.«

Als Suze Rotolo im Winter wieder nach New York zurückkehrt, leben die beiden zwar wieder zusammen, aber Dylan hat sich in diesem halben Jahr entscheidend verändert. Nach außen hin herrscht noch das Bild einer intakten Beziehung vor: Dylan posiert mit Suze Arm in Arm in der Great Jones Street im Village für das Cover von ›The Freewheelin'‹, doch im Inneren werden immer stärkere Risse spürbar. Dylans zunächst nur künstlerische, bald jedoch auch persönliche Nähe zu der schon arrivierten Folksängerin Joan Baez erweist sich als weitere Belastung für seine Beziehung zu Suze Rotolo.

Ein zweiter wichtiger Orientierungspunkt in Dylans damaligem Leben wird Albert Grossman, der ihn ab Mai 1962 offiziell als Manager betreut. Grossman kümmert sich um den jungen Mann, wenn dieser in seinem Trennungsschmerz wieder einmal abzustürzen droht, und er zieht im Hintergrund die Fäden, um Ruhm und Ruf seines Schützlings zu mehren. Außerdem betreibt er langsam, aber hartnäckig die Ablösung von John Hammond als Produzent Dylans, und so leitet bereits die letzte ›Freewheelin'‹-Session im Frühjahr 1963 der schwarze Jazz-Produzent Tom Wilson, der bereits mit Größen wie Sun Ra oder John Coltrane zusammengearbeitet hatte. Wilson bleibt bis 1965 Dylans Produzent; der letzte Titel, den er betreut, wird das epochale »Like A Rolling Stone« sein.

Die beiden ersten Studio-Termine zu ›The Freewheelin'‹ finden am 24. und 25. April 1962 statt. Bei diesen Sessions werden mit »Rambling, Gambling Willie«, »Talkin' John Birch Paranoid Blues« und »Let Me Die In My Footsteps« neben einer Reihe von Outtakes drei Songs eingespielt, die später im buchstäblich allerletzten Moment vom Album gestrichen werden.

»Rambling, Gambling Willie« ist die sozialromantische Moritat des fahrenden Spielers Will O'Conley, der als Prototyp eines Outlaws zwar der Schrecken aller Spieler ist, aber den Armen und Bedürftigen gegenüber stets ein goldenes Herz beweist. Es kommt, wie es in solch einem moralisierenden Song kommen muss: Poor Willie wird beim Spiel von einem Rivalen erschossen, der sich betrogen wähnt. Beim Spiel mit dem Tod hilft auch das beste Pokerblatt nicht.

»Talkin' John Birch Paranoid Blues« oder »Talkin' John Birch Society Blues«, wie der Song ursprünglich heißt, ist ein böser Spottgesang auf die John Birch Society. Diese Gruppe benannte sich nach dem Baptistenmissionar und Geheimdienstagenten John Birch, der im Zweiten Weltkrieg als Kommunistenjäger vor allem in Asien traurige Bekanntheit erlangte. Die Society war ein typisches Produkt des Kalten Krieges ganz im Sinne der McCarthy-Kommission, die sich die Verfolgung jeglicher kommunistischer Umtriebe (oder was immer dafür gehalten wurde) auf die Fahnen geschrieben hatte. Dylan seziert die Lächerlichkeit dieser Vereinigung mit beißendem Hohn. Mit geradezu missionarischem Eifer sucht der Icherzähler des Songs in jeder Ecke und jeder Ritze nach Kommunisten, selbst im Handschuhfach und in der Kloschüssel schaut er nach, doch wo er auch hinkommt: Die Roten sind ihm wieder entwischt. Aber er ruht nicht eher, bis er endlich entdeckt, dass nicht nur Eisenhower, Roosevelt und Lincoln russische Spione waren, sondern dass selbst die amerikanische Flagge rote Streifen besitzt!

Wie sehr Dylans Satire ins Schwarze traf, zeigt das Politikum, das der Song nach sich zieht: Dylan wird im Mai 1963 eingeladen, in der renommierten ›Ed Sullivan Show‹ einige Lieder zu singen. Seine Wahl fällt unter anderem auch auf den »John Birch«-Blues. Der Sender akzeptiert dies nicht und verbietet kurzfristig die Einspielung für die Show, worauf Dylan fuchsteufelswild aus dem TV-Studio stürmt und den gesamten Auftritt schmeißt.

»Let Me Die In My Footsteps« ist in engem Zusammenhang mit »A Hard Rain's A-Gonna Fall« (siehe unten) zu sehen, doch ihm fehlt dessen poetische Kraft. Stattdessen regiert angesichts einer drohenden kriegerischen und nuklearen Katastrophe hier ein merkwürdig trotziger Heroismus, dessen unterschwelliger Patriotismus sehr an Woody Guthrie erinnert: Wenn ich schon sterben muss, dann aufrecht – ein aus heutiger Sicht etwas verstaubt wirkendes Lied.

Die Aufnahmesession ein Vierteljahr später, am Dienstag, dem 9. Juli, bringt vier Titel hervor, die auf ›Freewheelin'‹ dann auch veröffentlicht werden. Den Auftakt macht »Blowin' In The Wind«, der Eröffnungssong des Albums. Dieses Lied ist, als es auf ›Freewheelin'‹ erscheint, bereits weit über die New Yorker Folkszene hinaus berühmt. Dylan schreibt es im Frühjahr 1962, ohne ihm zunächst besondere Beachtung zu schenken. Auch seine Musikerkollegen halten den Song für blass und naiv: Das Stück ist kein Protestsong im engeren Sinne, es beschäftigt sich nicht mit einem speziellen Aspekt oder Vorfall, sondern es stellt nur Fragen – Fragen zu Wahrheit und Freiheit, zu existenziellen Voraussetzungen würdigen Menschseins. Dazu Dylan im Folkmagazin ›Sing Out!‹ im Oktober des Jahres: »Ich kann nicht allzu viel sagen über diesen Song, außer dass die Antwort im Wind flattert. Man findet sie nicht in einem Buch oder in einem Film oder in einer TV-Show oder in einer Diskussionsrunde. Es gibt Leute, die behaupten, sie hätten die Antwort gefunden, aber ich glaube ihnen nicht. Ich denke, die Antwort flattert immer noch wie ein Blatt Papier im Wind. Das Problem ist doch, dass niemand die Antwort aufhebt, wenn sie schon mal ruhig am Boden liegt. Und flugs kommt der nächste Windstoß, und sie fliegt wieder davon. Ich behaupte: Einige der größten Verbrecher sind jene, die bei Unrecht einfach den Kopf wegdrehen und so tun, als würden sie nichts sehen. Ich bin erst 21 Jahre alt und weiß schon, es hat zu viel Unglück in der Welt gegeben. Ihr Leute, die ihr über 21 seid, solltet das noch viel besser wissen.«

Covers von »Blowin' In The Wind« (kleine Auswahl):
Chet Atkins, Joan Baez, Ray Bryant, Glen Campbell, Judy Collins, Sam Cooke, King Curtis, Marlene Dietrich, Duke Ellington, Marianne Faithfull, Stan Getz, Edwin Hawkins Singers, The Hollies, Kingston Trio, Tyson Moses jr., Elvis Presley, Johnny Rivers, The Searchers, Pete Seeger, Nina Simone, Stevie Wonder

Dylan trifft den Nerv der Zeit: »Blowin' In The Wind« wird zur Hymne der Bürgerrechtsbewegung schlechthin und macht seinen Autor berühmt – wenn auch nicht in dessen eigener Version, sondern in der Fassung von Peter, Paul & Mary, die den Song gefällig arrangiert in die US-Hitparaden bis auf Platz Zwei bringen. Die Single des Trios verkauft sich allein in den ersten vierzehn Tagen nach Erscheinen mehr als 300 000 Mal und wird zur erfolgreichsten Platte der Firma Warner Brothers bis dato.

Für Dylan bedeutet »Blowin' In The Wind« den endgültigen Durchbruch als Songschreiber. Insofern ist der Song zwar nicht das beste Stück aus Dylans Feder – zum Beispiel ist »A Hard Rain's A-Gonna Fall« (ebenfalls vom ›Freewheelin'‹-Album) poetisch sicherlich höher einzuschätzen –, aber es ist wohl eines der wichtigsten Lieder in Dylans Karriere. Zudem ist es der Dylan-Song mit den meisten Fremdinterpretationen.

Rasch treten Neider auf den Plan und bezweifeln Dylans Urheberschaft an dem Stück. Die Melodie ist deutlich erkennbar an Odettas »No More Auction Block« angelehnt – Dylan lässt hierüber nie einen Zweifel und veröffentlicht Odettas Song selbst auf ›Bootleg Series 1‹. Doch bis in die Gegenwart kursiert immer wieder das hartnäckige Gerücht, Dylan habe den Song einem Musikstudenten namens Lorre Wyatt (»Freedom Is Blowing In The Wind«) abgekauft bzw. geklaut. Dies ist jedoch eindeutig widerlegt, Wyatt selbst hat jeglichen eigenen Bezug zu »Blowin' In The Wind« stets bestritten.

Die drei anderen Songs der Session dieses Tages, die den Weg auf das Album finden, nehmen im Hinblick auf Dylans Gesamtwerk einen eher nachrangigen Platz ein. Bei »Honey, Just Allow Me One More Chance« ist mit dem Titel bereits alles gesagt: Der Sänger bittet seinen Schatz um eine letzte Chance, ihm zu zeigen, dass er ein besserer Mensch und Partner werden kann. Der Song geht zurück auf den 1874 in Big Sandy, Texas, geborenen Henry Thomas. Dieser weithin unbekannte Bluessänger stammte aus einer Sklavenfamilie und nahm zwischen 1927 und 1929 einige Dutzend Titel auf, danach verliert sich seine Spur. Dylan verleiht dem ohnehin schon augenzwinkernden Stück eine chaplineske Stimmung: So gut gelaunt sollte es kein Problem für den Sänger sein, seine Angebetete zurückzugewinnen. Ganz andere Emotionen transportiert »Down The Highway«, ein trübseliger Blues im

Stil von Son House oder Robert Johnson. Dieser Song spiegelt Dylans Gefühlslage, als Suze Rotolo mit ihrer Mutter nach Italien reist. Dabei bleibt er mit dem Stück strukturell im Prinzip dem gängigen Blues-Klischee verhaftet, wertet dieses aber durch ein originelles Gitarrenriff und seinen sehr eindringlichen Gesang enorm auf.

Der zuletzt aufgenommene Song dieses 9. Juli ist »Bob Dylan's Blues«, ein absurd überdrehtes lustiges Stück im Stile späterer Grotesken wie »Bob Dylan's 115th Dream«. In einer lakonischen Einleitung zu dem Stück erklärt Dylan, dass dieses nicht wie die meisten Folksongs der damaligen Zeit in der Tin Pan Alley (der kommerziellen Hitfabrik Amerikas) entstanden sei, sondern irgendwo auf den Straßen Amerikas. Mit seinen freien Wortspielen und Assoziationen sowie zum Teil reinen Albernheiten bildet der Song einen reizvollen Kontrast zu der düsteren apokalyptischen Stimmung, die an anderen Stellen das Album prägt.

Für die Sessions im Oktober und November 1962 engagiert John Hammond einige Studiomusiker, um auch Rock'n'Roll-Einspielungen vorzunehmen. Dabei konzentrieren sich die Aufnahmesitzungen auf die Songs »Corrina, Corrina«, »That's All Right, Mama«, »Rocks And Gravel« und das Dylan-Original »Mixed Up Confusion«.

»Corrina, Corrina« ist ein Song aus der Tradition des Mississippi Delta Blues, den vor allem Musiker wie Blind Lemon Jefferson, Lightnin' Hopkins, Lonnie Johnson, Mississippi John Hurt, Bo Carter, Tampa Red, aber auch der Jazzvirtuose Art Tatum entscheidend geprägt haben. Dylans Aufnahme ist ein sanfter Blues in schlichtem Folkkleid, in dem die Rückkehr der eindringlich besungenen Corrina beschworen wird. Offiziell werden zwei Versionen des Songs veröffentlicht: Take 1 auf Single als Rückseite von »Mixed Up Confusion«, Take 7 für ›Freewheelin'‹.

Covers von »Corrina, Corrina«: Wolfgang Ambros, Marianne Faithfull, Steppenwolf, Muddy Waters, Doc Watson, Jimmy Witherspoon

Bei »Rocks And Gravel« hat Dylan die Bluesvorlagen »Alabama Woman Blues« von Lenny Carr und »Solid Road« von Brownie McGhee miteinander verschmolzen. Die Aufnahme, auf der Dylan singt, als hätte er sein ganzes Leben auf den Baumwollfeldern der Südstaaten zugebracht, ist auf der seltenen Promotion-

LP sowie auf der CD-ROM ›Highway 61 Interactive‹ – und auf einigen Bootlegs – zu hören. Dylans Version der Elvis-Nummer »That's All Right, Mama« verschwindet hingegen in den Archiven.

Die größte Produktionsenergie nimmt »Mixed Up Confusion« ein, eine aus heutiger Sicht durchaus reizvolle Mischung aus schnellem und dichtem Rock'n'Roll, einem überdreht lustigen Country-Gesang und einer sehr bluesbetonten Harmonika. Hammond experimentiert – sehr zum Unwillen Dylans – mit verschiedensten Sounds für das Stück. Selbst eine Dixieland-Version steht im Raum. Die endgültige Version wird schließlich am 14. Dezember 1962 mit »Corrina, Corrina« auf der B-Seite als Single herausgebracht. Doch schon nach wenigen Tagen beschleichen die CBS-Verantwortlichen Zweifel, ob dieser Song nicht dem Imageaufbau Dylans als Folkmusiker schaden könnte. Nach nur wenigen hundert verkauften Exemplaren wird die Single wieder zurückgezogen und avanciert fortan zu einem höchst begehrten Sammelobjekt der Rockkultur. Erst auf der Fünf-LP- (bzw. 3-CD-)Werkschau ›Biograph‹ im Oktober 1985 erscheint »Mixed Up Confusion« offiziell ein zweites Mal.

Dylan ist von Hammonds Soundbasteleien reichlich genervt und verlässt inmitten der Abmischungen frustriert das Studio. Nachdem er sich wieder beruhigt hat, kehrt er zurück, nimmt seine akustische Gitarre und spielt ohne Probetakes und Vorgeplänkel eine der berühmtesten Nummern auf ›Freewheelin'‹ ein: »Don't Think Twice, It's All Right«. Das Stück ist ein sehr persönlicher Song für Suze Rotolo, der ständig zwischen Liebeslied und Anti-Liebeslied hin und her changiert. Entstanden nach einer langen Diskussion, in der Dylan seine Suze von ihren Reiseplänen nach Italien abbringen will, beinhaltet das Lied auf frappierend selbstverständliche Weise beide Aspekte der Liebe: die Süße der Nähe und die Bitterkeit der Trennung. Gerade diese emotionale Spannung macht »Don't Think Twice« zu einem der erfolgreichsten Songs von Dylan.

Das Lied findet über hundert Coverversionen, pikanterweise auch von Joan Baez. Für Suze Rotolo ist es ohnehin ein Problem,

Covers von »Don't Think Twice, It's All Right« (kleine Auswahl): Wolfgang Ambros, Joan Baez, Booker T., Johnny Cash, Cher, Eric Clapton, Duane Eddy, José Feliciano, Bryan Ferry, Steve Howe, John Martyn, Odetta, Tom Paxton, Peter, Paul & Mary, Elvis Presley, Jerry Jeff Walker, Doc Watson

diesen so persönlichen Song in der Öffentlichkeit vorgetragen zu hören – in der Fassung von Peter, Paul & Mary kommt das Stück sogar in die Charts –, es aber aus dem Mund ihrer Rivalin zu hören, dürfte sie wohl besonders geschmerzt haben. Auch Dylans Kommentar, mit dem er zuweilen das Lied in seinen Konzerten einleitet (»ein Song über eine Liebesbeziehung, die zu lang gedauert hat«), ist für die junge Frau natürlich mehr als kränkend.

Bis heute halten sich Spekulationen, dass der Song auch noch als Gruppeneinspielung aufgenommen wurde – immerhin waren die Sessionmusiker für »Mixed Up Confusion« ja noch im Studio, allerdings ist nie eine entsprechende »elektrische Version« aufgetaucht.

Am 6. Dezember 1962, dem siebten Sessiontag für ›Freewheelin'‹ und dem Tag der letzten Aufnahmen mit John Hammond sr. spielt Dylan drei sehr unterschiedliche Songs ein: »Oxford Town«, »I Shall Be Free« und »A Hard Rain's A-Gonna Fall«.

»Oxford Town« greift einen besonders drastischen Fall von Rassendiskriminierung aus der damaligen Tagespresse auf: Der Schwarze James Meredith sollte sich als erster Farbiger als Student an der University of Mississippi in Oxford einschreiben, doch dagegen rührte sich heftiger Widerstand von weißer Seite. Am Ende nahm sich Präsident Kennedy selbst der Sache an und wies die Universität an, Meredith zu immatrikulieren. In der folgenden Nacht – vom 30. September auf 1. Oktober 1962 – kam es, ausgelöst von weißen Fanatikern, zu Unruhen und regelrechten Straßenschlachten, bei denen zahlreiche Menschen verletzt wurden und zwei Farbige den Tod fanden. Dylan prangert hier wie in einer Reihe anderer Songs (zum Beispiel in »The Death Of Emmett Till«, »The Lonesome Death Of Hattie Carroll« oder auch in »Hurricane«) die im amerikanischen Denken noch tief verankerte Rassentrennung auf scharfe Weise an.

Covers von »Oxford Town«:
Tim O'Brien, Phil Carmen, Richie Havens, Michel Montecrossa

Das im Anschluss eingespielte »I Shall Be Free« ist ein satirisch-surrealistisches Kaleidoskop in der Tradition Guthrie'scher Talkin'-Songs, ein schräges Stück mit viel Situationskomik und gesellschaftlichen und politischen Seitenhieben – durchaus vergleichbar mit der bayrischen Tradition des »G'stanzl-Singens«. Das

Lied fällt verglichen mit den vielen epochalen Songs auf ›Freewheelin'‹ zwar vielleicht etwas ab, bildet aber gerade zu den düsteren Stücken wie dem folgenden »A Hard Rain's A-Gonna Fall« einen reizvollen Kontrast.

Diese Nummer, ganz am Ende der Session und wie »Don't Think Twice« ohne jegliche Vorläufe gleich im ersten Take eingespielt, ist der künstlerische Höhepunkt des Albums und zugleich eine der stärksten und machtvollsten poetischen Arbeiten Dylans überhaupt. Der Song verbindet einen sprachlich ungewöhnlich komplexen Text mit einer starken und suggestiven Bilderwelt zu einer surrealen Klangpoesie. Dylan streift durch apokalyptische Reflexionen und Visionen im Stil der französischen Symbolisten Arthur Rimbaud oder Charles Baudelaire, und er führt die Zuhörer auf eine Tour de Force durch beklemmende Landschaften, die den düsteren Bildern von Hieronymus Bosch entsprungen zu sein scheinen. Ursprünglich als reine Poesie konzipiert, beginnt Dylan wohl erst auf Anregung seines Sänger-Freundes Tom Paxton den Text zu vertonen. Damit entsteht ein Song, der aufgrund seiner Dichte und Komplexität in einer Reihe mit späteren Meisterwerken wie »Desolation Row« oder »Gates Of Eden« steht und der damals in der New Yorker Folkszene wie kein anderes Stück einschlägt.

Der Song begründet schon bald Dylans Ruf, ein Genie zu sein. Beispielsweise kann Dave van Ronk zunächst überhaupt nicht glauben, dass das Stück von Dylan ist. Für ihn wie für viele andere Leute aus der Szene ist das Lied vom ersten bis zum letzten Wort ein Meisterwerk, das eine völlige künstlerische Neuorientierung in der Folkmusik einleitet. Auch der Sänger Barry Kornfeld erkennt das revolutionäre Potenzial des

> Covers von »A Hard Rain's A-Gonna Fall«:
> Joan Baez, Bryan Ferry, Rod MacKinnon, Melanie, Nana Mouskouri, Wolfgang Niedecken, Leon Russell, Pete Seeger, The Staple Singers

Songs: »Niemand von uns hatte je den Text eines Liedes studiert, damit er ihn versteht. Durch ›Hard Rain‹ eröffnete sich uns eine ganz neue Welt des Liederschreibens. Viele von uns waren nicht darauf vorbereitet, doch Dylans Karriere erreichte dadurch einen ganz anderen Grad an Anerkennung.«

Dylan selbst äußert sich zu »Hard Rain« so: »Ich habe das Lied während der Kubakrise im Oktober 1962 mit der dramatischen

Konfrontation zwischen Kennedy und Chruschtschow geschrieben. Ich war verzweifelt und wusste nicht, wie viele Lieder ich noch schreiben können würde. Also packte ich alles, was mir wichtig war, in dieses eine Lied. Jede Zeile davon ist eigentlich ein eigener Song ... Es handelt sich bei dem schweren Regen allerdings nicht um atomaren Niederschlag, also nicht um den Fallout einer Atombombe. Der schwere Regen ist in der letzten Strophe erklärt, wo es im Lied heißt: die ›giftige Flut überschwemmt uns alle‹. Ich meine damit all die Lügen, die den Leuten vom Radio und von den Zeitungen erzählt werden und die ihnen den Verstand wegnehmen sollen; all diese Lügen sehe ich als Gift an.«

Die letzte Session zu ›The Freewheelin'‹ findet am 24. April 1963 statt, auf den Tag genau ein Jahr nach der ersten Sitzung zum Album. Dylan spielt fünf neue Songs ein, wovon schließlich »Girl From The North Country«, »Masters Of War«, ›Talking World War III Blues« und »Bob Dylan's Dream« buchstäblich in letzter Sekunde den Sprung auf die Platte schaffen. Lediglich »Walls Of Redwing« kursiert jahrzehntelang nur auf Bootlegs und kommt erst auf ›Bootleg Series 1‹ offiziell heraus.

»Girl From The North Country« ist ein Liebeslied an seine Jugendliebe Echo Helstrom (und vielleicht zugleich an Bonnie Beecher, Ende 1960 für kurze Zeit seine Freundin an der Universität in Minneapolis) – eines der romantischsten Lieder in Dylans Repertoire, das selbst heute noch aus dem Mund des Über-Sechzigjährigen glaubhaft klingt. Es ist Dylans erstes Liebeslied auf Platte und weist unverkennbar enge musikalische Ähnlichkeiten zum englischen Volkslied »Scarborough Fair« auf.

Covers von »Girl From The North Country« (kleine Auswahl): Phil Carmen, Johnny Cash, Joe Cocker, Ramblin' Jack Elliott, Fairport Convention, Larry Grace, Roy Harper, James Last, Mylon LeFevre, Tony Rice, Boz Scaggs, Rod Stewart, Howard Tae, The Turtles

Der Kontrast zum Folgetitel »Masters Of War« könnte größer nicht sein: Ein giftiges Protest- und Hasslied, politisch überhaupt nicht korrekt (»And I hope you will die ...«), gesungen mit einer unglaublichen Intensität, die selbst nach vierzig Jahren dem Zuhörer Schauer über den Rücken zu jagen vermag. Vor dem Hintergrund einer monotonen Gitarrenbegleitung, die wie unbarmherzige Soldatenstiefel durch den Song stampft, prangert Dylan den seit der Präsidentschaft von General Dwight D. Eisenhower immer stärker werdenden Einfluss der Rüstungsindustrie auf die amerikanische Politik an. Erst später – zu Zeiten etwa des eskalierenden Vietnamkriegs und auch während der beiden Golfkriege – wird das Lied zur Hymne der Friedensbewegung: ein deutliches Beispiel dafür, dass ein guter Dylansong auf mehreren Ebenen funktioniert. Das Stück wird häufig gecovert, am auffälligsten wohl von Leon Russell, dessen Version aus dem Jahr 1970 Dylans Worte mit der amerikanischen Nationalhymne »The Star Spangled Banner« hinterlegt.

> Covers von »Masters Of War«:
> Cher, Judy Collins, José Feliciano,
> Bettina Jonic, Valerie LaGrange,
> Linda Mason, Don McLean,
> Gene Norman Group, Odetta,
> Leon Russell, Pete Seeger,
> The Staple Singers, Roger Taylor,
> Bob Weir
>
> Covers von »Bob Dylan's Dream«:
> Phil Carmen, Judy Collins,
> Peter, Paul & Mary

»Talking World War III Blues« ist eine satirisch witzige Aufarbeitung der Nuklearbedrohung im Moritatenstil eines Woody Guthrie, gewissermaßen eine Art Gegengift zu »Hard Rain«. Gemäß Nat Hentoffs Begleittext auf dem Plattencover hat Dylan bei der Aufnahme einen Teil des Textes aufs Geratewohl improvisiert. Der Künstler selbst behält das Lied rund anderthalb Jahre in seinem Konzertrepertoire, danach ist das Stück nicht mehr zu hören – ein Beispiel für einen Song, den die Zeit eingeholt hat, dessen herrlich skurrile Absurdität aber auch heute noch besticht.

Die Session wird beschlossen mit »Bob Dylan's Dream«, einer sanften und stillen Ode, mit der der Autor zurückkreist an einen Ort von Geborgenheit und schlichter Zufriedenheit. Es scheint, als reflektiere er hier aus der Sicht des von New York gestressten Menschen die Beschaulichkeit seiner Jugend, damit bildet der Song eine enge inhaltliche Klammer mit »Girl From The North Country«. Das Stück, dessen Melodie auf dem englischen Folksong »Lord Franklin« basiert, ist trotz aller Sanftheit einer der eindringlichsten frühen Songs Dylans, wird aber nie in größerem Maße bekannt.

Anfang Mai sind die Aufnahmen zum ›Freewheelin'‹-Album abgeschlossen. Allen Beteiligten ist klar, dass Dylan hier hervorragendes Material vorgelegt hat, entsprechend sorgfältig geht man an die Songauswahl. Für die Werbung werden 300 Exemplare der

Platte vorab gepresst und an wichtige Rundfunkstationen versandt. Diese »Promotion-LP« beinhaltet noch die Songs »Talkin' John Birch Paranoid Blues«, »Rambling, Gambling Willie«, »Let Me Die In My Footsteps« und »Rocks And Gravel«. Nach dem Eklat um den John-Birch-Song in der ›Ed Sullivan Show‹ vom 12. Mai bekommen aber auch die Plattenbosse kalte Füße und beschließen, den Song zusammen mit den drei anderen vom Album zu streichen und durch die letzten Aufnahmen vom 24. April 1963 zu ersetzen. Die wenigen Exemplare der Promotion-LP sind natürlich schon im Umlauf und gehören bald wie die Single »Mixed Up Confusion« zu den besonders begehrten Sammelobjekten der Rockmusik.

›The Freewheelin'‹ markiert Dylans vielleicht entscheidenden Durchbruch. Es ist kommerziell sehr erfolgreich: Jeden Monat werden rund 10 000 Exemplare verkauft und bringen Dylan ein monatliches Salär von 2500 Dollar ein, damals ein kleines Vermögen. Der Platte gelingt der Sprung in die Charts und sie findet vor allem in Großstädten und im studentischen Umfeld große Aufmerksamkeit. Auch renommierte Blätter wie der ›New Yorker‹ oder das ›Time Magazine‹ werden auf Dylan aufmerksam und feiern seinen Durchbruch als Songschreiber. Über die Hälfte der Titel werden zu absoluten Dylan-Klassikern und – nur als Notiz am Rande – fünf der Songs gehören zu den 25 von Bob Dylan am häufigsten live präsentierten Titeln in sämtlichen seiner Konzerte: »Blowin' In The Wind«, »Girl From The North Country«, »Masters Of War«, »A Hard Rain's A-Gonna Fall« und »Don't Think Twice, It's All Right«.

Auch nach heutigen Maßstäben klingt ›The Freewheelin' Bob Dylan‹ noch frisch und lebendig, seine Mischung aus Protest und Engagement, Liebe und Abschied, Apokalypse und Nonsens ist für zahllose weitere Folkalben beispielgebend und begründet Dylans Ruf als politischer Folksänger. Das Album transportiert dieses Image so mächtig, dass ihm das Etikett sein Leben lang anhängt, auch wenn er sich schon früh von der Folkszene distanzierte. Viele der Songs werden zu Hymnen der amerikanischen Bürgerrechts- und Friedensbewegung und besitzen auch heute noch höchsten Stellenwert.

The Times They Are A-Changin'

Als Songschreiber ist Dylan mit seinem ›Freewheelin'‹-Album der Durchbruch gelungen, als Sänger hingegen steht ihm die Feuertaufe noch bevor. Viele geben seinem kratzbürstigen und unmelodischen Gesang keine Chance, doch auf dem bedeutenden Newport Folk Festival im Juli 1963 kann er auch als Interpret seiner Songs sein Publikum begeistern. Angekündigt wird sein Auftritt von Peter Yarrow (von Peter, Paul & Mary) mit den Worten: »Und hier kommt der bedeutendste Mann der modernen Folkmusik Amerikas.« Man erinnere sich: Peter, Paul & Mary haben denselben cleveren Manager wie Dylan: Albert Grossman.

Das Konzept geht auf. Dylan wird das Highlight des Festivals, sein Auftritt zu einem elektrisierenden Erlebnis. Das Publikum, so der Dylan-Biograf der frühen Jahre, Anthony Scaduto, »ist gekommen, um sich einer Bewegung anzuschließen, und es hat einen Propheten gefunden«. Doch vor allem hinter den Kulissen zeigt sich schon in Newport Dylans anderes Gesicht, wie Scaduto weiter ausführt: »Überall, wo er auftauchte, stand er im Mittelpunkt des Interesses; es war seine Musik, die man auf der Bühne sang; es waren seine Songs, die man in den Nachmittags-Workshops diskutierte und analysierte. Die Fans waren hinter ihm her, wollten von ihm wissen, was er mit gewissen Songs und Bildern gemeint habe, wollten sich an ihn heranmachen. ›Man konnte spüren, wie er langsam Angst bekam‹, sagt einer, der als junger Folksänger dabei war. ›Die Angstgefühle setzten bei Bobby damals in Newport ein, als für ihn gerade alles zu laufen begann.‹« Dylan selbst reagiert mit einer undurchdringlichen Mauer aus Arroganz und Unnahbarkeit, die genauso wie seine Songs und sein eigenwilliger Vortragsstil zu seinem Markenzeichen wurden.

In Newport steht Dylan auch einige Songs lang zusammen mit Joan Baez auf der Bühne. Obwohl die beiden seit Dylans frühen Tagen im Village dieselben Clubs besuchen, haben sie sich erst im Frühjahr 1963 kennen gelernt. Die nur wenige Monate ältere Joan Baez ist bereits eine etablierte und arrivierte Folksängerin. Den ersten gemeinsamen Auftritt absolvieren Dylan/Baez auf dem

Monterey Folk Festival im Mai 1963, als sie zusammen den Song
»With God On Our Side« präsentieren. Kurz darauf besucht
Dylan Baez für einige Tage in ihrem Haus und es kursieren rasch
Gerüchte, dass die Beziehung der beiden weit über das rein
Künstlerische hinausgehe. Nach Newport spricht die ganze Szene
nun offen vom King und der Queen der Folkmusik. Doch erst
nach der endgültigen Trennung von Dylan und Suze Rotolo im
März 1964 treten die beiden in der Öffentlichkeit als Paar auf und
sprechen wohl sogar von Heirat. Aber ihre Beziehung ist nicht von
Dauer: Schon im Frühsommer 1965 trennt sich das Traumpaar
der amerikanischen Folkpop-Szene während Dylans England-
Tournee. In dieser Zeit trifft er sich bereits regelmäßig mit seiner
späteren Frau Sara Lowndes.

Zurück zum Sommer 1963: Nach ›Freewheelin'‹ und Newport
stehen Dylan alle Türen offen, er bekommt Zugang zu den höchsten intellektuellen Kreisen. Ihn selbst beeindruckt vor allem der
Literat Arthur Miller. In erster Linie absolviert Dylan aber zahlreiche Auftritte, von den vertrauten Clubs – hauptsächlich Gerde's
Folk City – bis hin zu großen Hallen und Arenen. Sein bis dato
größtes Publikum erreicht er im August im Forrest Hills Stadium
in New York mit 15 000 Zuhörern. Es sind zwei politische Ereignisse im Sommer und Herbst dieses Jahres, die das intellektuelle
Amerika aufrütteln: Die am Ende eines Protestmarsches gehaltene berühmte Rede »I Have A Dream« des schwarzen Bürgerrechtlers Martin Luther King am 28. August vor geschätzten 200 000
Zuhörern sowie die Ermordung Präsident John F. Kennedys am
22. November. Vor diesem Hintergrund liegen Dylans neueste
Arbeiten, die sich hauptsächlich mit gesellschaftskritischen und
politischen Themen beschäftigen, geradezu perfekt im Trend.

Ein neues Album entsteht: In zwei Blöcken Anfang August und
Ende Oktober 1963 nimmt Dylan an insgesamt sechs Aufnahme-
tagen das Material für ›The Times They Are A-Changin'‹ auf. Der
erste Song, der schließlich den Weg auf die Platte findet, ist
»North Country Blues« – eine düstere Milieustudie, die unverkennbar autobiografische Bezüge zu Dylans Heimat Hibbing auf-
weist. Der Song schildert eindringlich die Geschichte einer von
ihrem Mann verlassenen Bergarbeitersfrau, die in Armut und Not
allein ihre Kinder durchbringen muss. Wer kann, verlässt die ster-
bende Zeche, wer bleiben muss, flieht zumeist in den Alkohol.

Album-Info

Veröffentlichung: 13. Januar 1964
Produzent: Tom Wilson
Liner Notes: Bob Dylan
   (»11 Outlined Epitaphs«)
Coverfoto: Barry Feinstein

Songs:
1. The Times They Are A-Changin'
2. Ballad Of Hollis Brown
3. With God On Our Side
4. One Too Many Mornings
5. North Country Blues
6. Only A Pawn In Their Game
7. Boots Of Spanish Leather
8. When The Ship Comes In
9. The Lonesome Death of Hattie Carroll
10. Restless Farewell

(Alle Titel Bob Dylan)

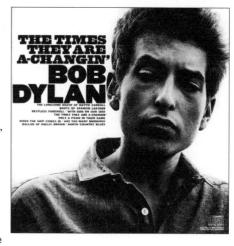

Weitere Dylan-Songs dieser Phase
(Witmark Demos):

Guess I'm Doin' Fine
Gypsy Lou

Die Protagonistin selbst hat keine Zukunft, wenn ihre Kinder groß sind, werden auch sie gehen. Dylan hat »North Country Blues« kaum in sein Live-Repertoire aufgenommen. Nur zwei öffentliche Aufführungen sind bekannt: im Dezember 1963 sowie am 9. Mai 1974 im New Yorker Madison Square Garden beim Benefiz-Konzert ›The Friends Of Chile‹, zusammen mit Dave van Ronk, Phil Ochs, Melanie, Pete Seeger, Arlo Guthrie und Larry Estridge.

Am zweiten Aufnahmetag, dem 7. August, spielt Dylan zu Beginn der Session in knapp zwei Stunden vier Songs – jeweils ohne jegliche Probetakes – ein, und alle vier Songs kommen so, wie sie sind, auf das ›The Times‹-Album. Den Auftakt macht »Ballad Of Hollis Brown«, die ergreifende Geschichte eines armen und verzweifelten Bauern in South Dakota, der es aller Mühen zum Trotz nicht schafft, seine Familie durchzubringen. Schließlich sieht er keinen anderen Ausweg mehr, als sich von seinem letzten Dollar jene Kugeln zu kaufen, mit denen er dann seine Familie und sich selbst erschießt. Die Form des dokumentarisch sehr genau und erzählend gesetzten Textes basiert auf der Call-and-Response-Struktur eines traditionellen Blues, doch greift Dylan musikalisch nicht

Session	Bisher offiziell veröffentlicht	Bisher offiziell unveröffentlichte Songs und Outtakes
alle in New York, Columbia Studios, Studio A	TT – The Times They Are A-Changin' B – Biograph BS 1 – Bootleg Series 1 BS 2 – Bootleg Series 2	
6. August 1963	North Country Blues (TT) Seven Curses (BS 2)	Farewell
7. August 1963	Ballad Of Hollis Brown (TT) With God On Our Side (TT) Only A Pawn In Their Game (TT) Boots Of Spanish Leather (TT)	Bob Dylan's New Orleans Rag
12. August 1963	Moonshiner (Moonshine Blues) (BS 1) Only A Hobo (BS 1) Paths Of Victory (BS 1)	Hero Blues
23. Oktober 1963	The Lonesome Death of Hattie Carroll (TT) When The Ship Comes In (TT) Percy's Song (B) The Times They Are A-Changin' ("Love And Theft", Bonus Track)	East Laredo Blues (Instrumental) Key To The Highway That's All Right Mama / Sally Free And Easy
24. Oktober 1963	The Times They Are A-Changin' (TT) One Too Many Mornings (TT) Eternal Circle (BS 2) Lay Down Your Weary Tune (B) Suze (The Cough Song) (BS 2)	
31. Oktober 1963	Restless Farewell (TT)	

auf die üblichen Harmoniewechsel zurück, sondern verharrt den ganzen Song hindurch auf dem Riff einer Tonart (e-moll), was die düstere Grundstimmung des Stücks perfekt unterstützt. Eine eher stillere Nummer, die sich immer wieder in verschiedenen Tourprogrammen Dylans findet.

Es folgt einer der Keysongs des Albums: »With God On Our Side« ist ein Antikriegs-Lied, das sich vor allem gegen jene verlogene Geschichtsklitterung wendet, die im Nachhinein den jeweiligen Siegern zuschreibt, wohl Gott auf ihrer Seite gehabt zu haben: Seien es die frühen amerikanischen Siedler, die die Indianer fast ausrotteten, die Kämpfer im amerikanischen Bürgerkrieg oder die US-Armee in den Weltkriegen – ja selbst Judas wird wohl bei seinem Verrat göttlichen Beistand gehabt haben. Doch in der letzten Strophe beschwört Dylan, dass dieses Muster angesichts von nuklearen und biologisch-chemischen Bedrohungsszenarien nicht mehr funktionieren kann. Wenn Gott weiterhin auf der Seite der Menschen steht, wird er den nächsten Krieg verhindern müssen. Dylan integriert das metrisch recht frei vorgetragene Lied in fast alle Tour-Programme, teilweise ergänzt durch eine neue Strophe zum Vietnamkrieg, die er aus der Cover-Version der Neville Brothers übernimmt. Außerdem ist der Song die Paradenummer von Dylan und Baez in ihren gemeinsamen Bühnenzeiten (eine schöne Fassung ist veröffentlicht auf dem Album ›Bootleg Series Vol. 6, Live 1964‹).

Zwischen den Aufnahmen von »With God On Our Side« und dem folgenden »Only A Pawn In Their Game« verändert der Produzent Tom Wilson offenbar die Klangeinstellung für das Gitarrenmikrofon. Deutlich hörbar ist dies am vergleichsweise offenen Sound aller Songs ab »Only A Pawn« (mit Ausnahme von »One Too Many Mornings«, bei dem die gedämpfte Stimmung aber wohl absichtlich erzeugt ist). »Only A Pawn In Their Game« ist ein machtvoller Beitrag zum Thema Rassendiskriminierung. Hintergrund ist der Mord an dem Schwarzen Medgar Wiley Evers, die erste Bluttat einer ganzen Reihe von politisch motivierten Morden an prominenten Persönlichkeiten (John F. Kennedy, Malcolm X, Martin Luther King, Robert Kennedy) im Amerika der sechziger Jahre. Der 37-jährige Anwalt Evers war eine der bekanntesten Persönlichkeiten der amerikanischen Bürgerrechtsbe-

Covers von »North Country Blues«:
Joan Baez, Bettina Jonic, Frank Tovey

Covers von »Ballad Of Hollis Brown«:
Hugues Aufray, Nazareth, Leon Russell, Nina Simone, Stephen Stills

Covers von »With God On Our Side«:
Joan Baez, Judy Collins, Ramblin' Jack Elliott, Manfred Mann, Chad Mitchell, Michael Moore, Gerry Murphy, The Neville Brothers, Odetta

wegung, er kämpfte für die USA im Zweiten Weltkrieg und war jener Anwalt, der James Meredith (siehe »Oxford Town«, S. 47) den Zugang zur Universität erstritt. Am 12. Juni 1963 wurde Evers in Jackson, Mississippi, aus dem Hinterhalt erschossen. Als Mörder wird nach vielen Ermittlungspannen und falschen Verhaftungen Byron de la Beckwith angeklagt und 1994 (mehr als dreißig Jahre nach der Tat!) zu lebenslanger Haft verurteilt. Im Januar 2001 stirbt Beckwith im Gefängniskrankenhaus.

In Dylans Lied wird die Person des Mörders nicht direkt beschuldigt, im Gegenteil: Dylan spricht ihn als Individuum sogar ausdrücklich von Schuld frei. Der Mörder ist einer, der einfach nur das geglaubt hat, was man ihm in Schule, Gesellschaft, Politik und in den Medien eingebläut hat: dass die weiße Rasse der schwarzen überlegen sei und dass Weiße das Recht besitzen, mit Schwarzen nach Gutdünken zu verfahren. Der einzige Vorwurf, den man dem Mörder machen kann, ist der, dass er nicht selbst über seine Lage und über diese Dinge nachdenkt, sondern kritiklos übernimmt, was ihm von Seiten der Mächtigen gesagt wird. Und für diese ist er nur eine kleine Marionette im Spiel. Damit wird auch der Mörder selbst Opfer einer Menschen verachtenden Diskriminierung.

»Only A Pawn In Their Game« ist ein vortreffliches Beispiel für Dylans ganz außergewöhnliche Songschreiber-Qualitäten. Fast zur gleichen Zeit verfasst auch der wahrlich nicht unbedeutende Phil Ochs einen Song zum selben Thema. Er erzählt, wie der Killer im Hintergrund lauert und schließlich Evers kaltblütig ermordet. Das Lied endet mit der Feststellung: Die Nation hat einen Killer mehr und einen guten Mann verloren. Dylan bleibt im Gegensatz dazu nicht an der vordergründigen Verurteilung der abscheulichen Tat hängen. Er scheint schon in seinen sehr jungen Jahren zu wissen, dass Agitation und moralische Entrüstung nur wenig Veränderung bringen. Dylan geht es vielmehr darum, die perfide Mechanik hinter einer Tat sichtbar zu machen.

Es folgt mit »Boots Of Spanish Leather« ein sehr privater Song – zartbitter, geschrieben angesichts der problematischen Beziehung des Künstlers zu Suze Rotolo: Ein Mädchen geht auf Reisen und fragt seinen Freund, was sie ihm denn mitbringen könne. Der schmachtende Mann will nur einen Kuss und dass sie wohlbehalten wiederkommt. Er wünscht ihr eine schöne Reise, doch irgendwann muss er erkennen, dass seine Liebste nicht mehr zu ihm zurückkehren wird. Da wird sein Wunsch überraschend handfest und praktisch: spanische Stiefel aus spanischem Leder, um auch

sich selbst wohlgerüstet auf den Weg zu machen. »Boots Of Spanish Leather« greift am stärksten von allen Songs auf ›The Times‹ auf die traditionelle Folkstruktur zurück und wird rasch zum Klas-

Covers von »Boots Of Spanish Leather«: Joan Baez, Sebastian Cabot, Robert Deeble, The Dubliners, Richie Havens, Dan McCafferty

siker unter den frühen Songs. Dylan selbst integriert das Lied allerdings nur sporadisch in seine Liveprogramme.

Am dritten Sessiontag spielt Dylan nur Titel ein, die zwar fester Bestandteil seines damaligen Programms sind, die aber nicht auf ›The Times‹ erscheinen – darunter ist auch der »Hero Blues«, die erste Studioaufnahme Dylans am Klavier.

Es folgt eine fast vierteljährige Aufnahmepause. Dylan absolviert natürlich eine ganze Reihe von Auftritten, spielt einige seiner neuen Songs für die ›Witmark Demos‹ ein, nimmt an der bereits erwähnten Veranstaltung mit Martin Luther King am 28. August in Washington teil und lässt sich, nicht zuletzt unter dem Einfluss von Joan Baez, von der politischen Stimmung dieser Tage mitreißen. Ein persönliches Fiasko erlebt er, als Suze Rotolo die gemeinsame Wohnung verlässt, während er gerade mit Baez bei der Protestkundgebung in Washington weilt.

Am 23. Oktober findet er sich wieder bei Tom Wilson im Studio ein, um die zweite Hälfte für ›The Times They Are A-Changin'‹ einzuspielen. Nach einer brillanten Aufnahme von »Percy's Song«, einem Stück, das unbegreiflicherweise für ›The Times‹ nicht berücksichtigt wird und erst über zwanzig Jahre später offiziell herauskommt, folgt »The Lonesome Death of Hattie Carroll«. In diesem Protestsong par excellence greift Dylan in einer Qualität, die nur selten zu finden ist und auch ihm selbst nur ganz selten gelingt, den Fall des 24-jährigen William Devereux Zantzinger und der 51-jährigen schwarzen Hausbediensteten Hattie Carroll auf: Zantzinger, der Spross eines Tabakplantagenbesitzers, bestellt bei der Bediensteten einen Drink. Als das Getränk dem für seinen Jähzorn bekannten jungen Mann offenbar nicht schnell genug serviert wird, erschlägt er die farbige Frau mit einem im Kamin liegenden Schürhaken. Zantzinger wird wegen Totschlags in einem

minder schweren Fall lediglich zu der geringen Strafe von sechs
Monaten Gefängnis verurteilt und sitzt wegen guter Führung
nicht einmal hundert Tage ab.

Mit journalistischer Genauigkeit und spröder Kühle rollt Dylan
den Fall auf. Emotionslos, als wäre er ein Gerichtsreporter, schildert er die familiären Hintergründe und das grausige Geschehen.
Am Ende einer jeden Strophe wird der moralisch entrüstete
Zuhörer ermahnt, das Taschentuch eingesteckt zu lassen. Solches
passiert immer und überall, und es ist nicht angebracht, darüber
Tränen zu vergießen. Dies ändert sich in der dramatischen und vor
allem emotionalen Klimax am Ende des Songs, als das skandalöse
Gerichtsurteil bekannt wird. Nun appelliert Dylan an seine Zuhörer: Nehmt eure Taschentücher, jetzt habt ihr allen Grund zu
weinen.

Dieses Nebeneinander von protokollarischer Distanz und
menschlichem Mitgefühl, das etwa auch mehr als zehn Jahre später den Song »Hurricane« auszeichnet, ist ein Merkmal der großen
Dylan'schen Protestlieder – Songs, die seinen Ruf als politische
Stimme einer ganzen Generation nachdrücklich begründen, auch
wenn er diese Rolle nicht ausfüllen will.

Unmittelbar nach »Hattie Carroll« geht Dylan über zur Aufnahme von »When The Ship Comes In«, dessen Entstehungsgeschichte sich zumindest nach Erinnerung von Joan Baez so zutrug:
Als die beiden zusammen im Spätsommer 1963 eine Reihe von
Konzerten geben, kommt Dylan erst später in das gemeinsame
Hotel und fragt nach dem Zimmer der Künstlerin. Das Personal
erkennt ihn aber nicht, hält den zerzausten jungen Mann stattdessen für einen aufdringlichen Fan und schirmt die bekannte Sängerin entsprechend ab. Erst als Joan
Baez in die Halle kommt, klärt
sich das Missverständnis auf.
Voller Zorn notiert sich Dylan die
Zeile »your days are numbered«
und macht noch am selben
Abend einen Song daraus, der
alles wegwischen soll, was sich
ihm in den Weg stellte. Doch
Dylan wäre nicht Dylan, wenn
dieses Stück nicht auch auf einer

Covers von »The Lonesome Death of
Hattie Carroll«:
Hugues Aufray, Martin Carthy,
Judy Collins, Roy Erikson, Steve Howe,
Paul Jones, Joe McDonald, Phranc

Covers von »When The Ship Comes In«:
The Byrds, Barbara Dickson,
Gaslight Singers, Steve Gibbons,
Arlo Guthrie, Chris Hillman, The Hollies,
Michel Montecrossa, Peter, Paul & Mary,
The Pogues

anderen, gleichsam einer Metaebene funktionieren würde. So, wie er im Song »The Times They Are A-Changin'« das Heranrollen einer neuen Epoche beschwört, so ist es hier der Topos des einfahrenden Schiffes, das einen radikal neuen Zeitgeist mit sich bringt.

Mit dem nächsten Song »The Times They Are A-Changin'« schreibt Dylan ganz bewusst eine unüberhörbare Schlachthymne für die Protestszene. Viel plakativer, vordergründiger und eindringlicher als etwa »Blowin' In The Wind« stellt sie ein kraftvolles kämpferisches Statement zur fälligen Umgestaltung der amerikanischen Gesellschaft dar, die in jenen Tagen einem Pulverfass gleicht: Die Frage der Rassentrennung, der Bürgerrechte und der Friedenspolitik spaltet das Wertebewusstsein der Amerikaner wie lange nichts mehr. Nur wenige Wochen braucht es, bis ein Zündfunke – der Marsch auf Washington Ende August 1963 – in ein Fanal – die Ermordung Kennedys – mündet. Insofern trifft Dylan mit seinem agitatorischen Song den Nagel genau auf den Kopf und liefert ein bedeutendes Zeugnis seiner Zeit. Doch wieder zeigt sich auch die verblüffende Eigenschaft vieler großer Dylan-Songs: Ihre Gültigkeit reicht weit über den konkreten unmittelbaren Anlass hinaus, ist in gewisser Weise universell und vor allem zeitlos einsetzbar. Entsprechend äußert sich Dylan während seiner viel beachteten Europa-Tournee fünfzehn Jahre nach der Entstehung des Songs: »Immer wenn ich dieses Lied singe, habe ich das Gefühl, ich hätte es gerade soeben erst geschrieben.«

Covers von »The Times They Are A-Changin'« (kleine Auswahl): Beach Boys, Billy Bragg, The Byrds, Cher, Judy Collins, Phil Collins, Richie Havens, The Hollies, Bur Ives, Billy Joel, Manfred Mann, Odetta, Eddie Owen, Peter, Paul & Mary, Joshua Redman, The Seekers, Simon & Garfunkel, Nina Simone, Spirit

Dylan hat zunächst Schwierigkeiten, das Stück – unverkennbar angelehnt an irisch-schottische Balladen wie »Come All Ye Tender Hearted Maidens« – musikalisch in den Griff zu bekommen. Bei seiner ersten Einspielung für die ›Witmark Demos‹ versucht er sich noch an einer Klavierbegleitung. Die veröffentlichte Version gelingt ihm dann jedoch wiederum ohne jegliche Probetakes auf Anhieb.

Kleines Nachspiel: Im Jahr 1994 ist »The Times They Are A-Changin'« mehrfach im amerikanischen Fernsehen zu hören: als musikalische Untermalung der TV-Werbespots für den Versicherungs- und Dienstleistungsanbieter Coopers & Lybrand. Zahlreiche Fans zeigen sich empört – zumal, als bekannt wird, dass Dylan diese Verwendung höchstpersönlich genehmigt hat. Aber es ist eben so: Die Zeiten haben sich geändert, und eine solche Praxis, die man im Grunde als Missbrauch bezeichnen müsste, wird zunehmend üblich, wie auch die Verwendung von John Lennons »Imagine« (für den Energiekonzern RWE) oder ebenfalls dessen »Revolution« (für Sportschuhe der Firma Nike) zeigen.

Auf die Protesthymne folgt mit »One Too Many Mornings« eine ungemein zarte, sehr berührende Ballade zum Thema »love gone bad«. Dylan schreibt diesen Song – eines seiner schönsten und persönlichsten Liebeslieder überhaupt –, als Suze Rotolo Ende August die gemeinsame Wohnung verlassen hat. Er denkt wehmütig zurück an die vergangenen Zeiten mit ihr, und er erinnert sich an die vielen Chancen, die sie als Paar hatten, aber ungenutzt ließen. Dabei enthält er sich wohltuend jeglicher Schuldzuweisung: »Alles, was ich sage, kannst ebenso gut auch du sagen. Du hast Recht aus deiner Sicht, ich aus meiner.« Der sanfte Song ist Bestandteil nahezu einer jeden Dylan-Tournee bislang und gehört zu seinen persönlichen Favoriten.

Die letzte Aufnahmesession für ›The Times‹ am 31. Oktober gehört nur einem einzigen Song, den Dylan unmittelbar in den Tagen zuvor schreibt und ihn erst im neunten Anlauf zu seiner und Tom Wilsons Zufriedenheit aufs Band bringt: »Restless Farewell«. Dylan schlüpft in die Rolle eines einsamen Trinkers, der über sich und sein Leben nachdenkt. Und welchen Aspekt er dabei auch immer beleuchtet – Freundschaft, Liebe, Ideen: Er sagt adieu und macht sich auf den Weg, Neues zu erfahren. Das Lied könnte deutlicher nicht sein, auch wenn dies die meisten Fans und Zuhörer bei seinem Erscheinen wohl nicht gleich verstehen. Erst im Nachhinein wird klar: Dylan bricht radikal mit Vergangenheit und Gegenwart und verkündet den Aufbruch zu neuen Gestaden. Solch fundamentale und meist sehr unvermittelte Positionswechsel treten in seiner Karriere immer wieder offen zu Tage. In diesem ersten Fall betrifft es

Covers von »One Too Many Mornings«:
Ian Anderson, The Association, Joan Baez, Johnny Cash, Dion, Roy Erikson, Lester Flatt & Earl Scruggs, Steve Howe, Peter Keane, Kingston Trio, Jimmy LaFave, Doug Sahm, Alice Stuart, Jerry Jeff Walker

Covers von »Restless Farewell«:
Joan Baez, The Clancy Brothers, De Danann

seine Identität als Protestsänger, die er mit dem ›The Times‹-Album einerseits noch einmal machtvoll speist, andererseits mit diesem Song endgültig ablegt, um sich als Songwriter in einem sehr viel allgemeineren Sinn neuen poetischen Dimensionen zu nähern.

Als ›The Times They Are A-Changin'‹ im Januar 1964 erscheint, liegen Amerikas dramatische Tage im November 1963 bereits ein paar Wochen zurück, doch das Album scheint dadurch sogar noch »besser zu passen«. Der Mord an Präsident Kennedy, mit dem viele Hoffnungen vor allem der jungen Menschen und der Bürgerrechtsbewegung eng verknüpft waren, radikalisiert jenes kritische Potenzial in Amerikas Gesellschaft. Gerade für diese Kritiker liefert Dylan viele Parolen, was einen guten Nährboden für eine entsprechende Rezeption bietet und seinen Ruf als Sprachrohr und Stimme einer ganzen Generation untermauert.

Was könnte eine breit um sich greifende gesellschaftskritische Stimmung besser treffen als ein Album mit hauptsächlich politisch kompromisslosen, zornigen Protestsongs? Schon der Blick auf das in Schwarzweiß gehaltene Cover zeigt einen ernst und distanziert wirkenden jungen Mann und verspricht keinerlei bunte Fröhlichkeit. Und in der Tat: Auf ›The Times‹ fehlen völlig jene Humoresken und Satiren wie beispielsweise »I Shall Be Free« oder »Talkin' World War III Blues« von ›The Freewheelin'‹. Keine einzige Zeile des ›The Times‹-Albums lädt auch nur zu einem kurzen Schmunzeln ein.

Musikalisch stellt ›The Times‹ keinen wesentlichen Fortschritt gegenüber ›The Freewheelin'‹ dar, ist vom Sound her sogar etwas blasser und flacher. Auch bei ›The Times‹ stehen eine Reihe alternativer Songs zur Auswahl, so etwa »Seven Curses«, »Eternal Circle« oder »Only A Hobo«, die letztlich zu Recht den Sprung ins Album nicht schaffen. Bei zwei anderen Songs ist diese Einschätzung allerdings nicht nachvollziehbar: bei »Percy's Song« und bei »Lay Down Your Weary Tune«, die etwa den Titeln »Ballad Of Hollis Brown« und »Restless Farewell« unbestritten überlegen sind. Erst über zwanzig Jahre nach ihrer Entstehung werden diese Perlen Dylan'scher Songkunst auf der Werkschau ›Biograph‹ veröffentlicht.

»Percy's Song« bildet einen perfekten Kontrast zu »The Lonesome Death Of Hattie Carroll«: Während dort ein Weißer für einen kaltblütigen Mord an einer Schwarzen fast unbehelligt bleibt, wird hier der fahrlässige Verursacher eines tödlichen Verkehrsunfalls zur unwiderruflichen Strafe von 99 Jahren Gefängnis verurteilt. In beiden Songs prangert Dylan also die zuweilen reichlich willkürliche Rechtssprechung in den Vereinigten Staaten an.

»Lay Down Your Weary Tune« hat hingegen das gleiche Thema wie »Restless Farewell«: das kompromisslose Beschreiten neuer Pfade. Dabei gelingt Dylan ein hochpoetischer Text, den der namhafte Literaturkritiker und Dylanforscher Michael Gray zu den gelungensten des amerikanischen Liedguts überhaupt zählt.

Mit ›The Times‹ bietet Dylan auch einen lyrischen Ausflug abseits seiner Songs. Auf der Plattenhülle und einem Beiblatt – bei der CD im entsprechenden Booklet – findet sich freie Poesie, die »11 Outlined Epitaphs«. Eine erste und sehr gelungene Übersetzung ins Deutsche stammt von Carl Weissner in ›Lyrics. Songtexte 1962–1985‹, während Wolf Biermanns etwas selbstverliebtes »Rüberschleppen in die deutsche Sprache« viel Kritik einstecken musste.

›The Times They Are A-Changin'‹ ist eine clevere Mischung aus engagierten Protestsongs, zwei Liebesliedern, einer sozialen Milieustudie sowie einem Stück, das programmatisch eigentlich schon zum Folgealbum gehört und den Schlussstrich der »politischen Songphase« Bob Dylans darstellt. Die rasch wachsende Distanz zur Protestszene zeigt sich auch bei anderen öffentlichen Statements des jungen Stars. Am deutlichsten wird dies wohl am 13. Dezember 1963 – also einen Monat vor Erscheinen von ›The Times‹ – bei der Verleihung des renommierten Tom-Paine-Award der Bürgerrechtsorganisation »Emergency Civil Liberties Committee«. Dylan fühlt sich im Kreis der durchwegs älteren und etwas betulichen, wohlsituierten Gutbürgermenschen erkennbar unwohl. Als er sich für den Preis bedanken soll, geht er noch unter dem starken Eindruck der seit dem Kennedy-Mord vergangenen Wochen (und wohl auch etwas betrunken) an das Rednerpult. Dylan selbst erinnert sich später dem Biografen Anthony Scaduto gegenüber, dass er bei dieser Veranstaltung einfach drauflos redet, was ihm spontan durch den Kopf geht. Und so beginnt er mit einer Art Publikumsbeschimpfung: »Ich habe lang gebraucht, um jung zu werden, und jetzt betrachte ich mich als jung. Und ich bin stolz darauf.« Die meisten Zuhörer, so meint er, sollten sich eigentlich aufs Altenteil zurückziehen, sich's gemütlich machen, solange ihnen dafür noch die Zeit bleibt. »Die Welt ist nicht für alte Menschen gemacht. Alte Menschen …, wenn ihnen die Haare ausgehen, sollten sie abtreten.«

Darüber kann das Publikum noch lachen, doch dann fährt Dylan fort: »Sie reden von schwarz und weiß, sie reden von hautfarben, von rot, blau und gelb, aber ich sehe das alles nicht. Sie reden von rechts und links, aber auch das kann ich nicht sehen. Ich sehe nur oben und unten, und unten ist da, wo der Fußboden ist. Ich pfeife auf Politik, mich interessiert der Mensch.« Nun beginnen einige im Publikum zu murren und sich zu fragen, was dieser schräge Vogel eigentlich sagen will, und als Dylan schließlich anfängt, in wirren Worten den Mord an Kennedy zu relativieren, ist es aus. Noch bevor ein großes Buhen anhebt, weist ihn der Vorsitzende auf das Ende seiner Redezeit hin. Dylan nimmt hastig den Preis und macht, dass er aus dem Saal kommt. Dieser in allen Belangen völlig unangemessene Auftritt löst in Kreisen der Bürgerrechtsbewegung verständlicherweise einen Sturm der Entrüstung aus. Zwar entschuldigt sich Dylan wenige Tage später in einem recht poetisch gehaltenen Brief (ohne darin seine Worte zurückzunehmen), doch sein Ruf bei den entsprechenden Organisationen ist für lange Zeit beschädigt.

It Ain't Me

Im Januar 1964 sieht sich Bob Dylan unversehens im Kreuzfeuer unterschiedlichster Reaktionen: Einerseits wird sein Album ›The Times They Are A-Changin'‹ hoch gelobt und erreicht sogar die Top-20 der Album-Charts, auf der anderen Seite wird ihm gerade von der liberalen Presse sein Auftritt beim Emergency Civil Liberties Committee äußerst übel vermerkt. Vor allem das Magazin ›Sing Out!‹, das ihn zuvor zum Propheten erhoben und auf den Thron der Bürgerrechtsbewegung gesetzt hat, geht nun in einem Artikel von Irwin Silvers extrem hart mit Dylan ins Gericht. Diese Erfahrung verstärkt dessen ohnehin vorhandenes Misstrauen. Er wird nach außen hin immer härter und verbitterter, gibt sich als der unnahbare Wissende.

Carla Rotolo, die Schwester von Suze, erinnert sich: »Je schlimmer es für ihn wurde, je mehr Leute etwas von ihm wollten, desto abweisender und ungenießbarer wurde er. Er sagte zu den Leuten, er hätte die Wahrheit, er würde jedem zeigen, wo es langgeht. Damit fing es an, und dann stieß er den Leuten das Messer rein. Er sah dich an und fand eine schwache Stelle. Er machte es mit allen so: Er fand ihre schwachen Stellen heraus, und dann machte er sie damit fertig.« Und sein langjähriger Weggefährte Jack Elliott meint: »Als er damals berühmt wurde, da wurde er irgendwie gehässig. Er war sehr schnell bei der Hand, sehr sarkastisch, nahm die Leute an wie ein Boxer, parierte Schläge und Bemerkungen und machte sich gleich wieder davon.« Doch anders als Dylans Intimfeindin Carla Rotolo zeigt Elliott Verständnis: »Was Dylan machte, war die einzige Art, ungeschoren über die Runden zu kommen. Die Leute hängen sich an einen dran und sägen einem den letzten Nerv ab. Das geht an die Substanz. Man muss sich die Fans vom Leib halten, selbst wenn das bedeutet, dass man sie vor den Kopf stoßen muss.«

Von Januar bis April ist Dylan nahezu permanent unterwegs, darunter wochenlang in den Südstaaten und in Kalifornien, wo er viele lokale Folkclubs besucht und dort teilweise auch auftritt. Während einer dieser Reisen macht er am 6. Februar dem bekann-

Album-Info

Veröffentlichung: 8. August 1964
Produzent: Tom Wilson
Liner Notes: Bob Dylan
    (»Some Other Kinds Of Songs …«)
Coverfoto: Sandy Speiser

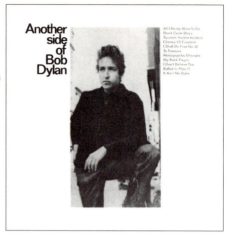

Songs:
1. All I Really Want To Do
2. Black Crow Blues
3. Spanish Harlem Incident
4. Chimes Of Freedom
5. I Shall Be Free No 10
6. To Ramona
7. Motorpsycho Nitemare
8. My Back Pages
9. I Don't Believe You (She Acts
    Like We Never Have Met)
10. Ballad In Plain D
11. It Ain't Me Babe
(Alle Titel Bob Dylan)

ten Volksdichter Carl Sandberg seine Aufwartung. Sandberg bleibt zwar höflich, zeigt sich von dem jungen Mann aber nicht sonderlich beeindruckt und lässt Dylan im Grunde recht schnöde abblitzen.

Ebenfalls im Februar hört Dylan zum ersten Mal von den Beatles, die vom 7. bis 22. des Monats ihre erste USA-Tournee absolvieren, dort grandiose Erfolge feiern (dabei mit der ›Ed Sullivan Show‹ einen Publikumsrekord aufstellen) und mit »I Want To Hold Your Hand« wochenlang die US-Charts anführen. Dylan ist vom Sound und vom Schwung der britischen Band begeistert. »Als ich sie zum ersten Mal hörte, wusste ich: Das ist eine Musik nur für uns, nur für junge Leute. Sie machten Dinge, die sonst niemand machte. Ihre Akkorde waren unerhört, und ihre Harmonien machten die ganze Sache rund. Das konnte man nur gemeinsam mit anderen Musikern machen. Zunächst behielt ich für mich, dass ich sie wirklich gut fand, denn viele hielten sie nur für Eintagsfliegen. Aber ich wusste, sie würden sich halten. Sie hatten teilweise acht Titel in den Top-Ten! Da wurden einfach neue Maßstäbe gesetzt, so etwas hatte es vorher noch nicht gegeben. Alle sagten damals, ent-

Session	Bisher offiziell veröffentlicht AS – Another Side BS 2 – Bootleg Series 2 BS 7 – Bootleg Series 7	Bisher offiziell unveröffentlichter Song
9. Juni 1964 New York, Columbia Studios, Studio A	It Ain't Me Babe (AS) To Ramona (AS) Spanish Harlem Incident (AS) Ballad In Plain D (AS) I Don't Believe You (She Acts Like We Never Have Met) (AS) Chimes Of Freedom (AS) Motorpsycho Nitemare (AS) Mr. Tambourine Man (mit Jack Elliott) (BS 7) All I Really Want To Do (AS) Black Crow Blues (AS) I Shall Be Free No 10 (AS) Mama You Been On My Mind (BS 2) My Back Pages (AS)	Denise

weder du spielst Folk oder Rock, aber als ich hörte, was die Beatles machten, wusste ich, dass das nicht so zu sein brauchte.«

Schnell entwickelt sich ein enger Dialog zwischen dem legendären Quartett aus England und dem amerikanischen Songpoeten. Die gegenseitigen Beeinflussungsströme werden in späteren Jahren Gegenstand ganzer akademischer Untersuchungen. Zu Beginn des Kontaktes ist vor allem das Verhältnis zwischen Dylan und John Lennon besonders eng, nach der Trennung der Fab Four im Jahr 1970 intensiviert sich dann die Freundschaft zwischen Dylan und George Harrison.

Ein weiteres tiefgreifendes Ereignis im Frühjahr 1964 ist der endgültige Bruch mit Suze Rotolo – eine Trennung, die Ende März längst überfällig ist. Dylans Verhalten gegenüber Suze wird immer abweisender: Er verschwindet auf seine Reisen, ohne Bescheid zu geben, und macht sich nicht einmal mehr die Mühe, sie zwischendurch anzurufen. Umso unverständlicher ist, dass er die Schuld am Auseinanderbrechen der Beziehung im Wesentlichen ihr zuschiebt (siehe »Ballad In Plain D«). Doch all diese Erfahrungen beflügeln Dylans kreativen Prozess, alte Songschemata abzulösen und neue

Wege des Liedschreibens zu entdecken. Am Ende einer dreiwöchi-
gen Europareise, bei der er am 17. Mai ein umjubeltes Konzert in
der Royal Festival Hall in London gibt, zieht Dylan sich in den kleinen griechischen Ort Vernilya in der Nähe Athens zurück, wo er im
Laufe von nur einer Woche seine Eindrücke sammelt, zu Papier
bringt und das gesamte Material für sein neues Album schreibt.

Zurück in den USA eilt Dylan postwendend am 9. Juni ins
Studio. Mit seinem Produzenten Tom Wilson am Mischpult sowie
einigen wenigen Freunden als Publikum spielt er in einer denk-
würdigen sechsstündigen Session sämtliche neuen Songs gleichsam wie in einem Konzert unter Ausschluss der Öffentlichkeit
ein. Dem fertigen Ergebnis hört man an einigen Stellen recht
deutlich an, dass Dylan angesichts der zum Teil kompliziert ver-
knoteten Texte zuweilen gewisse Vortragsprobleme hat. Außerdem hat er die brandneuen Lieder zum Teil überhaupt nicht einge-
übt; weshalb er teilweise offenbar direkt vom Textblatt absingt,
um die verschachtelten Strukturen aufs Band zu bringen.

Bob Dylan spielt an jenem Dienstag insgesamt vierzehn Songs
ein, elf davon werden auf ›Another Side Of Bob Dylan‹ veröffentlicht, dazu kommen drei Outtakes: »Mama You Been On My
Mind« (erst in den neunziger Jahren auf ›Bootleg Series 2‹ veröffentlicht), »Mr. Tambourine Man« (im Duett mit Jack Elliott, herausgebracht auf ›Bootleg Series 7‹) sowie das offiziell bislang unveröffentlichte »Denise«, mit dem die gesamte Sitzung beginnt.

Auf »Denise« folgt mit »It Ain't Me Babe« einer von mehreren
Songs, die sich unmittelbar mit Suze Rotolo bzw. der Trennung
von ihr beschäftigen. Dylan sieht sich in diesem Song mit Forderungen seitens seiner Partnerin konfrontiert, die einem idealisier-
ten Wunschbild entsprechen, aber seinem Empfinden nach nichts
mit ihm als Person und Mensch zu tun haben. Entsprechend
kommt er immer wieder zur selben Aussage: Ich bin nicht der,
den du da suchst. Das Lied mag eine Menge Ungerechtigkeit gegenüber seiner Exfreundin enthalten, umso besser funktioniert es
dafür auf einer quasi höheren Ebene: Dylan weist seine Fans
zurück, die ihn für ihre Ideale vereinnahmen und vor ihren Karren
spannen wollen, indem sie ihn zu ihrem Helden, ja zu ihrem Mär-
tyrer machen möchten. Dylan benutzt somit den Typus des Lie-
besliedes, um sich in einem sehr allgemeinen Sinn abzugrenzen.
Dessen ist sich wohl auch Produzent Wilson sehr bewusst, nicht

umsonst platziert er den Song als Abschluss des Albums. »It Ain't Me Babe« ist einer der von Dylan selbst am meisten gespielten Songs, den er nahezu in alle Tourprogramme aufnimmt. Zugleich findet das Lied sehr viele Coverversionen.

Das folgende »To Ramona« ist im Gegensatz zu »It Ain't Me« ein zartes Abschiedslied, hinter dessen Titelfigur sich mit Sicherheit wieder die zu dieser Zeit in Dylans Gefühlshaushalt allgegenwärtige Suze Rotolo verbirgt. Er versucht seine Ramona angesichts der Trennung zu trösten, wohl wissend, dass es dabei eigentlich keinen rechten Trost geben kann. Der Song ist einfühlsam und anrührend und erfüllt wohl auch ein Stück weit die Funktion einer Selbsttherapie im eigenen Trennungsschmerz.

Auch »Spanish Harlem Incident« ist ein kleines ergreifendes und zartes Liebeslied, allerdings wohl weniger an eine real existierende Person gerichtet als vielmehr an ein Zigeunermädchen aus der Phantasie des Autors, von dem er sich gewaltig den Kopf hat verdrehen lassen. Dylan benutzt hier erstmals den Topos der geheimnisvollen unbekannten Schönen. Später (zum Beispiel in »Black Diamond Bay«) wird er noch öfter auf dieses Klischee zurückgreifen.

In »Ballad In Plain D« beschreibt Dylan aus seiner Sicht den eskalierenden Streit mit Suze Rotolo und ihrer Schwester Carla an jenem Abend Ende März, an dessen Ende die finale Trennung und das endgültige Zerwürfnis des Paares steht. Für alle, die immer schon wussten, dass Dylan »ein Böser« ist, ist dieser Song dankbares Futter: Er ist selbstgerecht, beleidigt und beleidigend, vor allem aber badet er in Selbstmitleid: Es zeigt sich ein junger Mann, der seine Emotionen in dieser Krise ganz offenkundig nicht unter Kontrolle bringt. Insofern wird Dylan hier all jenen Vorurteilen gerecht, die ihn als selbstherrliche und egozentrische Person ausweisen, die nicht bereit ist, sich in die Gefühlslage des

Covers von »It Ain't Me Babe« (kleine Auswahl):
Wolfgang Ambros, Joan Baez, Mike Batt, Sebastian Cabot, Johnny Cash & June Carter, Duane Eddy, Bryan Ferry, The Fleetwoods, Kristen Hall, Davy Jones, Tess McKenna, The Moonjacks, Wolfgang Niedecken, John Schroeder, Earl Scruggs, Nancy Sinatra

Covers von »To Ramona«:
Noel Harrison, Lee Hazelwood, Rich Lerner, Alan Price

Covers von »Spanish Harlem Incident«:
The Byrds, Dion, Chris Whitley

Covers von »Ballad In Plain D«:
Michael Chapman, Emily Saliers

Gegenübers hineinzuversetzen. Dylan selbst meint später, es wäre besser gewesen, dieses Lied nicht geschrieben zu haben (ein ähnliches Urteil fällt er auch beim zwölf Jahre später verfassten Song »Sara«, der ebenfalls eine traumatische Trennung verarbeitet). Aber er kommt wohl nie über die Meinung hinweg, dass seine und Suzes Liebe vor allem wegen deren familiärem Umfeld keine echte Chance gehabt habe, wie seine Darstellung in ›Chronicles 1‹ zeigt. Wer es ganz ausgewogen mag: Suze Rotolos Version der Trennung findet sich ausführlich in der Dylan-Biografie von Bob Spitz aus dem Jahr 1989.

> Covers von »I Don't Believe You (She Acts Like We Never Have Met)«: Glen Campbell, Steve Howe, Ian & Silvia, Waylon Jennings, Al Stewart

»I Don't Believe You (She Acts Like We Never Have Met)« ist ein weiteres Lied zum Thema Trennungsbewältigung, diesmal nach dem Motto: Man tut einfach so, als hätte man sich nie gekannt.

Auch wenn die Lieder zum Thema Beziehung eindeutig den Schwerpunkt von ›Another Side‹ bilden, nimmt das ganz anders gelagerte »Chimes Of Freedom« in vielerlei Hinsicht eine Schlüsselstellung ein: Wenn im Titel eines Dylan-Songs der frühen sechziger Jahre das Wort »Freedom« auftaucht, so wird dieses Lied sofort in die Schublade »Protestsong« gesteckt. Doch der Produzent Tom Wilson betont ausdrücklich: »›Chimes Of Freedom‹ ist kein Protestlied im herkömmlichen Sinn des Wortes, sondern ein Song, der sich sehr allgemein mit den Bedürfnissen und Befindlichkeiten der Menschen beschäftigt.«

Inspiriert von einem Treffen mit den Südstaaten-Bürgerrechtlern Cordell Reagon und Bernice Johnson liefert Dylan mit diesem außergewöhnlichen Stück eine vielschichtige Vision von Freiheit, eingebettet in einen höchst poetischen Songtext im Stile des französischen Symbolisten Arthur Rimbaud. »Chimes Of Freedom« steht damit in der Tradition von »Hard Rain«, ist aber poetisch reifer – eine komplexe surrealistische Bilderwelt, die Dylans Schreibstil der kommenden Alben schon vorwegnimmt. Sehr treffend und ansprechend in der Farbe und Stimmung der Worte ist »Chimes« ein Juwel in Dylans früherem Schaffen, ein Lied, das den Begriff Menschlichkeit auf sehr unmittelbare Weise transportiert. Insofern steht der Song wie kein anderer als Bindeglied zwischen dem Gestern (dem Songthema) und dem Morgen (dem literarischen Stil Dylans) und repräsentiert damit das Album auf das Treffendste.

Szenenwechsel: »Motorpsycho Nitemare« – eine lustige und überdrehte Abenteuer-Satire, wie sie sich auch Alfred Hitchcock ausgedacht haben könnte. Dabei jongliert Dylan spielerisch mit Klischees wie der sinnlich aufreizenden, wenngleich reichlich unbedarften Farmertochter oder dem größten Feindbild eines jeden braven Amerikaners dieser Zeit: Fidel Castro. Alles in allem eine schräge Story und ein schönes Zeugnis vom Humor Dylans, von der Öffentlichkeit allerdings kaum wahrgenommen.

Auch »All I Really Want To Do« ist ein satirisches Lied. Es zeigt einen eher einfach strukturierten Mann, der seine ebenso einfache Liebe an eine eher komplizierte Frau bringen möchte, was erwartungsgemäß scheitert. Je dichter das freudianisch-psychologisch motivierte Netz an möglichen Verfehlungen ist, das sie für ihn ausgeworfen hat, desto naiver wirkt sein simples Bedürfnis, einfach nur ihr Freund zu sein. Ein Plot zum Thema »Junge trifft Mädchen in psychologisiert aufgeputschtem Ambiente«, in dem man sich auch Woody Allen gut vorstellen könnte.

Mit »Black Crow Blues« liefert Dylan eine raue Country-Blues-Adaption im Stil des Delta-Blues der vierziger Jahre. Er begleitet sich selbst am Klavier, das – leicht verstimmt – wie ein Honky-Tonky-Piano à la Meade »Lux« Lewis oder Cow Cow Davenport vor sich hin holpert. Der Text reflektiert die Gedanken eines verlassenen Menschen, allerdings so ins bluestypisch Klischeehafte verpackt, dass der Song vergleichsweise unpersönlich erscheint.

»I Shall Be Free No 10« ist ein skurril-witziger Nonsens-Song wie schon der Namensvetter auf dem ›Freewheelin'‹-Album und zugleich Dylans letzter Talking-Blues auf Platte. Damit schließt er symbolisch gewissermaßen mit einer letzten Reminiszenz an Woody Guthrie seine frühen Arbeiten ab. Zugleich ist die Aufnahme, wie man sie auf der Platte hört, ein Novum – Dylans erster »Patchworksong«. Bis zur Mitte der sechziger Jahre war es gang und

Covers von »Chimes Of Freedom«:
The Byrds, Phil Carmen, Julie Felix, Eliza Gilkyson, Youssou N'Dour, Enzo Pietropali, Bruce Springsteen, Mike Wilhelm

Covers von »Motorpsycho Nitemare«:
Hugues Aufray, Strangelove

Covers von »All I Really Want To Do«:
The Byrds, Sebastian Cabot, Duane Eddy, The Four Seasons, The Hollies, The McCoys, Billy Strange

gäbe, alle Tonspuren eines Songs in einem Rutsch einzuspielen, gegebenenfalls mit weiteren Spuren, so genannten »Overdubs« zu ergänzen, aber doch im Wesentlichen den Fortgang eines Liedes beizubehalten. Erst durch die exzessiven Studiobasteleien von Gruppen wie beispielsweise den Beatles, den Beach Boys oder Pink Floyd setzt sich eine Studiotechnik durch, bei der das Endprodukt die Summe immer kleinteiligerer Songstückchen darstellt. Für Dylan ist diese technische Konstruktion eines Songs sehr ungewöhnlich. Dylan spielt an jenem 9. Juni vier Takes von »I Shall Be Free No 10« ein – jeweils nur Fragmente. Aus dem ersten und dem vierten Take bastelt Wilson im Nachhinein das schließlich veröffentlichte Stück.

Das letzte Lied dieser für alle Beteiligten anstrengenden Session ist »My Back Pages«, wohl der Schlüsselsong des Albums. Im Grunde hat das bemerkenswerte Lied eine einzige Kernaussage, die geradezu wie ein Lebensmotto zu Dylan passt: Nichts ist so beständig wie der Wandel, der Wandel ist die einzige Konstante im Leben. Dylan betrachtet, ohne allzu konkret zu werden, sein bisheriges Leben und seine Ideen und Anschauungen. Er muss sie nicht zurücknehmen oder negieren, doch jetzt steht er an einer anderen Stelle, an der ihm manches Frühere doch pathetisch und missionarisch vorkommt.

> Covers von »My Back Pages«:
> Byrds, Phil Carmen, Steve Earle,
> Dick Gaughan, Greg Harris, The Hollies,
> Keith Jarrett, The Nice,
> Wolfgang Niedecken, The Ramones,
> Second Floor, John Stewart

In seinen Reflexionen wendet sich Dylan ganz bewusst gegen jede Schwarzweiß-Klassifizierung und wiederholt dabei auch Formulierungen, die er bei seiner umstrittenen Tom-Paine-Rede ein halbes Jahr zuvor verwendet hatte. Welchen Aspekt er auch beleuchtet – stets mündet er in die Refrainzeilen: »Früher, da war ich schon viel älter, bin jünger geworden seither.« Mit »My Back Pages« schließt Dylan eine erste künstlerische Lebensphase ab, die ihn an die Spitze der politisch engagierten Folkbewegung geführt hat. Und wer es hören will, dem sagt Dylan gerade mit diesem Lied unmissverständlich: Diese Phase ist jetzt vorbei. Dylan hat den Song viele Jahre lang nur sehr sporadisch in seine Live-Programme aufgenommen. Erst seit den Neunzigern bringt er das Stück relativ regelmäßig in seinen Konzerten.

Am augenfälligsten auf ›Another Side‹ ist auf den ersten Blick Dylans Weg vom schwarzweiß argumentierenden Protestsong hin zu poetischen Liedformen, die eine völlig neue Kombination aus vielschichtigem Surrealismus, gewagten Sprachexperimenten und sehr persönlichen Reflexionen darstellen. Michael Gray hat in seiner akribischen Werkbiografie ›Song And Dance Man‹ Dylans wichtigste literarische Inspirationsquellen detailliert aufgeschlüsselt und gar bis zu Shakespeare zurückverfolgt.

Vor allem aber ist Dylans Textkunst beeinflusst von den schon genannten französischen Symbolisten Charles Baudelaire und Arthur Rimbaud. Aus der angloamerikanischen Tradition kommen John Steinbeck, T. S. Eliot und William Blake hinzu. Von den jüngeren Literaten der Beat-Generation haben Jack Kerouac mit seiner Technik der assoziativen Texte und insbesondere Allen Ginsberg einen großen Einfluss auf Dylan. Vor allem mit Letzterem, den er 1963 im Village kennen lernt, verbindet Dylan eine enge persönliche und künstlerische Freundschaft, die bis zu Ginsbergs Tod im April 1997 andauert.

›Another Side‹ ruft sehr zwiespältige Reaktionen hervor. Für tief schürfende Analytiker des Dylan'schen Werks wie Michael Gray stellt das Album – zumal in der Retrospektive – eine ganz herausragende Arbeit dar und symbolisiert wie kaum ein anderes den kreativen Umbruch eines Künstlers. Es zeugt von einer für einen immer noch sehr jungen Menschen außerordentlichen künstlerischen Reife und von erstaunlicher Kontrolle beim Verfassen der Texte, ist jedoch thematisch und musikalisch noch sehr den bisherigen Arbeiten verbunden. Damit ist ›Another Side‹ gewiss ein Schlüsselwerk an einer der wesentlichsten Bruchstellen in Dylans Arbeiten und zudem ein unüberhörbares Indiz dafür, dass Dylan nie dort stehen bleibt, wo er sich gerade befindet, sondern stets neue Pfade begeht, auch wenn er damit seinen kommerziellen Erfolg gefährdet.

Die Fans und auch wesentliche Teile der professionellen Kritik können mit dem Album zunächst nicht viel anfangen. Sie erwarten von Dylan wieder Antworten auf brennende Fragen der Zeit, stattdessen erhalten sie teils humorvolle, teils bizarre, teils bittere Lieder – viele zum Thema Liebe und Beziehung. Die Songs haben keine klare und einfache Botschaft mehr, sondern reflektieren einen komplexen, vielschichtigen Bewusstseinszustand, daher sind sie im Grunde radikaler, als es jeder Protestsong zu sein vermag. Da sie jedoch von vielen zunächst nicht in dieser Weise verstanden werden, lehnt zumindest ein Teil des Publikums das Album ab und schreit empört »Verrat!«.

Objektiv Kritikwürdiges findet man allerdings unter einem völlig anderen Gesichtspunkt: Man kann der Platte mit Fug und Recht viel Schlamperei bei der Produktion vorhalten. Der Sound ist lieblos und flach, die Frische von ›Freewheelin'‹ fehlt fast völlig. Außerdem merkt man Dylans Vortrag an, dass er mit seinen Songs noch nicht vertraut ist – einige der Stücke, »Black Crow Blues«, »Motorpsycho Nitemare«, »I Shall Be Free No 10« und »Ballad in Plain D« wird er niemals live präsentieren.

Wie schon bei ›The Times‹ ist auch ›Another Side‹ eine Textbeilage angefügt: fünf Gedichte unter dem Titel »Some Other Kinds Of Songs …«, die einem Zyklus aus insgesamt elf lyrischen Exkursen entnommen sind, die Dylan im Sommer des Jahres verfasst. Daraufhin schließt der Verleger von Macmillan NY, Bob Markel, mit Dylan einen sehr attraktiv dotierten Vertrag für ein Buch mit Lyrik und poetischen Texten. Das Werk, das schon bald den Titel ›Tarantula‹ erhält, soll 1966 herauskommen, sein Erscheinen verzögert sich jedoch schließlich bis ins Jahr 1971.

Die Aufnahmesitzung an jenem 9. Juni im New Yorker Columbia Building bleibt die einzige offizielle Plattenaufnahme, die Dylan im gesamten Jahr 1964 bestritten. Ein solches Prozedere mag in heutigen Zeiten, wo jedes neue Album eines Stars gleich zum Mega-Hype hochstilisiert wird, vielleicht üblicher geworden sein. In den sechziger Jahren war dies jedoch noch sehr ungewöhnlich, und im Grunde erwartete damals jede Plattenfirma eine erheblich größere Präsenz ihrer Musiker im Studio. Hier zeigt sich, welchen Stellenwert Dylan mittlerweile erreicht hatte: Konnte ihm auf ›Freewheelin'‹ noch CBS nach eigenem Gutdünken Titel streichen und ersetzen, so beginnt er nun mehr und mehr, die Bedingungen seiner Produktionen selber zu diktieren.

Bald macht allerdings auch das Projekt eines Dylan-Live-Albums die Runde. Ein solches Vorhaben ist bereits im Jahr 1963 geplant, als CBS Auszüge zweier Konzerte in der New Yorker Town Hall (12. April) und der Carnegie Hall (26. Oktober) veröffentlichen will, kurzfristig das Projekt aber wieder zurückzieht (Teile daraus erscheinen später auf ›Bootleg Series 1‹ und auf

›More Greatest Hits‹). Im Jahr 1964 geht die Plattenfirma ein solches Vorhaben wohl auch als Reaktion auf Dylans zurückhaltende
Studiopräsenz erneut an und schneidet zwei Konzerte unter den
damals bestmöglichen professionellen Bedingungen komplett mit:
am 17. Mai in der Royal Festival Hall in London sowie am 31. Oktober in der New Yorker Philharmonic Hall. Wieder können sich
weder Dylan noch die CBS für eine Veröffentlichung entscheiden,
aber natürlich kursieren die Bänder schon bald in Sammlerkreisen.
Erst im Jahr 2004 publiziert Columbia das New Yorker Konzert
offiziell in seiner ›Bootleg Series‹ als Vol. 6.

Mr. Tambourine Man

In jenem Konzert an Halloween 1964 witzelt Dylan bei der Ankündigung von »If You Gotta Go, Go Now«: »Passt auf, Leute, wir haben Halloween, und ich hab meine Bob-Dylan-Maske auf.« Das Publikum lacht, doch es kann nicht ahnen, wie weit Dylan sich hinter seiner Maske bereits weiterentwickelt hat. Wer glaubt, der Schnitt, den Dylan mit ›Another Side‹ zog, reiche für seine Neupositionierung in der Musikszene aus, sieht sich schon bald heftig getäuscht. Mit dem Folgealbum ›Bringing It All Back Home‹[1] sprengt er alle Grenzen des Folk, die Platte eröffnet eine Trilogie dreier herausragender Arbeiten, deren Einfluss auf die Pop- und Rockmusik nicht hoch genug eingeschätzt werden kann. Bob Dylan wird damit zu einem weltweiten Megastar seiner Zeit, höchstens vergleichbar mit den ebenfalls zu Ikonen hochstilisierten Beatles. Vergleiche mit der gegenwärtigen Zeit lassen sich allerdings schwer ziehen, da der gesamte Starkult heute einen völlig anderen Stellenwert und eine erheblich höhere Marketingfunktion besitzt als in den Sechzigern. Aber ohne zu übertreiben kann man wohl feststellen: Es gibt in der gesamten Geschichte der Rockmusik keinen anderen Musiker, der der Popkultur einen auch nur vergleichbaren individuellen Input verleiht, wie Bob Dylan in dieser Phase.

Im Spätherbst und Winter 1964/1965 schreibt er intensiv und konzentriert an ›Tarantula‹, außerdem verfasst er eine Reihe neuer Songs für sein anstehendes Album. Bei einem unangekündigten Auftritt im Club Playhouse in der MacDougall Street probiert er einiges von seinem neuen Material aus und erntet bei dieser intimen, fast privaten Performance viel Zustimmung. (Notiz neben-

---

[1] Um den Titel dieses Albums gibt es aus deutscher Sicht eine kleine Verwirrung, weil hier (und in einigen wenigen europäischen Ländern) das Album unter ›Subterranean Homesick Blues‹ firmiert, während die Platte im anglo-amerikanischen Raum und in vielen anderen Ländern unter ihrem Originaltitel ›Bringing It All Back Home‹ läuft. Im vorliegenden Buch wird der international üblichere Titel beibehalten.

bei: Wie gut hätte ein solcher Probelauf wohl ›Another Side Of Bob Dylan‹ getan?) Derart gerüstet betritt Dylan zum ersten Mal nach jener Session im Juni 1964 wieder das Columbia Studio. Von ›Bringing It All Back Home‹ an spielt Dylan alle weiteren Alben mit einer Band bzw. mit kurzfristig gebuchten Gastmusikern ein. Erst in den neunziger Jahren bei seinen Soloalben ›Good As I Been To You‹ und ›World Gone Wrong‹ (siehe Seiten 281 und 282) nimmt Dylan Songs wieder durchgängig ohne Begleitmusiker auf.

Doch als er am 13. Januar 1965 zur ersten Session erscheint, ist von einer Band zunächst noch nichts zu sehen. Der Eröffnungstitel des Albums, »Subterranean Homesick Blues« ist auch der erste Titel, den Dylan einspielt – allerdings noch in einer akustischen Solofassung, ebenso wie der Song »Farewell Angelina«. Außerdem experimentiert Dylan am Klavier zusammen mit John Sebastian am Bass an einem Nonsens-Country-Blues namens »California«, den er einen Tag später in voller Bandbesetzung unter dem Titel »Outlaw Blues« nochmals aufnimmt. Schließlich berichten Daniel Kramers Studioprotokolle dieses Tages von einem Stück namens »You Don't Have To Do That«, das aber nach meinem Kenntnisstand nirgends veröffentlicht ist. Da Dylan mit der geplanten Zusammenarbeit mit einer Band – bis auf die unerfreulichen Sessions um »Mixed Up Confusion« – Neuland betritt, spielt er einige seiner neuen Titel als Demos für seine Musiker ein. Dennoch geht Dylan wohl reichlich nervös am folgenden Tag in die Sessions und peitscht die Songs in meist nur einem oder zwei Takes durch.

Die Aufnahmen beginnen erneut mit »Subterranean Homesick Blues«, einem damals äußerst verstörenden Stück, das den Stil des erst fünfzehn Jahre später so genannten Rap vorwegnimmt. Der Song liefert einen amphetamingeschwängerten Sprechgesang über ein treibendes und hektisches Rhythm-&-Blues-Muster und hat keine Melodie im eigentlichen Sinn. Stattdessen werden in einem rhythmisch hart akzentuierten Sprechgesang Wortkaskaden und verbale Klangspiele über dem Zuhörer ausgegossen – surrealistische Lyrik, die kurz gefasst von einer kaputten Welt im Spiegel einer absurden Drogen-Paranoia erzählt. Damit liefert Dylan nach seinen klanglich eher schlichten

Covers von »Subterranean Homesick Blues«:
Doug Kershaw, Greg Kühn, Chas McDevitt, Harry Nilsson, Tim O'Brien, Red Hot Chili Peppers, Dave van Ronk, Mitch Ryder, Michael Stanley, Dave Stewart

Album-Info

Veröffentlichung: 22. März 1965
Produzent: Tom Wilson
Gastmusiker: John Boone (b)
   Al Gorgoni (g)
   Bobby Gregg (dr)
   Paul Griffin (p)
   John Hammond Jr. (g)
   J. Bruce Langhorne (g)
   William Lee (b)
   Joseph Macho Jr. (b)
   Frank Owens (p)
   Kenny Rankin (g)
   John Sebastian (b)
Liner Notes: Bob Dylan
Coverfoto: Daniel Kramer

Bob Dylan
Subterranean Homesick Blues

Songs:
1. Subterranean Homesick Blues
2. She Belongs To Me
3. Maggie's Farm
4. Love Minus Zero/No Limit
5. Outlaw Blues
6. On The Road Again
7. Bob Dylan's 115th Dream
8. Mr. Tambourine Man
9. Gates Of Eden
10. It's Alright, Ma (I'm Only Bleeding)
11. It's All Over Now, Baby Blue
(Alle Titel Bob Dylan)

Vorgängerplatten den denkbar ungewöhnlichsten Einstieg in ein neues Album. Der Song und seine filmische Umsetzung ist auch der Auftakt zu ›Don't Look Back‹ (siehe Seite 294). In der berühmt gewordenen Filmsequenz wirft Dylan parallel zum hämmernden Rhythmus des Songs zahlreiche große Papierbögen beiseite, auf denen jeweils einzelne Wörter des Textes stehen – zum Teil in skurril verdrehter Schreibweise wie etwa »pawking meters« oder »man whole«. Das Ganze findet in einem trostlos wirkenden eingerüsteten Hinterhof statt, in dem sich auch Allen Ginsberg herumdrückt. Dylan spielt den »Subterranean Homesick Blues« relativ selten live, nur in den kurzen Abschnitten von 1988 bis 1991 und dann noch einmal 2002/2003 ist der Song in seinem Konzertprogramm enthalten.

»Love Minus Zero/No Limit« ist ein zartes Liebeslied ohne – zumindest erkennbaren – doppelten Boden, das in seiner Bilderwelt zum Teil an stilistische Mittel von Edgar Allan Poe erinnert. Andy Gill charakterisiert den Song in seinem Buch ›Don't Think

Session	Bisher offiziell veröffentlicht	Bisher offiziell unveröffentlichte Songs und Outtakes
alle in New York, Columbia Studios, Studio A	BABH – Bringing It All Back Home B – Biograph BS 2 – Bootleg Series 2	
13. Januar 1965	Subterranean Homesick Blues (BS 2) Farewell Angelina (BS 2)	California (frühe Version von »Outlaw Blues«) You Don't Have To Do That
14. Januar 1965	Love Minus Zero/No Limit (BABH) Subterranean Homesick Blues (BABH) Outlaw Blues (BABH) She Belongs To Me (BABH) Bob Dylan's 115th Dream (BABH) I'll Keep It With Mine (B)	
15. Januar 1965	Maggie's Farm (BABH) On The Road Again (BABH) It's Alright Ma (I'm Only Bleeding) (BABH) Gates Of Eden (BABH) Mr. Tambourine Man (BABH) It's All Over Now, Baby Blue (BABH) If You Gotta Go, Go Now (Take 1: Single, Take 2: BS 2)	

Die Session-Angaben variieren bei verschiedenen Autoren in einigen Details, ich beziehe mich auf die aktuellste Ausgabe von Dundas, ›Tangled‹.

Twice, It's All Right‹ als eine »Zen-Meditation zum Thema Liebe, das die ruhige Gelassenheit einer Mona Lisa« ausstrahlt. Dazu kontrastiert die ursprünglich mathematisch-formelhafte Gestaltung des Songtitels auf einigen Cover-Andrucken, die den Schrägstrich als Bruchstrich zeigt.

Ein überdrehter Country-Blues ist »Outlaw Blues« – ein Stück just for fun; wer es ernst nimmt, ist selber schuld. Dylan sagt dies auch recht deutlich in der vierten Strophe (»Fragt mich bloß nichts, sonst sag ich euch noch die Wahrheit!«), was die eifrigen Dylan-Exegeten aber natürlich nicht daran hindert, selbst in diesen ironischen Zeilen nach einer verborgenen tiefen Botschaft zu suchen.

»She Belongs To Me« ist ein Vexierspiel Liebeslied-Antiliebeslied an eine Dame, die schon fast überirdische Tugenden, Fähigkeiten und Eigenschaften besitzt und dennoch durch den Songtitel zum Eigentum des Sängers degradiert wird (diese zynische Behauptung taucht im Text allerdings weder als Refrain noch sonst irgendwo auf). Natürlich drängt sich als Adressatin des Stücks Joan Baez auf, und manche Anspielung auf eine Künstlerin mit einem ägyptischen Ring liefert hierzu auch nahe liegende Hinweise – zumindest stand sie Pate bei der Figur –, umso pikanter ist die im Grunde doch abwertende Bezeichnung im Titel. Das Stück – gleich an die zweite Stelle der Platte gestellt – besticht durch seinen geschliffenen Text, der sehr geschickt mit Parallelen und symmetrischen Entsprechungen arbeitet, musikalisch weicht es durch seine unüberhörbaren Folkblues-Wurzeln diametral vom schroffen Albumauftakt ab. Dylan spielt den Song vor allem in den sechziger Jahren regelmäßig in seinen Konzerten.

»Bob Dylan's 115th Dream«: eine skurrile und launige Geschichte der Entdeckung Amerikas, in der Dylan Elemente aus ›Moby Dick‹, Filmsequenzen und allerlei lustige Einfälle zu einem absurd überdrehten Text kombiniert. Das Ganze ist ein Traum, aus dem man genauso lachend aufwacht, wie das Stück auch beginnt: Denn nach einem falschen Start ist zu Beginn des Songs ein fast hysterischer Lachkrampf Wilsons zu hören.

Eines von Dylans eigenen Lieblingsliedern ist »Maggie's Farm«, der Song ist deshalb Bestandteil nahezu eines jeden Tourprogramms. Der witzige und satirisch erneut völlig überzogene Song lehnt jegliche Art von Fremdbestimmung und Bevormundung

Covers von »Love Minus Zero/ No Limit«:
Wolfgang Ambros, Joan Baez, Mike Batt, Eric Clapton, Judy Collins, Duane Eddy, Fleetwood Mac, Noel Harrison, The Janglers, Rick Nelson, P. J. Orion, Leon Russell, Doug Sahm, The Turtles

Covers von »Outlaw Blues«:
Dream Syndicate, Dave Edmunds

Covers von »She Belongs To Me«:
Wolfgang Ambros, Pete Anderson, Duane Eddy, Grateful Dead, Barry McGuire, Trish & Gerry Murphy, Rick Nelson, The Nice, Jimmy Page, Elvis Presley, Billy Preston, Leon Russell, Ray Stevens, Tina Turner

Covers von »Maggie's Farm«:
The Blues Band, Ray Brown, Solomon Burke, Barbara Dickson, Grateful Dead, David Grisman, Ritchie Havens, Hot Tuna, Booker T. Jones, Sam Lay, Tim O'Brien

Covers von »On The Road Again«:
Missing Links, Michel Montecrossa

ab: Der Protagonist sieht überhaupt nicht ein, noch länger auf Maggies Farm zu arbeiten, wo man letztlich nur einen Affen aus ihm macht. Zwei Inspirationsquellen sind es wohl, die Dylan auf dieses Sujet stießen: Zum einen der alte Countryfolk-Song »Penny's Farm« und zum anderen die »Greenwood Farm« von Silas Magee in Mississippi, die am 6. Juli 1963 für kurze Zeit von Mitgliedern der Bürgerrechtsbewegung besetzt wurde. Der Titel hatte in Großbritannien während der langen Regierungszeit der konservativen Politikerin Margaret Thatcher in den siebziger Jahren einen ganz besonderen Stellenwert bei den britischen Linksintellektuellen.

»On The Road Again« ist ein wilder Song voller grotesker Texteinfälle, er parodiert den Blues durch seine abstrusen Bilder, ist aber auch musikalisch sehr ungeschliffen und roh. »Das Stück wurde von einigen damaligen Kritikern als purer Krach verschrieen, aber bei genauem Hinhören entpuppt es sich als kraftvoller Bluesrock, in dem vor allem Dylans Mundharmonika ideal mit dem schweren stampfenden Gesamtsound kontrastiert – das Stück hätte auch den Rolling Stones jener Zeit zur Ehre gereicht.

Mit »On The Road Again« enden die so genannten elektrischen Sessions für ›Bringing It All Back Home‹. Die Musiker verlassen größtenteils das Studio, nur der Dylan-Vertraute Bruce Langhorne bleibt noch für zwei spätere Einspielungen bei den Aufnahmen. Doch zuvor bringt Dylan zwei Solostücke aufs Band, die einen höchst kunstvollen Bogen zwischen ›Another Side‹ und diesem neuen Album schlagen: »It's Alright, Ma (I'm Only Bleeding)« und »Gates Of Eden«.

»It's Alright, Ma (I'm Only Bleeding)« ist eine eindrucksvolle Beschreibung einer aus den Fugen geratenen Welt, die dem Einzelnen einschüchternd und bedrohlich entgegentritt, die aber immer wieder Platz für Hoffnung und für kleine Fluchten bietet. Wie mit einem Brennglas fokussiert Dylan auf sprachlich hohem Niveau kaleidoskopisch sich verändernde Szenerien, die er in einem atemlosen Gedicht vor seinen Zuhörern auftürmt. Es bleibt kein Platz für Meditation oder Ruhe. Unterstützt von nur minimalen Akkordbewegungen in der Begleitung hangelt sich der Song durch den kompletten Kosmos menschlicher Befindlichkeiten. Wie schon bei »A Hard Rain's A-Gonna Fall« stehen dabei zuweilen nur einzelne Textzeilen für ganze Bedeutungskomplexe. Besonders deutlich wird dies in seiner spektakulären 1974er-Tournee mit der Band (festgehalten auf dem Doppelalbum ›Before The Flood‹, siehe Seite 264), bei der allein die Zeile »Manchmal steht sogar der Präsident der Vereinigten Staaten mit heruntergelassenen Hosen da!« angesichts der erzwungenen Nixon-Demission nach dem Watergate-Skandal das Publikum zu frenetischen Beifallsstürmen animierte.

> Covers von »It's Alright, Ma (I'm Only Bleeding)«:
> Eric Anderson, Bettina Jonic, Roger McGuinn, Billy Preston, Hugo Race
>
> Covers von »Gates Of Eden«:
> Marc Carroll, Julie Felix, Arlo Guthrie

»Gates Of Eden« zeichnet das Bild einer grauen und tristen Welt, teilweise wahnwitzig, nicht selten böse – ein Szenario wie aus Dantes Universum. Der einzige Ort, an dem das Licht hell erscheint und alles Negative verkehrt ist, befindet sich innerhalb der Tore von Eden. Doch auch Dylan bleibt die Antwort schuldig, wo dieser Garten Eden zu finden ist. Vieles spricht dafür, dass die amerikanische Künstlerin Carolyn Bliss ihn richtig interpretiert, wenn sie sagt: »Eden ist in uns, jedes andere Paradies ist Schwindel.«

Das folgende »Mr. Tambourine Man« ist neben »Blowin' In The Wind« und »Like A Rolling Stone« wohl der berühmteste Dylansong aller Zeiten und zugleich ein Schlüssellied der gesamten Popmusik. Bereits 1964 bei der Session für ›Another Side‹ zusammen mit Jack Elliott eingespielt und vielfach live interpretiert, ist das Stück schon recht bekannt, als es schließlich auf ›Bringing It All Back Home‹ erscheint. Vor allem beim Newport Festival Ende Juli 1964 erregt Dylan damit großes Aufsehen bei seinem jungen Publikum. Das Lied besitzt durch seine fast meditative Melodie und seinen traumartigen Text einen ganz besonderen Zauber: Ein geheimnisvoller Tambourine-Spieler weist den Weg in eine schillernde irreale Zauberwelt. Schon bald bekommt das Lied das Etikett »Drogensong«, und auch wenn Dylan einen entsprechenden Kontext immer wieder bestreitet, so ist der Song die geradezu perfekte textliche Umsetzung einer halluzinogenen Reise.

Bereits Ende 1964 gerät das Lied in die Hände von Roger McGuinn, der gerade die Byrds gegründet hat. Im Januar 1965 nehmen diese auf Anraten ihres Managers Jim Dickson den Song auf, wobei sie – mit Dylans Zustimmung – das Stück heftig bearbeiten. Als Erstes transponieren sie das Lied von der Originaltonart

F-Dur nach D-Dur, was ihm eine größere Helligkeit verleiht; als Zweites verlangsamen sie erheblich das Originaltempo; sie konzentrieren sich drittens musikalisch vor allem auf den Refrain und streichen schließlich viertens alle Strophen bis auf die zweite heraus. Damit passt der Song in das damalige Zwei-Minuten-Schema der Hitparaden. Entscheidend aber ist die Instrumentierung, die für den berühmten Byrds-Sound prägend werden wird: zwölfsaitige E-Gitarre, akustische Rhythmusgitarre, eine harmonische Basslinie, ein treibendes Schlagzeug und über allem ein sauberer und ausgeklügelter Satzgesang. »Mr. Tambourine Man« wird der ganz große Wurf, denn in dieser Fassung erzielen die Byrds nicht nur einen weltweiten Nummer-Eins-Hit, sondern liefern geradezu ein Synonym für die Musik der sechziger Jahre. Als Dylan die Version der Byrds zum ersten Mal hört, ist er begeistert: »Fantastisch! Darauf kann man ja sogar tanzen!«

Seine eigene vergleichsweise spröde Originalfassung besitzt natürlich nicht das Hitpotenzial der Byrds, dennoch gelingt auch ihm das Kunststück, die Grenze zwischen Popmusik und anspruchsvoller surrealistischer Lyrik endgültig aufzulösen – nach »Blowin' In The Wind« der zweite ganz große Wurf Dylans.

»It's All Over Now, Baby Blue« ist ebenfalls einer der großen Dylansongs dieser Tage, mit dem über dem Grundmotiv »Abschied« sehr viele Bedeutungen transportiert werden. Die eindrucksvolle und sehr berührende Komposition vereint zwei gegensätzliche Pole: eine große emotionale Gedrängtheit in einer äußerlich sehr ruhigen und entspannten Stimmung. Dylan verabschiedet sich hier nicht primär von einer Geliebten oder einer Partnerin, sondern hauptsächlich von seinen Fans früherer Tage, denn er ahnt wohl, dass viele von ihnen ihm auf seinen neuen Wegen nicht so ohne weiteres folgen wollen.

Covers von »Mr. Tambourine Man« (kleine Auswahl):
Mike Batt, Beale Street Band, The Byrds, Gene Clarke, Judy Collins, John Denver, Duane Eddy, Four Seasons, Johnny Harris, Noel Harrison, Abbey Lincoln, The Mamas & The Papas, Marmalade, Roger McGuinn, Melanie, Gerry Mulligan, Odetta, Billy Lee Riley, Johnny Rivers, David Rose, Saxons, Stevie Wonder

Covers von »It's All Over Now, Baby Blue«:
The Animals, Joan Baez, The Byrds, Roger Chapman, Judy Collins, Marianne Faithful, Falco, Bryan Ferry, Flash, Grateful Dead, Ritchie Havens, Steve Howe, Jimmy LaFave, Manfred Mann, Barry McGuire, Joni Mitchell, Van Morrison & Them, Judy Nash, Wolfgang Niedecken, Leon Russell, Link Wray

Mit ›Bringing It All Back Home‹ beginnt Dylan kompromissloser als je zuvor neue Wege zu beschreiten. Dass er sich dabei auf höchst unsicheres Terrain begibt, ist ihm wie seinem Produzenten und auch seinem Manager gewiss bewusst. Allein schon das Coverbild der neuen Platte symbolisiert den Wandel: Es zeigt einen Neuling in unverkennbar fremder Umgebung. Das Foto wird am 14. März 1965 in Albert Grossmans Haus von Daniel Kramer geschossen; Dylan sitzt zusammen mit Grossmans Frau Sally inmitten einer recht überladenen und verplüschten Szenerie. Bei dieser Fotosession lernt Dylan Sally Grossmans enge Freundin, das Ex-Model Sara Lowndes kennen, die schon im November des Jahres Dylans erste Frau wird.

Zwei Dinge auf ›Bringing It All Back Home‹ sind spontan augen-, respektive ohrenfällig: erstens die konsequente Verbindung von Rockmusik und lyrischem Songwriting – zumindest auf einer Plattenseite. CBS hat alle »elektrischen« Titel (»Subterranean Homesick Blues«, »She Belongs To Me«, »Maggie's Farm«, »Love Minus Zero/No Limit«, »Outlaw Blues«, »On The Road Again« und »Bob Dylan's 115th Dream«) auf eine Albumseite gepackt, die so genannten »akustischen« Nummern »Mr. Tambourine Man«, »Gates Of Eden«, »It's Alright, Ma (I'm Only Bleeding)« sowie »It's All Over Now, Baby Blue« auf die andere Seite gestellt.

Zweitens ist unübersehbar das veränderte Selbstverständnis Dylans als Songwriter. In der für ihn typisch verklausulierten Form schreibt er dazu in den Cover-Notes: »Ein Song ist etwas, das alleine gehen kann. Die Leute nennen mich einen Songschreiber. Ein Gedicht ist eine nackte Person … manche Leute sagen, ich sei ein Dichter.« Und an anderer Stelle: »Ich akzeptiere das Chaos, bin mir aber nicht sicher, ob das Chaos auch mich akzeptiert.« In dieser veränderten Einstellung dem Song gegenüber befindet sich Dylans Sprache in einem Prozess, den Michael Gray in seiner Studie mit »Von der Einfachheit zur Komplexität« überschreibt. Dylan bedient sich nicht mehr der Quellen des simplen Country-Blues, auch von der weltverbesserischen und romantischen Sichtweise Woody Guthries ist er weit entfernt. Dylan schöpft aus vielen neuen Inspirationstöpfen, und man muss schon Vergleiche aus fernen Literaturen heranziehen, um sie einzuordnen: neben Rimbauds Lyrik mystische Zentexte, die opulente Bilderpracht des mittelalterlichen Dante Alighieri, aber auch Vertre-

ter der Beatgeneration wie Ginsberg oder Kerouac. All diese An-
regungen fügen sich zusammen zu einem farbigen Portrait einer
Welt im Wandel. Doch Dylan bietet mit seinen Worten keine klaren Botschaften mehr, keine eindeutigen politischen Aussagen,
sondern vage und freie Assoziationen. Damit stößt er natürlich
alle jene vor den Kopf, die sich von ihm immer noch unmissverständliche Lösungen und Statements wünschen. Dabei ist ›Bringing It All Back Home‹ erst der Auftakt zu Dylans vollständiger
Revolutionierung des Songwritings, wie die beiden Folgealben zeigen.

Trotz allem: Bis auf »Outlaw Blues«, »On The Road Again« und
»Bob Dylan's 115th Dream« werden alle Songs des Albums – also
acht von elf! – absolute Klassiker und gehören zu den meistge-
spielten und meistgecoverten Titeln in Dylans gesamtem Werk.

Like A Rolling Stone

Nach dem überragenden Erfolg von ›Bringing It All Back Home‹ absolviert Bob Dylan eine ganze Reihe von Auftritten: solo, aber auch zusammen mit Joan Baez und mit den Byrds. Am 26. April 1965 landet er mit Baez zusammen in London zu seiner ersten offiziellen Großbritannien-Tournee. Im Laufe von vierzehn Tagen gibt er Konzerte in London, Manchester, Sheffield, Liverpool, Birmingham, Newcastle und Leicester. Die Veranstaltungsreihe wird von Donn A. Pennebaker gefilmt und kommt schließlich unter dem Titel ›Don't Look Back‹ ab 1967 in die Kinos.

Der Film zeigt eine Mischung aus Bühnenauftritten, Backstage-Aufnahmen und privaten Szenen rund um Dylan. Er zeigt ihn als besessenen Arbeiter, der selbst im größten Trubel in seine Schreibmaschine hackt, mit Zuhörern diskutiert und britische Kollegen wie Donovan trifft. Eine kurze Sequenz handelt auch von der Pressekonferenz zu Beginn der Tournee, als ihm Maureen Cleave vom ›Evening Standard‹ Fragen zu Aspekten der Bibel stellt. Dieselbe Journalistin spricht ein knappes Jahr später, im März 1966, mit John Lennon über das gleiche Thema. Lennon wagt in diesem Interview seinen berühmt gewordenen Jesus-Vergleich (»Die Beatles sind zur Zeit populärer als Jesus«), was in den USA zu schlimmen Ausschreitungen der Gruppe gegenüber und schließlich zum endgültigen Bühnenabschied der Beatles führt.

›Don't Look Back‹ enthält auch eine sehr symbolträchtige Sequenz mit Joan Baez: Man sieht nur, wie sie Dylan einen eher flüchtigen Kuss gibt und dann das Hotelzimmer verlässt. Tatsächlich verschwindet sie bis in die Mitte der siebziger Jahre auch aus Dylans Leben, der seit einigen Wochen mit Sara Lowndes eine neue Beziehung eingegangen ist.

Der Englandtrip verschafft Dylan viele Kontakte zur britischen Pop- und Rockszene, etwa mit Alan Price, Marianne Faithful, John Mayall, Eric Clapton, Mark Bolan, Paul Jones, den Rolling Stones und vor allem natürlich den Beatles. Und auch das englische Gesundheitswesen lernt Dylan kennen. Als er vor einer einwöchigen Kurzreise nach Paris und Portugal zusammen mit Sara Lowndes

wieder nach London zurückkehrt, erkrankt er an einer schweren
Virusinfektion, weshalb er Ende Mai einige Tage im St. Mary's
Hospital in Paddington zubringen muss. In dieser Zeit sendet die
ehrwürdige BBC ein ausführliches Porträt Dylans.

Als er zurück in New York Mitte Juni 1965 wieder das Columbia Studio betritt, hat er nur drei neue Songs in der Tasche: das für
seine damalige Verhältnisse eher zweitrangige »Sitting On A Bar-
bed Wire Fence«, ein zunächst als Boogie angelegtes »It Takes A
Lot To Laugh, It Takes A Train To Cry« (unter dem Arbeitstitel
»Phantom Engineer«) sowie ein Stück, von dem schnell klar wird,
dass es ein ganz besonderer Diamant ist: »Like A Rolling Stone«.
Eine frühe Fassung, zu hören auf ›Bootleg Series 2‹, klingt so, wie
sich das Stück vielleicht auf ›Bringing It All Back Home‹ angehört
hätte: relativ durchsichtig und klar, mit einem messerscharfen Gesang über der Instrumentalspur. Auf der endgültigen Aufnahme,
die als Single und auf dem Album erscheint, verschmelzen Gesang
und Musik zu einer ungemein dichten Einheit.

Ursprünglich war der Text zu »Like A Rolling Stone« als Gedicht konzipiert, wie Dylan dem Journalisten Jules Siegel erzählt:
»Ich schrieb es gleich nach meiner Rückkehr aus England. Es war
zehn Seiten lang und hatte keinen Titel. Mein ganzer Hass konzentrierte sich darin auf einen bestimmten Punkt, mit dem es mir
ernst war. Am Ende war der Hass verschwunden – vielleicht ist
Rache das bessere Wort. Ich hatte den Text nie als Lied gesehen,
bis ich eines Tages am Klavier saß und ganz langsam zu singen an-
fing: ›How does it feel?‹ Wie in extremer Zeitlupe, als wenn man
in Lava schwimmen würde.« Schließlich spie er den Text wie Gift
und Galle aus, und der Song wurde eines der emotionalsten Lieder, die je in der Rockmusik entstanden sind.

Das Stück entsteht nicht, wie Al Kooper sich in seiner Autobiografie ›Backstage Passes‹ – und auch Dylan in einigen Statements –
zu erinnern glaubt, in einem kompakten Take, im Gegenteil: Die
Aufnahmen zu dem Song ziehen sich über zwei volle Studiotage,
noch nie zuvor hat Dylan ähnlich akribisch zusammen mit seinen
Musikern ein Stück erarbeitet. Die Vorstellungen davon, was aus
dem Song schließlich werden soll und mit welchen Musikern dies
am besten zu erreichen ist, führt während dieser Sessions zum
Zerwürfnis zwischen Dylan und seinem Produzenten Tom Wilson,
der postwendend durch Bob Johnston ersetzt wird. Wilson wech-

Album-Info

Veröffentlichung: 30. August 1965
Produzent: Bob Johnston
Gastmusiker:
  Michael Bloomfield (g)
  Harvey Brooks (aka Harvey
    Goldstein, b)
  Al Gorgoni (g)
  Bobby Gregg (dr)
  Paul Griffin (kb)
  Al Kooper (kb, g, horn)
  J. Bruce Langhorne (g) (?)
  Sam Lay (dr)
  Joseph Macho Jr. (b)
  Charlie McCoy (g, harm)
  Frank Owens (p)
  Russ Savakus (b)
Liner Notes: Bob Dylan
Coverfoto: Daniel Kramer

Songs:
  1. Like A Rolling Stone
  2. Tombstone Blues
  3. It Takes A Lot To Laugh, It Takes A
     Train To Cry

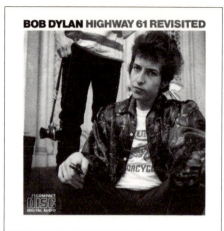

BOB DYLAN HIGHWAY 61 REVISITED

  4. From A Buick 6
  5. Ballad Of A Thin Man
  6. Queen Jane Approximately
  7. Highway 61 Revisited
  8. Just Like Tom Thumb's Blues
  9. Desolation Row
(Alle Titel Bob Dylan)

selt zum Avantgarde-Label Verve und betreut dort Frank Zappa und die Velvet Underground; Johnston ist bei Columbia durch seine Zusammenarbeit unter anderem mit Simon & Garfunkel, den Byrds, Elvis Presley oder Louis Armstrong einer der wichtigsten Hausproduzenten überhaupt.

Doch Tom Wilsons Abschiedswerk mit Bob Dylan geht in die Rockgeschichte ein: In einer groß angelegten Umfrage des renommierten ›Rolling Stone‹-Magazins anlässlich des weltweit zelebrierten Jubiläums »Fünfzig Jahre Rock« im Jahr 2004/2005 wird das Stück auf Platz Eins der Auswahl zum »bedeutendsten und besten Rocksong aller Zeiten« gewählt. Was immer man von solchen Bestenlisten halten mag, »Like A Rolling Stone« ist unbestritten eine der berühmtesten Dylankompositionen und zugleich eine machtvolle Unabhängigkeitserklärung von allen damaligen Songklischees. Im Jahr 2005 erscheint – verfasst von Greil Marcus – ein Buch, das sich ausschließlich mit diesem Stück und seiner Wirkung auf die Rockgeschichte beschäftigt.

Session	Bisher offiziell veröffentlicht	Bisher offiziell unveröffentlichter Song
alle in New York, Columbia Studios, Studio A	H61 – Highway 61 Revisited B – Biograph BS 2 – Bootleg Series 2 BS 7 – Bootleg Series 7 H61-I – Highway 61 Interactive (CD-ROM)	
15. Juni 1965	Sitting On A Barbed Wire Fence (BS 2) It Takes A Lot To Laugh, It Takes A Train To Cry (BS 2, BS 7) Like A Rolling Stone (BS 2 & einige Edits auf H61-I)	
16. Juni 1965	Like A Rolling Stone (H61 & zahlreiche Edits auf H61-I)	Why Should You Have To Be So Frantic?
29. Juli 1965	Tombstone Blues (H61) It Takes A Lot To Laugh, It Takes A Train To Cry (H61) Positively 4th Street (B) Desolation Row (BS 7)	
30. Juli 1965	From A Buick 6 (H61) Can You Please Crawl Out Your Window? (Single)	
2. August 1965	Highway 61 Revisited (H61) Just Like Tom Thumb's Blues (H61) Queen Jane Approximately (H61) Ballad Of A Thin Man (H61)	
4. August 1965	Desolation Row (H61)	

Obwohl das Lied mit sechs Minuten Länge die bis dato längste Single der Schallplattenära ist und das gängige Zwei-Minuten-Format gewaltig sprengt, klettert es in praktisch allen internationalen Charts in die Top-Ränge. Ein wichtiges Soundmerkmal des Songs ist die Kombination von Al Koopers Orgel und Michael Bloomfields Sologitarre. Auf ›Highway 61 Revisited‹ lässt der brillante Ausnahmegitarrist erstmals sein enormes Potenzial aufblitzen, das er leider nie ganz ausschöpfen wird: Im Alter von 36 Jahren erliegt er 1981 seiner Heroinsucht. »Like A Rolling Stone« klingt selbst heute nach vierzig Jahren noch frisch und hat nichts von seinem Biss und seiner gewaltigen Kraft verloren. Hier spielt eine unverbrauchte Band, die an einen gemeinsamen Dynamo angeschlossen ist. Dieser Dynamo heißt Bob Dylan. Und wie selbstverständlich ist »Like A Rolling Stone« – zusammen mit »All Along The Watchtower« – der von Dylan in seinen Konzerten am häufigsten interpretierte und aufgeführte Titel.

> Covers von »Like A Rolling Stone« (kleine Auswahl):
> Wolfgang Ambros, Black 47, Calliope, Cher, Judy Collins, Creation, Four Seasons, Jimi Hendrix, Bettina Jonic, Barb Jungr, Jerry Murad, Gene Norman, The Rolling Stones, Mick Ronson, Tadd Rubinstein, Spirit, The Turtles, Johnny Winter

Als Abschluss der Session am 16. Juni taucht in einigen Notizen der ominöse Song »Why Should You Have To Be So Frantic?« auf, eventuell ist das Stück identisch mit einem Song, der unter dem Titel »Killing Me Alive« auf einigen wenigen Bootleg-LPs kursiert. Die offizielle Studiochronik gibt jedenfalls keinen Hinweis auf eine entsprechende zusätzliche Nummer.

Die sechs Wochen bis zu den Aufnahmesessions Ende Juli/Anfang August verbringt Dylan im Wesentlichen damit, die Texte und Konzepte für seine neuen Songs auszuarbeiten. Doch in den Tagen unmittelbar vor Dylans neuen Studioarbeiten spielt er wieder – nun das dritte Jahr in Folge – beim Newport Folk Festival. Es ist ein denkwürdiger Auftritt, um den sich eine der großen Legenden in Dylans Karriere rankt.

Am 25. Juli kommt es zu einem Eklat, als Dylan in modischem Pop-Outfit gekleidet zusammen mit der Paul Butterfield Blues Band auf die Bühne kommt und ohne Federlesens zu rocken beginnt: mit »Maggie's Farm«, mit »It Takes A Lot To Laugh, It Takes A Train To Cry« und mit dem eine Woche zuvor als Single erschienenen »Like A Rolling Stone«. Das Publikum wittert Verrat an den heeren Folkidealen und buht Dylan von der Bühne. Angeblich mit Tränen in den Augen kehrt er mit der akustischen Gitarre zurück, doch das Lied, das er spielt, ist ein Abschiedssong: »It's All Over Now, Baby Blue«. So weit die Legende.

Im Laufe der Jahre trennen sich Dichtung und Wahrheit. Es ist beileibe nicht so, dass die Fans Dylans Weg in den Rock nicht mitvollzogen hätten, im Gegenteil: Bis auf wenige Puristen folgten sie ihrem Idol nur zu bereitwillig. Insofern ist die Ablehnung in New-port nicht auf Dylans Musikwahl zu beziehen, sondern vielmehr auf den technisch völlig missglückten Auftritt. Die Veranstalter hatten schlicht keine Erfahrung mit dem aufwändigen Equipment einer Rockband, und es gab niemanden, der die Mikrofone richtig aussteuern konnte. Das Ergebnis war eine viel zu laute und dazu miserabel abgemischte Begleitband und ein Dylan, den keiner hörte. Dies war der Hauptgrund für den vehementen Protest der Zuhörer, doch eine Ablehnung aus künstlerischen und weltanschaulichen Gründen bot natürlich für einen Geschäftsmann wie Albert Grossman das perfekte Klischee, seinen Star als verkanntes Genie interessant zu machen.

Vier Tage später ist Dylan wieder im Studio und macht sich an die Produktion von »Tombstone Blues«, einem gnadenlos pulsierenden Rocksong, auf den auch ein Chuck Berry stolz sein könnte. Herausragend ist wieder die prägnante Leadgitarre Bloomfields sowie natürlich Dylans Text – ein surrealistisches Rock-Poem, das einen weiten Bogen von Johannes dem Täufer bis zur Bluessängerin Ma Raney schlägt. Doch wohin ihn seine abenteuerliche Gedankenreise auch führt, in jedem Refrain findet sich Dylan immer wieder in einem tristen Ambiente mit seinem Grabsteinblues wieder – wie viele Dylan-Songs dieser Phase ein dunkles Gemälde einer wahrlich verrückt gewordenen Welt, getaucht in eine Szenerie wie aus einem Film von Luis Buñuel.

In »It Takes A Lot To Laugh, It Takes A Train To Cry« bestärkt Dylan seine Zuhörer darin, stets den eigenen Weg zu suchen und zu gehen und diesem auch zu vertrauen. Ein für ›Highway 61‹-Verhältnisse sanfter Blues, der mit dem Klischee der Eisenbahn als Symbol für eine – hauptsächlich maskulin orientierte – Interpretation des Lebensweges spielt. »Positively 4th Street« wird zusammen mit »Tombstone Blues« und »It Takes A Lot To Laugh« eingespielt und als Single veröffentlicht, nicht aber in das ohnehin für damalige Zeiten ungewöhnlich lange Album – über fünfzig Minuten bei einem Standard von rund dreißig Minuten pro LP – in-

Covers von »Tombstone Blues«: Sheryl Crow, Tim O'Brien

Covers von »It Takes A Lot To Laugh, It Takes A Train To Cry«: Blue Cheer, Marianne Faithful, Chris Farlowe, Jerry Garcia, Steve Gibbons, Grateful Dead, Andy Hill, Richard Hunter, Al Kooper & Stephen Stills, L. A. Jets, Little Feat, Tracy Nelson, Leon Russell

tegriert. Der Song hat gute Chancen im Rennen um das gehässigste Lied der Popgeschichte, ein regelrecht brutales Lied, in jedem Fall extrem eindimensional in seinem Hass und seiner Abwertung, die in dem Satz kulminiert: Es wär' gut, wenn wir mal miteinander tauschen könnten; dann würdest du sehen, wie beschissen du bist! Von dem Lied kann sich jeder, der möchte, angesprochen fühlen: die Folkpuristen vom Schlage eines Pete Seeger, die nicht bereit sind, Dylans neuem Weg zu folgen; die Kritiker, die ihn (noch) nicht verstehen; aber auch persönliche Weggefährten, von denen Dylan sich verraten fühlt, wie etwa Joan Baez oder Tom Wilson.

Der folgende Aufnahmetag bringt als Ergebnis zwei Songs: »From A Buick 6« und »Can You Please Crawl Out Your Window«. »From A Buick 6« ist ein einfach gestrickter Blues-Rock mit einem Nonsens-Gedicht als Text, in dem Dylan mit den Klischees der frühen Rock'n'Roller spielt und sie auf die Schippe nimmt: schnelle chromblitzende Wagen, der etwas aufdringliche Sexappeal der dazu passenden Frauen und eine derbe und raue Landstraßen-Romantik. »Can You Please Crawl Out Your Window« wird wie »Positively 4th Street« zunächst nur als Single veröffentlicht und ist wieder ein Hasslied, diesmal aber eher satirisch-surrealistisch und keinesfalls so bösartig wie der Song des Vortags. Dennoch zeigt Dylan auch hier seine rüde und unzugängliche Seite, indem er seinen Widerpart mit bissigen Worten zum Teufel wünscht. Die Single wird von Columbia wegen technischer Aufnahmemängel rasch wieder zurückgezogen und erst im Herbst des Jahres in einer neuen Version veröffentlicht.

Am Montag, dem 2. August, findet eine denkwürdige und äußerst konzentrierte Aufnahmesession statt, in deren Verlauf Dylan mit seinen Musikern praktisch das gesamte restliche Material des Albums, nicht weniger als fünf Songs, einspielt. Den Auftakt macht der später zum Titeltrack erhobene Song »Highway 61 Revisited«, eine klassische Rock-Nummer, bei der sich ein illustres Völkchen das Stelldichein gibt: Abraham, Mack the Finger, Louis the King und allerhand

Covers von »Positively 4th Street«:
Antiseen, The Byrds, Jerry Garcia, The Janglers, Cassandra Lange, Terry Melcher, Jerry Murad, Johnny Rivers

Covers von »From A Buick 6«:
Cypress Grove, Alex Taylor, Mick Wilhelm, Johnny Winter

Covers von »Can You Please Crawl Out Your Window«:
Jimi Hendrix, Wilko Johnson, Patricia Paay

Figuren der Straße. Sie alle sind da, wo offenbar der Puls der Zeit schlägt: auf dem Highway 61. Diese Straße ist realiter eine wichtige Verbindungsstraße in den Vereinigten Staaten und reicht von Dylans Geburtsort Duluth, Minnesota, über das Mississippi-Delta bis zum Golf von Mexiko. Damit ist der Highway für viele auch ein vitales kulturelles Symbol Amerikas. Möglicherweise verbrät Dylan in diesem Song auch einen Lieblingsspruch seines Vaters Abe Zimmerman, der immer wieder meinte: »Wenn Gott Wetten abschließt, dann bestimmt auf dem Highway 61.«

»Just Like Tom Thumb's Blues« bietet surrealistische Wortspiele, es ist die Beschreibung der Leere und Verzweiflung eines Mannes am unteren Ende der gesellschaftlichen Skala. Dabei zitiert Dylan an einigen Stellen Auszüge aus Orson Welles' Film ›A Touch Of Evil‹ (1958) – ein düsterer Blues in enger thematischer Verwandtschaft zu »Desolation Row«.

»Queen Jane Approximately« ist ein tendenziell abwertendes Lied. Dylan verspottet eine ominöse Queen Jane mit all ihrer betulichen Herrlichkeit, hinter der sich dennoch im Grunde tiefste Einsamkeit verbirgt. Die Adressatin des Songs ist mit hoher Wahrscheinlichkeit Joan (Jane) (Folkqueen) Baez.

Dylan bleibt gehässig: Mit »Ballad Of A Thin Man« macht er sich über einen fiktiven Mr. Jones lustig, der zwar bei jeder Gelegenheit gerne groß daherredet, aber offenkundig nicht den rechten Durchblick hat. Viele fühlen sich von dem bissigen Lied attackiert: zum Beispiel der Rolling Stone Brian Jones, der Dylan mit seinen Drogenexzessen stellenweise gehörig nervt; auch wieder Joan Baez (Mrs. Joans); Pete Seeger (der Dylans neue Musik harsch ablehnt); der ›Time‹-Reporter Horace Judson, einer jener Kritiker, die es wagten, ›Bringing It All Back Home‹ zu verreißen, und so weiter. Dylan gibt die Identität seines Mr. Jones nie preis, und es ist letztlich auch

Covers von »Highway 61 Revisited«:
Dr. Feelgood, Steve Gibbons, Bugs Henderson, The Leaves, Michael Moore, Wolfgang Niedecken, Terry Reid, Johnny Winter

Covers von »Just Like Tom Thumb's Blues«:
The Bluebirds, Jamie Brockett, Judy Collins, Grateful Dead, Gordon Lightfoot, Steve Marcus, Barry McGuire, Linda Ronstadt, Nina Simone

Covers von »Queen Jane Approximately«:
Four Seasons, Grateful Dead, Steven Keene, Lilac Angels, John Schroder

Covers von »Ballad Of A Thin Man«:
Golden Earring, Robyn Hitchcock, The Janglers, James Solberg

egal, wer beim Entstehen des Liedes gemeint ist, eignet sich der
Song doch bestens zur Abwertung eines jeglichen Feindes.

Das poetische Hauptwerk des gesamten Albums ist »Desolation
Row«. In absurden und pittoresken Szenarien sind surreale
metaphorische Sprachgebilde und Traumsequenzen patchworkar-
tig ineinander verwoben. Der Text braucht keinerlei Vergleich mit
herausragenden lyrischen Werken wie etwa W. B. Yeats ›Lapis
Lazuli‹ oder Allen Ginsbergs ›Howl‹ zu scheuen, von ihm strömt
ein wunderbarer Zauber aus, der unmittelbar anspricht und sich
dennoch einer konkreten Deutung entzieht. »Desolation Row« ist
eines der schönsten und inspirie-
renden Gedichte, die Dylan je
vertont hat und das bei jedem
Zuhörer sehr eigene und individuelle Assoziationen hervorruft,

Covers von »Desolation Row«:
Grateful Dead, Robyn Hitchcock,
Chris Smither, Dan Tillberg

ein mit über elf Minuten Dauer ungewöhnlich langes, dabei doch
sehr stilles und zurückhaltendes Glanzstück – ohne Keyboards
und Schlagzeug – auf einer mit lauten Meisterwerken gepflaster-
ten Platte. Der Basistake des Stücks – also Dylans Gesang und
Harmoniegitarre – wird (nach einem Probedurchlauf schon am
29. Juli) spätnachts am 2. August als letzte Einspielung in einem
Rutsch aufgenommen. Zwei Tage später kommen noch zwei Spuren dazu: eine akustische Sologitarre und ein ebenfalls akustischer
Bass. Da die ›Highway 61‹-Sessions offiziell schon am 2. August
als abgeschlossen gelten, lässt sich nicht mehr mit letzter Sicherheit rekonstruieren, wer die nachträglichen Einspielungen vor-
nimmt. Vieles spricht dafür, dass Dylan seinen alten Studio-Spezi
Bruce Langhorne für die sensibel gespielte Sologitarre ins Studio
holt.

Als ›Highway 61 Revisited‹ Ende August in die Plattenläden
kommt, wird schnell klar: Mit diesem Album ist Bob Dylan ein
absolutes Meisterstück gelungen. Es bildet eine konsequente Verbindung von bluesbasiertem schwerem elektrischen Rock mit
filigraner Poesie, und es dringt damit zum ureigensten Kern der
Rockmusik vor: schnörkelloser durchdringender Beat, verbunden
mit jeder Menge Emotion. Dylan ist selbst von seiner Arbeit begeistert: »Das würde ich mir sogar selbst anhören«; und an anderer
Stelle: »Ich werde nie wieder eine bessere Platte machen.« Viele

sagen, mit dieser Einschätzung hat er bis heute Recht behalten. In jedem Fall ist ›Highway 61‹ ein zentrales Album der Rockmusik, revolutionär, kraftvoll, frisch und unverbraucht wie ›Sgt. Peppers‹ der Beatles, ›Electric Ladyland‹ von Jimi Hendrix, ›Bitches Brew‹ von Miles Davis oder Stevie Wonders ›Songs In The Key Of Life‹, zugleich explosiv und aufrührerisch wie später die Musik von Johnny Rotten oder Curt Kobain. Das Album bildet, wie schon ›Bringing It All Back Home‹ den Hauptfundus jener Stücke, die Dylan bis heute in seinen Konzerten präsentiert, praktisch jeder der Songs zählt bis in die Gegenwart zu den großen Klassikern des Rock.

Ein wichtiges Kennzeichen von ›Highway 61‹ ist sein treibender, zugleich kristallklarer und durchdringender Sound sowie Dylans hervorragende Begleitband, die, mit vielen Freiheiten ausgestattet, in wenigen Sekunden eine höchst intensive Spannung aufbaut, die das Album an keiner Stelle mehr verlässt. Michael Gray bringt es auf den Punkt, wenn er das gesamte Album als Spiegelbild unserer aus den Fugen geratenen Ordnung und Gesellschaft bezeichnet, angefüllt mit der Nervosität und Hektik, die die chaotische Realität unserer modernen Zivilisation darstellt. ›Highway 61‹ erhebt Rockmusik endgültig in den Rang einer ernst zu nehmenden Kunstform.

Mit dieser Platte steht Dylan an der Spitze des Rock, nur die Beatles, die Beach Boys und vielleicht noch die Rolling Stones können in dieser Zeit mit ihm Schritt halten. Aus dem kauzigen Sänger aus Minnesota ist binnen weniger Jahre »Dylan Superstar« geworden, und er trägt dieses Etikett auf dem Coverbild auch entsprechend stolz zur Schau.

Damit macht er sich freilich nicht nur Freunde. Vor allem den Folkpuristen ist er ein Dorn im Auge, fühlen sie sich in ihren politischen und künstlerischen Positionen von ihm doch schmählich verraten und verlassen. Einer der böswilligsten Verrisse stammt von dem englischen Folksänger Ewan MacColl, verheiratet mit Pete Seegers Halbschwester Peggy, der im September 1965 in der Zeitschrift ›Sing Out!‹ kübelweise Schmähungen über Dylan ausgießt: »Ich habe mit Faszination den kometenhaften Aufstieg dieses amerikanischen Idols gesehen und ich bin nach wie vor unfähig, in ihm etwas anderes zu sehen als ein mittelmäßiges Talent. Nur ein völlig unkritisches Publikum, gefüttert mit dem

wässrigen Brei der Popmusik, kann auf solch zehntklassigen Blöd-
sinn hereinfallen.«

Natürlich geben sich mit solchen Polemiken Leute wie Mac-
Coll vor allem selbst der Lächerlichkeit preis, doch verstärken
derartige Angriffe Dylans ohnehin vorhandene Paranoia. Er fühlt
sich von jedem potenziell ausgenutzt und verraten und errichtet
deshalb Mauern der Ablehnung um sich herum. Dies trägt ihm –
nicht zu Unrecht – den Ruf einer abweisenden, arroganten, vielleicht sogar grausamen Person ein, die keinerlei Kritik verträgt und
mit den Menschen ihrer Umgebung sehr willkürlich und barsch
umspringt. Der Kreis derer, die wirklich an ihn herankommen,
wird immer kleiner. Diese Sonderstellung in der Öffentlichkeit
verbindet ihn vor allem mit den Beatles, doch ihnen gelingt es im
Gegensatz zu Dylan, sich die Außenwelt mit Witz und Charme
vom Leib zu halten. Entsprechend bleiben sie auch viel länger in
der Rolle unschuldiger Lieblinge der Massen und Medien.

Im Sommer 1965 kommt es zu einer musikalischen Begegnung,
die Bob Dylan in den Folgejahren maßgeblich beeinflussen wird:
Mary Martin, eine Sekretärin von Albert Grossman, macht ihn auf
einen Club in New Jersey aufmerksam, wo er erstmals die Gruppe The Hawks hört und sich mit den Musikern anfreundet. Diese
Formation, die schon bald unter ihrem neuen Namen The Band
Furore macht, wird ihn für viele Jahre begleiten und ein wichtiger
musikalischer Partner bei seiner weiteren künstlerischen Entwicklung sein.

Visions Of Johanna

Dylans künstlerische Situation erweist sich im Spätsommer 1965 wieder einmal als recht widersprüchlich: Während das Album ›Highway 61 Revisited‹ mehrheitlich höchste Lobeshymnen erntet, sich rasend verkauft und auch »Like A Rolling Stone« bis auf Platz Drei der Billboard-Charts klettert, hat Dylan in seinen Konzerten zuweilen Probleme, seinen neuen Sound den Zuhörern nahe zu bringen. Immer wieder gibt es ablehnende Reaktionen. Seine neue Musik ist vielen offenbar zu fremd und zu ungewöhnlich. Doch Dylan bleibt – wohl auch auf Druck von Albert Grossman – unermüdlich und erkämpft sich in einer Reihe von Konzerten vor allem im September wieder sein Publikum. Begleitet wird er nun durchgängig von den Musikern der Hawks.

In aller Stille heiratet Dylan am 22. November Sara Lowndes. Die Hochzeit wird einige Monate lang geheim gehalten, nicht einmal die engsten Freunde Dylans erfahren davon. Zum Zeitpunkt der Hochzeit ist Sara Lowndes/Dylan im siebten Monat schwanger, am 6. Januar 1966 wird Dylans erster Sohn Jesse geboren.

Ab Oktober ist Bob Dylan wieder im Studio, um sein neuestes Album einzuspielen. Die gesamten Sessions ziehen sich über fast ein halbes Jahr hin und zerfallen in zwei Blöcke: Im Oktober und November 1965 sowie im Januar 1966 ist Dylan insgesamt sechs Mal mit den Hawks sowie mit Al Kooper im vertrauten New Yorker Columbia Studio A, fünf weitere Sessions finden im Februar und März 1966 in den Columbia Music Row Studios in Nashville/Tennessee statt. Hier sind bis auf Kooper und den Gitarristen Robbie Robertson andere Musiker engagiert. Mit den Hawks gibt Dylan allerdings parallel einige Konzerte im Norden der Staaten.

Die Aufnahmen in New York erbringen rein mengenmäßig eine nur recht dürftige Songausbeute: Außer einer Neueinspielung der Single »Can You Please Crawl Out Your Window?« und einigen Songs, die lange Zeit unveröffentlicht bleiben, wird nur ein Titel für das neue Album abgeschlossen: »One Of Us Must Know (Sooner Or Later)«. Doch Dylans Aktivitäten dieser Tage scheinen sich nicht primär auf die Produktion möglichst vieler neuer Songs zu

Album-Info

Veröffentlichung: 16. Mai 1966
Produzent: Bob Johnston
Gastmusiker:[1]

Besetzung in New York:
  Rick Danko (b, v, voc)
  Bobby Gregg (dr)
  Leon Helm (dr)
  Garth Hudson (kb, sax)
  Al Kooper (kb, g, horn)
  Richard Manuel (kb, voc)
  Robbie Robertson (g, voc)

Besetzung in Nashville:
  Bill Atkins (kb)
  Wayne Butler (tromb)
  Kenny Buttrey (dr)
  Paul Griffin (p)
  Jerry Kennedy (g)
  Sandy Konikoff (dr)
  Al Kooper (kb, g, horn)
  Charlie McCoy (b, g, harm, tp)
  Wayne Moss (g, voc)
  Hargus »Pig« Robbins (kb)
  Robbie Robertson (g, voc)
  Joe South (g)
  Henry Strzelecki (b)

Coverfoto: Jerry Schatzberg

[1] Angaben gehen bei unterschiedlichen
Quellen im Detail auseinander, die
Cover-Notes sind unvollständig.

Songs:
1. Rainy Day Woman # 12 & 35
2. Pledging My Time
3. Visions Of Johanna
4. One Of Us Must Know (Sooner Or Later)
5. I Want You
6. Stuck Inside Of Mobile With The Memphis Blues Again
7. Leopard-Skin Pill-Box Hat
8. Just Like A Woman
9. Most Likely You Go Your Way And I'll Go Mine
10. Temporary Like Achilles
11. Absolutely Sweet Marie
12. 4th Time Around
13. Obviously 5 Believers
14. Sad Eyed Lady Of The Lowlands
(Alle Titel Bob Dylan)

konzentrieren, statt dessen ist er auf der Suche nach einem neuen Sound, den er im Kopf hat, wie er in einem Gespräch mit Phil Beaver erklärt: »Es ist dieser dünne, wilde, quecksilbrige Sound, metallisch und leuchtend golden, mit allen Assoziationen, die das wachruft. Das ist mein besonderer Sound. Am allernächsten bin ich ihm auf einigen Stücken von ›Blonde On Blonde‹ gekommen.«

Als erstes Stück für die neue Platte, die anfänglich noch nicht als Doppelalbum geplant ist, wird also »One Of Us Must Know

Session 5. 10. 1965 bis 27. 1. 1966: New York, Columbia Studios, Studio A ab 14. 2. 1966: Nashville/Tennessee, Columbia Music Row Studios	Bisher offiziell veröffentlicht BOB – Blonde On Blonde B – Biograph BS 2 – Bootleg Series 2 BS 7 – Bootleg Series 7 H61-I – Highway 61 Interactive (CD-ROM)	Bisher offiziell unveröffentlichte Songs und Outtakes
5. Oktober 1965	Medicine Sunday (H61-I) Jet Pilot (B)	Number One (Instrumental)
20. Oktober 1965	I Wanna Be Your Lover (B)	
30. November 1965	Visions Of Johanna (BS 7) Can You Please Crawl Out Your Window? (B)	
21. Januar 1966	She's Your Lover Now (BS 2)	
25. Januar 1966	Leopard-Skin Pill-Box Hat (BS 7) One Of Us Must Know (Sooner Or Later) (BOB)	
27. Januar 1966	I'll Keep It With Mine (BS 2)	Untitled Instrumental
14. Februar 1966	4th Time Around (BOB) Visions Of Johanna (BOB) Leopard-Skin Pill-Box Hat (BOB)	
15. Februar 1966	Sad Eyed Lady Of The Lowlands (BOB)	
16. Februar 1966	Stuck Inside Of Mobile With The Memphis Blues Again (BOB)	
8. März 1966	Absolutely Sweet Marie (BOB) Pledging My Time (BOB) Just Like A Woman (BOB)	
9. März 1966	Most Likely You Go Your Way (And I'll Go Mine) (BOB) Temporary Like Achilles (BOB) Rainy Day Woman # 12 & 35 (BOB) Obviously 5 Believers (BOB) I Want You (BOB)	

(Sooner Or Later)« abgeschlossen. Der Song bezieht einen Großteil seiner Spannung aus dem Dialog zwischen Richard Manuels
Klavier und Al Koopers Orgel. Darüber setzt Dylan einen sehr genau akzentuierten Gesang. In dem Lied geht es um eine Beziehung, die definitiv zu Ende ist. Vieles spricht dafür, dass Dylan
hier nochmals die Trennung von Joan Baez aufarbeitet. Zweifellos
macht er sich zumindest in diesem Song selbst für das Scheitern
verantwortlich. Insofern ist das Lied auch eine Art Entschuldigung
an Baez und zugleich ein Dank an sie, dass sie ihn bei seiner Karriere doch sehr stark protegiert hat. Lakonisch bleibt allerdings das
Ende: Es ist passiert, was passiert ist, und so ist es eben. Das Stück
weist viele Ähnlichkeiten zu »She's Your Lover Now« auf, das
schließlich wegen eben dieser Nähe nicht auf das Album kommt,
obwohl es ebenfalls ein durchaus starker Song ist.

Nach einer Reihe von Probetakes in New York etwa zu »Freeze
Out« (dem späteren »Visions Of Johanna«) oder »Leopard-Skin
Pill-Box Hat« verlagern Dylan und sein Produktionsstab die Aufnahmen in die Music Row Studios in Nashville; es sind die ersten
offiziellen Platten-Aufnahmen Dylans, die nicht in New York
stattfinden. Produzent Bob Johnston hingegen ist in Nashville im
Grunde zu Hause und sieht hier die besten Möglichkeiten, Dylans
Soundvorstellung umzusetzen. Wie dem auch sei, die neue Umgebung scheint Dylans Konzentration gut zu tun; in nur fünf Ses-
siontagen nimmt er in einem fast manischen Tempo dreizehn herausragende neue Songs auf.

Den Anfang macht »4th Time Around«. Der Song thematisiert
die ungleiche Beziehung zu einer Frau, die sich in einem starken
Spannungsfeld zwischen dem be-
findet, wie der Mann sie gern
sehen würde und wie sie selbst
eigentlich ist. Der Song weist
musikalisch wie textlich unverkennbar Parallelen zu John Lennons »Norwegian Wood (This
Bird Has Flown)« vom damals aktuellen Beatles-Album ›Rubber
Soul‹ auf. Lennon ist sichtlich
irritiert, kann er doch nicht so
recht einschätzen, ob Dylans

Covers von »One Of Us Must Know
(Sooner Or Later)«:
Wolfgang Ambros, Clarence Bucaro,
Michel Montecrossa, Wolfgang Niedecken

Covers von »4th Time Around«:
Steve Gibbons, Michael Moore,
Michel Montecrossa, Chris Whitley,
Pete Williams

Covers von »Visions Of Johanna«:
Marianne Faithful, Grateful Dead,
Robyn Hitchcock, Michael Moore,
Gerry Murphy

Song eher Parodie oder Hommage ist. In der Tat ist Dylan nicht wirklich eindeutig, doch der letzte Satz des Stücks klingt eher abwertend, wenn es sinngemäß heißt: »Ich hab nie etwas von dir gewollt, also lass jetzt auch mich in Frieden.«

»Visions Of Johanna« ist, wie Robert Shelton schreibt, der Keysong auf einem Album voller Keysongs – ein Stück mit einer poetischen Qualität, wie sie auch Dylan nur selten gelingt. Dabei erschließt sich die tiefe poetische Kraft des Songs weniger über den konkreten Sinn des Textes als vielmehr über die Stimmung und die Atmosphäre. Dylans Reputation als vielleicht wichtigste lyrische Stimme Amerikas in der 2. Hälfte des 20. Jahrhunderts, was ihn immerhin wiederholt in den engeren Kandidatenkreis für den Literatur-Nobelpreis rückt, geht nicht zuletzt auch auf dieses Werk zurück.

Vordergründig geht es in dem Lied um eine fiktive Dreiecksgeschichte zwischen dem Protagonisten, seiner nicht unkomplizierten Beziehung zu einer Frau namens Louise und den über allem schwebenden Visionen einer madonnengleichen Johanna. Hinter diesem Szenario verbirgt sich das in mächtige Bilder gepackte Abbild der Verworrenheit und Absurdität der menschlichen Gesellschaft und der menschlichen Beziehungen. Melodie und musikalische Struktur sind sehr einfach, fast wie ein simpler Folksong. Die Aufnahme selbst mit ihrer sehr schleppenden Instrumentierung, dem exakt gesetzten Gesang, den kurzen passenden Harmonikapassagen und den immer wieder prägnant einfallenden Gitarrenriffs ist jedoch atmosphärisch sehr gedrängt, vermittelt eine fast klaustrophobische Stimmung und ergänzt die poetische Prägnanz ideal.

Viele Kritiker bezeichnen »Visions Of Johanna« als das bedeutendste Stück Dylans in seinem gesamten Werk. Dabei versuchen sie natürlich häufig, der Identität jener geheimnisvollen Johanna nachzuspüren, doch Dylan legt wie so oft die Figuren seiner Songs nicht offen. Sicherlich spielt die Namensvetterin Joan Baez eine inspirierende Rolle. Doch wenn man bedenkt, dass der Song zeitgleich zu Dylans Hochzeit mit Sara entsteht, so spricht doch vieles für eine Hommage an seine frischvermählte Ehefrau.

»Leopard-Skin Pill-Box Hat«, der dritte Song jener ersten Aufnahmesession am 14. Februar in Nashville, ist ein lustiger, lässig gespielter Bluesrock, der emotional vergleichsweise zu den flacheren Stücken auf ›Blonde On Blonde‹ gehört. Dennoch ist das Stück mit seinen surrealistischen Wortspielen sehr typisch für den Dylan der damaligen Zeit. Dylan wandert gleichsam durch die Modeabteilung von Andy Warhols »Factory«, und was ihm dabei in den Sinn kommt, wird zur bitterbösen Satire auf die immer bizarren modischen Auswüchse der Hipster-Hippies und der extremen Szenegänger. Zugleich eröffnet sich ein Blick auf die Innenwelt einer Gesellschaft, die ganz offenkundig verrückt geworden ist.

Am zweiten Sessiontag in Nashville mühen sich Dylan und seine Musiker um eine kompakte Aufnahme von »I'll Keep It With Mine« – jedoch ohne nennenswerten Erfolg. Sie wenden sich dann »Sad Eyed Lady Of The Lowlands« zu, einem Song, der auf der endgültigen Doppel-LP eine ganze Seite einnimmt. Dylan ist so privat wie nur selten, sein Text ist angefüllt mit Wortspielen und verklausulierten Andeutungen, die wohl nur für ihn und Sara (und vielleicht einige wenige Eingeweihte) mit konkretem Inhalt gefüllt sind. Doch auch wenn man die Anspielungen nicht mit realen Situationen verbinden kann, versteht man die Halluzinationen und Reflexionen über eine Frau, die den Autor vollkommen in Beschlag genommen hat: seinen Verstand, sein Herz und seinen Körper. Die Lady kommt wie eine Fee aus einer anderen, mystischen und außermateriellen Welt über den Zuhörer, ein idealisiertes spirituelles Bezugsobjekt. Dylan bezeichnet dieses fast quälend langsam interpretierte absolute Liebeslied mehrfach als seinen besten Song – ein Urteil, das von den Kritikern nicht geteilt wird. Erstaunlicherweise spielt Dylan den Song niemals bei einem seiner Konzerte.

Covers von »Leopard-Skin Pill-Box Hat«:
Woody Herman, Robyn Hitchcock,
Jimmy LaFave, Wolfgang Niedecken,
Walter Trout

Covers von »Sad Eyed Lady Of The
Lowlands«:
Joan Baez, Ritchie Havens, Steve Howe

Covers von »Stuck Inside Of Mobile With
The Memphis Blues Again«:
Steve Colt, Grateful Dead,
Thomas Helmig, Moon Martin,
Louis Walker

»Stuck Inside Of Mobile With The Memphis Blues Again« steht unmittelbar in der Tradition von »Gates Of Eden«, »It's Alright, Ma (I'm Only Bleeding)« oder »Desolation Row«: ein mit surrealistischen und absurden Bildern voll gestopfter Text über die Verrücktheit und den Wahnwitz der modernen Zivilisation. Der Song ist wie ein LSD-Rausch, eine aus allen Maßstäben gekippte Tour de Force, das drogengeschwängerte Kaleidoskop menschlicher Beziehungen und Befindlichkeiten. Die Aufnahme des Songs beansprucht den kompletten 16. Februar im Studio, Dylan feilt zwischen den verschiedenen Takes immer wieder an seinem Text. Auf diese Session beziehen sich Äußerungen, die Studiomusiker hätten die Zeit hauptsächlich mit Kartenspielen verbracht, während Dylan im Hintergrund an seinen Songs geschrieben habe. Gern wird diese Arbeitsweise den gesamten ›Blonde On Blonde‹-Sessions zugesprochen, doch ist dies nur eine der beliebten Legenden, die Dylans Meisterwerke so üppig umwuchern.

Am 8. März 1966 betritt Dylan mit einer ganzen Menge neuen Materials das Studio. An diesem und am Folgetag nimmt er mit seinen Musikern acht Songs auf – den Löwenanteil seines neuen Albums. Den Anfang macht »Absolutely Sweet Marie«, ein in surrealistische Bilder gesetzter Blues eines Mannes, der nach dem Ende einer Beziehung mit leeren Händen dasteht. Die endgültige Aufnahme zeigt eine sehr gute Leistung der Band, bei der die kraftvolle Orgel sowie ein sehr prägnantes Mundharmonika-Break besonders herausragen.

Covers von »Absolutely Sweet Marie«: Steve Gibbons, George Harrison, Rich Lerner, Ola Magnell, David Nelson Band, Wolfgang Niedecken

Covers von »Pledging My Time«: Luther Johnson, Duke Robillard

»Pledging My Time« ist ein schwerer Blues, der vom Sound her an das Chicagoer Blues-Label Chess – und hier vor allem an die Aufnahmen von Muddy Waters – erinnert. Dylans Song besticht durch seinen schleppenden, atmosphärisch sehr dichten Gesang sowie wiederum durch eine stilsicher und punktgenau gespielte Mundharmonika.

»Just Like A Woman« ist geschrieben für Edie Sedgwick, eine der exzessiven Live-fast-die-young-Vamp-Figuren (sie stirbt 1971 im Alter von nur 28 Jahren) und Schauspielerinnen aus Andy Warhols »Factory«, die sowohl mit Dylan als auch mit mehreren seiner Kumpane in jenen Tagen kurze Affären hat. Der Song fehlt in nahezu keinem der Tour-Programme Dylans, ist entsprechend häufig belegt durch viele Live-Aufnahmen und findet zahlreiche Fremdcovers. Das Thema ist vordergründig: Eine Frau kann alles geben und sie gibt auch alles, und doch spielt sie naiv und unbedarft wie ein Kind mit ihren Beziehungen. In diesem Song zeigt Dylan eine merkwürdig chauvinistische und einseitige Betrachtungsweise voller Doppelbödigkeit und Doppelmoral, denn sein männliches Begehren ist nicht primär ein liebendes, sondern – wie ein paar Songs später auch in »I Want You« – vor allem ein besitzergreifendes. Zwischen den Zeilen finden sich vereinzelt Anspielungen auf Joan Baez, die dies allerdings in diesem Zusammenhang wohl am allerwenigsten verdient haben dürfte.

Die letzte und im Output produktivste Session zu ›Blonde On Blonde‹ beginnt am Spätnachmittag des 9. März und dauert bis sieben Uhr morgens des Folgetages. Die Musiker legen los mit »Most Likely You Go Your Way And I'll Go Mine«. Die surrealistische Bilderwelt dieses Songs resultiert nach Dylans eigenen Angaben aus allerlei Gesprächen, die er bei Konfliktsituationen in verschiedenen Beziehungen geführt hat. Die Phrasen und Wortfetzen münden in einen schwungvoll mitreißenden, fast marschartigen Rock – ein klassischer und kraftvoller »... und-Tschüss«-Song.

Weiter geht es mit »Temporary Like Achilles«, einem ziemlich harten Rock zu einem alltäglichen Thema: Ein Mann sieht seine Expartnerin mit ihrem »Neuen« und beobachtet die beiden. Dabei packt Dylan viel Atmosphärisches aus der New Yorker Gegend um die Bourbon Street im Greenwich Village in die Szenerie und verarbeitet das Miteinander von Menschen verschiedener Herkunft als Bild für unterschiedliche Lebensentwürfe ganz allgemein. Dem Spiel mit den verschiedenartigen Ethnien entspricht die »Besetzung der Männerrolle« mit dem griechisch-antiken Helden Achill.

Es folgt das Gute-Laune-Stück »Rainy Day Woman # 12 & 35«, ein reichlich schräger, um nicht zu sagen absurder Blues, der noch dazu als erster Titel des endgültigen Albums sehr exponiert steht. Im Sound einer Dixie-Brass- bzw. Marschkapelle swingt der Song lässig dahin, dominiert von der Refrainzeile: »Everybody must get stoned.« Dieses »get stoned« ist der unmissverständliche Szeneausdruck für »sich zudröhnen,

Covers von »Just Like A Woman« (kleine Auswahl):
Jeff Buckley, Gary Burton, The Byrds, Phil Carmen, Joe Cocker, Judy Collins, Roberta Flack, Ritchie Havens, Bugs Henderson, The Hollies, John Lee Hooker, Steve Howe, Manfred Mann, Rick Nelson, Stevie Nicks, Wolfgang Niedecken, Nina Simone, Rod Stewart, John Waite

Covers von »Most Likely You Go Your Way And I'll Go Mine«:
Rita Coolidge, Sue Foley, Hard Meat, Patty Labelle, Jimmy Page, Todd Rundgren, The Yardbirds

Covers von »Temporary Like Achilles«:
Wolfgang Ambros, Deborah Coleman

bekifft sein« oder, wer's neutraler mag: »sich berauschen«. Zwar hat Dylan stets bestritten, Drogensongs geschrieben zu haben, doch hier gilt es zu relativieren, was Dylan letztlich unter Drogen versteht. Er äußerte sich dazu gegenüber Nat Hentoff in einem viel beachteten Interview für den ›Playboy‹: »Opium, Haschisch, Marihuana sind doch keine Drogen; das sind einfach Mittel, um dir ab und zu das Gehirn durchzublasen. Jeder braucht von Zeit zu Zeit etwas, das ihm das Gehirn richtig lüftet.« In diesem Sinn hat die Selbsteinschätzung, keinen Drogensong zu schreiben, einen nur sehr subjektiven Wahrheitsgehalt; und auch, wenn es ihm nicht gefällt, muss er sich wiederholt vorhalten lassen: Er selbst hat die Drogen überlebt, viele andere aber nicht.

Der Song wird parallel zum Album als Single veröffentlicht und ist von Beginn an recht erfolgreich. Dem kann auch der Boykott nahezu aller amerikanischen und natürlich ebenfalls britischen Radiosender keinen Abbruch tun, im Gegenteil: Das Sendeverbot ist eine höchst willkommene und vielleicht sogar im Vorfeld einkalkulierte Reklame für das Stück. Ein kleiner Beitrag zu Dylan'scher Legendenbildung am Rande: Der Song wird ohne große Proben fast in einem Zug eingespielt, eine relaxed-ausgelassene Stimmung ist der Aufnahme deutlich anzuhören. Es dürfte aber ein Märchen sein, dass Dylan für die Aufnahme angeblich fordert: Hier kann ich niemanden gebrauchen, der nüchtern drauf ist. Denn immerhin stehen für die weitere Nacht noch zwei sehr konzentrierte Arbeiten an. Die erste ist mit »Obviously 5 Believers« ein kraftvoller Blues, musikalisch beherrscht durch Robbie Robertsons brillante Gitarrenarbeit und das wunderbare Harmonikaspiel von Charlie McCoy. Das Thema des Songs ist die Liebe an sich, dekliniert durch viele Phrasen und Klischees aus klassischen Blues-Nummern etwa eines Big Bill Broonzy, eines Bo Diddley oder einer Memphis Minnie und anderer.

Die Session kommt mit »I Want You« zu ihrem Ende, und obwohl hinter den Musikern ein anstrengender Aufnahmemarathon liegt, klingt der Song in keinster Weise müde, im Gegenteil: Vom Sound und der musikalischen Stimmung her ist es sogar das luftigste Lied des gesamten Albums, ein relativ leichter, lockerer, traditioneller Popsong,

Covers von »Rainy Day Woman # 12 & 35«:
David Harris, Tom Petty, Rude Awakening

Covers von »Obviously 5 Believers«:
Sean Costello, The Janglers, Toni Price

ganz im Trend seiner Zeit. Eingebettet in die für das Album typi-
schen Bilderwelten erklärt der Sänger seinem weiblichen Gegenüber, dass er sie will. Es ist ein forderndes Wollen ohne den Puffer
einer verklärenden Gefühlsromantik: ein Besitzen-Wollen, ein
Sexuell-haben-Wollen. Damit hat
der Song eine sehr direkte und
unvermittelte Ausstrahlung, die
durch das forsch und bestechend
klar vorgetragene Gitarrenspiel
von Wayne Moss musikalisch untermauert wird. In der Textzeile
»dancing child with his Chinese suit« findet sich eine Anspielung
auf das Gründungsmitglied der Rolling Stones, den für seinen
Frauenverschleiß geradezu berüchtigten Satyromanen Brian Jones,
mit dem Dylan im Herbst 1965 viel Zeit verbracht hat.

Covers von »I Want You«:
John Braden, Gary Burton, Cher,
Steve Gibbons, Sophie B. Hawkins,
The Hollies, The Janglers, Peter Keane,
Ralph McTell, Cyril Neville,
Wolfgang Niedecken, John Schroder

Zwei Dinge fallen bei ›Blonde On Blonde‹ jedem Zuhörer zwangsläufig und spontan auf: der ungewöhnliche Sound des Albums und
die verstörende, im Grunde völlig unverständliche Bilderwelt der
Songtexte. In der Tat liefert ›Blonde‹ den kompromisslosesten
Sound aller Dylan-Alben und strapaziert die damaligen Hörge-
wohnheiten zumal der älteren Generationen in erheblichem
Maße. Es ist ein schwerer metallischer Sound in der Besetzung:
Solo- und Rhythmusgitarre, Orgel, Klavier, Bass, Schlagzeug, dazu
vereinzelt auch Bläser, und gleichsam über allem thronend Dylans
meist schleppender und monotoner Gesang. Damit ist ›Blonde
On Blonde‹ die konsequente Fortführung von ›Bringing It All Back
Home‹ und ›Highway 61 Revisited‹. Dylan gelingt nicht nur das
Kunststück, deren Level zu halten, sondern er lotet die Grenzen
seines Sounds vollständig aus und eröffnet der Rockmusik in nur
wenig mehr als einem Jahr völlig neue Dimensionen.

Auch textlich betritt Dylan mit seinem absurden Musiktheater
auf Schallplatte völliges Neuland und beschreitet in diesen drei
Alben konsequent einen Weg, der vor ihm in der populären Kultur
noch nicht betreten worden ist. Wie mit seinen Soundvorstellungen stößt er auch mit seinen Texten auf ›Blonde On Blonde‹ in nie
geahnte Grenzbereiche vor. Während er bei den Vorgängeralben
quasi noch von außen das Chaos und den Wahnsinn sieht und
seziert, so ist er nun mittendrin. Er folgt nicht mehr einem ominö-

sen Tambourine Man und seinem Lied, er ist selbst längst dieser
Tambourine Man geworden. Er sieht auch nicht mehr dem Treiben auf der Desolation Row zu, er ist selbst in diese Straße einge-
zogen. Mit anderen Worten: Er gibt den Wahnwitz der modernen
Zivilisation nicht mehr wie in einem Spiegel wider, sondern zeigt
ihn quasi wie in einem Brennglas, das von innen nach außen gerichtet ist. Damit aber entziehen sich die meisten der Songs einer
inhaltlich eindeutigen und rational nachvollziehbaren Deutung.
Dylans Texte lassen sich nicht mehr in Hinblick auf konkrete Aussagen dechiffrieren. Man kann sich ihnen nur nähern, indem man
sich davon inspirieren lässt und daraus ureigenste individuelle Bilder und Assoziationen entwickelt. Die Musik wirkt bei diesem
Prozess wie ein Seziermesser, das den Kopf aufschneidet, damit
Dylans Visionen einen noch unmittelbareren Zugang finden. Auf
diese Weise gelingt Dylan eine geradezu verstörend intensive
Homogenität aus Klang und Phantasie, wie sie kaum ein anderes
Produkt der Popkultur zeigt. Dylan gibt in schonungsloser Weise
seinen Zustand wieder: Hier ist einer bei seiner jahrelangen Tour
durch den Irrsinn der Welt erschöpft an einem Ziel angekommen.
Er spuckt fast verzweifelt seine letzten Visionen aus, und es kann
nicht mehr lange dauern, bis er zusammenbricht.

›Blonde On Blonde‹ zeigt noch eine andere Konstante in Dylans
Werk: ein fast störrisches Negieren aktueller Trends in der Rock-
und Popmusik. So stellt er sich dem Mainstream und seiner
Hinwendung zum psychedelischen Rock – kulminiert in den
'66er-Alben ›Pet Sounds‹ der Beach Boys und ›Revolver‹ der Beatles – entgegen, betreibt quasi eine Poprevolution innerhalb der
Poprevolution. Nicht zuletzt deshalb taucht bei allen Umfragen
nach den wichtigsten Rockalben ›Blonde On Blonde‹ auf den vor-
dersten Plätzen auf. Und noch einen weiteren Rekord darf das
Album für sich verbuchen: Es ist das erste Doppelalbum der
Rockgeschichte.

Als ›Blonde On Blonde‹ erscheint, befindet sich Dylan gerade
auf seiner ersten Welttournee, die ihn über Hawaii und Australien
nach Europa führt. Dort spielt er fast den ganzen Mai hindurch
und tritt dabei in Stockholm, Kopenhagen, Dublin, Belfast, Bris-
tol, Cardiff, Birmingham, Liverpool, Leicester, Sheffield, Manchester, Glasgow, Edinburgh, Newcastle, Paris und schließlich in London auf. Das Konzert am 17. Mai in der Free Trade Hall in

Manchester wird für ein mögliches Live-Album mitgeschnitten, allerdings bis 1998 nicht offiziell veröffentlicht (siehe Seite 262). Doch schon bald kursieren Bänder und Raubpressungen dieses Konzerts, fälschlicherweise als Londoner »Royal Albert Hall«-Konzert ausgewiesen.

In jener Royal Albert Hall tritt Dylan zum Abschluss der Tournee am 27. Mai auf, es wird sein letztes Konzert für knapp zwei Jahre sein. Nach der aufreibenden Tour macht Dylan mit Sara einen Kurzurlaub in Spanien, bevor die junge Familie in die Staaten zurückkehrt.

All Along The Watchtower

Als Dylan im Juni 1966 in die Staaten zurückkehrt, laufen die Marketingaktivitäten für das für Herbst 1966 angekündigte Buch ›Tarantula‹ schon auf Hochtouren, doch der Autor zieht das Projekt vorläufig zurück. In allerletzter Minute fordert er zahlreiche und weitreichende Änderungen und Korrekturen, so dass der Erscheinungstermin auf unbestimmte Zeit verschoben werden muss – zum verständlichen Ärger des Verlags, sind doch schon Werbematerialien wie Tragetaschen und Tüten mit entsprechenden Aufdrucken an die Buchhandlungen ausgeliefert. Sie zählen heute zu begehrten Sammlerstücken.

Im Juli verbringt Dylan mehrere Tage mit Donn A. Pennebaker im Filmstudio, um Sequenzen für einen neuen Dokumentarfilm über die 66er-Tournee in Europa zu schneiden. Der Streifen erscheint zunächst nicht offiziell, ist jedoch unter dem Titel ›Eat The Document‹ ab dem Jahr 1971 mit einigen Zusätzen als Raubkopie vereinzelt zu sehen. Ein treffliches Filmporträt der turbulenten Tage im Jahr 1966 liefert Martin Scorseses Dokumentation »No Direction Home«, die erst 2005 auf den Markt kommt und Teile von ›Eat The Document‹ enthält. Der Film zeigt einen stellenweise fahrig überdrehten Bob Dylan, der sein Tourprogramm wie unter Trance zu absolvieren scheint.

Am 30. Juli überschlagen sich die Gerüchte in den Zeitungen: Bob Dylan sei verunglückt, er habe ein Ende à la James Dean gefunden. Der schillernde Rockstar habe am Tag zuvor einen schweren Motorrad-Unfall erlitten, er sei tot, sein Gehirn zermahlen; andere berichten, er vegetiere nur noch vor sich hin, sei wegen seiner Drogensucht ein psychiatrisch nicht mehr heilbarer Fall oder sei so entstellt, dass er sich nie mehr in der Öffentlichkeit zeigen könne. Wieder andere Stimmen glauben zu wissen, dass Dylan einem Anschlagskomplott der CIA – wahlweise auch des Pentagon – zum Opfer gefallen sei.

Fakt ist: Dylan stürzt in Woodstock mit seinem Motorrad in der Tat schwer, er zieht sich sehr heftige, wenn auch nicht unmittelbar lebensbedrohliche Verletzungen zu. Mehrere Halswirbel sind ge-

Album-Info

Veröffentlichung: 27. Dezember 1967
Produzent: Bob Johnston
Gastmusiker:
  Kenny A. Buttrey (dr)
  Pete Drake (g, steel-g)
  Charlie McCoy (b)
Liner Notes: Bob Dylan
Coverfoto: John Berg

Songs:
1. John Wesley Harding
2. As I Went Out One Morning
3. I Dreamed I Saw St. Augustine
4. All Along The Watchtower
5. The Ballad Of Frankie Lee
   And Judas Priest
6. Drifter's Escape
7. Dear Landlord
8. I Am A Lonesome Hobo
9. I Pity The Poor Immigrant
10. The Wicked Messenger
11. Down Along The Cove
12. I'll Be Your Baby Tonight
(Alle Titel Bob Dylan)

brochen, dazu kommen eine schwere Gehirnerschütterung sowie zahlreiche Platz- und Schnittwunden im Kopfbereich. Wochenlang ist Dylan bettlägrig, teilweise gelähmt, teilweise ohne Gedächtnis. Die Heilung verläuft schleppend, denn er befindet sich wegen seines aufreibenden Lebensstils und seines Drogenkonsums in ohnehin schlechtem Gesundheitszustand. Dylan zieht sich zur vollständigen Rekonvaleszenz für über ein halbes Jahr von der Öffentlichkeit in ein Landhaus in Woodstock zurück und empfängt nur wenige enge Vertraute wie Pennebaker oder Allen Ginsberg. Der Unfall, der ihn fast das Leben kostet, ermöglicht Dylan die Flucht aus dem mörderischen Star-Dasein, bietet ihm das Alibi dafür, sämtliche Brücken zur Öffentlichkeit abzubrechen und sein Leben völlig neu zu überdenken.

Erst am 6. Mai 1967 gibt Dylan sein erstes Interview für die ›New York Daily News‹, in dem Gespräch lässt er seine Pläne vollkommen offen und gibt sogar Gerüchten über einen endgültigen Rückzug vom Musikgeschäft reichlich Nahrung. Bereits sechs Wochen zuvor veröffentlicht CBS das Sampler-Album ›Bob Dylan's Greatest Hits‹. Die Platte enthält Songs wie »Rainy Day Woman # 12 & 35«, »Blowin' In The Wind«, »Subterranean

Session alle in Nashville/Tennessee, Columbia Music Row Studios	Bisher offiziell veröffentlicht alle auf ›John Wesley Harding‹	Keine unveröffentlichten Songs und Outtakes
17. Oktober 1967	Drifter's Escape I Dreamed I Saw St. Augustine The Ballad Of Frankie Lee And Judas Priest	
6. November 1967	All Along The Watchtower John Wesley Harding As I Went Out One Morning I Pity The Poor Immigrant I Am A Lonesome Hobo	
29. November 1967	The Wicked Messenger I'll Be Your Baby Tonight Down Along The Cove Dear Landlord	

Homesick Blues«, »Like A Rolling Stone«, »Positively 4th Street«, »The Times They Are A-Changin'«, »It Ain't Me, Babe«, »Mr. Tambourine Man«, »I Want You« oder »Just Like A Woman« und wirkt wie ein Vermächtnis von Seiten der Plattenfirma.

Doch im Sommer 1967 scheinen sich die Vorzeichen in Dylans Leben wieder zu ändern, denn er verlängert zum einen seinen Plattenvertrag mit Columbia, und er beginnt vor allem ab Juni wieder, intensiv zu musizieren. Zusammen mit Garth Hudson, Richard Manuel, Robbie Robertson, Rick Danko und Devon Helm – also den Hawks, oder The Band, wie sich die Gruppe jetzt nennt – finden zahlreiche lockere Sessions statt: in Dylans Haus sowie im von der Band angemieteten Bauernhaus »Big Pink«. Dabei nehmen sie sich Stücke vor, die unmittelbar aus der amerikanischen traditionellen Folk- und Countrymusik stammen, und verbinden diese mit modernen Strömungen des Rock. Die Sessions werden aufnahmetechnisch höchst simpel mit einem Revox-A77-Tonbandgerät mitgeschnitten, und Auszüge davon kursieren, auf welchen Wegen auch immer, schon bald als Raubkopien in Sammlerkreisen.

Es ist ein reichlich irrationales Phänomen, dass Dylans Ruhm gerade in der Zeit seiner langen Abstinenz von aller Öffentlichkeit ins fast Unermessliche steigt. Insofern werden diese Tondokumente völlig ungeachtet ihrer Qualität von den Fans als Lebenszeichen ihres Heroen geradezu mit sakraler Andacht aufgenommen. Künstlerisch scheiden sich an den ›Basement Tapes‹, wie die Bänder schon bald heißen, die Geister. Während die Aufnahmen für die einen wie etwa den renommierten Rockpublizisten Greil Marcus eine Art »alternatives American Songbook« darstellen, das wegweisend für die amerikanische Rockmusik ist, halten andere das Ergebnis für undiszipliniert und enttäuschend – zumindest gemessen am künstlerischen Potenzial der agierenden Musiker. Doch die ›Basement Tapes‹ erlangen rasch Kultstatus, und auf jahrelanges Drängen der Fans veröffentlicht CBS im Juni 1975 schließlich einen kleinen Teil der Aufnahmen. Diese Publikation ist in vielerlei Hinsicht unbefriedigend: Die Auswahl der Songs ist fragwürdig, die technische Aufbereitung der klanglich sehr schlechten Vorlagen mangelhaft. Dylan selbst äußert sich zu dem Projekt im Jahr 1978 recht eindeutig: »Die Songs sind im Prinzip für andere geschrieben worden, wenn auch für niemand Spezielles. Wir haben sie wohl eher für den Musikverlag gemacht. Es war die Zeit, als der psychedelische Rock die Welt erobert hat, da haben wir diese simplen Balladen gesungen. Die Leute erzählen oft, dass diese Songs ein Stück Amerika für sie bedeuten, aber ich weiß gar nicht, wovon sie reden. Ich habe die Aufnahmen nie sonderlich gemocht und hätte sie auch nicht veröffentlicht, aber Columbia wollte sie unbedingt herausbringen.«

Die nebenstehende Auflistung beinhaltet sämtliche Songs der Basement-Sessions von Juni bis November 1967, soweit sie im Nachhinein rekonstruiert werden können. Nicht aufgenommen sind Song-Fragmente und Instrumentalsessions.

Wie immer man nun die Bedeutung der Basement-Aufnahmen einschätzt, so bewirken sie zumindest eines: Sie bringen Dylan wieder zurück in den Musikbetrieb. Im September besucht ihn Bob Johnston, der Produzent der Alben ›Highway 61 Revisited‹ und ›Blonde On Blonde‹ in Woodstock und überredet ihn zu Aufnahmen für ein neues Album im Spätherbst. Also beginnt Dylan mit dem Schreiben neuer Songs, die allerdings nichts mehr mit der quirligen Verrücktheit der Stücke vor seinem Unfall zu tun

900 Miles
A Fool Such As I
Ain't No More Cane [1]
All I Have To Do Is Dream
All-American Boy
Apple Suckling Tree [1]
Baby Ain't That Fine
Baby Won't You Be My Baby
Be Careful Of Stones That You Throw
Belshazzar
Bessie Smith [1]
Big Dog, Won't You Please Come Home
Big River
Bonnie Ship The Diamond
Bourbon Street
Bring It On Home
Clothes Line Saga [1]
Come All Ye Fair And Tender Ladies
Confidential To Me
Cool Water
Crash On The Levee (Down In The Flood) [1]
Don't Ya Tell Henry [1]
Don't You Try Me Now
Down On Me
Even If It's A Pig (Part 1)
Folsom Prison Blues
Four Strong Winds
Get Your Rocks Off!
Goin' Down This Road Feelin' Bad
Goin' To Acapulco [1]
Gonna Get You Now
I Am Your Teenage Prayer
I Can't Come In With A Broken Heart
I Can't Make It Alone
I Don't Hurry Anymore

I Forgot To Remember To Forget
I Shall Be Released [2]
I'm A Fool For You
I'm Alright
I'm Guilty Of Loving You
I'm In The Mood For Love
I'm Not There
It's Just Another Tomato In The Glass
Johnny Todd
Joshua Gone Barbados
Katie's Been Gone [1]
King Of France
Lo And Behold! [1]
Lock Your Door
Long Distance Operator [1]
Million Dollar Bash [1]
Next Time On The Highway
No Shoes On My Feet
Nothing Was Delivered [1]
Odds And Ends [1]
On A Rainy Afternoon
One For The Road
One Man's Loss
One Single River
Open The Door, Homer [1]
Orange Juice Blues (Blues For Breakfast) [1]
People Get Ready
Please Mrs. Henry [1]
Poor Lazarus
Quinn, The Eskimo (The Mighty Quinn)
Rock, Salt And Nails
Rosin The Beau
Royal Canal (The Old Triangle)
Ruben Remus [1]
Santa-Fe [2]

See That My Grave Is Kept Clean
See You Later, Allen Ginsberg
She'll Be Coming 'Round The Mountain
Sign On The Cross
Silent Weekend
Silhouette
Spanish Is The Loving Tongue
Still In Town
Tears Of Rage [1]
The Bells Of Rhymney
The Big Flood (Tupelo Flood)
The Flight Of The Bumblebee
The French Girl
The Hills Of Mexico
The Spanish Song
This Wheel's On Fire [1]
Tiny Montgomery [1]
Too Much Of Nothing [1]
Try Me, Little Girl
Tupelo Honey
Under Control
Waltzing With Sin
Wild Wolf
Wild Wood Flower
Yazoo Street Scandal [1]
Yea! Heavy And A Bottle Of Bread [1]
You Ain't Goin' Nowhere [1]
You Gotta Quit Kickin' My Dog Aroun'
You Win Again
Young But Daily Growing

Veröffentlicht auf
[1] The Basement Tapes
[2] Bootleg Series 2

haben. Beeinflusst von der Schlichtheit der Basement-Songs und vor allem tief berührt vom Tod Woody Guthries – er stirbt am 3. Oktober nach fünfzehnjährigem Siechtum im Alter von 55 Jahren – wendet sich Dylan sehr einfachen Songstrukturen und Liedinhalten zu. Im Rahmen von nur drei Sessions im Oktober und November spielt er zusammen mit Pete Drake an der Solo- und der Pedal-Steel-Gitarre, Charlie McCoy am Bass sowie Kenny A. Buttrey am Schlagzeug in Nashville die neuen Songs in nur wenigen Durchgängen ein.

Den Anfang macht am 17. Oktober »Drifter's Escape«, eine Parabel, in der ein bedauernswerter Mann wegen irgendeines Verbrechens vor Gericht steht. Der gemeine Pöbel möchte ein hartes Urteil, doch wie ein Gottesurteil schlägt der Blitz in das Gerichtsgebäude ein, und im allgemeinen Chaos kann der Angeklagte fliehen. Es steht zu vermuten, dass dieser kleine Song durchaus autobiografische Züge trägt. Dylan dürfte klar gewesen sein, dass er viel Glück gehabt hat und gerade noch mal so davongekommen ist.

»I Dreamed I Saw St. Augustine« ist ein allegorischer Song über die Vereinnahmung einer Person als »Heilsbringer« und »Idol« durch eine Gemeinschaft. Vordergründig greift Dylan die Figur des Bischofs und Kirchenlehrers Augustinus von Hippo (4. Jahrhundert) auf. Weitere eindeutige musikalische wie textliche Anspielungen verweisen auf Joe Hill, einen amerikanischen Arbeiterführer (1879–1915), der durch Joan Baez' Song »Joe Hill« auf dem legendären Woodstock-Popfestival weltberühmt wird. Zweifellos kommentiert Dylan in dem Song aber auch seine eigene Rolle.

»The Ballad Of Frankie Lee And Judas Priest« ist mit fünfeinhalb Minuten Dauer der längste Song des Albums. Die beiden Protagonisten der Geschichte sind zwei höchst gegensätzliche Charaktere, die zwar eng miteinander befreundet sind und füreinander einstehen, die sich aber doch in ihrer Unvereinbarkeit nicht treffen können. Frankie stirbt bei dem Versuch, Judas bzw. dessen Seele zu retten. Dylans sehr lakonisch und sachlich vorgetragener Song endet mit der schlichten Moral, dass jeder wissen muss, wohin er gehört, und dass es tödlich sein kann, ein nur vermeintliches Paradies mit dem wahren Zuhause zu verwechseln.

»All Along The Watchtower« ist nicht nur der Keysong des Albums, sondern einer der bedeutendsten Dylansongs überhaupt.

Covers von »Drifter's Escape«: Wolfgang Ambros, Joan Baez, Jimi Hendrix

Covers von »I Dreamed I Saw St. Augustine«: Joan Baez, Julie Felix

Cover von »The Ballad Of Frankie Lee And Judas Priest«: Jerry Garcia & David Grisman

Hier dokumentiert sich die persönliche Entwicklung des Künstlers, heraus aus den politischen, später dann surrealistisch-poetischen Visionen hin zu einer geläuterten, sehr individuellen, durchaus auch mystisch empfänglichen Persönlichkeit. »The joker« und »the thief«, die sich gleichzeitig bekämpfen und ergänzen, sind beides Alter Egos von Dylan selbst – im Grunde die beiden Pole, die jeder Mensch in sich trägt, theologisch ausgedeutet das Gute und das Böse in uns. Dylan greift für das bemerkenswerte Stück tief in mystische Inspirationstöpfe und verwendet unverkennbar wesentliche Elemente der jüdischen Symbolik, mit der er sich in dieser Zeit nachweislich intensiv beschäftigt. Auch Aspekte des Tarot sind unübersehbar, dessen Bilder der großen Arkana »Der Narr« (joker) und »Der Gehängte« (thief) sowie der Unheil verkündende »Turm« (watchtower) allgegenwärtig sind. Als letzte Inspirationsquelle nennt Werner Faulstich, der dem Song eine intensive Interpretation angedeihen lässt, das Gedicht »The Love Song of J. Alfred Prufrock« von T. S. Eliot. All diese Elemente vermischt Dylan zu einem kompakten Lied, das zunächst vor allem in der Fassung des legendären Gitarristen Jimi Hendrix ein Welterfolg wird. Auch Dylan greift in seinen Konzerten immer wieder auf den Song zurück, es ist der von ihm selbst am häufigsten interpretierte Titel seines gesamten Werks. Dabei widmet er das Stück stets dem früh verstorbenen Hendrix.

Der Titelsong »John Wesley Harding« handelt von einer Art Robin Hood des Wilden Westens, angelehnt an eine historische Figur, den Outlaw und Desperado John Wesley Hardin. Aus dem eher klischeehaften Stoff formt Dylan eine kurze Parabel über einen Mann, der mit »einem Gewehr in jeder Hand« für Gerechtigkeit sorgt, doch dabei keinem ehrenwerten Menschen ein Haar krümmt – eine Figur, für die man sich als Filmbesetzung wohl am ehesten Clint Eastwood oder John Wayne vorstellen kann.

»As I Went Out One Morning« ist eine sehr ruhige und etwas merkwürdige Geschichte. Der Sänger spricht ein Mädchen auf dem Lande an. Nach kurzem Zö-

Covers von »All Along The Watchtower« (kleine Auswahl):
Jan Akkerman, Alan Brown, Golden Earring, Greatful Dead, Richie Havens, Jimi Hendrix, Taj Mahal, Dave Mason, Dave Matthews Band, Ellis Paul, Savage Grace, U2, Bobby Womack, Neil Young

Covers von »John Wesley Harding«:
Second Floor, McKendree Spring, Wesley Willis

gern ist sie bereit, mit ihm zu gehen, doch da taucht überraschend der Gutsbesitzer Tom Paine auf, ruft sie zurück und entschuldigt sich bei dem Sänger für die Belästigung durch das Mädchen. Der Song schildert also eine scheinbar harmlose, etwas verdrehte, dabei recht altertümliche Szene, wäre da nicht der Name »Tom Paine«. Erinnern wir uns: Es war im Dezember 1963 jener »Tom-Paine-Preis«, bei dessen Verleihung Dylan aus der Rolle fiel. Auch wenn er in der Öffentlichkeit immer wieder sehr rüde und abweisend erscheint, so lässt ihm die Sache offenkundig wohl doch keine Ruhe. Jedenfalls nimmt er an verschiedenen Stellen in Interviews auf diesen missglückten Auftritt Bezug und findet hier wohl einen angemessenen Abschluss der Angelegenheit.

Mit den beiden folgenden Songs »I Pity The Poor Immigrant« und »I Am A Lonesome Hobo« bringt Dylan zwei emotional sehr anrührende Lieder, die sich mit Menschen beschäftigen, die auf der Schattenseite des Lebens ihr Dasein fristen. Im ersten Fall zeigt der Song viel Mitleid für all jene Menschen, die ihr Hab und Gut hinter sich lassen, oft genug auch ihre Familien und ihre kulturelle Identität aufgeben, weil sie in der Fremde ein Glück vermuten, das sie dann meist aber gar nicht finden. »Lonesome Hobo« handelt dagegen von einem einzelnen Mann, der einmal wohlhabend und glücklich war, doch durch Neid und Misstrauen auf die schiefe Bahn gerät. Die Moral des Stücks ist knapp und bündig: Das Leben ist zu kurz für eine negative Grundeinstellung.

Im nächsten Song wird Dylan wieder sehr autobiografisch und persönlich: »The Wicked Messenger« ist das Lied eines Boten, der sich in der paradoxen Situation befindet, dass er nur schlechte Nachrichten zu überbringen hat, er aber nur erwünscht ist, wenn er gute Nachrichten übermittelt. Hier gibt Dylan nahezu unverschlüsselt Auskunft über seine Befindlichkeit als Songpoet, der sich nicht sicher ist, ob seine Botschaften auch gehört werden und erwünscht sind.

Cover von »As I Went Out One Morning«:
Second Floor

Covers von »I Pity The Poor Immigrant«:
Joan Baez, Gene Clark, Judy Collins,
Richie Havens, Michael Moore, Jimmy Riley

Covers von »I Am A Lonesome Hobo«:
Julie Discroll, Steve Gibbons

Covers von »The Wicked Messenger«:
Tim O'Brien, Mitch Ryder, Patti Smith,
Marion Williams

Es folgen zwei Liebeslieder, zunächst das schlichte und fast schlagerartige »I'll Be Your Baby

Tonight«, dessen Titelzeile im Grunde den Inhalt des Songs wiedergibt. Zwei Menschen, die sich lieben, sind zusammen. Was kümmert sie der Rest der Welt? Eine so unbeschwert schöne Sichtweise spricht natürlich sehr viele Menschen an, daher gibt es auch zahlreiche Coverversionen des kleinen Stücks. »Down Along The Cove« stößt ins gleiche Horn, ein einfacher Rhythm & Blues mit der unkomplizierten Botschaft: Mann liebt Frau, Frau liebt Mann … und jeder kann und soll es sehen. Allerdings ist die Melodie nicht so einschmeichelnd wie bei »I'll Be Your Baby Tonight«, entsprechend haben sich auch vergleichsweise wenige Fremdinterpreten mit dem Stück beschäftigt.

»Dear Landlord«, der letzte Song der ›John Wesley Harding‹-Sessions, ist vordergründig betrachtet die klagende Bitte an einen Hausbesitzer, die Mietforderung nicht zu hoch zu treiben. Doch viele Beobachter werten den Song als ersten Hinweis für das sich abzeichnende Zerwürfnis zwischen Dylan und seinem Manager Albert Grossman. Dylan lebt mit seiner Familie seit Beginn des Jahres in Grossmans Haus im ländlichen Woodstock, hier findet er Besinnung und Neuorientierung nach seinem Unfall. Er entscheidet sich, der getriebenen und manischen Hektik und dem aufzehrenden Öffentlichkeitstrubel aus dem Weg zu gehen und sein Wohl in abgeschiedener Privatheit zu suchen. Dies steht in krassem Gegensatz zu den Interessen des Geschäftsmannes Grossman, der seinen Star natürlich so effektiv wie möglich vermarkten möchte.

Nach Abschluss der Aufnahmen Ende November geht Dylan die Bänder mit dem The-Band-Gitarristen Robbie Robertson durch, um die insgesamt sehr schlichten, fast spröden Einspielungen gegebenenfalls noch durch weitere Tonspuren zu ergänzen. Doch die Songs bleiben, wie sie sind, sie stellen in gewisser Weise die akustische Variante der Basement-

Covers von »I'll Be Your Baby Tonight« (kleine Auswahl):
George Baker Selection,
The Bellamy Brothers, Rita Coolidge,
Rambin' Jack Elliott, Marianne Faithfull,
Georgie Fame, José Feliciano,
Emmylou Harris, The Hollies, Engelbert
Humperdinck, Norah Jones,
Leapy Lee, Robert Palmer, Linda
Ronstadt, Ray Stevens, Maureen Tucker

Covers von »Down Along The Cove«:
Duane Allman, The Band, Georgie Fame,
Steve Gibbons, McGuiness Flint,
Larry McNeely

Covers von »Dear Landlord«:
Joan Baez, Joe Cocker, Ashley Hutchings,
Janis Joplin, Michael Moore

Aufnahmen dar. Was dort zuweilen ausgelassen, überbordend und undiszipliniert gerät, ist auf ›John Wesley Harding‹ in eine sehr ökonomische, strenge und klare Form gegossen. Doch atmen beide Projekte quasi »die gleiche Luft«, besitzen einen ruhigen ländlichen Charakter, und die neuen Einspielungen folgen einer durchaus nachvollziehbaren künstlerischen Entwicklung. Für die Masse der Fans aber, die die Basement-Aufnahmen ja nicht kennen können, ist der Schritt zwischen ›Blonde On Blonde‹ und ›John Wesley Harding‹ äußerst verstörend. Der Sound widerspricht nicht nur allem, wofür ›Blonde On Blonde‹ steht, er wendet sich auch gegen wichtige Strömungen der aktuellen Popmusik.

Der psychedelische Rock erklimmt im Jahr 1967 seinen kreativen Gipfel, wofür Alben wie ›Sgt. Pepper's Lonely Hearts Club Band‹ von den Beatles, ›Axis Bold As Love‹ von Jimi Hendrix, ›Piper At The Gates Of Dawn‹ von Pink Floyd, ›Disraeli Gears‹ von Cream oder das Debütalbum der Doors nur als herausragende Beispiele dienen mögen. Dem steht Dylans klarer akustischer Country-Sound mit seiner minimalistischen Ausrichtung diametral entgegen. Im Grunde läuft ›John Wesley Harding‹ allem zuwider, was in der Popmusik 1967 angesagt ist. Doch objektiv betrachtet muss man festhalten: ›John Wesley Harding‹ ist bis zur Mitte der siebziger Jahre Dylans letzte große Platte, wie auch Michael Gray festhält: »Ein meisterhafter Beitrag zum Katalog des amerikanischen Liedguts, in seiner Strenge in fast calvinistischem Geist.«

Auch inhaltlich wendet sich Dylan von seinen vergangenen Arbeiten ab. Die Texte auf ›John Wesley Harding‹ erzählen durchgängig relativ klar zugängliche Parabeln, frei von surrealistischen und verklausulierten Bilderwelten, wobei zwei Dinge rasch auffallen: die vielfachen Anspielungen auf frühbiblische und jüdische Mystizismen sowie eine sehr strenge, fast schematische Songstruktur, die jedes Stück bis auf eine Ausnahme in ein dreistrophiges Korsett mit und ohne Refrain zwängt. Einzig »The Ballad Of Frankie Lee And Judas Priest« verlässt dieses strenge Muster und reiht balladenartig elf Strophen aneinander.

Wie schon auf ›Bringing It All Back Home‹ liefert Dylan auch auf ›John Wesley Harding‹ einen wenn auch recht versteckten Schlüssel zu der neuen Ausrichtung seines Werks in den Liner Notes. Dort erzählt er eine Geschichte von drei Königen: »Der erste der Könige räusperte sich und wandte sich an Frank: ›Frank,

Mr. Dylan hat eine neue Schallplatte herausgebracht. Die Platte enthält selbstverständlich nur Songs von ihm selbst, und wir hören, dass du der Schlüssel dazu sein sollst.‹ ›Stimmt‹, sagte Frank, ›das bin ich.‹ ›Nun dann‹, sagte der König ziemlich erwartungsvoll, ›könntest du uns bitte den Sinn erschließen?‹ Frank riss die Augen weit auf wie ein Tiger. ›Und wie weit möchtet ihr da wohl hinein?‹, fragte er, und die drei Könige sahen einander an. ›Nicht allzu weit, nur gerade weit genug, dass wir sagen können, wir waren drin‹, sagte der König. Frank sprang in die Höhe, riss sich das Hemd vom Leibe und wedelte damit durch die Gegend. Eine Glühbirne fiel aus seiner Tasche, er zerstampfte sie mit dem Fuß. Dann holte er tief Luft, röhrte dumpf und hieb mit der Faust durch ein Panzerglas. Dann ließ er sich wieder in seinen Lehnstuhl fallen und zog ein Messer. ›Weit genug?‹, fragte er. ›Yeah, klar, Frank‹, antwortete der König.«

›John Wesley Harding‹ atmet sicherlich erstmals seit den frühen sechziger Jahren den Geist Woody Guthries, dessen Tod Dylan tief bewegt. Doch ist das Album nur vordergründig betrachtet eine simple und unauffällige Folkplatte, in Wirklichkeit wird sie beherrscht durch eine äußerst wirkungsvolle Bescheidenheit – sicherlich nicht ganz unbeeinflusst von Gordon Lightfoots herausragendem zweiten Album ›The Way I Feel‹.

Mit »Down Along The Cove« und »I'll Be Your Baby Tonight« endet ›John Wesley Harding‹. Diese beiden Titel gehören stilistisch im Grunde aber schon nicht mehr auf das Album, sondern weisen voraus auf den Stil, den Dylan mit ›Nashville Skyline‹ mehr als ein Jahr später weiterverfolgen wird.

Ein letztes Kuriosum zum Album am Rande: Auf dem Coverfoto posiert Dylan mit Albert Grossmans Faktotum Charlie Joy sowie zwei Musikern der indischen Formation Bauls Of Bengal. In der Rindenstruktur des Baumes dahinter glaubten einige besonders scharfsinnige Interpretatoren das auf dem Kopf stehende Porträt der Beatles zu erkennen. Zu Zeiten von ›Highway 61 Revisited‹ oder ›Blonde On Blonde‹ hätte Dylan die hochgradig absurde Geschichte sicherlich sarkastisch kommentiert, hier meinte er nur: »Solche Sachen passieren zufällig, da kann man nichts machen. Das ist, als wenn du schematisch das Gesicht von Jesus in einer Kiwi entdeckst.«

Lay Lady Lay

Am 20. Januar 1968, einen knappen Monat nach Erscheinen von ›John Wesley Harding‹, steht Dylan im gesamten Zeitraum von über drei Jahren das einzige Mal auf einer Bühne. Beim Woody-Guthrie-Memorial-Concert steuert Dylan in der Nachmittags- und in der Abendshow jeweils vier Guthriesongs bei: »I Ain't Got No Home«, »Dear Mrs. Roosevelt«, »The Grand Coulee Dam« sowie am Nachmittag »This Land Is Your Land« und am Abend »This Train Is Bound For Glory«. Es ist dies der erste öffentliche Dylan-Auftritt seit dem Londoner Royal-Albert-Hall-Concert am 27. Mai 1966, seine nächsten Auftritte werden erst wieder am 14. Juli 1969 als Begleitmusiker von The Band (Dylan spielt unter dem Pseudonym »Elmer Johnson« nur bei drei oder vier Titeln mit) und dann auf dem Isle-Of-Wight-Popfestival am 31. August 1969 stattfinden. Dazwischen geht er ein einziges Mal – im Mai 1969 nach Erscheinen von ›Nashville Skyline‹ – zur ›Johnny Cash Show‹ ins amerikanische Fernsehen.

Dylan zieht sich strikt weiter ins Private zurück, Informationen über ihn und seine Arbeit fließen außerordentlich spärlich. Wohl arbeitet er sporadisch und mit sinkender Begeisterung an ›Tarantula‹, ansonsten scheint er wenig kreativ zu sein. Am 5. Juni 1968 stirbt überraschend sein Vater an einem Herzanfall, am 30. Juli wird sein zweiter Sohn Samuel Abram geboren, nachdem bereits ein Jahr zuvor, am 11. Juli, seine Tochter Anna Lea zur Welt gekommen ist. So viel Rückzug ist seinem Manager Albert Grossman freilich ein Dorn im Auge, doch bleibt der Öffentlichkeit noch weitgehend vorenthalten, dass es zu einem tiefen Zerwürfnis zwischen den beiden kommt. Dylan fühlt sich durch Grossmans Geschäftspraktiken zunehmend eingeengt und gründet ein eigenes Musikverlagslabel, Big Sky Music. Zudem zieht er im Frühjahr 1969 mit seiner Familie aus Grossmans Haus, bleibt aber zunächst noch in Woodstock wohnen. Als der Managervertrag Ende August – exakt am Wochenende des Isle-Of-Wight-Festivals – zur Verlängerung ansteht, besteht Dylan auf einer Vertragsauflösung. Es kommt zu erbitterten juristischen Auseinandersetzungen mit recht unterschiedlichen Gerichtsentscheidungen. Der Konflikt besteht bis zu Grossmans Tod im Jahre 1986.

Sehr sporadisch hält Dylan Kontakt zu einigen Musikerkollegen, vor allem zu seinen Freunden von The Band, aber auch zu George Harrison, der ihn anlässlich einer PR-Tour für das weiße Doppelalbum der Beatles im November 1968 besucht und mit dem zusammen er den Titel »I'd Have You Anytime« schreibt. Der Song wird Harrisons Sensationserfolg nach Auflösung der Beatles, das Triplealbum ›All Things Must Pass‹, eröffnen.

Vereinzelt tauchen Dylan-Songs aus dem Basement-Fundus als Coverversionen in den Hitparaden auf, so bereits im November 1967 »Too Much Of Nothing« in der Fassung von Peter, Paul & Mary. Im Frühjahr 1968 klettert »The Mighty Quinn« in der Fassung von Manfred Mann fast weltweit unter die Top-10, in Deutschland und Großbritannien sogar auf Platz Eins, auch »This Wheel's On Fire« in der psychedelisch angehauchten Version von Brian Auger & Julie Discroll ist mit Platz Fünf in Großbritannien mehr als nur ein Achtungserfolg.

Im Februar 1969 beginnt Dylan schließlich mit der Arbeit an einem neuen Album. Die Aufnahmen sind innerhalb einer Woche abgeschlossen, und bei der Hälfte der Sessions hat Dylan mit Johnny Cash einen durchaus ebenbürtigen Partner an seiner Seite. Von den mit Cash eingespielten Titeln kommt allerdings nur eine Aufnahme auf die neue Platte.

Dylan selbst charakterisiert die Songs zu seinem neuen Album so: »Es sind alles sehr einfache Lieder mit einfachen Inhalten und wenigen Worten – Lieder, die man sich leicht merken kann.« Den Anfang der Sessions macht »To Be Alone With You«, ein äußerst schlichtes Liebeslied. Natürlich fällt es einigen Dylan-Exegeten schwer zu akzeptieren, dass ihr verehrter Meister nur noch simple Botschaften anbietet. Entsprechend wird auch in banalste Songs wie »To Be Alone With You« Tiefschürfendes hineininterpretiert, wie dies beispielsweise John Herdman in seiner Arbeit ›Voice Without Restraint – A Study Of Bob Dylan's Lyrics‹ macht. So schreibt er etwa: »›Mit dir allein zu sein/nur du und ich/sag mir die Wahrheit/ist das nicht so, wie es sein soll?‹ Wie gewandt setzt Dylan doch dieses Fragezeichen. Es scheint die Erkenntnis des Autors zu spiegeln, eine Position zu schildern und zu reflektieren, die er nicht wirklich fühlt …« und so weiter.

Album-Info

Veröffentlichung: 9. April 1969
Produzent: Bob Johnston
Gastmusiker:
   Norman Blake (g)
   Kenny Buttrey (dr)
   Johnny Cash (g, voc)
   Charlie Daniels (g, b)
   Pete Drake (steel g)
   Marshall Grant (b)
   W. S. Holland (dr)
   Charlie McCoy (g, harm)
   Carl Perkins (g)
   Bob Wilson (p)
   Bob Wootton (g)
Liner Notes: Johnny Cash
   (»Of Bob Dylan«)
Coverfoto: Elliot Landy

Songs:
1. Girl From The North Country
2. Nashville Skyline Rag
3. To Be Alone With You
4. I Threw It All Away
5. Peggy Day
6. Lay Lady Lay
7. One More Night
8. Tell Me That It Isn't True
9. Country Pie
10. Tonight I'll Be Staying Here With You

(Alle Titel Bob Dylan)

In »I Threw It All Away« berichtet ein Mann, dass er bereit ist, für seine neue Liebe sein altes Leben und alles, was ihm bisher wichtig war, wegzuwerfen. Hinter der unverkennbaren Ironie, mit der Dylan den Song präsentiert, lässt sich doch erahnen, wie viel Ambivalenz auch für ihn hinter dem Schritt in ein neues Leben – sein Rückzug auf die Rolle des Familienmenschen – steckt. Doch im Gegensatz zu früher, als seine Beziehungen im Karussell surrealistischer Wirbel verschwanden, zeigt sich Dylan hier als einer, der bereit ist, Verantwortung zu übernehmen.

»One More Night« zeigt das sehnsüchtige Schmachten eines einsamen und verlassenen Mannes, musikalisch wie eine Mischung aus Elvis Presley und

Covers von »To Be Alone With You«:
Sue Foley, Steve Gibbons, Catherine +Howe, Michel Montecrossa

Covers von »I Threw It All Away«:
Nick Cave, Cher, Costello, Ramblin' Jack Elliott, George Fox, Elvis Pat Nevins, John Schroder

Covers von »One More Night«:
Lester Flatt, Ronnie Hawkins, Tony Rice, Second Floor

Session alle in Nashville/Tennessee, Columbia Music Row Studios	Bisher offiziell veröffentlicht alle auf ›Nashville Skyline‹	Bisher offiziell unveröffentlichte Songs und Outtakes
13. Februar 1969	To Be Alone With You I Threw It All Away One More Night	Untitled Blues
14. Februar 1969	Peggy Day Tell Me That It Isn't True Country Pie Lay Lady Lay	
17. Februar 1969	Nashville Skyline Rag Tonight I'll Be Staying Here With You	Don't Think Twice, It's All Right I Still Miss Someone One Too Many Mornings
18. Februar 1969	Girl From The North Country	5 Feet High And Rising Amen Big River Blue Yodel No. 4 Careless Love Good Ol' Mountain Dew Guess Things Happen That Way I Walk The Line Just A Closer Walk With Thee Matchbox Mystery Train Ring Of Fire T For Texas That's All Right, Mama Understand Your Man Wanted Man You Are My Sunshine

Hank Williams interpretiert. »Peggy Day« ist eine harmlos flirrende Romanze, dargeboten in einem akustischen Kleid, wie man es vielleicht am ehesten in den dreißiger Jahren getragen hat, aber gewiss nicht in der Flower-Power-Zeit. Dadurch gewinnt der Song eine merkwürdige, wenngleich anrührende Altertümlichkeit.

Im folgenden Song will ein Mann von seiner Geliebten ganz genau wissen, dass sie keinen anderen hat und er selbst nicht schon auf der emotionalen Abschussliste steht. Sag mir, dass all die Gerüchte, die das sagen, nicht wahr sind – »Tell Me That It Isn't True«. »Country Pie« ist ein albernes Nonsens-Lied, dem im Gegensatz zu Dylans früheren Nonsens-Liedern – etwa auf ›Freewheelin'‹ – jeglicher Biss fehlt. Der Sänger blödelt einfach nur herum und liebt seinen Country Pie.

»Lay Lady Lay« ist der unbestrittene Hit des Albums, ein Lied mit besten Country-Schlager-Qualitäten. Vorgetragen von Kris Kristofferson, Chet Atkins oder Johnny Cash offenbart der Song seine hochkarätigen Erfolgsambitionen, von Bob Dylan gesungen wirkt das Stück allerdings zunächst äußerst befremdlich. Dylan bezieht einige Bestandteile des Songs aus dem »Rough Alley Blues«, einem sehr selten gespielten Titel aus dem Jahr 1931, interpretiert von einer weithin unbekannten Ruth Willis. Zunächst für den Film ›Midnight Cowboy‹ mit Dustin Hoffman vorgesehen, bietet Dylan sein Stück den Everly Brothers als deren neue Single an. Die Everlys zeigen sich anfangs aber von dem Song nicht begeistert, verzichten und verschenken damit sicherlich einen Top-10-Hit. Später nehmen sie das Lied doch noch in ihr Programm auf, aber das Überraschungsmoment des sanft dahingleitenden Stücks ist natürlich nicht mehr vorhanden. Dylan hat den Song stets seiner Frau Sara zugeeignet. Als er später in der Zeit des Auseinanderbrechens der Ehe die Nummer immer noch im Liveprogramm vorträgt, erweitert er sie um eine Strophe, die den Song in Richtung einer Aufforderung zu recht gewöhnlichem und unromantischem Sex verändert (siehe Seite 267).

»Nashville Skyline Rag« ist das erste Instrumental einer offiziellen Dylanplatte, ein harmloses Füllsel-Stück im albumtypischen

Cover von »Peggy Day«:
Steve Gibbons

Cover von »Country Pie«:
The Nice

Covers von »Lay Lady Lay«
(kleine Auswahl):
Mike Batt, Booker T. And The MGs,
The Byrds, Cher, Jackie DeShennon,
Duran Duran, The Everly Brothers,
José Feliciano, Richie Havens, Steve Howe,
The Isley Brothers, Keith Jarrett,
Ben E. King, Albert Lee, Melanie,
Tony Mottola, Tadd Rubinstein,
Sandy Shaw, Roger Young

Covers von »Tonight I'll Be Staying Here
With You«:
Larry Barrett, Jeff Beck, Dave Kelly,
Ben E. King, Albert Lee, Pat McLaughlin,
Pat Nevins, Tina Turner

Country-Stil und im Grunde eigentlich nur die kurze Warm-up-Jam zu Beginn der Sessions am 17. Februar. Angesichts des dünnen und spärlichen Songmaterials für ›Nashville Skyline‹ muss man jenen Kritikern Recht geben, die vermuten, das Stückchen diene wohl hauptsächlich dem Bestreben, ein paar Minuten Laufzeit zu gewinnen. Dennoch ist das Album mit nur 27 Minuten Länge das kürzeste aller Dylanalben und zum Vergleich nur unwesentlich länger als allein die zweite Plattenseite von ›Highway 61 Revisited‹.

»Tonight I'll Be Staying Here With You«, als letzte reine Dylannummer der Session eingespielt, ist wieder ein Liebeslied. Es greift wie die anderen Songs des Albums erneut altmodische und traditionelle Klischees auf und besitzt nicht das Geringste von der fordernden Haltung eines »I Want You«.

Die letzte Aufnahme der ›Nashville‹-Sessions, die den Weg auf die Platte findet und sogar das Album eröffnet, ist der ›Freewheelin'‹-Klassiker »Girl From The North Country«, gesungen von Dylan und Johnny Cash im Duett. Auch in Johnny Cashs Fernsehshow am 1. Mai 1969 des Jahres singen die beiden Stars das Lied gemeinsam, was zumindest im Hinblick auf das öffentliche Image der beiden Musikstars erstaunt. Denn Cash und Dylan stellen bis dato zwei Antipoden der amerikanischen Songwriter-Tradition dar: Dylan, der aus der engagierten Bürgerrechtsbewegung erwachsene, kritische und revolutionäre, unbequeme Geist; Cash der reaktionäre Typus, der gern das Aushängeschild der politisch Konservativen abgibt. Doch in Wahrheit schätzen sich beide Musiker seit langem, und der »Glaubenskrieg« der Fangemeinden tut dem guten persönlichen Verhältnis der beiden keinen Abbruch. Dies kommt auch in dem Gedicht »Of Bob Dylan« zum Ausdruck, einer sehr berührenden Hommage von Johnny Cash an seinen immerhin neun Jahre jüngeren Sängerkollegen.

›Nashville Skyline‹ ist ein merkwürdiges Album – zumindest unter dem Gesichtspunkt, dass es von Bob Dylan stammt. Wenn es von Gordon Lightfoot oder vielleicht auch von Willie Nelson käme, würde es wohl eher gute Kritiken einfahren, doch von Dylan erwarten Fans wie auch Kritiker etwas anderes. Entsprechend stößt es auf massive Ablehnung und bietet für viele nur sehr flache und klischeehafte Musik.

Dylan huldigt den einfachen Freuden des Landlebens und der Country-Musik und dokumentiert unmissverständlich seine erstaunliche Wandlung vom poetischen Großstadt-Untergrund-Rebellen zum saturierten Countrystar. Für alle, für die er bislang das »Sprachrohr einer Generation« darstellt, wirkt diese Wendung beklemmend. Andererseits gewinnt er, nicht zuletzt auch durch die nach außen getragene enge Verbindung zu Cash, neue Fangruppen aus dem Kreis der klassischen Country-Freunde. In den entsprechenden Charts ist das Album sehr erfolgreich, und »Lay Lady Lay« erreicht sogar Platz Zwei der Country-Hitparaden in den Vereinigten Staaten.

Zwei Dinge fallen auch bei oberflächlichstem Anhören des Albums spontan auf: Erstens ist Dylans Stimme völlig verändert. Alles Scharfe und Harsche ist verschwunden, seine Stimme klingt jetzt fast niedlich. Erstmals hört man, wie Dylan versucht, artikuliert zu singen, und sein derart knödeliger Gesang wirkt recht geschmeidig und anschmiegsam. Darauf angesprochen erklärt er dem ›Rolling Stone‹-Herausgeber Jann Wenner: »Als ich aufgehört habe zu rauchen, hat sich meine Stimme verändert. Du musst nur aufhören, Zigaretten zu rauchen, und gleich klingst du wie Caruso.« Wie ein Caruso klingt Dylan nun gewiss nicht, aber sein Gesang ist erheblich sauberer und kontrollierter – aber auch viel langweiliger. Gewinnen seine früheren Aufnahmen bei mehrmaligem Abspielen eher an Intensität, so werden diese neuen Songs bei wiederholtem Hören immer uninteressanter.

Zweitens fällt auf, dass ›Nashville Skyline‹ wie schon ›John Wesley Harding‹ in totalem Kontrast zu all dem steht, was sonst im Rock zu der Zeit abgeht: Hippies, Drogen, Monterey, Woodstock, psychedelische Soundexperimente, Freak-outs et cetera – von alledem scheint Dylan merkwürdig unberührt zu bleiben. Im Nachhinein muss man natürlich auch sehen, dass er mit seiner wieder einmal sehr kompromisslosen Haltung eine Country-Renaissance einläutet, die vor allem über Gruppen wie den Byrds, Crosby, Stills Nash & Young oder Grateful Dead in einem direkten Weg weiterführt zu Countryrock-Bands wie Poco, Nitty Gritty Dirt Band, New Riders Of The Purple Sage bis hin zu den weltweit gefeierten und erfolgreichen Eagles.

Minstrel Boy

Nur wenige Wochen nach Erscheinen des umstrittenen und von der Kritik wie von Fans ziemlich einhellig abgelehnten Albums ›Nashville Skyline‹ geht Dylan Ende April, Anfang Mai 1969 wieder für drei Sessions ins Aufnahmestudio in Nashville. Dabei spielt er hauptsächlich Coverversionen von Songstandards und Traditionals ein.

Am 1. Mai findet im Anschluss an seinen Auftritt in der ›Johnny Cash Show‹ ein denkwürdiges und für die Songwriter-Szene geradezu legendäres Abendessen und Meeting in dessen Haus statt. Zusammen mit Graham Nash, Joni Mitchell und Kris Kristofferson diskutieren Dylan und Cash neue Möglichkeiten des Songschreibens, und jeder der Musiker trägt einige seiner Lieder vor. Hartnäckig halten sich Gerüchte, dass von diesen Sessions auch Bandaufnahmen existieren, es sind allerdings bis heute keine entsprechenden Aufnahmen in die Öffentlichkeit gelangt.

Ende Juni gewährt Dylan dem ›Rolling Stone‹-Herausgeber Jann Wenner ein sehr ausführliches und offenes Interview, eine seiner wenigen offiziellen Äußerungen in dieser Zeit. Dylan kündigt dabei an, Ende August bei dem schon im Vorfeld als Sensation apostrophierten Popfestival auf der englischen Insel Isle Of Wight aufzutreten. Schon ab Mitte August ist er in England und intensiviert wieder den Kontakt zu den Beatles, die gerade dabei sind, die Aufnahmen für ihr Album ›Abbey Road‹ abzuschließen.

Als Finale und Höhepunkt des Festivals ist Dylans Act für den 31. August angekündigt. Dieser Auftritt bringt ihm schon im Vorfeld Kritik ein, denn auch die Veranstalter des amerikanischen Popfestivals in Woodstock hätten Dylan gern gewonnen. Ihnen sagt er aber wegen seiner mangelnden Auftrittspraxis ab. Im Nachhinein muss man sagen: Dylan hat Glück mit seiner Entscheidung. Auf dem verglichen mit Isle Of Wight sehr viel hochkarätiger besetzten Festival in Woodstock hätte sich Dylan wohl nach Strich und Faden blamiert, doch auch auf der britischen Insel ist sein Feature alles andere als geglückt. Dabei muss man natürlich berücksichtigen, dass dieses Gastspiel, bis auf ein paar

Album-Info

Veröffentlichung: 8. Juni 1970
Produzent: Bob Johnston
Gastmusiker: Norman Blake (g)
   David Bromberg (g)
   Kenny Buttrey (dr)
   Fred Carter (g)
   Ron Cornelius (g)
   Rick Danko (b)
   Peter Drake (g)
   Hilda Harris (g)
   Levon Helm (mand)
   Garth Hudson (kb, sax)
   Al Kooper (g, kb, horn)
   Richard Manuel (dr, kb, voc)
   Charlie McCoy (g, harm)
   Bob Moore (b)
   Bill Pursell (voc)
   Robbie Robertson (g, voc)
   Albertine Robinson (voc)
   Al Rogers (dr)
   Maretha Stewart (voc)
   Stu Woods (b)
Coverbild: Bob Dylan

Songs:
1. All The Tired Horses
2. Alberta # 1
3. I Forgot More Than You'll Ever Know
4. Days Of '49
5. Early Morning Rain
6. In Search Of Little Sadie
7. Let It Be Me
8. Little Sadie
9. Woogie Boogie
10. Belle Isle
11. Living The Blues
12. Like A Rolling Stone
13. Copper Kettle
14. Gotta Travel On
15. Blue Moon
16. The Boxer
17. The Mighty Quinn (Quinn The Eskimo)
18. Take Me As I Am
19. Take A Message To Mary
20. It Hurts Me Too
21. Minstrel boy
22. She Belongs To Me
23. Wigwam
24. Alberta # 2

(1., 2., 6., 8., 9., 10., 11., 12., 17., 20., 21., 22., 23., 24. Bob Dylan
3. C. A. Null
4. F. Warner, J. A. Lomax, A. Lomax
5. G. Lightfoot
7. M. Curtis, P. Delanoë, G. Becaud
13. A. F. Beddoe
14. P. Clayton, L. Ehrlich, D. Lazar, F. Hellerman, L. Hais, R. Gilbert, P. Seeger
15. L. Hart, R. Rodgers
16. P. Simon
18. B. Bryant
19. F. Bryant, B. Bryant)

kurze Gigs immer nur für wenige Songs bei Benefizkonzerten und Ähnlichem, der einzige reguläre Dylan-Auftritt zwischen Mai 1966 und Januar 1974 ist, also in einem Zeitraum von über siebeneinhalb Jahren. Doch mussten Dylan und auch sein Manage-

Session	Bisher offiziell veröffentlicht SP – Selfportrait D – Dylan	Bisher offiziell unveröffentlichte Songs und Outtakes
24. April 1969 Nashville/Tennessee, Columbia Music Row Studios	Living The Blues (SP) Spanish Is The Loving Tongue 　(D)	
26. April 1969 Nashville/Tennessee, Columbia Music Row Studios	Take Me As I Am (SP) A Fool Such As I (D) I Forgot More Than You'll Ever 　Know (SP) Let It Be Me (SP)	Running
3. Mai 1969 Nashville/Tennessee, Columbia Music Row Studios	Take A Message To Mary (SP) Blue Moon (SP)	Ring Of Fire Folsom Prison Blues
31. August 1969 Live-Mitschnitt vom Isle Of Wight Popfestival, Woodside Bay, Nr. Ryde, England	She Belongs To Me (SP) Like A Rolling Stone (SP) The Mighty Quinn (SP) Minstrel Boy (SP)	siehe Fußnote 1, S. 130
3. März 1970 New York, Columbia Studio B	Little Sadie (SP) In Search Of Little Sadie (SP) Belle Isle (SP) Copper Kettle (SP) It Hurts Me Too (SP) The Boxer (SP) Woogie Boogie (SP)	Pretty Saro The Dock Of The Bay Universal Soldier When A Fellow Is Out Of A 　Job These Working Hands Spanish Eyes
4. März 1970 New York, Columbia Studio B	Days Of '49 (SP) Early Morning Rain (SP) Wigwam (instrumental) (SP)	Went To See The Gypsy Thirsty Boots Little Brown Dog Railroad Bill House Carpenter Tell Old Bill Annie's Goin' To Sing Her Song Time Passes Slowly
5. März 1970 New York, Columbia Studio B	Alberta # 1 (SP) Alberta # 2 (SP) Gotta Travel On (SP) All The Tired Horses (SP)	Little Moses Come a Little Bit Closer All Ye Fair And Tender Ladies My Previous Life

ment wissen, dass er, derart aus der Bühnenpraxis gekommen, einem Konzert vor einem Publikum aus mehreren hunderttausend Zuhörern nicht gewachsen war.

Dylan betritt am 31. August zusammen mit der Band um elf Uhr nachts die Bühne, und als die Musiker sie eineinhalb Stunden und siebzehn Songs[1] später wieder verlassen, ist von dem merkwürdig aseptischen und leblosen, insgesamt reichlich uninspirierten und unsicheren Auftritt nicht nur die Fangemeinde enttäuscht, sondern vor allem Dylan selbst. Alle weiteren Konzert- und Tourneepläne, die er zwischenzeitlich mit der Band diskutiert, werden auf lange Zeit hinaus auf Eis gelegt. Doch es hält ihn nicht mehr in der abgeschiedenen ländlichen Idylle von Woodstock. Zusammen mit seiner Familie zieht er im September zurück ins New Yorker Greenwich Village in die MacDougal Street und steigt allmählich wieder in die Szene ein, besucht diverse Konzerte, etwa von Dr. John, John Mayall oder Janis Joplin.

Anfang März betritt er erstmals nach mehr als vier Jahren erneut die Columbia Studios in New York. Dort spielt er als Ergänzung zu den Nashville-Aufnahmen des Vorjahres weitere Titel ein, wieder hauptsächlich Standards und Traditionals. Da viele der Takes recht schludrig geraten, bemüht sich Produzent Bob Johnston in sieben weiteren reinen Overdub-Sessions[2] von Mitte März bis Anfang April, zusammen mit zahlreichen hochkarätigen Studio-

---

[1] Komplette Setliste: She Belongs To Me, I Threw It All Away, Maggie's Farm, Wild Mountain Thyme, It Ain't Me, Babe, To Ramona, Mr. Tambourine Man, I Dreamed I Saw St. Augustine, Lay Lady Lay, Highway 61 Revisited, One Too Many Mornings, I Pity The Poor Immigrant, Like A Rolling Stone, I'll Be Your Baby Tonight, The Mighty Quinn, Minstrel Boy, Rainy Day Woman # 12 & 35

[2] Gastmusiker dieser Sessions am 11. März, 12. März, 13. März, 17. März, 30. März, 2. April und 3. April 1970 (alle in Nashville/Tennessee, Columbia Recording Studios): Byron Bach (v), Brenton Banks (synth, v), George Binkley III (v), Albert Wynn Butler (horn), Marvin Chantry (viola), Charlie Daniels (b, g), Dorothy Dillard (voc), Dolores Edgin (g), Anthony Ferron (g), Bubba Fowler (tromb), Fred Foster (g), Solie Fott (tromb), Dennis Good (tromb), Emanuel Green (v), Freddie Hill (tp), Karl Himmel (dr), Martin Katahn (voc), Doug Kershaw (v), Mildred Kirkham (v), Sheldon Kurland (v), Martha McCrory (cello), Barry McDonald (tp), Carol Montgomery (b), Gene A. Mullins (tromb), Gary van Osdale (viola), June Page (voc), Rex Peer (voc), Frank Smith (voc), Bob Wilson (b)

musikern das Material zu glätten und einem halbwegs professionellen Standard anzugleichen. An diesen Overdubs nimmt Dylan
nur sehr sporadisch teil.

Am 10. April geht von der britischen Insel die Nachricht um
die Welt, dass sich die Beatles endgültig trennen, schon gute zwei
Wochen später besucht George Harrison Dylan in New York. Gemeinsam gehen sie einen Tag ins Studio, um eine ganze Reihe von
Songs aufzunehmen, darunter das auf ›Bootleg Series 2‹ enthalte-
ne »If Not For You«. Der Song erscheint noch im Laufe des Jahres
1970 in neuen Einspielungen auf Dylans Album ›New Morning‹
sowie auf Harrisons Triplealbum ›All Things Must Pass‹. Doch davor kommt am 8. Juni die Doppel-LP ›Selfportrait‹ heraus, die
vielleicht umstrittenste Dylanplatte seines gesamten Schaffens.

Die Urheberangaben zu den einzelnen Songs geben bei insgesamt 24 Stücken vierzehn Mal den Autor Bob Dylan an. Wenn man
davon aber drei bereits veröffentlichte Titel abzieht, die hier nur in
einer Live-Version enthalten sind, dazu drei Instrumentals, die eher
zufälligen Sessioncharakter haben, und schließlich eine Reihe von
Blues und Traditionals, die urheberrechtlich nicht geschützt sind
und die sich Dylan einfach aneignet, dann bleibt insgesamt nur die
magere Ausbeute von zwei neuen Dylan-Songs auf dem gesamten
Album übrig: »Living the Blues« und »Minstrel Boy«.

Und auch diese beiden Titel gehören nicht zur Spitze des song-
poetischen Schaffens Dylans: »Living the Blues« ist ein kitschiger
Schunkel-Blues-Schlager, angelehnt an die Showtime-Musik der
fünfziger Jahre. Zahlreiche Overdubs tragen zur zusätzlichen Ver-
schnulzung des Songs bei, deshalb ist noch jene karge und eher
rockige Version am eindrücklichsten, die Dylan in der ›Johnny
Cash Show‹ abliefert. Diese Aufnahme kursiert auf zahlreichen
Bootlegs und mittlerweile auch auf einer Reihe von DVDs. »Minstrel Boy« ist dagegen eine recht ungeschlachte Mischung aus Soul-
Blues und inbrünstigem Kneipengesang in einem Irish Pub zu vor-
gerückter Stunde. Die Aufnahme, mitgeschnitten beim Isle Of
Wight-Auftritt, besitzt die raue
Wildheit und mangelnde Disziplin
der Basement-Aufnahmen. Damit
ist sie wenigstens authentisch,
wenngleich nicht unbedingt ein
akustischer Genuss.

Covers von »Living the Blues«:
The Nashville Bluegrass Band,
Leon Redbone

Covers von »Minstrel Boy«:
Wendy Erdman, Jake & The Family Jewels

Alle anderen Titel von ›Selfportrait‹ lassen sich einer der folgenden Rubriken zuordnen: Live-Mitschnitt von der Isle Of Wight –
Standards – Traditionals – Blues – Popsongs – Kuriosa.

Vom Isle-Of-Wight-Festival sind neben »Minstrel Boy« die Songs
»She Belongs To Me«, »Like A Rolling Stone« und »The Mighty
Quinn (Quinn the Eskimo)« auf das Album genommen. Vor allem
an »Rolling Stone« wird das ganze Dilemma des Auftritts deutlich.
Sein neuer, knödeliger Nashville-Gesang passt einfach nicht zur
beißenden Schärfe des Songs, und Dylan ist nicht mehr in der
Lage, Authentizität und Stimmigkeit in seinen eigenen Songs her-
zustellen.

Als Standards aus dem American Songbook nimmt Dylan in
den Sessions eine ganze Reihe von Songs auf. Vier Titel kommen
schließlich auf die Platte: »I Forgot More Than You'll Ever Know«
ist eine Nummer aus den späten vierziger Jahren; ein gewisser,
heute längst vergessener Skeeter Davis hatte in den Staaten 1953
einen Nummer-Eins-Hit damit. Der Song findet vor allem im
Country-Bereich etwa durch Johnny Cash oder Dolly Parton weite Verbreitung. »Let It Be Me« ist ursprünglich ein Chanson von
Gilbert Bécaud aus dem Jahr 1955, das in Amerika in den Interpretationen der Everly Brothers (Platz Sieben in den Charts) und
von Elvis Presley besonders populär wird. Dylan trägt den Song im
Stil eines Nachtclub-Sängers vor. »Blue Moon« ist ein Standard
von Richard Rodgers und Lorenz Hart aus den dreißiger Jahren,
beliebt vor allem bei Bigband-Orchestern und im Swing. Bedeutende Interpretationen stammen aber auch von Musikern des mo-
derneren Jazz wie Erroll Garner, Joe Pass oder Oscar Peterson.
Dylans Schlagerversion gehört nicht zu den wichtigen Fassungen
des Songs. Schließlich »Take Me As I Am«, ein Country-Standard
aus den Sechzigern, der in keiner bislang erschienenen Version der
ganz große Hit wird.

Sechs Country- und Folk-Traditionals nimmt Dylan auf das
Album, und sie offenbaren wenigstens bei einigen kurzen Momenten die Klasse und Selbstironie des Künstlers. »Copper Kettle« ist
ein eher archaischer Folksong aus den früheren Fünfzigern über
die Kupferminen-Arbeiter. Dylan interpretiert das Stück im Gegensatz zu den Country-Versionen von Joan Baez und Chet Atkins
sehr schlagerartig. »Days Of '49« ist ein kraftvoller Folksong aus
den sechziger Jahren, der das raue Goldgräber-Milieu Mitte des

19. Jahrhunderts aufgreift. Die Einspielung ist vielleicht der eindrucksvollste Beleg dafür, dass Dylan auch in dieser Phase seines pseudokultivierten Geknödels zu einer einigermaßen ausdrucksstarken Gesangsleistung in der Lage ist. »Little Sadie« und »In Search Of Little Sadie« sind zwei Versionen einer kleinen Ballade, die ein Eifersuchtsdrama zum Inhalt hat. Die eher unauffällige Folk-Blues-Ballade stammt aus den vierziger Jahren und wird von Dylan in seiner ersten Fassung sehr straight interpretiert: Bei der zweiten Einspielung unterstreicht Dylan seine Suche nach Sadie (selbstironisch entsprechend »In Search Of« genannt) mit permanenten und reichlich schrägen Tonartwechseln – eine witzige und durchaus gelungene Parodie. »Belle Isle« ist ein ins Country-Idiom übertragener Traditional aus Neufundland, dessen Quellen bis in die dreißiger Jahre zurückgehen, während »Gotta Travel On« eher klischeehaft das freie Wanderleben auf der Landstraße verherrlicht. Das Stück ist vor allem durch den Folk- und Bluessänger Paul Clayton in den frühen sechziger Jahren bekannt geworden.

Drei Blues sind es, die aufs Album finden: Zwei Fassungen von »Alberta« sowie »It Hurts Me Too«. »Alberta« ist in der Art eines Blind Lemon Jefferson gehalten, die exakten Quellen des Songs sind allerdings nicht bekannt. Dylan bringt das Stück in der ersten Fassung sehr bluesorientiert, in der zweiten im Stil eines munter dahinhopsenden Countrysongs. »It Hurts Me Too« – auch bekannt unter dem Titel »When Things Go Wrong« – ist ein in der weißen Bluesszene der sechziger und siebziger Jahre sehr populärer Titel von Tampa Red, der vor allem für Elmore James zu dessen Markenzeichen wurde. Bemerkenswert sind die Versionen der Paul Butterfield Blues Band (1964), von John Mayall (1969) und von Grateful Dead auf deren legendärem Live-Album ›Europe '72‹. Dylan hat für seine Version, die unbestritten zu den ausdrucksstärksten Nummern des Albums gehört, teilweise den Text etwas umformuliert.

Drei Songs sind es auch, die Dylan aus dem Fundus des aktuellen Pop entlehnt: »Early Morning Rain« ist eines der bekanntesten Stücke des kanadischen Songwriters Gordon Lightfoot, der in seiner Heimat und in den Staaten höchste Preise einheimst und sich in Deutschland im Wesentlichen durch die Hitsongs »If You Could Read My Mind« und »Sundown« einer größeren Öffentlichkeit ins Gedächtnis schreibt. »Early Morning Rain« ist vor allem bei Fremdversionen erfolgreich und gelangt in verschiedenen Fassungen – unter anderem von Peter, Paul & Mary, von George Hamilton IV oder von Elvis Presley – in die Charts.

»The Boxer« ist eine der Paradenummern und ein Mega-Hit des Duos Simon & Garfunkel von deren Erfolgsalbum ›Bridge Over Troubled Water‹, das gerade erst im Frühjahr 1970 erschienen ist. Dylans Aufnahme des Songs gehört zu den kuriosesten Einspielungen seines kompletten Plattenwerks, denn er singt mit sich selbst in seinen beiden sehr unterschiedlichen und symbolhaft besetzten Stimmen im Duett. Die Basis bildet Dylans neue hohe knödelige Country-Stimme, darüber legt er seine tiefere krächzend-knarzende Stimme früherer Jahre. Beide Gesangsstile schaffen zusammengenommen eine Stimmung, die außerordentlich merkwürdig und schräg ist, zugleich aber auch sehr eindringlich wirkt. Dabei kann man die Aufnahme nur als hochgradig amateurhaft bezeichnen. Dylan macht sich nicht einmal die Mühe, eine Stelle zu korrigieren, als er sich im Text verhaspelt. Der Kommentar vom Autor des Songs, Paul Simon, kommt prompt: »Als ich Dylans Version das erste Mal hörte, fand ich sie einfach nur schrecklich und entsetzlich. Aber ich war stolz darauf, dass er ein Lied von mir aufgenommen hatte.« »Take A Message To Mary« schließlich ist eine Nummer der Everly Brothers in deren typischem Stil aus der kommerziell erfolgreichen Phase um 1960.

Außerdem finden sich auf dem Album noch drei Stücke, die auf jeden Hörer einer Dylanplatte geradezu absurd wirken müssen: zunächst der Auftakttitel, »All The Tired Horses«, ein höchst merkwürdig anmutender Singsang eines Frauenchores, der fortwährend die Zeilen wiederholt: »All tired horses in the sun, how'm I s'posed to get any ridin' done.«. »Woogie Boogie« ist ein reines Instrumental, ein unglaublich stümperhaft eingespielter, technisch völlig anspruchsloser Klavier-Boogie, der eigentlich nur als Parodie durchgehen kann. Zu guter Letzt »Wigwam«, ein technisch aufgemotztes Kollektivsummen einer trivialen Melodie über einem ebenso trivialen Arrangement.

Als ›Selfportrait‹ im Juni 1970 erscheint, geht ein empörter Aufschrei durch die Reihen der Dylanfans wie auch der Kritiker. ›Nashville Skyline‹ haben sie noch, wenn auch laut murrend, hingenommen, aber ›Selfportrait‹ verzeihen sie ihm nicht mehr. In der Tat ist das sehr heterogene Album komplett nur äußerst schwer zu ertragen, die Mischung aus Traditionals und Standards, Blues, Schnulzen und aktuellen Pop- und Folkstücken ist unbegreiflich, die Einspielungen auf bizarre Art amateurhaft – genauso amateurhaft wie auch das von Dylan selbst gemalte Coverbild, das eher kindliche Züge trägt.

Dabei ist es gewiss nicht der heftigste Vorwurf, dass er erstmals seit seinem Debüt wieder fremde Songs auf seine Platten nimmt. Die Reaktionen gerade auch der Kritiker sind im positivsten Fall ratlos, in den meisten Fällen lassen sich die Urteile in wenigen Worten zusammenfassen, wie dies der bekennende Dylanbewunderer Greil Marcus kurz und bündig formuliert: »Was soll diese Scheiße?!«

Es ist schwierig, dem Album wirklich gerecht zu werden. Zum einen zeigt Dylan sich hier zweifellos völlig ausgebrannt. Seine kreative »Explosion« bis 1966 hat ihn nicht nur physisch an den Rand gebracht, sondern ihn auch psychisch völlig ausgelaugt. Nur so ist seine Schreibhemmung und seine völlige Orientierungslosigkeit zu erklären. Andererseits scheinen die ›Selfportrait‹-Sessions auch einen gewissen Reinigungsprozess bei Dylan ausgelöst zu haben. Noch bevor das Album erscheint, ist Dylan wieder im Studio und nimmt sein nächstes Album auf, das zwar auch nicht mit seinen bisherigen herausragenden Arbeiten konkurrieren kann, aber doch einen erheblichen künstlerischen Schritt gegenüber ›Selfportrait‹ und auch ›Nashville Skyline‹ bedeutet.

Unerklärlich sind aber die Entscheidungen des Produktionsteams um Bob Johnston. Ein Gutteil der mangelhaften Qualität der Einspielungen ist darauf zurückzuführen, dass die Musiker während der Sessions häufig wechseln. Keine Formation hat ausreichend Zeit, sich konzentriert einzuspielen und aufeinander abzustimmen. Stattdessen treffen sich die Musiker wie bei einem Schülermeeting, packen ihre Instrumente aus und spielen einfach drauflos. Einen zweiten wesentlichen Kritikpunkt muss sich die Produktion gefallen lassen: Es gibt keinerlei Grund, mit dem großteils dürftigen Material gleich ein Doppelalbum füllen zu wollen. Es ist ja nicht so, dass es im Zuge der gesamten Aufnahmen keine lichten musikalischen Momente gäbe. Allein die Stücke auf die wirklich gelungenen Songs zu reduzieren und eine normale Single-LP zu veröffentlichen, hätte wohl zu einem halbwegs passablen Album geführt, das wenigstens mit ›Nashville Skyline‹ hätte mithalten können.

Doch was sagt Bob Dylan selbst zu seiner Arbeit? »Selfportrait wurde veröffentlicht, weil es mich zu der Zeit einfach störte, dass ich so im Mittelpunkt der Aufmerksamkeit stand. Also haben wir dieses Album herausgebracht, um mir die Leute vom Hals zu schaffen. Sie sollten mich nicht mehr gut finden. Das ist der Grund, warum das Album auf den Markt gekommen ist. Damit die Leute genau zu dieser Zeit aufhörten, meine Platten zu kaufen. Und das taten sie auch.« Und an anderer Stelle: »›Selfportrait‹ besteht aus lauter Aufnahmen, wie wir sie ständig gemacht haben, als ich in Nashville war. Am Anfang spielten wir immer zwei oder drei Songs, einfach damit alles stimmte, und dann ging's weiter und wir machten, wozu wir gekommen waren. Und dann ist eine Menge anderer Kram auf Bootlegs erschienen. Also habe ich mir einfach gedacht, ich nehme das alles und bringe es heraus, als mein eigenes Bootleg-Album sozusagen. Weißt du, wenn es tatsächlich ein Bootleg-Album gewesen wäre, dann hätten die Leute es sich vermutlich unter der Hand besorgt und einander heimlich vorgespielt.«

Mit dieser letzten Bemerkung hat Dylan sicherlich Recht, berücksichtigt man das zum Teil lächerlich schlechte Material, das stellenweise zu horrenden Preisen unter der Ladentheke gehandelt wird. In heftigen Zweifel darf man aber die absurde Zielsetzung ziehen, eine Platte zu machen, um sie nicht zu verkaufen. Das ist natürlich großer Quatsch, zumal er selbst ein anderes Mal Jann Wenner gegenüber äußert: »Das ist ein großartiges Album, da ist verdammt viel gute Musik darauf. Die Leute haben anfangs nur nicht richtig hingehört.« Eines jedenfalls beweist Dylan mit ›Selfportrait‹ wieder einmal unmissverständlich: Er lässt sich nicht vereinnahmen. In diesem Sinne ist ›Selfportrait‹ sogar höchst aufrührerisch, denn es schwimmt völig gegen den Strom und zeitigt ein Ergebnis, das ihm in dieser Form und in seiner Kitschigkeit so richtig keiner zugetraut hat. Im selben Sinn ist dann das folgende und vergleichsweise bejubelte ›New Morning‹ eher konservativ und ein Rückschritt, erfüllt Dylan doch hier viel mehr die vorhersehbaren Erwartungen seines Publikums.

New Morning

Noch bevor ›Selfportrait‹ erscheint, von dem Dylan und seine Crew natürlich zumindest ahnen müssen, dass es in der Öffentlichkeit auf viel Widerstände treffen wird, beginnt er am 1. Juni 1970 mit erneuten Aufnahmen. Eingespielt werden innerhalb von fünf Tagen eine Reihe neuer Covers, vor allem aber auch neun neue Original-Dylan-Songs; drei weitere folgen einen Monat später. Diese zwölf Stücke bilden den Fundus für das im Herbst erscheinende Album ›New Morning‹.

Die Zeiten sind nicht leicht für Dylan: Am 8. Juni besucht er in New York ein Konzert der »Superformation« Crosby, Stills, Nash & Young. Das Konzert ist ein umjubelter Erfolg, doch das Hauptgesprächsthema auf der nachfolgenden rauschenden Party ist vor allem Dylans just an diesen Tag erschienenes und von vielen als regelrecht peinlich empfundenes Album ›Selfportrait‹. Einen Tag später hat er einen Termin in Princeton. Die berühmte Eliteuniversität will ihm an diesem Tag die Ehrendoktorwürde verleihen. Dylan ist das Ganze äußerst unangenehm, doch letzlich schafft er es, nicht – wie sechseinhalb Jahre zuvor bei der Verleihung des Tom-Paine-Preises – wieder völlig aus der Rolle zu fallen (siehe Seite 141, »Day Of The Locusts«). Zurück in New York widmet er sich intensiv seinen neuen Stücken und musiziert mehrmals mit George Harrison und Eric Clapton, die ihrerseits wiederum konzentriert an Harrisons Triplealbum ›All Things Must Pass‹ arbeiten.

Die Aufnahmen für ›New Morning‹ beginnen mit einigen Covers im Stile von ›Selfportrait‹, erst am dritten Tag beginnt Dylan mit seinem ersten Original der Session: »One More Weekend«. Schon in diesem ersten Stück klingt eines der Leitmotive des neuen Albums an: Der Abschied von der Jugend. Dieser Abschied fällt dem Sänger ganz offensichtlich schwerer, als er selbst glauben möchte, und mit allen Mitteln versucht er sein Mädchen zu überzeugen, doch noch ein letztes verrücktes, ausgeflippt-unbeschwertes gemeinsames Wochenende zu verbringen.

Der nächste Song, einer von zwei Dylan-Originalen, die er am folgenden 4. Juni einspielt, behandelt das zweite Grundmotiv des

Album-Info

Veröffentlichung: 21. Oktober 1970
Produzent: Bob Johnston
Gastmusiker:
  David Bromberg (g, do),
  Harvey Brooks (b),
  Ron Cornelius (g),
  Charlie Daniels (b),
  Buzzy Feiten (g),
  Lloyd Green (v),
  Hilda Harris (voc),
  Al Kooper (kb, g, horn),
  Russ Kunkel (dr),
  Bill Mudi (dr),
  Albertine Robinson (voc),
  Norman Spicher (steel-g),
  Maeretha Stewart (voc)
Coverfoto: Len Siegler

Songs:
  1. If Not For You
  2. Day Of The Locusts
  3. Time Passes Slowly
  4. Went To See The Gypsy
  5. Winterlude
  6. If Dogs Run Free
  7. New Morning
  8. Sign On The Window
  9. One More Weekend
  10. The Man In Me
  11. Three Angels
  12. Father Of Night
(Alle Titel Bob Dylan)

Albums, eine intensive, wenngleich konfessionell noch ungebundene Beschäftigung mit religiösen Themen. »Three Angels« erzählt fast psalmartig von drei Engeln, die ihre Fanfaren blasen. Doch in der üblichen Tages- und Geschäftshektik hört ihnen kaum jemand zu. Haben wir überhaupt noch Ohren für ihre Botschaft?

In »New Morning« wird Dylan unversehens sehr persönlich und autobiografisch: Er besingt den neuen Morgen seiner Gefühle, nachdem er dem goldenen Käfig der isolierten Star-Enklave in Grossmans Haus in Woodstock endlich entflohen, wieder nach New York ins Village gezogen ist und in der dortigen Szene erneut Fuß fasst. Musikalisches Highlight des Songs sind die perfekten Riffs, die Al Kooper aus seiner Orgel zaubert.

»If Dogs Run Free« ist – wieder einmal ein Novum in Dylans Werk – ein locker swingender Jazz-Blues, über dessen Thema Maeretha Stewart gekonnt frei improvisierte Koloratur-Phrasen einwirft und so dem Ganzen einen flirrenden Charakter verleiht. Dies spiegelt geradezu perfekt den Text des Songs wieder, der

Session alle in New York, Columbia Studios, Studio E	Bisher offiziell veröffentlicht NM – New Morning D – Dylan M – Masterpieces	Bisher offiziell unveröffentlichte Songs und Outtakes
I. Juni 1970	The Ballad Of Ira Hayes (D) Sara Jane (D)	Alligator Man Oh, Lonesome Me
2. Juni 1970	Spanish Is The Loving Tongue (M) Mr. Bojangles (D) Mary Ann (D)	
3. Juni 1970	Can't Help Falling In Love (D) Lily Of The West (Flora) (D) One More Weekend (NM)	Jamaica Farewell Long Black Veil
4. Juni 1970	Three Angels (NM) Big Yellow Taxi (D) New Morning (NM)	
5. Juni 1970	If Dogs Run Free (NM) Went To See The Gypsy (NM) Sign On The Window (NM) The Man In Me (NM) Father Of Night (NM) Winterlude (NM)	I Forgot To Remember To Forget Untitled Instrumental
12. August 1970	If Not For You (NM) Time Passes Slowly (NM) Day Of The Locusts (NM)	

letztlich auf die Frage hinausläuft: Warum vagabundieren wir nicht genauso frei herum, wie das die Hunde tun? »Went To See The Gypsy« ist ein Lied über ein Treffen mit Elvis Presley. Dieses Treffen verläuft zwar im Grunde ereignislos und nichts sagend, dennoch ist Dylan berührt davon, sein Idol früherer Tage persönlich kennen zu lernen.

»Sign On The Window« greift das Thema von »One More Weekend« auf, es ist eine kleine stille Miniatur über das Erwachsenwerden, das Zerplatzen der Jugendträume und das Ankommen im »richtigen Leben«. In gewisser Weise ist der Song geradezu das Kontrastprogramm zu »Weekend«, denn wo dort der Songprotagonist

drängt und versucht, den Abschied von der unbeschwerten Jugend-
zeit hinauszuzögern und wenigstens noch ein Wochenende heraus-
zuschlagen, zeigt er sich hier eher kühl, sachlich und emotionslos.

Im folgenden Song – »The Man In Me« – wird Dylan wieder
sehr persönlich. Er wendet sich an seine Sara und gesteht ihr, dass
nur eine Frau wie sie zu seinem eigentlichen Kern und seinem wahren Ich durchzudringen vermag. Das nur knapp eineinhalb Minuten lange, dabei aber ungemein intensive »Father Of Night« ist eine
gebetsartig angelegte Aneinanderreihung von Attributen, die der
»Vater von Tag und Nacht« – also von uns allen – in sich vereinigt.
Diese Gottesvorstellung ist wie schon bei »Three Angels« konfessionell im Grunde offen, aber wer einen Bezug zu eindeutig christlichen Traditionen sehen möchte, wird zahlreiche Anhaltspunkte
dafür finden können. Insofern werten manche Rezensenten »Father Of Night« als erstes Indiz für Dylans spätere Hinwendung
zum Christentum, von dem seine Alben ›Slow Train Coming‹,
›Saved‹ und ›Shot Of Love‹ zehn Jahre später geprägt sein werden.
Besondere Aufmerksamkeit hinsichtlich »Father Of Night« ge-
bührt der Coverversion von Manfred Mann's Earthband. In einer
zehnminütigen Rocksinfonie verwandelt die Gruppe Dylans kurzes
Gebet in ein elektrisierendes Epos ganz außergewöhnlicher Güte.

»Winterlude« ist Bob Dylans romantischer und zugleich selbst-
ironischer Winterwalzer, mit dem er mit seinem Darling durch die
Nacht tanzen will – wie »If Dogs Run Free« ein Stück, mit dem er
sich sehr weit vom musikalischen Gesamtambiente des Albums
entfernt.

Der einzige Song des Albums mit Hitqualitäten ist »If Not For
You«, entstanden bei der sponta-nen Session mit George Harrison
im Mai 1970, das Stück erscheint fast zeitgleich auf dessen Album
›All Things Must Pass‹. Es ist ein schlichtes, unauffälliges und im
Grunde einfach nur schönes Country-Liebeslied, dem von
Kritikern wohl eher zu Unrecht

Covers von »New Morning«:
Grease Band, Michael Henry Martin

Covers von »Sign On The Window«:
Steven Keene, Melanie, Jennifer Warnes

Covers von »The Man In Me«:
Wolfgang Ambros, Joe Cocker,
Nick Kamen, Al Kooper, Lonnie Mack

Covers von »Father Of Night«:
Julie Felix, Manfred Mann's Earthband,
Tim O'Brien

Covers von »If Not For You«:
Glen Campbell, Robert Crenshaw, Jay
Fallen, George Harrison, Richie Havens,
Olivia Newton-John, John Schroder

ein ironischer Unterton nachgesagt wird. Adressatin des Songs ist eindeutig Sara. Als alleiniger Autor des Songs ist in den Urhebernachweisen Dylan angegeben, doch Harrisons Einfluss auf das Stück ist unverkennbar – vor allem in den schwebenden Harmoniewechseln und den geschickten rhythmischen Unregelmäßigkeiten in der Bridge. Das Lied könnte man sich in einem etwas anderen Arrangement auch gut von den späten Beatles gespielt vorstellen.

In »Time Passes Slowly« ist der Songtitel ein treffendes Programm, ein schleppendes Stück, in dem sich Passivität, Lethargie, Langeweile und Unentschlossenheit die Hand reichen. Demgegenüber ist »Day Of The Locusts« sehr konkret. Dylan beschreibt hier die für ihn (und wohl auch für die Honoratiorenschaft der Universität von Princeton) unerfreuliche Zeremonie der bereits erwähnten Verleihung der Ehrendoktorwürde. Als Dylan von der Ehre, die ihm da widerfährt, in Kenntnis gesetzt wird, nimmt er in einem Schreiben vorab die Auszeichnung zwar an, will sich aber um die eigentliche Feierlichkeit drücken. Erst massive Überredungsversuche von Sara und von David Crosby bringen ihn dazu, zur Universität zu fahren. Auch dort kann er nur mit viel Mühe zur Einhaltung der üblichen Regularien gebracht werden. So echauffiert er sich beispielsweise über die lächerliche Tatsache, dass er den traditionellen Doktorhut aufsetzen soll. Stumm und unbewegt lässt er die Zeremonie über sich ergehen, und die Presse berichtet tags darauf von einem »sehr nervösen und äußerst unkommunikativen« neuen Ehrendoktor des weltberühmten und angesehenen Instituts. In »Day Of The Locusts« spiegelt Dylan die starren Feierlichkeiten mit dem freien Lied der Heuschrecken draußen auf dem Feld. Der Song gehört zu einigen Liedern auf ›New Morning‹, die weder von anderen Künstlern gecovert noch je von Dylan bei einem seiner Konzerte live gespielt worden sind.

Nach den für viele Fans und Kritiker im Grunde unverständlichen Alben ›Nashville Skyline‹ und ›Selfportrait‹ stellt ›New Morning‹ nicht nur dem Titel nach einen echten Neuanfang dar. Unter der Regie von Al Kooper zeigen sich Dylans Begleitmusiker wieder rockiger und musikalisch experimentierfreudiger, entsprechend sind Sound und Arrangements verglichen mit den Vorgängeralben mit viel mehr Überraschungselementen durchsetzt. Dazu kommt, dass Dylan nicht primär Gitarre spielt, sondern Klavier, was den Songs ganz automatisch eine etwas veränderte Anlage beschert.

Prompt wird ›New Morning‹ Gegenstand neuer Fanlegenden: Durch die Ablehnung der vorangegangenen Platten hätten sie Dylan zur Umkehr bewegt und ihm den Weg zu alter Kreativität gezeigt. Das Album wird überzogen mit Lobeshymnen, die, objektiv betrachtet, im Grunde nicht gerechtfertigt sind. Sicherlich ist ›New Morning‹ musikalisch ansprechender und tiefer als ›Nashville Skyline‹ und ›Selfportrait‹, aber die Platte stellt kein künstlerisch wirklich geschlossenes Werk dar, das mit den Meisterwerken Mitte der sechziger Jahre oder auch mit einigen späteren Alben konkurrieren kann. Zwar finden sich einige starke Lieder auf der Platte, aber auch viel Beliebiges, und kein einziges Stück reicht an die Intensität eines großen Dylan-Songs heran. Insofern wird das Album von Anfang an erheblich überschätzt. Auch der Mythos der Kapitulation vor den Fans ist nicht schlüssig, denn der Großteil der Songs für ›New Morning‹ war bereits eingespielt, bevor ›Selfportrait‹ auf den Markt kam.

Doch – und das ist die vielleicht entscheidende Botschaft von ›New Morning‹ – Dylan zeigt, dass er wieder da ist. Wer nun allerdings glaubt, er bringe sich mit gewohnter Macht in die Musikszene ein, sieht sich schon bald getäuscht: Auf Jahre hinaus zeigt er sich weiterhin nur sehr selten in der Öffentlichkeit, bestreitet lediglich einige wenige Kurzauftritte und produziert bloß sporadisch neue Musik.

Anfang der siebziger Jahre geht ein erster großer, vielleicht sogar entscheidender Abschnitt von Dylans Karriere zu Ende. Er hat knapp die Hälfte aller Songs geschrieben, die er im Laufe seines mehr als vierzigjährigen Künstlerdaseins verfasst, und mit dreizehn LPs (die Doppelalben hier als zwei Platten gerechnet) fast die Hälfte aller Studioalben bis ins Jahr 2005 eingespielt. Nun, Anfang der siebziger Jahre, ist er unbestritten Bob Superstar-Dylan, aber vieles spricht dafür, dass er in der Summe seines Werks seinen kreativen Zenit erreicht, vielleicht sogar überschritten hat, auch wenn noch einige Meisterwerke wie beispielsweise das Album ›Blood On The Tracks‹ folgen. In seinem weiteren, mehr als dreißig Jahre langen Leben als Musiker, das ihn bis heute fast zweitausend Mal auf eine Bühne führt, bilden die Arbeiten der sechziger Jahre den Fundus und die Basis seiner Songs.

Doch die Zäsur, die Dylan in seiner persönlichen Karriere zu Beginn der siebziger Jahre erlebt, ist auch eine Zäsur der Rockmusik ganz allgemein: In den Sixties hat sie, von Dylan maßgeblich beeinflusst, eine gewaltige Entwicklung genommen – sich von einer nicht selten belanglos trivialen Unterhaltungsmusik hin zu einer qualitativ hochstehenden Kunstform bewegt, die den Vergleich zu anspruchsvollem Jazz nicht zu scheuen braucht. Die Rockmusik »explodiert« in dieser Zeit förmlich, sprengt die klanglichen und interpretatorischen Rahmenbedingungen alles Dagewesenen, und jedes neue Album einer kreativen Band wird zu einem durchaus spannenden Kulturerlebnis. Rockmusik ist nicht mehr nur Tanzmusik für die Jugend, sondern wird auch vom Establishment wahr- und ernst genommen.

Fast unmerklich macht die Rockmusik einen zunächst eher unauffälligen Wandel durch und verändert sich von einer Musikform, in deren Zentrum die Aufführung in einem Konzert oder in einem Tanzschuppen steht, zu einem Musikformat, das immer mehr von der Schallplatte beherrscht wird. Diese wird zum Maß der Dinge, ist die akustische Vorlage für Konzertprogramme und das Medium für die weltweite Verbreitung der Musik. Doch damit verliert die Rockmusik ihre Unschuld, denn die Konzentration auf Tonträger bringt natürlich auch die Möglichkeiten eines gigantischen Geschäfts mit sich. Die Plattenindustrie wird zu einem weltweit bedeutsamen, milliardenschweren Wirtschaftszweig, und der überwiegende Großteil der Tonträger bedient das Rock-Publikum.

Zudem ist es ein gewaltiger Schock für die Rockszene, als sie im Jahr 1970 binnen weniger Monate drei ihrer wichtigsten Ikonen verliert: Die Beatles trennen sich, und Jimi Hendrix sowie Janis Joplin erliegen ihrem exzessiven Lebenswandel. Mit diesen – im Nachhinein symbolhaft überfrachteten – Verlusten gehen nicht nur drei bestimmte und prägende musikalische Impulse verloren, sondern in gewisser Weise stirbt eine Ära.

Eine kleine Szenerie mag diesen Wandel vielleicht am besten verdeutlichen: Ende der sechziger Jahre gibt es im Londoner Stadtteil Soho den Bag O'Nails Club, einen beliebten Musiker-Treff. An vielen Abenden ist mindestens einer der Beatles und auch einer der Rolling Stones anwesend, aber beispielsweise auch Bob Dylan oder Jimi Hendrix, wenn sie sich wie so häufig in der britischen Hauptstadt aufhalten. Daneben haben aber auch zahlreiche unbekannte Musiker und ein »ganz normales« Publikum Zutritt zu dem Club. So bleiben die »Topstars« ihren Ursprüngen sehr unmittelbar verbunden. Man stelle sich im Gegensatz dazu vor, wie in einer gemütlichen Kneipe irgendwo in New York oder sonstwo in den Achtzigern oder Neunzigern regelmäßig Madonna, Sting, Michael Jackson und sagen wir Phil Collins oder Prince ihren Wein oder ihren Whiskey trinken. Wahrscheinlich ist es leichter, eine Audienz beim Papst oder Zutritt zum Weißen Haus zu erhalten, als in diesen illustren Kreis zu gelangen.

Ganz allmählich werden die Musiker zu Geschäftsleuten, ihre Bands zu Wirtschaftsbetrieben, ihre Songs zur Ware und die ganze Rockszene zum Big Business. Durch die damit verbundenen Verdienstmöglichkeiten im modernen Plattengeschäft erlangen die großen und berühmten Musiker schnell einen völlig unverhältnismäßigen Reichtum, der sie von ihren Wurzeln abschneidet und in ein Luxusleben führt, das mit der Realität ihres Publikums nichts mehr gemein hat.

In einem Satz: Nicht nur die Musikergeneration der Sixties, auch die Rockmusik selbst wird in den siebziger Jahren erwachsen.

Der Erfolg von ›New Morning‹ ist kein Grund für Dylan, sich wieder verstärkt in der Öffentlichkeit zu präsentieren. Von Januar 1971 bis in den Herbst 1973 taucht er nur zweimal kurz auf einer Bühne auf: auf dem »Academy Of Music«-Konzert der Band am 31. Dezember 1971 und fünf Monate zuvor bei der von George Harrison initiierten Benefizveranstaltung am 1. August 1971 zu Gunsten der Opfer einer Hungerkatastrophe in Bangladesch. In den beiden Shows (nachmittags und abends) dieses ersten Wohltätigkeitskonzerts der Rockgeschichte spielt er zusammen mit Leon Russell am Bass, George Harrison an der Sologitarre und Ringo Starr am Tamburin jeweils fünf Songs: »A Hard Rain's A-Gonna Fall«, »It Takes A Lot To Laugh, It Takes A Train To Cry«, »Blowin' In The Wind«, »Just Like A Woman« sowie nachmittags »Love Minus Zero/No Limit« und abends »Mr. Tambourine Man«. Der komplette Abendset findet sich auf dem Triplealbum ›The Concert For Bangla Desh‹, der dazugehörige Konzertfilm zeigt, wie nervös Dylan bei dem Auftritt ist.

Ein weiterer öffentlicher Event ist das lang erwartete Erscheinen von ›Tarantula‹ zu Beginn des Jahres 1971, nachdem erste Vorab-Exemplare bereits zeitgleich mit ›New Morning‹ herausgekommen sind. Eigentlich möchte Dylan das Erscheinen des Buches völlig verhindern, denn es repräsentiert seine künstlerische Phase der Mitte der sechziger Jahre, also einer Zeit, die er längst hinter sich gelassen hat. Aber ein aufdringlicher Fan, der selbst ernannte Dylanologe Alan J. Weberman, besorgt sich aus welchen Quellen auch immer einen Fahnenabzug des Werks und bringt die Kopien in Umlauf. Damit gerät Dylan in Zugzwang und stimmt der Veröffentlichung schließlich zu. Das Buch wird kein Erfolg. Die surrealistischen Poeme lassen Kritiker wie Publikum gleichermaßen ratlos zurück, und schon bald erhält das Buch den Ruf, das unlesbarste Werk nach ›Finnegans Wake‹ von James Joyce zu sein. Auf die Frage, warum sich das Erscheinen des Werks immer wieder verzögert, sagte Dylan einmal: »Ich hab einfach haufenweise Worte hingeklatscht und sie an meinen Verlag geschickt. Aber dann habe ich mich so geschämt wegen dieses Unsinns, den ich zusammengeschrieben hatte, dass ich immer wieder alles umänderte.«

Nur sporadisch betritt Dylan ein Plattenstudio, und wenn, dann meist, um andere Musiker bei deren Sessions zu begleiten, so beispielsweise David Bromberg, Roger McGuinn, Steve Goodman, Doug Sahm und vor allem Allen Ginsberg bei dessen Versuchen, Poesie und Musik miteinander zu verknüpfen. Nur drei kurze Sessions finden unter der Headline Dylans statt: am 24. September 1971 zusammen mit Happy Traum und vom 16. bis 19. März sowie am 4. November zusammen mit Leon Russell und diversen New Yorker Studiomusikern. Das Ergebnis sind vier neue Songs, von denen einer erst zwanzig Jahre später auf ›Bootleg Series‹ offiziell herauskommt, dazu drei Titel aus dem ›Basement‹-Fundus in neuer Einspielung und eine Hand voll Outtakes. Doch die drei Songs, die im Jahr 1971 entweder als Single oder auf dem Doppelalbum ›More Greatest Hits‹ erscheinen, stellen eine gewaltige Weiterentwicklung gegenüber Dylans Arbeiten der vorangegangenen Jahre dar.

Die Single »Watching The River Flow« ist ein rauer Blues-Rock; der Sänger sitzt trübsinnig am Flussufer und träumt sich fort aus der Tristesse dieser Umgebung – hin an den Ort, wo ihm das Glück winkt: die Stadt, in der ihm alle Chancen offen stehen.

Session	Bisher offiziell veröffentlicht MGH – More Greatest Hits BS 2 – Bootleg Series 2 M – Masterpieces	Bisher offiziell unveröffentlichte Songs und Outtakes

16.–19. März 1971
New York, Blue Rock Studios
   Chuck Blackwell (dr)
   Joey Cooper (g)
   Claudia Linnear (voc)
   Kathy MacDonald (voc)
   Don Preston (g)
   Carl Radle (g)
   Leon Russell (p)
	When I Paint My Masterpiece (MGH)
	Watching The River Flow (MGH)
		Spanish Harlem
		That Lucky Old Sun
		Alabama Bound
		Blood Red River

24. September 1971 New York, Columbia Studios, Studio B Happy Traum (g, bj, voc)	You Ain't Goin' Nowhere (MGH) Down In The Flood (MGH) I Shall Be Released (MGH)	Only A Hobo

4. November 1971
New York, Columbia Studios, Studio B
   Joshie Armstead (voc)
   Kenny Buttrey (dr)
   Rose Hicks (voc)
   Dan Keith (steel-g)
   Leon Russell (b)
	Wallflower (BS 2)
	George Jackson (2 Versionen auf Single, 1 Version auf M)	

Aber im Grunde weiß er, dass dies nur ein Traum ist und ihm nichts anderes übrig bleibt, als weiterhin den sich kräuselnden Wellen des Flusses zuzusehen.

»When I Paint My Masterpiece« steht unverkennbar in der launigen und ironischen Tradition der Basement-Songs: Irgendwann wird alles anders sein, wenn ich erst mein Meisterstück male. Der Song ist eine Paradenummer für die Band und wird zu einem der Keysongs für die »Rolling Thunder Revue« (siehe Seite 175).

»George Jackson« erscheint auf einer Single in zwei Versionen, einer spröden »Acoustic Version« und einer längeren und poppig-gefälligeren »Big Band Version«. Nach langen Jahren der politischen Enthaltsamkeit Dylans ist der Song wieder ein Protestlied im klassischen Sinn. Er erzählt von dem charismatischen Aktivisten der Black-Panther-Bewegung George Jackson, der wegen seiner politischen Haltung im Gefängnis sitzt und bei einem Ausbruchsversuch erschossen wird. Dylan wurde zu dem Lied durch Jacksons Buch ›Soledad Brother‹ angeregt, in dem der Bürgerrechtler sein Leben und seine politischen Visionen beschreibt. Dylans Text ist trotz der politisch eindeutigen Botschaft ungewöhnlich vielschichtig und vermeidet jede simple Schwarz-Weiß-Argumentation. Am deutlichsten zeigt sich dies vielleicht in dem bitteren Resümee des Songs: »Manchmal glaube ich, die ganze Welt ist nur ein riesiges Gefängnis. Einige von uns sind Gefangene und andere von uns die Wärter.« Es geht also nicht um »wir« und »die anderen«, sondern um »wir« und »wir« – eine fast weise Weltsicht angesichts des tragischen Schicksals George Jacksons.

Ein vierter Song, »Wallflower«, wird ebenfalls eingespielt, doch er gelangt in Dylans Version erst in den neunziger Jahren offiziell an die Öffentlichkeit. Bekannt ist allerdings schon in den frühen Siebzigern Doug Sahms Version des zwar kraftvollen, im Grunde aber doch recht harmlosen Country-Walzer. In dem Lied spiegelt Dylan seine Orientierungslosigkeit zu Beginn der siebziger Jahre, als er zwischen dem beschaulichen Landleben in Woodstock und dem quirligen Stadtleben in New York hin und her schwankt. Notiz am Rande: »The Wallflowers« nennt sich in den späten neunziger Jahren die Band von Dylans Sohn Jakob.

Im Jahr 1972 erscheint bei Alfred A. Knopf in New York mit Dylans Einverständnis die erste Buchausgabe mit allen seinen bisherigen Songtexten unter dem Titel ›Writings & Drawings‹. Dieses Buch wird laufend erweitert und ist bis heute die Basis aller Textausgaben zu Dylans Songs. Zudem betritt Dylan musikalisches Neuland, als der Drehbuchautor Rudy Wurlitzer ihn wegen des Soundtracks für das Filmprojekt ›Pat Garrett And Billy The Kid‹ anspricht. Dylan übernimmt die Aufgabe und dazu noch eine nicht unwesentliche Nebenrolle. Der Soundtrack enthält eine Reihe

Covers von »Watching The River Flow«:
Joe Cocker, Candy Kane, Leon Russell, Seatrain

Covers von »When I Paint My Masterpiece«:
The Band, John Betmead, Julian Dawson, Barbara Dickson, Grateful Dead, Emmylou Harris, Wolfgang Niedecken

Covers von »Wallflower«:
David Bromberg, The Clancy Brothers, Doug Sahm

von kurzen Instrumentals (siehe Seite 299) sowie zwei neue Songs, »Billy« und »Knockin' On Heaven's Door«.

»Billy« ist auf dem Soundtrack-Album gleich in vier Versionen vertreten: als Instrumental »Billy (Main Title Theme)« mit Booker T. Jones, Bruce Langhorne und Russ Kunkel; als »Billy 1« (mit Booker T. Jones und Langhorne); als »Billy 4« (im Duett mit Terry Paul an der zweiten Gitarre, aufgenommen am 20. Januar 1973); sowie als »Billy 7« (mit Terry Paul, Roger McGuinn und Jim Keltner). Die erste Einspielung ist gleich die intensivste Version: »Billy 4«, dort ergänzen sich Dylans und Pauls Gitarren sehr gut. In neun Strophen wirft Dylan einige Schlaglichter auf den Outlaw Billy The Kid, er besingt dessen Freiheit und betrauert ihn ob seiner Einsamkeit. Die Aufnahme ist flüssig, allerdings zieht Dylan das Tempo während des Songs unnötig an. Die Aufnahmedaten der anderen Versionen sind nicht genau festzustellen, sie liegen irgendwann Anfang Februar. Dabei ist »Billy 1« vergleichsweise schleppend und träge, »Billy 7« hat nicht mehr als Outtake-Charakter.

Auch die Session zu »Knockin' On Heaven's Door« ist nicht exakt festzumachen. Der Song (mit Terry Paul und Roger McGuinn an weiteren Gitarren, Jim Keltner am Schlagzeug, Carl Fortina am Harmonium und Carol Hunter, Donna Weiss und Brenda Patterson als Background-Sängerinnen) untermalt jene Filmszene, in der der Kleinstadtsheriff Baker nach einem Schusswechsel in den Armen seiner Frau stirbt. Doch schon bald wird der getragen meditative Song zu einem Symbol gegen den Vietnamkrieg, der zu Beginn des Jahres 1973 mit der Unterzeichnung eines Waffenstillstands-Abkommens für die USA endet. Auf dieser Interpretationsschiene entwickelt sich das in einer sanften Akkordprogression dahingleitende Stück zu einer der bestverkauften Singles Bob Dylans, zu einem seiner meistgecoverten Songs und zu einer Live-Nummer, die in fast keinem seiner Programme fehlt.

Covers von »Billy«:
Billy Goodman, Naked Prey, Gillian Welch

Covers von »Knockin' On Heaven's Door« (kleine Auswahl):
Peter Carr, Eric Clapton, Kevin Coyne, Randy Crawford, Sandy Denny, Jerry Garcia, Grateful Dead, Guns N' Roses, Booker T. Jones, Roger McGuinn, G.T. Moore, Sisters Of Mercy, Roger Waters, Warren Zevon

Forever Young

Die durchwegs guten Kritiken und wohl auch der Erfolg von »Knockin' On Heaven's Door« ermutigen Dylan, sich mit neuen musikalischen Ideen auseinander zu setzen: Er beginnt, an Songs für ein neues Album zu arbeiten, und erörtert mit Robbie Robertson Pläne einer neuen Nordamerika-Tournee zusammen mit der Band. Außerdem beschließt er, die Plattenfirma zu wechseln, und unterschreibt für einige Alben bei David Geffens Label Asylum. Prompt publiziert Columbia ohne das Zutun Dylans dessen Album ›Dylan‹, eine miserable Platte mit Outtakes der ›Selfportrait‹- und ›New Morning‹-Sessions. Die Scheibe enthält nur Covers, dabei unterbieten die Aufnahmen zum guten Teil noch das Niveau von ›Selfportrait‹. Das Album, das als einzige Dylanplatte bislang nicht als CD wieder aufgelegt worden ist, stellt für viele Fans einen merkwürdigen Akt von Rache, Leichenfledderei und Publikationswut von Seiten Columbias dar.

Dylan zeigt sich von dem Album allerdings recht unberührt und äußert sich auf Nachfragen sogar ziemlich moderat. Im Wesentlichen konzentriert er sich aber auf seine neuen Pläne und schreibt im Herbst das Material für sein anstehendes Album, für das er in der ersten Novemberhälfte zusammen mit der Band ins Studio geht.

Der erste Song der Sessions ist »Never Say Goodbye«, hinsichtlich der Komposition als auch der Interpretation das wohl uninspirierteste Stück der Platte mit der simplen Botschaft: Verlass mich nicht! Bereits hier klingt ein Thema an, das Dylans folgende Arbeiten entscheidend beeinflusst: Es gibt zunehmend tiefe Risse in seiner Ehe mit Sara. Die Beziehung, die Dylan in der Mitte der sechziger Jahre wohl das Leben rettet, geht in einem langen, schmerzhaften, aber letztlich unvermeidlichen Prozess zu Ende.

Bei allen entsprechend bitteren Tönen, die auf dem neuen Album ›Planet Waves‹ zu hören sind, wirkt der folgende Song »You Angel You« geradezu naiv fröhlich: Dylan freut sich offenbar sehr unbedarft, nach einer anscheinend schwierigen Beziehungsphase seine Liebe zurückzugewinnen. Während er in einigen anderen

Album-Info

Veröffentlichung: 17. Januar 1974
Produzent: Rob Fraboni
Gastmusiker:
  Rick Danko (b)
  Levon Helm (dr)
  Garth Hudson (kb)
  Richard Manuel (dr, p)
  Robbie Robertson (g)
Liner Notes: Bob Dylan
Covergestaltung: Bob Dylan

Songs:
  1. On A Night Like This
  2. Going, Going, Gone
  3. Tough Mama
  4. Hazel
  5. Something There Is About You
  6. Forever Young (langsame Version)
  7. Forever Young (schnelle Version)
  8. Dirge

  9. You Angel You
  10. Never Say Goodbye
  11. Wedding Song
(Alle Titel Bob Dylan)

Songs seine Trennungsabsichten fast unverschlüsselt kundtut, ist
»You Angel You« einer von drei Songs am Ende des Albums, in
dem er – vielleicht von schlechtem Gewissen getrieben – seine
Ambitionen wieder zurückzieht. In der gefälligen Popversion von
Manfred Mann's Earthband kommt der Song Jahre später in die
Single-Charts.

»Going, Going, Gone« ist ein sensibler Rhythm & Blues, ein in
vordergründig harmlose Text-Klischees verpacktes Abschiedslied:
Dylan erkennt, dass es wieder einmal Zeit wird, zu neuen Pfaden
aufzubrechen. Musikalisch wird das Stück bestimmt durch Robertsons dezente Sologitarre und Hudsons gefühlvoll eingesetzte Orgel.

Covers von »You Angel You«:
Alpha Band, Manfred Mann's Earthband,
New Riders Of The Purple Sage

Covers von »Going, Going, Gone«:
Bill Frisell, Richard Hell, Steve Howe

Covers von »Tough Mama«:
Jerry Garcia, Sandoz

Auch »Hazel« markiert einen Abschied, es stellt eine Reminiszenz
an eine fiktive Partnerin dar, die in
ihren Zügen eine Mischung aus allen wichtigen Frauen in Dylans
Leben vereint, am ehesten aber
wahrscheinlich seiner ersten
Freundin Echo Helstrom aus Hibbing ähnelt.

Session Alle in Santa Monica/ California, The Village Recorder Studio B	Bisher offiziell veröffentlicht PW – Planet Waves BS 2 – Bootleg Series 2	Bisher offiziell unveröffentlichte Songs und Outtakes

2. November 1973	Never Say Goodbye (PW)
	Nobody 'Cept You (BS 2)
		Untitled Instrumental
		March Around The Dinner
		  Tables (Instrumental)
		Crosswind Jamboree
		  (Instrumental)
		House Of The Risin' Sun

5. November 1973	You Angel You (PW) Going, Going, Gone (PW)	
6. November 1973	Hazel (PW) Tough Mama (PW) Something There Is About You (PW)	
8. November 1973	On A Night Like This (PW) Forever Young (langsame Version) (PW)	
10. November 1973	Wedding Song (PW)	Adelita
14. November 1973	Forever Young (schnelle Version) (PW) Dirge (PW)	

Dagegen besingt »Tough Mama« – eine eindrückliche Kombination aus Country und Rhythm & Blues – eine geheimnisvolle Frau, die den Songprotagonisten mit ihrer schwarzen Schönheit und ihrer fremdartigen morbiden Sinnlichkeit in den Bann schlägt. Entlarvend ist dabei das Bekenntnis Dylans: Es wird Zeit, dass ich mich traue, mich wieder einmal auf ein neues Abenteuer einzulassen.

Auch in »Something There Is About You« schweift Dylan in die Zeiten seiner Jugend in Duluth ab: Irgendetwas aus dieser Zeit fesselt ihn, er kann aber nicht so recht sagen, was es ist. Aus der Distanz sind wir heute wissender: Es ist wohl die Unbeschwertheit und zugleich Spannung einer Lebenssituation, in der einem Menschen noch alle Möglichkeiten offen stehen – ein durchaus trefflicher Spiegel für einen Künstler, der an einer neuen Schwelle seiner Karriere steht.

»On A Night Like This« ist nur auf den ersten Blick ein harmloses, flott dahinswingendes Country-Liebeslied. In Wahrheit schält sich ein Song heraus, in dem sich Dylan die noch unverbrauchte Romantik einer Liebesnacht aus der Frühzeit seiner Beziehung herbeisingt. Dabei weiß er freilich, dass solch naive Romantik von der Zeit stets beschädigt wird. Dylan distanziert sich in den Liner-Notes zu ›Biograph‹ ein wenig und bezeichnet den Song als »nicht die Art von Lied, die ich eigentlich schreibe, das Lied eines Betrunkenen, der zwischendurch immer mal wieder sehr nüchtern wird«.

Der mit Abstand bekannteste Song des Albums ist »Forever Young«, er wird zu einer Fan-Hymne und zu einem der am häufigsten gespielten Stücke bei Dylankonzerten. Geschrieben früh im Jahr 1972 für seinen jüngsten Sohn Jakob – das einzige seiner Kinder übrigens, das ebenfalls Musiker wird –, ein Blumenstrauß voller guter Wünsche, persönlich, sanft und natürlich sehr wohlwollend, ohne zu sentimental zu werden. In gewisser Weise ist das Lied das Lebewohl an seine Kinder, gleichsam das Vermächtnis eines Mannes, der seinen Weg gehen muss und deshalb seine Familie verlässt. Zugleich funktioniert der Song auch auf einer Meta-Ebene und wird von vielen aus der Sechziger-Jahre-Bewegung als Ermutigung empfunden, bei aller Desillusionierung doch immer noch ihre Jugendlichkeit beizubehalten. Auf ›Planet Waves‹ sind zwei Versionen des Songs zu hören: am Ende von Plattenseite Eins eine langsamere, getragenere, sie wird zum Vehikel unzähliger Live-Interpretationen Dylans; zu Beginn der Seite Zwei folgt eine flotte, countryartige Fassung, die dem Song etwas von seiner Eindringlichkeit nimmt und deshalb erheblich flacher wirkt. Auf der CD folgen beide Versionen unmittelbar hintereinander.

Die beiden letzten Songs der Sessions, »Wedding Song« und »Dirge«, stellen zwei extreme Pole in Dylans damaligem Gefühlshaushalt dar. »Wedding Song« ist, wie der Name schon sagt, ein

> Covers von »On A Night Like This«:
> The Janglers, Los Lobos
>
> Covers von »Forever Young«:
> Joan Baez, The Band, Harry Belafonte,
> Jimmy LaFave, Rich Lerner, Trevor Lucas,
> Judy Nash, Tim O'Brien, The Pretenders,
> Diana Ross, Kitty Wells, Tony Wilson

Hochzeitslied, überschwänglich und voller Glorifizierung. Der Song wirkt wie eine fast rituelle Beschwörung, um das drohende Unheil, die Trennung von Sara, doch noch zu verhindern. Das Stück gelangt erst in letzter Minute aufs Album und wird von Dylan als einziges solo eingespielt. Sehr eindringlich, ja geradezu physisch spürbar ist in dem Lied die Bedrängtheit des Sängers und seine Verzweiflung angesichts der möglichen Trennung.

Auch bei »Dirge« – eigentlich »Trauerlied«, »Grablied« im Rahmen einer Totenfeier – ist der Songtitel schon Programm: ein bitteres und schmerzvolles Abschiedslied über eine verlorene Liebe. Dabei ist der Text so offen gehalten, dass er zugleich auch ein Abwenden von jeglicher Obsession beinhalten könnte, und sicher findet sich auch jede Menge Selbstkritik, wenn nicht sogar Selbsthass darin. Insofern ist das Stück wohl nicht hauptsächlich direkt an Sara gerichtet. Die Einspielung – nur als Duett, Dylan am Klavier, Robbie Robertson an der Sologitarre – gehört zu den intensivsten Momenten der gesamten Platte.

›Planet Waves‹ ist von allen Dylan-Platten vielleicht das am meisten unterschätzte Album. Viele Kritiker sehen es hauptsächlich als Missing Link zwischen ›New Morning‹ und den Meisterwerken Mitte der siebziger Jahre. Und gewiss ist unbestritten: Die Platte hält kein gleichbleibend hohes Niveau ein, sie hat ihre schwachen Stellen und verlässt sich zuweilen sehr stark auf das Funktionieren einfacher Klischees. Doch über weite Strecken atmet das Album frische Luft, wirkt unverbraucht und zeigt eine Qualität, wie sie Dylan seit ›John Wesley Harding‹ nicht mehr gelungen ist. Insofern wird man ›Planet Waves‹ wohl am ehesten gerecht, wenn man es – wie die Trilogie ›Bringing It All Back Home‹, ›Highway 61 Revisited‹ und ›Blonde On Blonde‹ – zusammen mit ›Blood On The Tracks‹ und ›Desire‹ als Werkgruppe versteht. Und wie bei ›Bringing It All Back Home‹ ist die wesentliche Funktion von ›Planet Waves‹ die des Impulsgebers für die Folgealben, viele der dortigen Themen und Sichtweisen sind hier bereits im Keim angelegt.

›Planet Waves‹ lebt von der musikalischen Kraft seiner Musiker, und die Aufnahmen, die größtenteils im Stil spontaner Einspielungen ohne lange Proben entstehen, zeugen von einer enormen Vertrautheit zwischen Dylan und der Band. In vielen Fällen werden die Titel nur kurz hinsichtlich Tempo und Rhythmus angespielt und dann gleich in einem Take fertig aufgenommen. Entsprechend wenig Sorgfalt zeigt ›Planet Waves‹ hinsichtlich der konkreten Produktionsarbeit, was wohl auch daran liegt, dass mit Rob Fraboni kein gelernter Produzent die Aufnahmen leitet, sondern ein Tontechniker, der angesichts der gewaltigen Egopower der Musiker wohl zu wenig »führt« und zu viel »dient«. Kein Titel demonstriert die technischen Unzulänglichkeiten besser als »Wedding Song«: Die Einspielung ist in vielerlei Hinsicht amateurhaft: Stellenweise scheppert eines der Mikrokabel an den Mikrofonständer; der »Plopp-Schutz« für das Gesangsmikro funktioniert nur unzureichend; die Klangfülle der Gitarre wechselt mehrmals, weil Dylan sich offenbar vor dem Mikrofon zu stark bewegt; dazu kommen ein paar wackelige Akkordübergänge und ein regelrechter Fehler in Dylans Gitarrenspiel – und dennoch: Die Aufnahme strahlt eine Dichte und Intensität aus, wie sie von ›Nashville Skyline‹ bis ›Pat Garrett‹ keine einzige Note hervorbringt. Diese Authentizität macht trotz aller Abstriche ›Planet Waves‹ zu einer der guten Dylan-Platten.

Der ursprüngliche Titel des Albums war eigentlich »Ceremonies Of The Horsemen«, erst im letzten Augenblick wurde er zu ›Planet Waves‹ abgeändert. Auf dem Plattencover und auch auf einigen CD-Ausgaben findet sich ein handgeschriebenes Gedicht Dylans, der darin seine Freude zeigt, wieder an einem neuen Album zu arbeiten. Er selbst bezeichnet in den Liner Notes das Album als »Cast-Iron Songs and Torch Ballads« – also »eisenharte Songs und Balladen im Taschenlampenlicht«. Ebenfalls in den Notes findet sich der Insider-Witz-Verschreiber Richard »Manual« (statt »Manuel«).

Dylan ist auf dem Weg zu neuer Ungebundenheit, wie er sie in seinen jungen Tagen erlebt hat und sie jetzt idealisiert. Ihm wird die Struktur der Familie zu starr, er erlebt sie als einengendes Korsett. Auch wenn er keinen endgültigen Bruch vollzieht – damit konfrontiert ihn Sara erst ein Jahr später –, steuert er doch bereits zielstrebig auf eine Trennung zu. In ›Blood On The Tracks‹ geht er daran fast zugrunde, in ›Desire‹ verwindet er sie. ›Planet Waves‹ handelt also nur vordergründig noch einmal von beschaulicher Familienidylle und persönlichem Glück.

Parallel zum Album planen Dylan und die Band nach langen Jahren der Bühnenabstinenz die bereits erwähnte Nordamerika-

Tournee. Das ursprüngliche Vorhaben, die neuen Songs auch als Basis für das Tourprogramm zu nehmen, wird nicht weiter verfolgt. Lediglich »Forever Young« etabliert sich als Dauernummer, alle anderen Titel kommen nur vereinzelt zum Vortrag, »On A Night Like This«, »Dirge« und »Never Say Goodbye« sogar niemals. Den Grundstock bilden Dylans Songs aus den Jahren 1964 bis 1966, dazu einige wenige frühe Klassiker, meist von Dylan solo im so genannten »acoustic Set« vorgetragen, und ein paar Nummern der Band ohne Dylan.

Die Tour beginnt schließlich am 3. Januar 1974 im Chicago Stadium, also zwei Wochen vor Erscheinen von ›Planet Waves‹, und führt die Musiker bis zum 14. Februar durch vierzig Konzerte in 43 Tagen. Es ist die erste Tournee Dylans seit 1966, und noch nie zuvor hat er ein derart gedrängtes Programm absolviert. Die Tour wird ein großer Erfolg und ist festgehalten auf dem ersten offiziellen Livealbum Dylans, ›Before The Flood‹ (siehe Seite 263).

Tangled Up In Blue

Die Plattenverkäufe des Albums ›Planet Waves‹ verlaufen von Beginn an recht schleppend, wozu auch die noch nicht sehr gut funktionierenden Vertriebswege von Asylum Records ihren Teil beitragen. Nicht zuletzt dies sowie ein sehr gutes neues Angebot von Columbia führen dazu, dass Dylan seinen Vertrag mit CBS wieder aufleben lässt. Vorher erscheint aber bei Asylum noch das Live-Doppelalbum ›Before The Flood‹, das hervorragende Kritiken erhält.

Zeitgleich verdüstern sich die Wolken über Dylans Privatleben zunehmend, und die Gerüchte über eine Trennung von Sara erhalten laufend frische Nahrung. Während Sara sich nach wie vor streng von aller öffentlichen Aufmerksamkeit abschottet, ist Dylan immer wieder in Begleitung diverser unbekannter Damen zu sehen. Im Juli zieht er sich nach Minnesota auf eine Farm zurück und schreibt in ein berühmt gewordenes »kleines rotes Büchlein« zahlreiche Texte, die letztlich die Basis für sein neues Album bilden, die aber teilweise auch niemals vertont und veröffentlicht werden. Diese Texte gehören zum Brillantesten, was er im Laufe seiner gesamten Karriere verfasst, und das anstehende Album ›Blood On The Tracks‹ wird ein unbestrittenes Meisterwerk, für viele neben ›Highway 61 Revisited‹ die beste Dylan-Platte überhaupt. Die Aufnahmen dazu beginnen Mitte September im vertrauten New Yorker Columbia Studio A, das jetzt »A & R Recording Studio« heißt.

Die Sessions, die in jeder Phase auf die eine oder andere Weise unter Dylans Trauma der Auflösung der für ihn lange so lebenswichtigen Beziehung mit Sara stehen, beginnen mit »If You See Her, Say Hello«: Dylan versucht so cool wie möglich über allem Leid zu stehen, lässt ihr sogar einigermaßen lässig Grüße ausrichten, aber er weiß genau: Er kann den Schmerz höchstens wegschieben und für eine Weile verdrängen, aber er kann ihn nicht abstellen, und sein Leid wartet schon wieder an der nächsten Ecke auf ihn. Gerade die vordergründig so demonstrativ zur Schau gestellte kühle Distanziertheit zeigt Dylans Verletztheit: Egal, wohin er geht, er kann seinen Gefühlen und Erinnerungen nicht entfliehen. Doch er besitzt immerhin die Größe, ihren Schritt der Trennung zu respektieren; er versucht sogar zu verstehen und unterstellt ihr keine üblen Motive, auch wenn ihn selbst die Sache an den Rand der Verzweiflung bringt.

»If You See Her, Say Hello« ist einer von vier Songs (neben »Idiot Wind«, »You're A Big Girl Now« und »Tangled Up In Blue«), die Dylan zwar schon in New York aufnimmt, deren Einspielung ihn aber nicht zufrieden stellt. Deshalb nimmt er diese vier Songs zusammen mit »Lily, Rosemary And The Jack Of Hearts« Ende Dezember im Studio 80 in Minneapolis erneut auf und stellt auf das Album durchgängig nur diese Versionen. Die ursprünglichen New Yorker Takes kursieren viele Jahre lediglich auf Raubpressungen, bevor sie in den neunziger Jahren auf dem Raritäten-Sampler ›Bootleg Series 2‹ offiziell publiziert werden.

»Meet Me In The Morning« greift die klassische zwölftaktige Bluesform auf und zeigt eine Gesangsdarbietung Dylans, die außergewöhnlich eindrucksvoll und gelungen ist. Dylan spielt den Song mit unterschiedlichen Texten zwei Mal hintereinander ein: zunächst in der auf dem Album veröffentlichten Form, dann als »Call Letter Blues«, eine Aufnahme, die wie die Alternativversionen von »If You See Her, Say Hello« etc. zunächst nur auf Raubkopien zu hören ist, bevor sie auf ›Bootleg Series 2‹ schließlich erscheint. Das Stück fällt in seiner einfachen Struktur und seinem Text voller Blues-Klischees etwas aus dem inhaltlichen Album-Kontext heraus.

»Tangled Up In Blue« ist – durchaus vergleichbar mit »Visions Of Johanna« von ›Blonde On Blonde‹ – der Keysong auf einem Album voller Keysongs, eine poetische Miniatur, die der Kritiker Neil McCormick mit »fünfeinhalb Minuten Proust in Liedform« beschreibt. Das Stück ist unbestritten einer der besten Songs, die Dylan je geschrieben hat: In sieben Strophen beschreibt er sieben Episoden einer Beziehung, hinter der jeweils konkrete autobiografische Ereignisse vermutet werden dürfen. Es geht, wie fast überall auf dem Album, um das Sich-Finden und Sich-wieder-Verlieren. Ein Paar hat sich aus den Augen

Covers von »If You See Her, Say Hello«: Jeff Buckley, Rich Lerner, Sean McGuiness, Annie McLoone, Ross Wilson

Covers von »Meet Me In The Morning«: Jason Becker, Thomas Ealey, Steve Elliot, Freddie King, Living Earth

Album-Info

Veröffentlichung: 17. Januar 1975
Produzent: Bob Dylan
Gastmusiker:

In New York:
Charlie Brown (g)
Tony Brown (b)
Buddy Cage (steel-g)
Richard Crooks (g)
Paul Griffin (kb)
Barry Kornfeld(g)
Tom McFaul (kb)
Billy Preston (b)
Eric Weissberg (bj, g)

In Minneapolis:
Bill Berg (dr)
Greg Inhofer (kb)
Ken Odegard (g)
Peter Ostroushko (mand)
Bill Peterson (b)
Chris Weber (b)

Liner Notes: Pete Hamill
Coverfoto: Paul Till
Covergestaltung: Ron Coro unter
Verwendung einer Grafik von
David Oppenheim

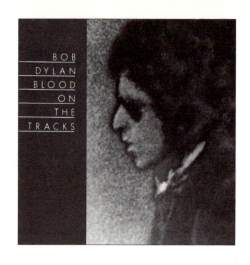

BOB
DYLAN
BLOOD
ON
THE
TRACKS

Songs:
1. Tangled Up In Blue
2. Simple Twist Of Fate
3. You're A Big Girl Now
4. Idiot Wind
5. You're Gonna Make Me Lonesome
   When You Go
6. Meet Me In The Morning
7. Lily, Rosemary And The Jack Of
   Hearts
8. If You See Her, Say Hello
9. Shelter From The Storm
10. Buckets Of Rain
(Alle Titel Bob Dylan)

verloren, findet sich zufällig wieder, durchlebt den Prozess einer starken persönlichen Entwicklung, um am Ende erkennen zu müssen: Die Wege der beiden haben wenig gemeinsam, sie sehen zwar stets dasselbe, allerdings immer von unterschiedlichen, ja konträren Standpunkten aus.

Zum ersten Mal gelingt es Dylan, die Zeitkomponente in einem Song vollkommen auszublenden. Die Geschichte findet in Vergangenheit, Gegenwart und Zukunft zugleich statt – wie bei einem Gemälde, bei dem der Betrachter alles zur gleichen Zeit sieht. »Auf ›Blood On The Tracks‹ habe ich bewusst gemacht, was ich zuvor immer unbewusst getan hatte: Ich habe Songs geschrieben, die die Zeitdimension aufbrechen, in denen es keine Zeit

Session 16. bis 19. 9. 1974 New York, A & R Recording Studio A 27. und 30. 12. 1974 Minneapolis/Minnesota, Sound 80, Studio A	Bisher offiziell veröffentlicht BOT – Blood On The Tracks BS 2 – Bootleg Series 2 BS 3 – Bootleg Series 3 B – Biograph	Bisher offiziell unveröffentlichte Songs und Outtakes
16. September 1974	If You See Her, Say Hello (BS 3) Meet Me In The Morning (BOT) Call Letter Blues (BS 2) Tangled Up In Blue (BS 2)	Grand Coulee Dam Excuse To Talk Dust Upon The Sheets

17. September 1974	You're A Big Girl Now (B 2)
	Shelter From The Storm (BOT)
	You're Gonna Make Me
	    Lonesome When You Go
	    (BOT)
		Untitled Blues

18. September 1974		Buckets Of Rain (nur Probetakes)
19. September 1974	Buckets Of Rain (BOT) Simple Twist Of Fate (BOT) Up To Me (B) Idiot Wind (BS 2)	
27. Dezember 1974	Idiot Wind (BOT) You're A Big Girl Now (BOT)	
30. Dezember 1974	Tangled Up In Blue (BOT) Lily, Rosemary And The Jack Of Hearts (BOT) If You See Her, Say Hello (BOT)	

mehr gibt. Ich wollte alles so scharf heranholen, wie durch ein Vergrößerungsglas. Das ist ein Trick, den ich auf ›Blood‹ zum ersten Mal angewendet habe. Ich wusste, wie es geht, denn ich hatte sogar einen Lehrer dafür.«

Dieser Lehrer ist der Kunstpädagoge Norman Raeben, der Sohn des großen jiddischen Geschichtenerzählers Sholem Aleichem. Raeben ist 1974 bereits 73 Jahre alt und unterrichtet seit

Jahrzehnten Kunst und Kunsttheorie. Im April 1974 beginnt
Dylan nicht zuletzt auf Anregung Saras mit dem Besuch eines seiner Kurse. Dieses insgesamt zweimonatige Studium (»fünf Tage in
der Woche gehe ich in den Kurs, zwei Tage denke ich darüber
nach«) verändert nach Dylans eigener Aussage seine Herangehensweise an Songtexte und Lieder entscheidend. Er überträgt das,
was im Kursus beim Zeichnen und Malen gelehrt wird, auf seine
Texte und entwickelt daraus eine ganz neue Technik des Schreibens, in der Perspektiven und die Wahrnehmung der Realität ständig abwechseln. Auf diese Weise entsteht eine poetische Struktur,
in der der Betrachter, wie Dylan in den Notes zu ›Biograph‹
schreibt, »zwar nur einzelne Teile sehen kann, darüber aber doch
das Ganze erfasst«.

Zurück zum Song »Tangled Up In Blue«: In der Album-Version
singt Dylan von Anfang an in der ersten Person, sein Gegenüber
ist aber niemals ein »Du«, sondern steht durchgängig in der dritten
Person. In der abweichenden
Textvariante, die Dylan in seiner
ursprünglichen New Yorker Fassung vorträgt, beginnt der Sänger
auch über sich selbst zunächst in
der dritten Person zu sprechen,
er beschreibt sich selbst also wie einen Fremden, der sich erst im
Laufe des Songs in ein »Ich« verwandelt. Damit bildet der Song
ein Vexierspiel zwischen Personen und Identitäten, das nie so ganz
aufgelöst wird und das dennoch einen unverstellten Blick auf den
Urgrund des Stücks ermöglicht – wie der Blick auf den Boden
eines kristallklaren Gebirgssees.

Covers von »Tangled Up In Blue«:
St. Christopher, Carl Edwards,
Dan Emmitt, Jerry Garcia, Robyn
Hitchcock, Kim Larsen, David West

Dylan hat sich in seinen Konzerten schon bald für diese ursprüngliche Version entschieden; auf dem Livealbum ›Real Live‹
ist eine völlig überarbeitete Variante zu hören, bei der er viele
Textdetails umgeschrieben hat.

Es folgt die Aufnahme von »You're A Big Girl Now«, einem
Versöhnungsangebot, das verbunden ist mit dem Versprechen,
sich zu ändern. Doch hinter aller Hoffnung schimmert stets die
bittere Erkenntnis durch, dass die Dinge auf einem Weg sind, der
sich nicht mehr umkehren lässt. Immerhin gesteht Dylan seinem
Gegenüber zu, in vielen Punkten doch die richtige Einstellung und
im Vergleich zu ihm selbst die besseren Instinkte zu besitzen. Die

Bruchstücke einer Beziehung liegen auf dem Seziertisch der Öffentlichkeit, und es handelt sich dabei, auch wenn Dylan dies in den Anmerkungen zu ›Biograph‹ vehement abstreitet, zweifellos um seine Beziehung zu Sara.

In »Shelter From The Storm« macht Dylan sich selbst Mut. Mag seine Situation auch noch so verzweifelt erscheinen und er die ganze Welt als in Scherben liegend erleben – es gibt doch jemanden, der ihm Schutz und Unterschlupf gewährt. Der Text enthält einige Symbole, die eindeutig christlichen Motiven zuzuordnen sind (zum Beispiel die Dornenkrone in der fünften Strophe), doch ist der Song zum Zeitpunkt seiner Entstehung 1974 sicherlich noch nicht im Zusammenhang mit Dylans christlicher Neuorientierung ab 1979 zu sehen, wie das manche Dylanexegeten immer wieder gern versuchen. Das zeigt sich nicht zuletzt auch darin, dass Dylan den Song auf seinen Tourneen zu den Alben ›Slow Train‹, ›Saved‹ und ›Shot Of Love‹ 1979 bis 1981 nicht in seinem Programm hat.

»You're Gonna Make Me Lonesome When You Go« ist wahrscheinlich der einzige Song des Albums, der nicht mehr oder weniger dicht mit der Beziehung zu Sara verflochten ist, sondern sich an eine Dame namens Ellen Bernstein wendet, mit der Dylan in dieser Zeit eine kurze Affäre hat. Auch hier geht es um Verlust, doch der Unterschied zu anderen Songs des Albums könnte größer nicht sein: Frei von jeder Bitterkeit und von Vorwürfen erscheint selbst der Trennungsschmerz merkwürdig relativiert und heiter. Dylan gelingt es sogar, an Rimbaud und Verlaine und deren poetische Verarbeitung von Trennungen zu denken. Ein Song mit einer ungebrochen positiven Ausstrahlung und Stimmung, eingespielt im Duo mit Tony Brown am Bass. Auch »Buckets Of Rain« ist grundsätzlich eher leicht und hoffnungsfroh, das Resümee fast ansteckend positiv: Das Leben ist eine harte Nuss und manchmal ziemlich traurig. Mach das, was du tun musst, einigermaßen gut, dann wird's schon wieder besser werden. Geschickt platziert Dylan den Song als Abschluss eines Albums voller Schmerz und Verzweiflung, dadurch wirkt das Lied

Covers von »You're A Big Girl Now«: Ian Moore, Travis

Covers von »Shelter From The Storm«: Steven Keene, Jimmy LaFave; Manfred Mann, Mission, Cassandra Wilson

Covers von »You're Gonna Make Me Lonesome When You Go«: Shawn Colvin, Mary Lou Lord

fast wie eine Befreiung nach all den schweren Gedanken, die er sich zuvor von der Seele singt.

»Simple Twist Of Fate« zeigt viele Parallelen zu »Tangled Up In Blue«, ist aber in seiner Struktur liedhafter und »klassischer« angelegt. Dylan reflektiert einige Schlüsselsituationen seiner Beziehung, als er erkennt, dass sich das Rad nicht mehr zurückdrehen lässt. Er schiebt alles, was gut gelaufen ist, vor allem aber alles, was misslungen ist, auf eine beliebige Laune des Schicksals. Doch im Grunde seines Herzens kann er sich mit dieser Sichtweise nicht trösten. Er weiß, dass dies letztlich bloß eine Ausrede ist und er die Ursache für sein Scheitern in sich selbst suchen muss. Ein sehr leidvolles und berührendes Lied, das Dylan in seiner 1992er-Tournee ausgeweitet auf bis zu acht Minuten Länge als Highlight seines akustischen Konzertteils bringt. Für ›Blood On The Tracks‹ ist das sehr melodiöse und warme Lied erneut als Duo mit Bassist Tony Brown eingespielt.

»Idiot Wind« ist wohl eines der schmerzvollsten Lieder, die Dylan je schreibt und aufnimmt – bitter enttäuscht, zugleich auch wütend und anklagend. Die New Yorker Version transportiert in ihrer Grundstimmung eher Dylans betrübte und weltschmerzliche Gefühle, während die Fassung vom Dezember, die schließlich auf das Album gelangt, stärker in Richtung Hass und Ärger tendiert. Die zahlreichen einzelnen Situationen, auf die der lange Text der Reihe nach anspielt, sind größtenteils verklausuliert und verschlüsselt und entziehen sich einer konkreten Zuordnung. Auch arbeitet Dylan mit stilistischen Mitteln wie etwa dem Klangbild seiner Stimme: So fällt er während einer kurzen Passage (von 4:19 bis 4:28) in seine eher tonlose, kratzige Sechziger-Jahre-Stimme aus ›Blonde On Blonde‹ oder ›Highway 61‹ (»I can't remember your face anymore …«), während der Song sonst in der zehn Jahre älteren Stimme des übrigen Albums vorgetragen wird –

Covers von »Buckets Of Rain«:
Wendy Bucklew, Steve Howe, Jimmy LaFave, Bette Midler, Happy Traum

Covers von »Simple Twist Of Fate«:
Joan Baez, Judy Collins, Jerry Garcia, Steve Gibbons, Andy Hill, Jimmy LaFave, Rich Lerner, Gene Murphy

ein Effekt, mit dem er schon auf ›Selfportrait‹ in »The Boxer« (dort allerdings als Gag) spielt. In seinem Schmerz und seiner Wut erklärt Dylan im Refrain einer jeden Strophe die Songadressatin, an der er nicht ein einziges gutes Haar lässt und sie mit Schmähungen überzieht, zur Idiotin. Allerdings bezieht er sich in dieses vernichtende Urteil im letzten Refrain ausdrücklich selbst mit ein. Notiz am Rande: »Idiot« ist eines der Lieblingswörter Norman Raebens, und er tituliert Dylan in seinem Kurs wohl mehrfach damit. Auch durchzieht Raebens Weltsicht nach ein »Idiotenwind das Leben und verblendet alles« – ein Bild, wie es sich fast wortwörtlich in Dylans Lied wiederfindet.

Der letzte Song der Sessions, »Lily, Rosemary And The Jack Of Hearts«, erzählt eine spannende Geschichte in Balladenform, in der es um Glücksspiel, Bankraub, Liebe und Mord geht. In sechzehn schwungvoll vorgetragenen Strophen entrollt Dylan in bester Filmmanier eine Halbweltgeschichte im Wildwest-Milieu, an deren Ende ein Mann ermordet wird, eine Rosemary deshalb am Galgen endet, eine andere Frau namens Lily allein und verlassen zurückbleibt und der ominöse Jack of Hearts spurlos verschwindet. Inwieweit Dylan verschiedene Personen seines eigenen Umfeldes angesichts seiner Trennung als Figuren hier scheitern lässt, während er sich selbst als Alter Ego des Herzbuben unbeschädigt hält, darüber sollen die Interpretatoren trefflich spekulieren.

Cover von »Idiot Wind«:
Gerard Quintana & Jordi Batiste

Covers von »Lily, Rosemary And The Jack Of Hearts«:
Joan Baez, Tom Russell

Cover von »Up To Me«:
Roger McGuinn

Zu den Sessions gehört schließlich noch der Song »Up to me«, der lange Zeit unveröffentlicht bleibt und erst auf ›Biograph‹ publiziert wird. Es ist wie »Shelter From The Storm« ein Lied, in dem Dylan sich selbst Mut zuspricht: Es liegt allein an ihm, was aus der veränderten Situation nun erwächst. Der Song gelangt schließlich zu Recht nicht auf das Album, da er einem Vergleich mit »Shelter« nicht standhält.

Nach einigen Jahren mit eher durchschnittlichen, teilweise regelrecht schlechten Arbeiten legt Dylan mit ›Blood On The Tracks‹ ein Meisterwerk vor, das in einem Atemzug mit »Highway 61‹ und ›Blonde On Blonde‹ genannt werden muss. Für viele ist ›Blood‹ sogar das beste Dylan-Album überhaupt, weil es auf alle Mätzchen und allen Schnickschnack verzichtet und vom ersten bis zum letzten Ton hundertprozentig konzentriert und treffsicher ist. Obwohl überdurchschnittlich lang – fast 52 Minuten –, enthält die Platte keinen überflüssigen Ton, keine überflüssige Silbe. Wo Dylan früher noch in kuriose weitläufige Bilder abschweift, bleibt er hier poetisch dicht und kompakt. Zwar fehlt dem Album die revolutionäre Bilderstürmerattitüde der sechziger Jahre, aber Dylan ist eben rund zehn Jahre älter geworden. Entsprechend lässt er sich nicht mehr von seinen eigenen Worten fortreißen, sondern behandelt seine Themen wissender und bewusster. Als Ergebnis dessen ist das Album emotional äußerst intensiv, zugleich von großer Abgeklärtheit – für viele Kritiker das beste Rock- und Popalbum der siebziger Jahre überhaupt.

Dylan ist schonungslos im eigenen Schmerz, verpackt ihn aber in bittersüße Schokolade: Die Musik ist als Kontrapunkt zu den schwerblütigen Texten meist locker, eingängig und ungewöhnlich entspannt. Die Platte bietet die beste Gesangsleistung Dylans, der hier richtige Melodien hervorbringt, ohne sich hinter dem schwülstigen Geknödele der späten sechziger Jahre zu verstecken. ›Blood On The Tracks‹ ist zweifellos das persönlichste und ehrlichste Album Dylans, auch wenn er dessen Authentizität später immer wieder in Abrede stellt. Doch sehr aussagekräftig ist hierzu Dylans Reaktion auf die ersten euphorischen Kritiken: »Viele sagen mir, dass ihnen die Platte gut gefällt. Mir fällt es schwer, das nachzufühlen … Wie kann denn jemand das – diese Form von Schmerz – gefallen?«

Eine sehr ergreifende, eher psychologische Interpretation des Albums liefert Paul Cowan in seiner Rezension für ›The Village Voice‹: »Die Botschaft ist trostlos. Mit 34 – die Ehe ist in die Brüche gegangen – ist er wieder ein isolierter einsamer Drifter. Wie auf allen großen Alben von Dylan ist Schmerz die Kehrseite seiner legendären Grausamkeit. Irgendwann, vermutlich zu Beginn des Scheiterns seiner Ehe, muss seine Selbstbezogenheit zu Selbsthass geronnen sein. Auf Dylan liegt ein ganz besonderer Fluch. Er scheint unfähig, tiefe und dauerhafte Beziehungen zu etablieren. Er sucht die Liebe, die er braucht, um sie seiner Kunst zu opfern, wie Joyce oder Mailer das vermochten. ›Blood On The Tracks‹ ist ein großartiges Album, weil er diesen Fluch als Gegenwind nimmt und in diesen hineinschreibt. Die ganze Platte ist der furchtbare Schrei eines Mannes, der von seiner eigenen Freiheit zerrissen wird.«

Wie bei aller Qualität die einzelnen Songs doch persönlich auf Dylan zugeschnitten sind, zeigt die Tatsache, dass es kaum künstlerisch nennenswerte Coverversionen von den Titeln gibt. Allerdings findet sich ein – noch dazu bemerkenswertes! – Cover der gesamten Platte: Die Sängerin Mary Lee Kortes und ihre Band spielen am Vorabend des berüchtigten 11. September 2001 das gesamte Album im New Yorker Club Arlene's Glocery nach. Heraus kommt eine gelungene Country-Blues-Rock-Interpretation von Dylan, ohne Dylan selbst zu imitieren. Der Kritiker Wilson MacKenzie jubelt sogar: »So sexy kann Dylan klingen!« Der gesamte Auftritt von Mary Lee's Corvette, wie sich die Formation nennt, erscheint unter dem Titel ›Blood on the Tracks: Recorded Live At Arlene's Grocery‹ im Jahr darauf als eigenes, sehr hörenswertes Album, leider wird es bis heute nicht in Europa vertrieben.

Noch einmal zurück ins Jahr 1974/1975: Wieder einmal ist die Verfilmung von Woody Guthries Biografie in Hollywood Thema der großen Filmgesellschaften. Bereits wenige Wochen nach Guthries Tod wird Dylan im Januar 1968 angesprochen, ob er die Hauptrolle in einem solchen Streifen übernehmen wolle. Doch noch bevor Dylan zu einer Antwort findet, zerschlägt sich das Projekt. Nun tritt mit dem gleichen Anliegen der Regisseur Alan Arkin aus Los Angeles an ihn heran. Dylan sagt zu, doch auch dieses Vorhaben verläuft im Sand, bevor es richtig startet. Doch noch im selben Jahr wird das Filmprojekt unter der Regie von Hal Ashby erneut in Angriff genommen. Die Filmgesellschaft MGM lässt Dylan allerdings völlig außen vor, für die Hauptrolle wird der renommierte Schauspieler David Carradine gewonnen, und auch für den Soundtrack engagiert man nicht Dylan, sondern Leonard Rosenman. Der Film erscheint 1976 unter dem Titel ›Bound For Glory‹ in den Kinos (deutsch: ›Dieses Land ist mein Land‹, seit 2003 auch auf DVD).

Hurricane

Die positiven Rezensionen für ›Blood On The Tracks‹ überschlagen sich förmlich, und nicht nur Dylan selbst wird schnell klar, dass ihm hier ein ganz außergewöhnliches Werk gelungen ist. Allerdings kostet ihn die Trennung von Sara viel Kraft. Das Hin und Her zwischen der Hoffnung, die Beziehung doch noch retten zu können, und der Erkenntnis, dass die Ehe an einen Punkt gelangt ist, von dem aus es keinen Weg mehr zurück gibt, raubt ihm auf Monate hinaus fast alle Vitalität. Entsprechend steht er im gesamten ersten Halbjahr 1975 auch nur ein einziges Mal auf einer Bühne: am 23. März auf Bitten von Neil Young an dessen Seite bei einem Benefizkonzert in San Francisco zu Gunsten von Studentenfonds.

Drei Begegnungen sind es, die Dylans Schaffen in dieser Phase maßgeblich beeinflussen: Als er Anfang Mai für sechs Wochen den Maler David Oppenheim – von ihm stammt das Coverbild auf ›Blood On The Tracks‹ – in Saintes-Maries-de-la-Mer in Südfrankreich besucht, um sich Inspirationen für seine neuen Songs zu holen, liest er die Autobiografie ›The Sixteenth Round‹ des ehemaligen schwarzen Profiboxers Rubin Carter, der Opfer eines Justizskandals wurde. Schon bald nach seiner Rückkehr in die Staaten besucht Dylan Mitte Juni Rubin Carter im Gefängnis und beginnt sich in dieser Angelegenheit zu engagieren (siehe Seite 172).

Die zweite wichtige Begegnung findet Ende Juni des Jahres statt. Hier lernt Dylan über eine seiner Sessionmusikerinnen die Geigerin Scarlet Rivera kennen und ist von ihrem Stil, einer sehr eigenwilligen Mischung aus Bluesfeeling und Zigeunerfiddel, schwer beeindruckt. Er engagiert sie vom Fleck weg für seine neuen Projekte – ein neues Album sowie eine dazugehörige Tournee sind in der unmittelbaren Planung.

Drittens lernt Dylan im Juli den Bühnendramatiker und Theaterdirektor Jacques Levy näher kennen, den er über Norman Raeben bereits eineinhalb Jahre zuvor getroffen hat. Dylan legt Levy einige Textentwürfe vor und gemeinsam erarbeiten sie den

Großteil der Songtexte für das neue Album. Dabei führen sie
Dylans Ansätze der zeitlichen Mehrdimensionalität etwa von
»Tangled Up In Blue« fort und verbinden diese mit einem fast dramatisch-szenischen Handlungsaufbau. Das Ergebnis sind Texte,
die, wie schon die Arbeiten auf ›Blood On The Tracks‹, in ihrer
Art einmalig in Dylans Schaffen wie wohl auch in der Rockmusik
insgesamt sind.

Mitte Juli finden erste Probeaufnahmen in den Columbia Studios in New York statt, und ab Ende des Monats werden in einer
Hand voll Sessions die Songs des neuen Albums eingespielt. Es
sind besondere Sitzungen, bei denen Dylan, wie bei ›Blonde On
Blonde‹ nach einem ganz bestimmten Sound sucht. »Es war allen
klar: Es sollte etwas ganz Neues sein. Leider habe ich die Platte
nicht so weit ausgearbeitet, wie ich es eigentlich wollte, vor allem
stellte ich mir ein intensiveres Zusammenspiel von Mundharmonika und Geige vor.« Um seine Soundideen zu verwirklichen, arbeitet Dylan mit der größten Band, die er je engagiert hat. Dieses
opulente Musikeraufgebot im Studio zeigt erneut: Dylan bleibt
nicht stehen, sucht keinen Nachfolger von ›Blood On The Tracks‹,
der dessen Sound ausschlachtet und auf diese Weise Bewährtes
verkauft. Stattdessen entwickelt sich Dylan weiter, sucht neue
Ausdrucksmöglichkeiten, experimentiert musikalisch und geht
damit natürlich entsprechende Risiken ein. Doch er befindet sich
nach 1965/1966 auf einem zweiten Höhepunkt seiner Kreativität
und künstlerischen Potenz, und es gelingt ihm ein Album, das vor
allem musikalisch komplex und vielseitig ist wie keine andere
Dylanplatte. Er selbst erinnert sich später, dass er wie in Trance in
den Sessions gearbeitet hat: »Ich habe überhaupt nicht geschlafen,
als ich diese Platte machte. Ich konnte einfach nicht schlafen.«

Den Auftakt der Aufnahmen macht »Romance In Durango«,
eine geschickte, theatralisch – fast filmisch – dramatisierte Geschichte einer Flucht des Sängers mit seiner Begleiterin Magdalena irgendwo in Mexiko. Die Worte des Textes sind so suggestiv
gesetzt, dass man als Zuhörer die sengende Hitze der Pampa am
eigenen Leib geradezu spürt und es genießt, wenn der Tequila den
rauen Wüstensand aus der Kehle spült. Im Gegensatz zu seiner
atmosphärischen Dichte bleibt der Text auf der inhaltlichen Ebene recht vage: Weder wird letztendlich klar, ob es wirklich der
Sänger selbst ist, der in einer Kneipe einen gewissen Ramon er

Album-Info

Veröffentlichung: 16. Januar 1976
Produzenten: Don DeVito &
    Bob Dylan

Gastmusiker:
    Vincent Bell (b)
    Dyan Birch (voc)
    Ronee Blakley (voc)
    Eric Clapton (g)
    Francis Collins (voc)
    Mel Collins (sax)
    Dominic Cortese (mand, acc)
    Eric Frandson (steel-g)
    Emmylou Harris (voc)
    Neil Hubbard (g)
    Michael Lawrence (tp)
    Perry Ledermann (g)
    Jody Linscott (perc)
    Hugh McCracken (steel-g)
    Paddy McHugh (voc)
    James Mullen (g)
    Scarlet Rivera (v)
    Luther Rix (perc)
    Tony O'Malley (kb)
    Rob Rothstein (b)
    Sheena Seidenberg (perc)
    John Sessewell (dr)
    Steven Soles (g, voc)
    Alan Spenner (b)
    Rob Stoner (b, voc)
    James (Sugarblue) Whiting (harm)
    Howie Wyeth (dr, p)
Liner Notes: Bob Dylan & Allen Ginsberg
Coverfoto: Ken Regan

Songs:
    1. Hurricane
    2. Isis
    3. Mozambique
    4. One More Cup Of Coffee
        (Valley Below)
    5. Oh, Sister
    6. Joey
    7. Romance In Durango
    8. Black Diamond Bay
    9. Sara
(4. & 9. Bob Dylan
alle anderen Titel Bob Dylan &
    Jacques Levy)

schossen hat und sich deshalb auf der Flucht befindet (auch wenn viel dafür spricht), noch weiß man, ob der Fliehende seine Flucht überlebt oder von den Häschern eingeholt und ebenfalls erschossen wird (auch das ist eher wahrscheinlich). Dennoch spiegelt die Situation eine romantische Idylle zwischen dem Sänger und seiner Magdalena – ein strahlender Lichttupfer in einem ansonsten eher tristen Ambiente. Und egal, wie die Sache ausgeht: Magdalena jedenfalls wird überleben. Musikalisch ist der Song mit passenden Marachi-Klängen angereichert, als Gastmusiker nimmt Eric Clapton an der Session teil.

Session alle in New York, Columbia Studio E	Bisher offiziell veröffentlicht D – Desire BS 3 – Bootlegs Series 3 B – Biograph M – Masterpieces	Bisher offiziell unveröffentlichte Songs und Outtakes
14. Juli & 29. Juli 1975		Probeaufnahmen zu diversen Desire-Titeln
28. Juli 1975	Romance In Durango (D) Catfish (BS 3)	Money Blues
30. Juli 1975	Golden Loom (BS 3) Oh, Sister (D) One More Cup Of Coffee (Valley Below) (D) Black Diamond Bay (D) Mozambique (D) Rita Mae (M) Joey (D)	
31. Juli 1975	Abandoned Love (B) Sara (D) Isis (D)	Town
24. Oktober 1975	Hurricane (D)	Jimmy Brown The Newsboy Sitting On Top Of The World That's All Right, Mama Ride 'Em, Jewboy I Still Miss Someone

»Oh, Sister«: Angeblich hat Joan Baez (die sich nach Dylans Trennung von Sara wohl erneute Hoffnungen hinsichtlich ihres »Bobby« macht) lange geglaubt, dieses Lied sei für sie geschrieben, doch dürfte es sich eher um eine Hommage an die Frauen an sich handeln – nicht nur und primär als Partnerinnen im konventionellen Beziehungssinn, sondern als Seelenverwandte, als Gefährtinnen, als lebenslang engste Vertraute. Eine kleine und elegante Verbeugung an alle Frauen, die allerdings mit Sicherheit jene überinterpretieren, die Dylan mit dem Song eine bewusste Unterstützung der Frauenbewegung unterjubeln möchten.

In »One More Cup Of Coffee (Valley Below)« experimentiert
Dylan mit neuen Gesangsstilen und versucht, arabisch anmutende
Verzierungen in seine Phrasierungen einzubauen. Als Inspiration
dient ihm die legendäre ägyptische Sängerin Om Kalsoum, von
deren Aufnahmen er sehr beein-
druckt ist. Dylan porträtiert in
dem Song ein Zigeunermädchen
und deren Familie. Die Haltung
des Erzählers zu der jungen Dame ist nicht eindeutig und wohl
auch ambivalent: Vielleicht ist er
in sie verliebt, aber in jedem Fall
ist ihm bewusst, dass sie in einer
anderen, ihm sehr fremden und
wohl auch unzugänglichen Welt lebt – im »valley below«, das ihm
immer verschlossen bleiben wird. Schenkt man vereinzelten
Äußerungen Dylans zu dem Song Glauben, wurde das Stück
durch eine Zigeunerfamilie angeregt, die er im Frühjahr 1975 in
Südfrankreich kennen lernte.

> Covers von »Oh, Sister«:
> Lynn Conover, Insol, Jimmy LaFave,
> Charlie Major, Tadd Rubenstein
>
> Covers von »One More Cup Of Coffee
> (Valley Below)«:
> Chris Duarte, Carl Edwards, Andy Hill,
> Robert Plant, Gerard Quintana &
> Jordi Batiste, Sertab

Einen Ausflug in eine surrealistisch bizarre Bilderwelt, die sich
trotz aller textlicher Logik einer konkreten Deutung und Erklärung entzieht, bietet »Black Diamond Bay«. Die Szenerie, die
Dylan zunächst als distanzierter Berichterstatter schildert, ist
grundsätzlich idyllisch. Doch wie eine bedrohliche Gewitterwolke
trübt die »Schwarze Diamantenbucht« die romantische Stimmung, drückt der Szenerie Unheil verheißend ihren Stempel auf.
Das Songpersonal – eine geheimnisvolle Frau in Krawatte und
Panama-Hut, ein Grieche, der Portier eines exklusiven Anwesens,
ein Dealer, ein Soldat und ein zwergwüchsiger Mann – werden
wie in einem Kaleidoskop durcheinander gewürfelt und scheinen
geradezu einem Fellini-Film entsprungen zu sein. Plötzlich wird
dieses Utopia durch einen Vulkanausbruch erschüttert. In der
siebten und letzten Strophe des musikalisch mitreißenden Songs
findet daraufhin ein schroffer Perspektivenwechsel statt: Der Ich-
Erzähler sieht in den TV-Nachrichten einen Bericht über ein Erd-
beben irgendwo auf einer Insel, bei dem einige Personen verschollen sind. Die Suchtrupps finden nur einen Panama-Hut und ein
Paar alter griechischer Sandalen. Näheres ist nicht bekannt, doch
der Erzähler bleibt völlig ungerührt: Es hätte ihn ohnehin niemals

gereizt, in die Gegend des Unglücks zu fahren, zur so genannten »Schwarzen Diamantenbucht«.

»Mozambique« ist ein im Grunde harmloser Song über eine Liebe in einem fernen Land. Mozambique mag sich im Jahr 1975 insofern anbieten, als das Land bei seinen Bemühungen um politische Unabhängigkeit von Portugal in allen westlichen Medien überdurchschnittlich oft auftaucht. Doch enthält das Stück keine diesbezüglichen politischen Aussagen. Der Song ist einfach eine fetzige Nummer mit viel Improvisationsraum vor allem für Scarlet Riveras flinke Geigenläufe.

Die elfminütige Ballade »Joey« schildert die Geschichte des italostämmigen Joey Gallo (1929–1972), der bei seinem Versuch, in den Slums rund um die President Street im New Yorker Stadtteil Brooklyn aus dem organisierten Verbrechen auszusteigen und ein rechtschaffenes Leben zu führen, immer wieder scheitert, in diverse Bandenauseinandersetzungen gezogen wird und deshalb wiederholt im Gefängnis landet. Dort entwickelt er allerlei revolutionäre Ideen zur Überwindung der Klassengegensätze. Am 6. April wird er in einem Restaurant bei einem Familienfest anlässlich seines 43. Geburtstags angeschossen und stirbt einen Tag später. Dylan demaskiert in »Joey« den glorifizierten American Way Of Life, indem er dessen Schattenseiten bloßlegt. Dabei bietet sich das Mafia-Ambiente an, denn Dylan findet darin viele Parallelen zu den Mechanismen der amerikanischen Gesellschaft. Außerdem verbringt er in diesen Tagen viel Zeit mit Marlon Brando, der unter der Regie von Francis Ford Coppola gerade für den ersten Teil des Mafia-Epos ›Der Pate‹ vor der Kamera steht. Die Kritik lehnt »Joey« mehrheitlich ab, verwirft es als oberflächlich, effekthascherisch und plakativ, doch dies greift zu kurz: Dylan macht das, was eines Künstlers Sache ist: Er emotionalisiert einen Konflikt, es ist aber nicht seine Aufgabe, ihn gesellschaftspolitisch zu analysieren.

Cover von »Joey«:
Johnny Thunders

»Sara« ist der verzweifelte und herzzerreißende Versuch, seine Frau nach der Trennung wieder für sich zu gewinnen. In ergreifenden Beschwörungen verfasst Dylan hier eine wahre Liebeshymne. Bei der Einspielung des Songs am 31. Juli ist Sara im Studio anwesend, die Berichte über diese Session sind allerdings sehr unterschiedlich. Während Sounes in seiner Biografie Jacques Levy zitiert, der sich erinnert, dass Sara von dem Song regelrecht betäubt und überwältigt war, meint Blumenstein ohne Angaben von Quellen, dass Sara den Song fast unberührt über sich ergehen ließ und danach wortlos aus dem Studio stapfte.

Wie dem auch sei: Zwar wird im Juli 1977 die Ehe zwischen Bob und Sara Dylan offiziell geschieden, dennoch hat das Paar weiterhin relativ engen Kontakt allein schon wegen der vier gemeinsamen Kinder, außerdem adoptiert Dylan Saras Tochter Maria aus deren erster Ehe mit Hans Lowndes. Insofern trägt der Song wohl doch Früchte: Er kann zwar nicht die Ehe kitten, aber er führt zwei Menschen auf andere Weise wieder zueinander. Sara zieht sich nach der Scheidung konsequent aus der Öffentlichkeit zurück und verweigert jegliche Stellungnahme zu ihrer Ehe mit Bob Dylan.

Sehr verschlüsselt und einer konkreten Deutung im Grunde unzugänglich ist »Isis«, ein Song über die Hochzeit mit einer Dame dieses Namens, die den Sänger über eine reichlich schräge Grabplünderung bei den Pyramiden in die geheimnisvolle Welt der altägyptischen Mythologie führt. Das Lied ist ein magisches Zauberstück, das man nicht wirklich in seiner Gänze verstehen muss, um sich dennoch von einzelnen Wortspielen und Songfetzen inspirieren zu lassen. Insofern könnte der Text an die surrealistische und teilweise auch drogengetränkte Phase Dylan'schen Songschreibens Mitte der sechziger Jahre erinnern. Doch »Isis« ist in seiner Gesamtanlage strenger und konsequenter, theatralischer und dramatischer und in dieser Hinsicht durchaus vergleichbar mit »Black Diamond Bay«. Insofern mag einem im übertragenen Sinn zu Recht das geflügelte Wort Charlie Chaplins einfallen, als dieser zu Albert Einsteins Arbeiten meinte: »Man versteht als Uneingeweihter zwar nicht, wovon die Rede ist, aber man hat das sichere Gefühl, der Autor weiß ganz genau, wovon er schreibt.«

»Hurricane« behandelt einen in den Sechzigern und Siebzigern aktuellen Fall von eklatantem Unrecht in den Vereinigten Staaten, auf den Dylan durch die bereits erwähnte Lektüre des Buches ›The Sixteenth Round‹ stößt: Der schwarze Boxer Rubin Carter wird nach manipulierten

Covers von »Sara«:
Rich Lerner, Wolfgang Niedecken

Covers von »Isis«:
Doug Hoekstra, Steve Keene, Maryanne,
Tadd Rubenstein

polizeilichen Ermittlungen in einem Prozess mit gekauften bzw. unter Druck gesetzten Zeugen des dreifachen Raubmordes schuldig gesprochen und 1967 zu drei Mal lebenslänglich verurteilt. Mitte der siebziger Jahre setzen sich zahlreiche Prominente für Rubin Carter ein, wobei Dylan mit seinem Song das vernehmlichste Zeichen setzt. Die Prozesszeugen widerrufen Ende 1975 ihre Aussagen, und Carter kommt frei, wird in der Berufungsverhandlung im Dezember 1976 jedoch erneut mit fadenscheinigen Begründungen verurteilt. Carters Anwälte kämpfen weiter, doch es dauert immerhin bis zum Februar 1988, bis Carters Unschuld gerichtlich festgestellt und der Ex-Boxer endgültig rehabilitiert wird.

Wie in einer Kriminalreportage, sachlich und journalistisch spröde, rollt Dylan den Fall auf. Seine Dokumentation unterbricht er nur selten, etwa wenn er das Geschehene kommentiert, wie in den mehrfach wiederholten Zeilen: »Das ist die Geschichte des Hurricane, / dem die Behörden ein Verbrechen anhängten, / das er nie begangen hat. / Sitzt hinter Gittern, dabei war er mal auf dem besten Weg / zur Weltmeisterschaft im Mittelgewicht.« An anderer Stelle fragt er, wie ein Rechtsstaat ein solches Unrecht zulassen kann, und stellt wütend fest: »Ich kann mich nur noch schämen, in einem Land zu leben, wo die Justiz zur Farce gerät.«

Als Abschluss der so genannten »Rolling Thunder Revue« (siehe unten) findet am 8. Dezember des Jahres im ausverkauften New Yorker Madison Square Garden ein Benefizkonzert zu Gunsten Rubin Carters statt. Aus dem Erlös werden unter anderem dessen Anwälte bezahlt. In der Pause der

Covers von »Hurricane«: Ani DiFranco, Milltown Brothers, Tadd Rubenstein

vierstündigen Veranstaltung wird der »Fall Rubin Carter« dokumentiert, und die Boxerlegende Muhammad Ali kommt auf die Bühne und telefoniert mit dem Inhaftierten. Während dieses Konzerts wird unter stürmischem Jubel der Anwesenden erstmals der Widerruf der falschen, belastenden Zeugenaussagen bekannt gegeben, was zur zwischenzeitlichen Haftverschonung Carters führt.

Nachtrag: Im Frühjahr 2000 läuft in den Kinos der Spielfilm ›The Hurricane‹ an – ein Justizthriller, der den Skandal aufarbeitet. Die Titelmusik ist natürlich Dylans »Hurricane«, zum Teil auch in Ani DiFrancos Rap-Interpretation. Außerdem sind im Film einige

Archivdokumente eingespielt, die Dylans Besuch bei Carter zeigen. Regie bei diesem viel beachteten Streifen führt Norman Jewison, der Hauptdarsteller Denzel Washington wird für seine großartige schauspielerische Leistung für den Oscar nominiert.

Mit »Hurricane«, das einen ganzen Aufnahmetag beansprucht, sind die Sessions zu dem neuen Album ›Desire‹ abgeschlossen. Bei den Einspielungen kommen auch einige Titel aufs Band, die lange nur als Outtakes auf Raubkopien kursierten, bis sie im Nachhinein auf verschiedenen Samplern offiziell herauskommen: »Catfish«, eine Hommage an den Baseballstar Jim »Catfish« Hunter (1946 bis 1999), zugleich eine der mitreißendsten Live-Nummern der Rolling-Thunder-Tournee, die von Joe Cocker als lässig-cooler Rhythm & Blues gecovert wird. »Golden Loom« ist ein sehr mystischer Song, den Dylan nicht weiter verfolgt, der aber von Roger McGuinn sowohl solo als auch mit zwei weiteren Ex-Byrds (Chris Hillman und Gene Clark) gecovert wird. »Rita May« ist ein relativ simpel gestrickter, aber recht wirkungsvoller Rockabilly-Song über eine Affäre mit einem New Yorker Glamourgirl. Das Stück erscheint als Single, wird aber wegen Erfolglosigkeit bald wieder vom Markt genommen. Schließlich »Abandoned Love«, ein eindrucksvoller Song zur Trennung von Sara. Dylan betreibt hier allerdings massive Geschichtsfälschung, indem er den Bruch als von ihm ausgehend beschreibt.

Covers von »Abandoned Love«:
George Harrison, Sean Keane,
Michel Montecrossa, Chuck Prophet

›Desire‹ ist ein großes Dylanalbum, gerade weil es nicht den Erfolg von ›Blood On The Tracks‹ zu kopieren versucht, sondern weiterschreitet. Was bei ›Blood‹ unmittelbar, persönlich und oft genug selbstquälerisch ist, erscheint nun bei ›Desire‹ gewandelt und transformiert ins Allgemeinere, Politische, Gesellschaftliche und Weltanschauliche. Hier zeigt sich die unvergleichliche Fähigkeit Dylans, Dinge auf den Punkt zu bringen und absolut zu fokussieren, so dass viele Menschen sich davon unmittelbar und persönlich angesprochen fühlen. Dieses »Vom-Persönlichen-ins-Allgemeingültige-Transponieren« gilt für kein Dylanalbum so wie für ›Desire‹, nicht umsonst wird es seine bestverkaufte Platte, die Teenager ebenso anspricht wie seine Weggefährten aus den sechziger Jahren – nun alle wie Dylan selbst Mitte Dreißig. Die in der Öffentlichkeit am intensivsten wahrgenommenen Titel sind unbestritten »Hurricane« und »Sara«, doch für viele sind die geheimen Favoriten eher »Isis«, »Black Diamond Bay« und »Romance in Durango«.

Erstmals in seiner nun immerhin schon fünfzehnjährigen Karriere geht Dylan eine umfassende Autoren-Partnerschaft mit einem Kompagnon ein: mit Jacques Levy. Der vor allem durch seine maßgebliche Arbeit am Musical ›Oh! Calcutta!‹ bekannt gewordene Theatermann bringt in viele Texte eine theatralisch-dramatische Note und verschafft so Dylans Geschichten einen ganz eigenen Touch. Nur »Sara« und »One More Cup Of Coffee (Valley Below)« stammen ausschließlich aus Dylans Feder.

Mit ›Desire‹, dem letzten großen Dylanalbum der Siebziger, festigt er seinen Status als überragender Superstar der amerikanischen Rockmusik. Nur erahnen lassen sich die teilweise chaotischen Bedingungen während der Aufnahmen im Studio. Viele der Musiker, die noch nie zuvor mit Dylan gearbeitet haben, sind von seinem Aufnahmestil reichlich irritiert, da bei Dylan das ansonsten üblich gewordene Feilen und Tüfteln an winzigen Soundclustern durchwegs der spontanen Einspielung geopfert wird. Die Country-Sängerin Emmylou Harris meinte auf Nachfrage leicht pikiert: »Ich habe erst lernen müssen, dass man einen Bob Dylan nicht overdubbt.« Ein kleiner Hinweis auf die recht ungeordneten Aufnahmebedingungen findet sich auch in den Album-Credits, wo es heißt: »Dieses Album hätte von Don DeVito produziert sein können.«

Dennoch ist allen Beteiligten klar, dass hier ein außergewöhnliches Stück Rockmusik entsteht. Also bilden die Musiker auch den Stamm jener Truppe, die Dylan noch im Sommer formt, um wieder auf Tour zu gehen. Diese Tournee ist angelegt als Rock-Revue im Stile einer Commedia dell'arte und wird als die »Rolling Thunder Revue« schon bald als Legende in die Rockgeschichte eingehen. Zu den Musikern gehören unter anderen Bobby Neuwirth, Rob Stoner, Scarlet Rivera, T-Bone Burnett, Steven Soles, Mick Ronson, David Mansfield, Howard Wyeth, Luther Rix, Ronee Blakley, Joan Baez, Roger McGuinn, Allen Ginsberg und Jack Elliott, doch das Projekt integriert immer wieder auch lokale Künstler verschiedenster Bereiche, dazu zahlreiche Familienmitglieder der Musiker, und auch Sara Dylan begleitet den Tross fast permanent.

Das Besondere an der »Rolling Thunder Revue« ist, dass Dylan hier nicht nur eine große Zahl hervorragender Mitmusiker zur Seite stehen. Ausgelöst durch seine persönliche Krise erlebt er eine Phase äußerster Kreativität; zusammen mit Jaques Levy erreicht er Textdimensionen, die ihm bislang verschlossen blieben; und schließlich hat das Ganze neben einem hervorragenden Songmaterial eine zentrale Botschaft (»Hurricane« Rubin Carter), hinter der sich nicht nur die Mitwirkenden, sondern das halbe intellektuelle Amerika vereinen kann. Allen Ginsberg schreibt summarisch über »Rolling Thunder«: »Dies wird eine der wichtigsten Gesten zur Charakterisierung der aktiven Gemeinschaft sein, die die siebziger Jahre prägen wird. Dylan ist dabei, sein Königreich aufzubauen und zu erforschen, und er ist eine ganz neue Art von Majestät. Er allein hat die maßgebliche Kraft, seine eigenen monumentalen Sprachbilder zu gestalten, sie umzubauen und neu anzulegen.«

Am 30. Oktober ist Tourbeginn in Plymouth, Massachusetts, den Abschluss bildet das bereits erwähnte Konzert vom 8. Dezember im New Yorker Madison Square Garden. Ein Mitschnitt dieses Auftritts kursiert schon bald als Bootleg-Doppel-LP unter dem Titel ›The Hurricane Carter Benefit‹, erst im Jahr 2002 kommt ein Mitschnitt der »Rolling Thunder Revue« offiziell heraus (siehe Seite 265). Außerdem wird die Tour sowie die ganze Philosophie des Projekts in rund achtzig Stunden auf Film festgehalten. Daraus entsteht das 1978 veröffentlichte fast vierstündige Experimentalepos ›Renaldo & Clara‹ (siehe Seite 300).

Changing Of The Guards

Nach der geradezu explodierenden Kreativität Dylans in den Jahren 1974/1975 wird es zu Beginn des Folgejahres merkwürdig ruhig um ihn. Seine einzigen öffentlichen Aktivitäten sind einige wenige Aufnahmesessions, darunter im März zusammen mit Eric Clapton die Einspielung des Songs »Sign Language« sowie der Plan, ein Projekt wie die »Rolling Thunder Revue« auch in Europa mit hauptsächlich europäischen Musikern zu starten. Doch dieser Plan scheitert an organisatorischen Hindernissen, und Dylan unternimmt im April und Mai mit einigen Musikern des angestammten Rolling-Thunder-Ensembles eine Tour durch die amerikanischen Südstaaten. Mehrere Ton- und Filmmitschnitte begleiten die Konzerte und werden schon bald als Live-Album und als TV-Special publiziert (›Hard Rain‹, siehe Seite 266 und 292).

Unter den wenigen neuen Songs befindet sich »Seven Days«, das in Dylans Version erst auf ›Bootleg Series 3‹ erscheint, sich aber schon bald zu einem recht erfolgreichen Cover von Joe Cocker, Rob Stoner und vor allem von Ron Wood mausert. Nach der Tour wird es ein halbes Jahr lang still um Dylan, erst am 25. November steht er wieder auf einer Bühne: An diesem Tag gibt die Band ihr Abschiedskonzert im Winterland Palace in San Francisco, dazu laden Robbie Robertson & Co. zahlreiche Musiker ein, die die Karriere der Band begleitet und beeinflusst haben. In diesem ganz besonderen Event, der unter dem Titel ›The Last Waltz‹ nicht nur mehrere LP- und CD-Editionen erlebt, sondern auch Gegenstand eines der besten Konzertfilme aller Zeiten unter der Federführung von Starregisseur Martin Scorsese wird, treten unter anderen auf: Eric Clapton, Dr. John, Muddy Waters, Joni Mitchell, Neil Young, Paul Butterfield und Ronnie Hawkins. Der Top-Act am Ende des Konzerts ist, wie könnte es anders sein, natürlich Bob Dylan.

Im Jahr 1977 verschwindet er praktisch völlig von der öffentlichen Bildfläche. Den Großteil des Jahres arbeitet er mit Howard Ark am Film ›Renaldo & Clara‹, der schließlich am 25. Januar 1978 uraufgeführt wird. Doch vor allem ist Dylan gedanklich und emotional immer wieder mit Verhandlungen und Modalitäten

Album-Info

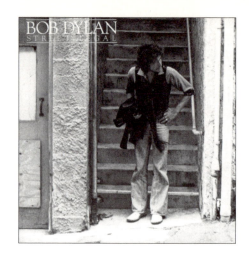

Veröffentlichung: 15.6.1978
Produzent: Don DeVito
Gastmusiker:
  Les Cooper (kb, voc)
  Billy Cross (g)
  Carolyn Dennis (voc)
  Steven Douglas (sax)
  Bobbye Hall (perc)
  Jo Ann Harris (voc)
  Steve Madaio (tr, fh)
  David Mansfield (mand, v, g)
  Alan Pasqua (kb)
  Jerry Scheff (b)
  Steven Soles (g, voc)
  Helena Springs (voc)
  Ian Wallace (dr)
Liner Notes: Bob Dylan
Coverfoto: Howard Alk

Songs:
  1. Changing Of The Guards
  2. New Pony
  3. No Time To Think
  4. Baby Stop Crying

  5. Is Your Love In Vain?
  6. Señor (Tales Of Yankee Power)
  7. True Love Trends To Forget
  8. We Better Talk This Over
  9. Where Are You Tonight? (Journey
     Through Dark Heat)
(Alle Titel Bob Dylan)

hinsichtlich der Scheidung von Sara und dem Sorgerecht für die Kinder beschäftigt. Wiederholt brechen im Prozess hässliche Streitigkeiten hervor.

Am 16. August 1977 bewegt der Tod von Elvis Presley in Memphis die amerikanische Öffentlichkeit. Auch Dylan ist erschüttert vom plötzlichen Ende seines frühen Rock'n'Roll-Idols, auch wenn er zu dem Pop-Hero im Grunde keinen persönlichen Kontakt unterhalten hat.

Erst im Jahr 1978 macht Dylan in der Öffentlichkeit wieder vernehmlich auf sich aufmerksam: Ende Januar stellt er seine neue Begleitband zusammen, mit der er für den Rest des Jahres auf Tournee geht: zunächst im Frühjahr durch Japan, Neuseeland und Australien, dann im Sommer und Herbst durch Europa und die USA. Der Tourbeginn ist am 20. Februar in Tokyo in der berühmten Budokan Halle, bis 1. April folgen weitere 22 Konzerte, bevor Dylan für eine zweimonatige Konzertpause in die Staa-

Session alle in Santa Monica/California, Rundown Studios	Bisher offiziell veröffentlicht alle auf ›Street Legal‹	Bisher offiziell unveröffentlichte Songs und Outtakes
25. April 1978		Probeaufnahmen zu diversen Street Legal-Titeln
26. April 1978	We Better Talk This Over	
27. April 1978	No Time To Think Where Are You Tonight? (Journey Through Dark Heat) True Love Trends To Forget Changing Of The Guards	
28. April 1978	Baby Stop Crying Is Your Love In Vain? Señor (Tales Of Yankee Power)	
1. Mai 1978	New Pony	Walk Out In The Rain Coming From The Heart (The Road Is Long) Stop Now
2. Mai 1978		If I Don't Be There By Morning

ten zurückkehrt. Die Auftritte in Japan werden für ein neues Livealbum mitgeschnitten (siehe Seite 268). In der Tourpause von April bis Mai geht er mit seiner Band in Santa Monica ins Studio, um Songs für ein neues Album aufzunehmen – ›Street Legal‹, das nach den begeisternden Arbeiten ›Blood On The Tracks‹ und ›Desire‹ Fans und Kritiker gleichermaßen schwer enttäuscht.

Die Sessions beginnen mit »We Better Talk This Over«. Das Thema ist wieder einmal und – wie bei zahlreichen Songs der Platte immer noch – die Scheidung von Sara. Dylan akzeptiert hier, dass die Beziehung zu Ende ist. Er gibt sich nüchtern und abgeklärt, doch in seinen Schuldzuweisungen bleibt er eindeutig: Er sieht sich als Opfer – sicherlich ein Resultat manch unschöner juristischer Auseinandersetzung bei der Trennung. »No Time To Think« ist wohl eines der misslungensten Stücke dieser Phase, es dokumentiert unfreiwillig das mentale und emotionale Loch, in das Dylan fällt. In sehr eigenwilliger Mischung aus atemloser Gedrängtheit und schleppender Langeweile bleibt dem Sänger alle neun Walzerstrophen hindurch keine Muße, um zum Innehalten und Nachdenken zu kommen.

Eine der guten Nummern dieses an Highlights eher armen Albums ist »Where Are You Tonight? (Journey Through Dark Heat)«. In einem fast surrealistischen Text baut Dylan ein dichtes und atmosphärereiches Ambiente nächtlicher Straßenszenen auf, das der Kritiker und Dylan-Biograf Oliver Trager mit dem Kapitel »Stadt der Nacht« aus dem Roman ›Ulysses‹ von James Joyce vergleicht. Hier lässt Dylan verschiedenste Emotionen in seiner Beziehung zu Sara Revue passieren. Er hat abgeschlossen und seine Resignation überwunden, und im Gegensatz zu »We Better Talk This Over« kann er sich seine Exfrau nun auch ohne Bitterkeit zurücksehnen. Doch das Lied, mit dem in der späteren Anordnung das Album schließlich endet, stellt mehr Fragen, als es Antworten gibt: Dylan zeigt sich zutiefst verunsichert darüber, wer er eigentlich ist und wie sein weiterer Weg aussehen wird.

»True Love Trends To Forget« ist ein eher unauffälliger Song mit der vielleicht sogar banalen Aussage, das Gewesene nicht zu hoch zu hängen. Stattdessen sollte man jeden neuen Tag als neue Chance – auch als neue Gefahr, wie ein Wortspiel zum Russischen Roulette nahe legt – verstehen. Der Song ist frei von Bitterkeit und starken Emotionen, Dylan scheint es leid und müde zu sein, immer wieder über die Vergangenheit und damit die Ehe mit Sara zu reflektieren.

Der herausragende Beitrag zu ›Street Legal‹ ist wohl »Changing Of The Guards«, ein Zwiegesang zwischen Dylan und seinen Background-Stimmen in der Manier schwerblütiger Spirituals. Der dennoch rhythmisch prägnante und flotte Song wird als Single ausgekoppelt, bleibt allerdings – wie im Übrigen auch das Album – vergleichsweise erfolglos. Im Text zeichnet »Changing Of The Guards« eine pittoreske Szenerie, die aus ›Alice im Wunderland‹ stammen könnte: Es finden sich allerlei vage Anspielungen, die sowohl einer griechischen Tragödie entsprungen wie auch mit biblischen Motiven gewürzt sind. Dylan selbst merkt an, dass für ihn das Lied immer wieder etwas Neues bedeute, der Stoff des Stücks sei immerhin tausend Jahre alt.

»New Pony« ist ein klassischer Blues im Stile von Charlie Patton oder Son House. Eric Clapton hat bei seinen Blueseinspielungen im Jahr 2004, ›Me And Mr Johnson‹ und ›Sessions For Robert J‹, zahlreiche vergleichbare Motive verarbeitet. In Dylans Song vermischen sich archaische, zuweilen biblische Motive mit der Schilderung einer hauptsächlich sexuellen Affäre. Leider verliert sich Dylan im folgenden »Is Your Love In Vain?« in viel Selbstmitleid und Larmoyanz. Damit verschenkt er regelrecht den Song, in dem er die wahren Gefühle in einer Beziehung reflektiert und sie mit der doppeldeutigen Titelzeile hinterfragt: Ist deine Liebe nur Schein? – aber auch: Ist deine Liebe vergeblich?

Ein weiterer Höhepunkt des Albums ist »Señor (Tales Of Yankee Power)«. Dylan fragt quasi als Juniorpartner seinen Meister, wohin die Reise der beiden geht und ob sie überhaupt einen Sinn macht. Das Ambiente des Songs erinnert stark an den berühmten Roman um Don Quichotte und seinen Diener Sancho Pansa von Miguel de Cervantes, aber auch Parallelen zu Pat Garrett und Billy The Kid drängen sich auf, bei dessen Verfilmung Dylan ja die Rolle des dienenden Alias übernahm. »Señor« hat alle Anlagen zu einem wirklich großen Song, zugleich ist es ein deutliches Signal dafür, wie wenig Gefühl Dylan in dieser Phase seines Schaffens für das künstlerische Funktionieren eines Liedes aufbringt: Denn die beiden Song-Bridges (nach Strophe zwei und drei), in denen sich die gesamte Erzählebene dreht und Dylan das einseitige Gespräch mit seinem Señor unterbricht, um eigenen Reflexionen nachzuhängen, stehen recht bezugslos im Raum. Hier allerdings gleich von einer kompletten Zerstörung des Liedes zu sprechen, wie dies Paul Williams tun zu müssen glaubt, ist doch reichlich überzogen.

Als letzter Song der Sessions wird »Baby, Stop Crying« eingespielt. Dylan zeigt sich hier in der Rolle des Trösters und Rächers seines Mädchens, doch mit großer Wahrscheinlichkeit ist er selbst wohl am ehesten der Adressat seines Songs. Das Stück floppt als Single völlig und ist nur während der 78erTournee kurz in Dylans Konzertprogramm.

Covers von »Changing Of The Guards«:
Frank Black, Rich Lerner

Covers von »Is Your Love In Vain?«:
Barb Jungr, Sayka & Yanina

Covers von »Señor (Tales Of Yankee Power)«:
Jerry Garcia, Rich Lerner, Tim O'Brien

Cover von »Baby, Stop Crying«:
Simien Terrance

›Street Legal‹ ist in der Gesamtbetrachtung ein irritierend zwie-
spältiges Album: Aufgenommen aus dem Tourstress heraus mit
einer Band, die zwar gut aufeinander eingespielt, aber auch reichlich erschöpft ist, hat man beim Hören der Platte an jeder Stelle
das Gefühl, »das hätte man besser machen können«. Insgesamt
muss man dem Album die Attribute »lieblos eingespielt« und
»miserabel abgemischt und produziert« anheften.

Dylan ist sich dessen wohl sehr bewusst, seine entschuldigende
Erklärung: »Wir haben eine Woche gebraucht, um ›Street Legal‹
zu machen. In der nächsten Woche haben wir es abgemischt und
die Woche darauf herausgebracht. Wenn wir das nicht so schnell
hingekriegt hätten, hätten wir überhaupt keine Platte gemacht,
denn wir waren auf dem Sprung, wollten wieder auf Tournee gehen.«

›Street Legal‹ erntet verheerende und teilweise auch gehässige
Kritiken, wie etwa das Beispiel Dave Marsh zeigt: »›Street Legal‹
bringt nicht nur zum Vorschein, dass Dylan der legitime Nachfolger von Elvis Presley als komischer Prinz des Rock'n'Roll ist, diese
Platte verhindert auch, dass wir ihn je wieder ernst nehmen.«

Solche Kritik ist nicht nur verletzend, sondern in dieser Schärfe
auch ungerechtfertigt. Sicher ist ›Street Legal‹ das schwächste
Album dieser Schaffensphase, und mildernde Umstände wie die
kolossal anstrengende Tournee sowie die mentale Erschöpfung
Dylans nach der endgültigen Trennung von Sara greifen nur be-
dingt.

Vor allem ist Dylan wieder einmal auf dem Weg zu einer ganz
neuen künstlerischen und auch persönlichen Lebensphase. Er ist
auf der Suche und hat seinen neuen Fixpunkt noch nicht gefunden. Doch wie viel langweiliger wäre es, wenn er am Bestehenden
bloß haften bliebe. Dylan, der ewige Wanderer, steuert auf einen
neuen grundsätzlichen Wendepunkt zu.

Dieses »Schon-abgereist«- aber »Noch-nicht-angekommen«-
Sein ist für ihn eine Phase großer Unsicherheit und künstlerischer
Einsamkeit, die sich nicht in Kreativität transformieren lässt. Ein
deutlicher Beleg für diese Befindlichkeit Dylans ist, dass er praktisch in jedem Song nur Fragen stellt, aber die Kraft für Antworten noch nicht gefunden hat. Und gerade weil er keine Antworten
gibt – oder, wo er dies versucht, äußerst vage bleibt –, reizt die
Platte zu Widerspruch und Ablehnung. Die Antwort kommt erst

mit dem folgenden Album ›Slow Train‹. Sehr vielen wird sie nicht gefallen.

Ein anderer Punkt ist freilich die grottenschlechte Produktion der Platte. Sie übertüncht, dass wenigstens einige der Songs qualitativ durchaus einem Vergleich mit ›Desire‹ standhalten können. Auch weist das Album insgesamt für Dylans Verhältnisse eine überdurchschnittlich vielschichtige musikalische Komplexität auf. Was das Produktionsteam sich allerdings an Schlampigkeiten und amateurhaften Fehlern bei Aufnahme und Abmischung der Platte leistet, ist auch mit Termindruck nicht hinreichend entschuldigt – zumal das Album erst einen Monat später als ursprünglich geplant auf den Markt kommt. Einen im Vergleich zur Schallplatte erheblich besseren Eindruck der Songs vermittelt bereits die 1999 neu abgemischte CD-Edition, vor allem aber die hervorragend ausbalancierte SACD-Version aus dem Jahr 2003.

Die Jahre 1977/1978 markieren die Phase in Dylans Karriere, in der er den Zenit seiner Popularität überschreitet. In den langen Jahren seiner »ersten Abstinenz« – im Grunde von 1966 bis 1974 – wuchs sein Ruhm ins geradezu Unermessliche. Dylan wurde zur Ikone und zur mythosumwobenen Überfigur der Rockmusik stilisiert. Durch seinen Rückzug 1976 bis 1978 gelingt es ihm nicht, diesen Status aufrechtzuerhalten. Aus der generellen Stagnation der Rockmusik in dieser Zeit erwachsen neue Helden und Idole, Gruppen wie die Sex Pistols, die Boomtown Rats oder Clash werden zu Vorbildern der neuen Pop-Kultur.

Nach den Einspielungen für ›Street Legal‹ begibt sich Dylans Tross in die zweite Hälfte seiner Welttournee, sie übertrifft rein zahlenmäßig alles, was er bisher zu leisten im Stande (oder bereit) war. Von Juni bis Mitte Dezember 1978 absolviert er insgesamt 91 Konzerte (!) in Europa und Nordamerika, darunter sind auch die ersten vier Auftritte auf deutschem Boden: am 26. und 27. Juni in der Dortmunder Westfalenhalle, am 29. Juni in der Deutschlandhalle Berlin und am 1. Juli auf dem Nürnberger Zeppelinfeld im Rahmen eines Festivals, das unter anderen auch Eric Clapton, Champion Jack Dupree und den Boogie-Pianisten Vince Weber präsentiert. Die Qualität der Konzerte ist sehr verschieden: Während er in Berlin teilweise regelrecht ausgepfiffen wird, ist sein Open-Air-Auftritt in Nürnberg einer der Konzerthöhepunkte in seinem gesamten Bühnenleben. Die Setlisten bei diesen vier ersten Deutschland-Konzerten weichen eher geringfügig vonein-ander ab.[1]

Die Vielzahl der Konzerte im zweiten Tourteil bringt Dylan an den Rand der Erschöpfung, es entsteht das Gerücht, dass Dylan die Auftrittsreihe nur deshalb durchzieht, um die erheblichen finanziellen Forderungen Saras aus der Scheidung begleichen zu können. Entsprechend macht schon bald der Spitzname »Alimen-te-Tour« die Runde.

Am Tag des ersten Konzerts dieser Tour auf europäischem Boden – im Londoner Earls Court am 15. Juni – erscheint ›Street Legal‹, zwei Monate später das Live-Doppelalbum ›At Budokan‹. Und als die bislang anstrengendste Tournee in seiner Karriere am 16. Dezember im Hollywood Sportatorium in Miami endet, zieht sich ein völlig ausgebrannter Bob Dylan für fast ein Jahr von allen Bühnen zurück.

---

[1] Setliste von Dylans erstem Konzert in Deutschland, Dortmund, 26. 6. 1978: A Hard Rain's A-Gonna Fall (instrumental), She's Love Crazy, Baby, Stop Crying, Mr. Tambourine Man, Shelter From The Storm, Love Minus Zero/No Limit, Tangled Up In Blue, Ballad Of A Thin Man, Maggie's Farm, I Don't Be-lieve You, Like A Rolling Stone, I Shall Be Released, Going, Going, Gone, Rainy Day Woman # 12 & 35 (instrumental), One Of Us Must Know (Sooner Or Later), You're A Big Girl Now, One More Cup Of Coffee (Valley Below), Blowin' In The Wind, I Want You, Señor (Tales Of Yankee Power), Masters Of War, Just Like A Woman, Don't Think Twice, It's All Right, All Along The Watchtower, All I Really Want To Do, It's Alright, Ma (I'm Only Bleeding), Forever Young, I'll Be Your Baby Tonight, The Times They Are A-Changin'.
Setliste in Nürnberg, 1. 7. 1978: She's Love Crazy, Baby, Stop Crying, Mr. Tambourine Man, Shelter From The Storm, It's All Over Now, Baby Blue, Tangled Up In Blue, Ballad Of A Thin Man, Maggie's Farm, I Don't Believe You, Like A Rolling Stone, I Shall Be Released, Going, Going, Gone, A Chan-ge Is Gonna Come (Leadgesang Carolyn Dennis), Love Minus Zero/No Limit (Leadgesang Helena Springs), A Hard Rain's A-Gonna Fall, One Of Us Must Know (Sooner Or Later), You're A Big Girl Now, One More Cup Of Coffee (Valley Below), Blowin' In The Wind, I Want You, Señor (Tales Of Yankee Power), Masters Of War, Just Like A Woman, Don't Think Twice, It's All Right, All Along The Watchtower, All I Really Want To Do, It's Alright, Ma (I'm Only Bleeding), Forever Young, I'll Be Your Baby Tonight (mit Eric Clapton), The Times They Are A-Changin' (mit Eric Clapton).

Gotta Serve Somebody

Im Winter 1978/1979 ist Dylan mit seinen Kräften am Ende. Eine enge Freundin, die afroamerikanische Schauspielerin Mary Alice Artes, rät ihm als Regeneration unter anderem zu Gesprächen mit zwei ihr bekannten christlichen Geistlichen. Dylan befolgt ihren Rat, und diese Unterhaltungen scheinen Wunder zu bewirken: Er findet neue Ruhe in christlichem Gedankengut. Schließlich besucht er drei Monate lang eine Klosterschule, die maßgeblich von der Vineyard Fellowship beeinflusst ist, einer 1974 von Ken Gulliksen gegründeten Abspaltung von der lutherischen Kirche mit einer besonderen Betonung alttestamentarischer Texte. Im Spätwinter lässt er sich schließlich taufen. Künstlerischer Ausdruck dieses spirituellen Wandels vom Juden zum Christen sind die Songs, die er für sein neues Album ›Slow Train Coming‹ schreibt.

Dieses Album ist ursprünglich als Gospel-Platte seiner Background-Sängerin – und späteren zweiten Ehefrau – Carolyn Dennis geplant, Dylan möchte nur das Song-Material beisteuern. Dazu gründet er am 26. Januar 1979 eine eigene Plattenfirma, Accomplice Records, als Sessionmusiker für das Debütalbum gewinnt er den Gitarristen Mark Knopfler und den Schlagzeuger Pick Withers von der sehr erfolgreichen Popgruppe Dire Straits. An die Konzeption der Platte erinnert sich Dylan ein paar Jahre nach ihrem Erscheinen so: »Ich hatte nicht geplant, die Lieder für ›Slow Train‹ zu schreiben, und wollte das eigentlich auch nicht machen. Aber plötzlich war ich mitten drin. Als ich eine gewisse Anzahl beisammen hatte, wollte nicht ich sie präsentieren, sondern eine Frau für mich singen lassen: eine junge Sängerin meiner Band, Carolyn Dennis. Ich wollte ihr die Songs geben, sie mit ihr aufnehmen und nicht mal meinen Namen draufschreiben. Ich wusste, für mich würde das viel Druck bedeuten, und zu dieser Zeit wollte ich einfach nichts schreiben.«

Doch die Aufnahmen entwickeln sich anders: Im Laufe einer Woche Ende April/Anfang Mai spielt Dylan das gesamte Album ein und übernimmt letztlich selbst die Leadstimme. Die Basisaufnahmen werden in nur wenigen Sets eingespielt, vom 5. bis 11. Mai ergänzen die Studiomusiker unter der Federführung des

Album-Info

Veröffentlichung: 18. August 1979
Produzenten: Jerry Wexler &
  Barry Beckett
Gastmusiker:
  Barry Beckett (kb, perc, horn)
  Mickey Buckins (perc, horn)
  Carolyn Dennis (voc)
  Tim Drummond (b)
  Regina Havis (voc)
  Mark Knopfler (g, steel-g)
  Helena Springs (voc)
  Pick Withers (dr)
Coverillustration: Catherine Canner

Songs:
1. Gotta Serve Somebody
2. Precious Angel
3. I Believe In You
4. Slow Train
5. Gonna Change My Way Of Thinking
6. Do Right To Me Baby (Do Unto Others)
7. When You Gonna Wake Up
8. Man Gave Names To All The Animals
9. When He Returns
(Alle Titel Bob Dylan)

renommierten Produzenten Jerry Wexler und des Ausnahmegitarristen Mark Knopfler die Overdubs. Währenddessen zieht Dylan sich bis in die Sommermonate hinein auf seine Farm in Minnesota zurück, wo ihn Sara mit den Kindern wiederholt besucht.

Die Sessions beginnen mit »Trouble In Mind«, einem etwas sperrigen Blues über die Verlockungen des Schlechten in der Welt. Das Produktionsteam und die Sessionmusiker staunen nicht schlecht, als sie Dylans neue Songs zum ersten Mal präsentiert bekommen. Die Scheidung von Sara, die Dylan auf drei Vorgänger-Platten immer wieder thematisiert, ist ihm nicht eine Zeile wert. Auch Liebeslieder, Balladen, Moritaten etc. sucht man vergeblich. Dylan bietet allein und ausschließlich Songs der religiösen Bekehrung und Erbauung, Stücke, die das christliche Glaubensbekenntnis transportieren und bekräftigen.

Dabei weisen die Stücke in ihrer Mehrzahl eine für Dylan recht untypische Eindimensionalität auf: Während es ein bereits erwähntes Merkmal großer Dylansongs ist, dass sie auf verschiedenen Ebenen – persönlichen wie allgemein gesellschaftlichen –

Session alle in Sheffield/Alabama, Muscle Shoals Sound Studio	Bisher offiziell veröffentlicht ST – Slow Train Coming BS 3 – Bootleg Series 3	Bisher offiziell unveröffentlichter Song
30. April 1979	Trouble In Mind (Single)	
1. Mai 1979	Precious Angel (ST)	Ain't No Man Righteous, No Not One
2. Mai 1979	When You Gonna Wake Up? (ST) Gonna Change My Way Of Thinking (ST) Ye Shall Be Changed (BS 3)	
3. Mai 1979	I Believe In You (ST) Slow Train (ST)	
4. Mai 1979	Gotta Serve Somebody (ST) Do Right To Me Baby (Do Unto Others) (ST) When He Returns (ST) Man Gave Name To All The Animals (ST)	

funktionieren, bleiben die meisten Stücke auf ›Slow Train‹ unmittelbar dem christlichen Sendungsbewusstsein verpflichtet. Dies wird besonders augenfällig bei den drei nach »Trouble In Mind« eingespielten Titeln »Precious Angel«, »When You Gonna Wake Up« und »Gonna Change My Way Of Thinking«.

»Precious Angel« ist ein eher unauffälliges countryartiges Stück mit der Grunderkenntnis: Ich war lange verblendet und beschritt einen Irrweg, jetzt aber habe ich die richtige Richtung gefunden auf dem Weg zum Herrn. Auffälligstes musikalisches Merkmal des Songs ist die sensible Sologitarre Knopflers. »When You Gonna Wake Up« vermittelt auf einen kurzen Nenner gebracht die Botschaft: Wann wacht ihr endlich auf? Seht ihr nicht, wie die Welt aus dem Ruder läuft, wie man euch nach Strich und Faden aus- und benutzt? Wann bekennt ihr euch endlich zu den wahren Werten – sprich: zu Gott? »Gonna Change My Way Of Thinking« schließlich, Dylans obligatorischer Zwölf-Takt-Blues des Albums, basiert auf einem rauen Riff, der durchaus hardrocktauglich ist. Umso ungewöhnlicher wirkt die stark moralisierende Aussage des Songs: Die Welt ist schlecht, doch Jesus sagt zu den Gläubigen: Haltet euch bereit, denn ihr wisst nicht, wann ich wiederkehre, um euch zu retten. In diesem Lied zitiert Dylan Passagen, die aus dem Matthäus- und Lukasevangelium stammen, die aber auch bestens auf ihn selbst und sein stilisiertes Eigenbild passen: »Wer nicht für mich ist, ist gegen mich.«

Im Gegensatz zu den genannten Songs ist »I Believe In You« breiter und allgemeiner angelegt: In diesem Lied mit für Dylans Verhältnisse ungewöhnlich großer melodischer Bewegung, die er selbst stimmlich kaum bewältigt, bietet er zwar ein inbrünstiges konfessionelles Treuebekenntnis, das aber – wenn man den Text nur für sich und losgelöst vom inhaltlichen Kontext des Albums nimmt – auch an eine geliebte Person gerichtet sein könnte. Diese Vielschichtigkeit führt prompt zu einer stärkeren Annahme des Songs bei Fremdinterpreten, wie die vergleichsweise breite Palette von Coverversionen zeigt.

Der Titelsong »Slow Train« ist vordergründig eine Rocknummer in bester Manier mit einem unwiderstehlichen Groove, dem man sich kaum entziehen kann. Demgegenüber stellt der Inhalt des Stücks aber für viele eine recht unverdauliche Kost dar: Dylan liefert eine Bestandsaufnahme einer aus den Fugen geratenen und korrupten Welt im Kleinen wie im Großen. Eine vergleichbare Fülle von Bildern hat er auch schon in der Vergangenheit immer wieder evoziert, zumeist poetisch schwelgerisch und gleichsam unkommentiert in den Raum gestellt. Hier nun wechselt der Zugang. Dylans Statements bleiben knapp und spröde, und seine Kommentare sind moralisierend und wertend. Und fast wie Erwachsene ein kleines Kind mit drohendem Zeigefinger und den Worten »Mach nur weiter so, dann wirst du schon sehen, was passieren wird« ermahnen, droht auch Dylan: Ihr werdet schon

Covers von »When You Gonna Wake Up«:
Rich Lerner, Lee Williams

Covers von »I Believe In You«:
B-Band, Judy Collins, Dottie Peoples, Five Blind Boys Of Alabama, Tom Jones, Anne Murray, Sinéad O'Connor, Phoebe Snow

Covers von »Gotta Serve Somebody«:
Booker T. And The MGs, Shirley Caesar, David Allan Coe, Natalie Cole, Judy Collins, Devo, Phil Discroll, Jools Holland, Luther Ingram, Etta James, Rich Lerner, Aaron Neville, Warva Wright

sehen – es kommt etwas auf uns zu. Es kommt langsam, aber es kommt!

Besonders problematisch wird Dylans Schwarz-Weiß-Malerei in der dritten Strophe, wo er ein Schreckensszenario schildert, in dem fremde Ölscheichs und Investoren über Amerikas Geschicke und Moral zu bestimmen beginnen. Dies ist freilich Wasser auf die Mühlen der amerikanischen Ultrakonservativen und geht Dylan im Nachhinein selbst zu weit. Jedenfalls streicht er diese Strophe bei seinen Auftritten ersatzlos.

Der bekannteste und erfolgreichste Song des Albums, »Gotta Serve Somebody«, ist ironischerweise vom Produzenten Jerry Wexler ursprünglich für das Album gar nicht vorgesehen, doch Dylan setzt sich mit großer Hartnäckigkeit durch – und bekommt gerade für dieses Lied den renommierten »Grammy Award« als bester männlicher Sänger des Jahres 1979. Das Stück ist angelegt im klassischen Format eines Spirituals bzw. Gospelsongs: Eine einfache und unverwechselbare Phrase wird in einem immer wiederkehrenden Refrain im Call-&-Response-Stil aufgelöst. Die Kernaussage ist dabei einfach: Irgendjemandem musst du dienen, und wenn es nicht der Teufel sein soll, dann kann es kein anderer als Gott sein. Nach diesem Song ist ein im März 2003 erschienenes Sampler-Album mit Dylan-Covers aus dessen religiöser Phase benannt, darunter die Fassung des Songs von Shirley Caesar – eine Version, von der Dylan begeistert ist und sie weit über seine eigene stellt.

Es folgt die Aufnahme zweier Songs, die wieder weniger spielerisch mit der religiösen Botschaft umgehen: »Do Right To Me Baby (Do Unto Others)« hat als Motto den alttestamentlichen Lehrsatz »Was du nicht willst, das man dir tu, das füg auch keinem anderen zu«. Mit einem rhythmisch ansprechenden leichten Reggae-Einschlag besingt Dylan hier also weniger das Prinzip der christlichen Nächstenliebe, wie es in der Bergpredigt formuliert steht, als vielmehr den älteren Gott des Pentateuch, der sein Wohlwollen den Menschen gegenüber vom Wohlwollen dieser Menschen wiederum ihm gegenüber abhängig macht – der also auch ein durchaus rächender Gott sein kann. Und das inbrünstige »When He Returns«, das das Album beschließt, zeigt einen Menschen, der für sich die Gewissheit gewonnen hat, dass er die Wahrheit nur in Gott findet. Alles wird gut werden, wenn ER wiederkehrt.

Fehlt noch der letzte Song der Sessions, »Man Gave Names To All The Animals«, ein Kinderlied im Reggae-Kleid über die Erschaffung der Welt im Garten Eden. Alles ist das Werk des Herrn, dem Menschen bleibt bloß, der Schöpfung Namen zu verleihen. Das Ganze endet, wie könnte es anders sein, bei der Schlange. In der Mitte der ihr zugeordneten Strophe endet das Stück abrupt – ein geschicktes Stilmittel in einem sonst eher etwas albernen Lied, das vor allem in Frankreich sehr erfolgreich wird.

> Covers von »Man Gave Names To All The Animals«:
> Hugues Aufray, Julie Felix, Rich Lerner, Tim O'Brien, Townes Van Zandt

Dylans Vehemenz und Inbrunst verstört viele Zuhörer. Freilich argumentiert er auch in den bisherigen Phasen seines Schreibens immer wieder moralisch, man vergleiche nur beispielsweise die idealistischen Protestsongs seiner frühen Zeiten. Doch stellt er sich bislang meist gegen jegliche institutionelle Vereinnahmung und Anbindung. ›Slow Train Coming‹ reflektiert nicht nur Dylans religiöses Erwachen, er wird zum Missionar, überzieht in seinem Eifer und stilisiert sich selbst zum Prediger. Wie auf einer Kanzel polarisiert er nachdrücklich, trennt in Gut und Böse und zeigt sich unversöhnlich gegenüber allen Andersdenkenden. Dies mag aus seiner Sicht konsequent sein, aber es lässt wenig Raum für Zwischentöne, was natürlich viele seiner Zuhörer vor den Kopf stößt.

Auf einen anderen Gesichtspunkt hebt Greil Marcus in seiner geradezu vernichtenden Kritik ab: Er moniert nicht Dylans christliche Sichtweise an sich, sondern im Wesentlichen die Einfältigkeit der Texte und der Botschaften. Insofern ist und bleibt ›Slow Train‹ ein Paradoxon, denn während es von den allermeisten Fans und Kritikern inhaltlich fast einhellig abgelehnt wird, ist es zugleich ein musikalisch sehr ausgefeiltes Album. Die Platte bietet nicht nur einen hervorragenden Sound, eine überzeugende Produktion und eine kongeniale musikalische Ergänzung durch Mark Knopfler, sondern Dylan integriert treffsicher auch neue Stilelemente wie Gospel oder Reggae in seine Musik.

Saved

Die massive Kritik, die Dylan wegen seiner geradezu fanatisch betriebenen Hinwendung zum Christentum erfährt, scheint ihn nicht zu hemmen, sondern ihn im Gegenteil sogar noch anzuspornen. Während des Erscheinens von ›Slow Train‹ im Sommer 1979 schreibt er in Minnesota bereits an den Songs seines neuen Albums. Diese Stücke sind noch grundsätzlicher in ihrer rigorosen »Wir-oder-sie-Attitüde« und damit noch unversöhnlicher. Außerdem begibt er sich zwischen November 1979 und Mai 1980 wieder auf Tournee – eine Konzertreihe, die allerdings eher Merkmale einer Missionsreise als einer Rocktournee trägt. Bob Dylan, der Wanderprediger.

In den Vereinigten Staaten und in Kanada gibt er insgesamt knapp achtzig jeweils gut eineinhalbstündige Konzerte, vornehmlich in mittelgroßen, eher intimen Konzerthallen (darunter spielt er allein zwei Wochen lang im Fox Warfield Theater in San Francisco). Bei diesen Auftritten bringt er ausschließlich Material von ›Slow Train‹ sowie einige seiner neuen, noch unveröffentlichten Songs, dazwischen predigt er vom christlichen Glauben und weigert sich standhaft, auch nur einen einzigen seiner älteren Songs vorzutragen.

Natürlich reagieren die Fans und Kritiker erwartungsgemäß ablehnend. Dylan zeigt sich ungerührt: »Den Leuten gefielen diese Songs nicht, und als ich nur Sachen von der neuen Platte im Programm hatte, da wollten sie von alledem nichts wissen. Sie riefen dauernd: ›Wir wollen die alten Songs hören.‹ Wissen Sie – ab einem bestimmten Punkt ist einem das ziemlich egal.« Doch die Fans nehmen ihrem Idol dessen neue Orientierung übel, die Konzerte sind teilweise nicht ausverkauft, und in den Pausen kommt es mitunter zu Massenabwanderungen.

Zwischen den Auftritten spielt Dylan im Laufe einer Woche Mitte Februar in Sheffield, Alabama, die Songs zu seinem neuen Album mit dem programmatischen Namen ›Saved‹ – Gerettet – ein. Wie schon auf ›Slow Train Coming‹ kreisen auch hier sämtliche Lieder monochrom nur um ein einziges Thema: die Hinwen-

Album-Info

Veröffentlichung: 20. Juni 1980
Produzenten: Jerry Wexler &
  Barry Beckett
Gastmusiker:
  Barry Beckett (kb)
  Tim Drummond (b)
  Regina Havis (voc)
  Jim Keltner (dr)
  Clydie King (voc)
  Spooner Oldham (kb)
  Fred Tackett (g)
  Mona Lisa Young (voc)
  Terry Young (kb, perc, voc)
Coverillustration: Tony Wright

Songs:
  1. A Satisfied Mind
  2. Saved
  3. Covenant Woman
  4. What Can I Do For You?
  5. Solid Rock
  6. Pressing On
  7. In The Garden
  8. Saving Grace
  9. Are You Ready?

(1. Red Hayes & Jack Rhodes
2. Bob Dylan & Tim Drummond
Alle anderen Titel Bob Dylan)

dung zu Gott. Den Anfang macht am 12. Februar »Solid Rock«, ein fetziger Rocktitel, in dem es um das Bekenntnis geht, nie mehr von Gott als seinem dauerhaften Fels zu weichen. »What Can I Do For You?« ist ein sehr inbrünstiges Dankeslied an den Herrn für Dylans Errettung aus dem Dunkel der Ungläubigkeit.

Mit »A Satisfied Mind« kommt nach über zehn Jahren wieder eine Fremdkomposition auf ein Dylanalbum. Geschrieben von Red Hayes & Jack Rhodes ist der Titel ein klassischer Country-&-Western-Song aus den Fünfzigern mit spirituellem Inhalt. Zahlreiche Interpreten nahmen das Stück vor allem in den sechziger Jahren auf, darunter Joan Baez, The Byrds, Red Foley und die Gospel-Legende Mahalia Jackson, später dann Bryan Bowers oder Porter Wagoner. Den Titeltrack »Saved« verfasst Dylan zusammen mit sei-

Covers von »Solid Rock«:
Heart Of Gold Band, Sounds Of Blackness

Cover von »What Can I Do For You?«:
Helen Baylor

Session alle in Sheffield/Alabama, Muscle Shoals Sound Studio	Bisher offiziell veröffentlicht alle auf ›Saved‹	Keine bisher offiziell unveröffentlichten Songs und Outtakes
11. Februar 1980		Probeaufnahmen zu diversen Saved-Titeln
12. Februar 1980	Solid Rock What Can I Do For You? A Satisfied Mind Saved	
13. Februar 1980	Saving Grace Pressing On	
14. Februar 1980	In The Garden Are You Ready?	
15. Februar 1980	Covenant Woman	

nem Bassisten Tim Drummond, kurioserweise ist gerade dieser einer der wenigen nicht-christlichen Musiker in Dylans Band. In dem flotten Rock-Song dankt Dylan dafür, dass er durch den Herrn nun gerettet ist. Mit diesem Stück wird das endgültige Album eröffnet, musikalisch zweifellos ein gelungener Auftakt. Allerdings ist und bleibt die Mixtur aus flottem Rock und inbrünstigem Glaubensbekenntnis für die allermeisten Zuhörer mehr als schwer verdaulich.

»Saving Grace« bietet wieder einen Lob- und Preisgesang, der hier, eingebettet in eine weiche unauffällige Melodie, konkret auf Gottes Gnade abhebt, während »Pressing On« ein außerordentlich stimmungsvoller Gospelsong ist, bei dem Dylans Versprechen, dem Weg zum Herrn treu zu bleiben, sehr glaubhaft wirkt – ein unaufdringliches kleines Lied, das gerade deshalb zu den Höhepunkten des gesamten Albums gehört.

Dylans bester und ergreifendster Gospelsong, in dem er uns seinen Helden Jesus vorstellt, ist allerdings wohl »In The Garden«: Dylan pflegt in seinen Konzerten seine Songs nur sehr sporadisch und mit wenigen Worten anzusagen, eine Ausnahme bilden lediglich die Stücke seiner religiösen Phase. Auf dem Filmmitschnitt

›Hard To Handle‹ kündigt er »In The Garden« folgendermaßen an:
»Am Ende dieses Abends möchte ich ein Lied über meinen Helden singen. Ich denke, jeder von uns hat seine Helden. Bei manchen ist es Muhammad Ali, für andere ist es Albert Einstein oder
auch Clark Gable, vielleicht auch Michael Jackson oder Bruce
Springsteen. Ich hab nichts gegen all diese Leute, aber meine Helden sind sie nicht. Das ist die Wahrheit. Ich singe jetzt über meinen Helden.« Dylan nimmt in dem Song stärker als anderswo
direkten Bezug auf konkrete biblische Stellen, auffallend ist auch
die musikalische Struktur des Stücks, bei dem Dylan eine permanente Wanderung durch ver-
schiedene Tonarten unternimmt.
Damit fordert er den Zuhörer
und intensiviert auf diese Weise
seine Botschaft.

Cover von »Saved«:
Sandra Payne

Cover von »Saving Grace«:
Aaron Neville

Cover von »Pressing On«:
Chicago Mass Choir

Covers von »In The Garden« und
»Covenant Woman«:
Rich Lerner

Cover von »Are You Ready?«:
Fairfield Four

»Are You Ready?« ist ein klassischer Blues, dessen brachiale Ur-
form in reizvollem musikalischen
Kontrast zu dem spiritualartigen
Wechselgesang zwischen Dylans
Leadstimme und dem sehr prä-
senten Backgroundchor steht. Inhaltlich bringt der Song nichts
Neues: Es geht darum, bereit für
Jesus und den wahren Glauben zu sein. Mit »Covenant Woman«
folgt zum Abschluss der Sessions schließlich ein sanftes – natürlich
ausschließlich platonisches – Liebeslied an seine Glaubensschwes-
tern, denen sich Dylan in Gedanken und Gebeten verbunden
weiß.

›Saved‹ ist die unmittelbare und logische Fortsetzung von ›Slow
Train‹ ohne nennenswerte Weiterentwicklungen. Stärker als dort
polarisiert Dylan und stößt damit alle aus seiner Sicht Ungläubigen
unnachgiebig vor den Kopf. Damit zeigt er sich äußerst dogmatisch
und verbissen, wobei seine Texte wenig Originalität versprühen,
sondern sich sehr starr im Rahmen christlicher Klischees bewegen.
Entsprechend verheerend fallen praktisch sämtliche Kritiken aus,
die ›Saved‹ einfährt. Wie sehr sich Dylan in dieser Lebensphase
fast starrsinnig in eine innere Emigration begibt, zeigt ein kurzer

Text aus dem Begleitheft zu seiner Werkschau ›Biograph‹, in dem er von der ›Slow Train‹-und ›Saved‹-Tournee erzählt: »Wir spielten in Theatern der Innenstädte, wo die Industrie weggezogen ist und die Leute keine Arbeit haben. Einige der schönsten Theater sind da. Die Leute, die zur Show kamen, stammten mehr oder weniger aus der Nachbarschaft, darunter Zuhälter, Prostituierte und zwielichtige Charaktere. Ich denke, sie waren im Konzert, weil sie nichts Besseres zu tun hatten. Doch viele von ihnen waren für meine Musik empfänglich und reagierten sehr positiv. Die meisten kannten mich gar nicht, aber sie verstanden, was ich tat. Dann spielten wir in so genannten Colleges, wo meine so genannten Fans saßen. Dort war die Hölle los. Sie schrien, sie wollten Rock'n'Roll und bewarfen mich mit einer Menge dreckiger Worte. Es überraschte mich wirklich, dass diese Kids, die ja überwiegend in guten Häusern eine liberale Erziehung genossen, es nicht besser wussten. Es war nicht immer einfach, aber ich war zufriedener, wenn ich bei den Zuhältern und Nutten spielte.«

Es ist durchaus verständlich, dass viele Weggefährten und Künstlerkollegen Dylans sich von dessen missionarischem Eifer recht verstört beziehungsweise unbeeindruckt zeigten. Weniger verständlich ist aber die Heftigkeit der Ablehnung, die in ihrer Borniertheit und Ausgrenzungsmentalität Dylans zwischenzeitlichem Fanatismus in nichts nachsteht. Sicherlich trifft er den Nagel auf den Kopf, als er der australischen Journalistin Karen Hughes in einem Interview sagt: »Es wäre wohl viel einfacher für mich, wenn ich mein Seelenheil in Drogen, im Buddhismus oder in der scientologischen Gemeinde gefunden hätte.«

Trotz aller weltanschaulichen Auseinandersetzungen erfährt Bob Dylan wichtige Ehrungen: Am 27. Februar 1980 erhält er den schon erwähnten Grammy Award als bester männlicher Sänger des Jahres 1979 und präsentiert für die Live-TV-Übertragung bei CBS den Song »Gotta Serve Somebody«. Außerdem wird am 19. April des Jahres sein Konzert in der Torontoer Massey Hall von einem TV- und Audio-Team mitgeschnitten. Doch weder der Film noch das geplante Live-Album ›Solid Rock‹ (geplant sind die Tracks »Gotta Serve Somebody«, »Covenant Woman«, »When You Gonna Wake Up?«, »Precious Angel«, »Slow Train«, »Solid Rock« und »In The Garden«) sind bislang offiziell veröffentlicht. Es kursieren allerdings einige Bootlegs mit diesen Aufnahmen.

Shot Of Love

Nachdem am 21. Mai 1980 die letzte seiner so genannten »Gospel Shows« in der Memorial Hall in Dayton/Ohio über die Bühne geht und einige Wochen später ›Saved‹ erscheint – und die erwarteten negativen Kritiken erhält –, zieht sich Dylan völlig von der Öffentlichkeit zurück. Über das folgende halbe Jahr ist so gut wie nichts aus seinem Leben bekannt, doch scheint er sich in diesen Monaten sehr intensiv und selbstkritisch mit seiner Situation als Künstler auseinander zu setzen. Denn als er im November einen Monat lang wieder auf eine Kurztour geht, hat sich sein Programm wesentlich verändert. Die Auftrittsorte, mittelgroße Hallen und Säle, sind zwar immer noch ähnlich, auch spielt er wieder zwei Wochen im Fox Warfield Theater in San Francisco, doch sein Programm ist entscheidend gewandelt: Er folgt den Wünschen seines Publikums und bietet nun eine Mischung aus neuen und alten Songs – und ist damit prompt erfolgreich. Bei einigen der Konzerte in San Francisco holt er sich prominente Gastmusiker auf die Bühne, etwa am 13. November Carlos Santana, drei Tage später Jerry Garcia oder eine Woche darauf Roger McGuinn. Am 15. November steht an Dylans Seite Mike Bloomfield, jener Bluesgitarrist, der zusammen mit Al Kooper Dylans Sound 1965 und 1966 maßgeblich geprägt hat. Es ist der letzte Auftritt Bloomfields, auf den Tag genau drei Monate später stirbt er an einer Überdosis Heroin.

Ein anderer Tod erschüttert im Dezember 1980 die gesamte Rockwelt. Vor dem Dakota-Building am Central Park in New York wird am 8. Dezember John Lennon in New York ermordet. Auch Dylan ist tief aufgewühlt von den Ereignissen und besucht in der Folge mehrmals Lennons Witwe Yoko Ono. Im März 1981 beginnen schließlich die Sessions für das neue Album ›Shot Of Love‹ – das dritte in Folge, das der Verkündung der christlichen Heilsbotschaft gewidmet ist. Die Aufnahmen gehören zu den chaotischsten in Dylans Karriere, er besucht dazu an die zehn verschiedene Studios und spielt zahlreiche Songs in zum Teil sehr schlechter Qualität ein – die Tabelle gibt einen groben Überblick über die Sessions. Alle Lieder, die letztlich auf das Album gelangen, wer-

Sessions:
zwischen Mitte März und Mitte April 1981 in Santa Monica und Los Angeles

Studios:
Santa Monica, Rundown Studios; Los Angeles, Studio 55; Los Angeles, Cream Studio;
Los Angeles, United Western Studios sowie weitere unbekannte Lokalitäten

Bisher offiziell veröffentlicht:
Angelina (26. März, Santa Monica, Rundown Studios; auf ›Bootleg Series 3‹)
Carribean Wind (7. April, Los Angeles, unbekanntes Studio; auf ›Biograph CD 3‹)

Weitere bislang offiziell unveröffentlichte Songs dieser Sessions:

All The Way Down	Movin'
Almost Persuaded	Ain't No Man Righteous,
Borrowed Time	No Not One
Calypso	Please Be Patient With Me
Child To Me	Reach Out
City Of Gold	Rockin' Boat
Cold, Cold Heart	Singing This Song For You
Gonna Love You Anyway	Straw Hat
Half As Much	Tune After Almost
I Want You To Know I Love You	Wait & See
I Wish It Would Rain	Well Water
Is It Worth It	Wind Blowin' On The Water
Let's Begin	Yes Sir, No Sir
More To This Than Meets The Eye	You Can Make It On Your Own

Die Liste ist nicht komplett, da nicht in allen Studios Protokolle angefertigt wurden; vor
allem zahlreiche Instrumentals sind nicht berücksichtigt.

den in den Clover Studios in Los Angeles während der ersten beiden Maiwochen aufgenommen. Das erste dieser Stücke ist »Watered-Down Love«, ein alles in allem durchschnittlicher Bluesrock
über die wahre Liebe, frei von Ansprüchen und sonstigen negativen Begleiterscheinungen. Der Text ist nicht eindeutig, doch es ist
in dieser Phase nicht schwer zu erraten, wo Dylan diese Liebe vermutet: im Glauben. Das unmittelbar im Anschluss aufgenommene »Property Of Jesus« gewährt einen aufschlussreichen Einblick
in Dylans Befindlichkeiten. Auf ironische, ja fast zynische Weise
zeigt er sich hier angriffslustig wie in längst vergangenen Tagen.
Der Inhalt ist wiederum leicht auf den Punkt zu bringen: Seht ihr
diesen Gläubigen dort? Macht ihn nur fertig, verspottet ihn, denn

Album-Info

Veröffentlichung: 12. August 1981
Produzenten: Bob Dylan,
    Chuck Plotkin & Bumps Blackwell
Gastmusiker:
    Carolyn Dennis (voc)
    Steve Douglas (sax)
    Tim Drummond (b)
    Donald »Duck« Dunn (b)
    Jim Keltner (dr)
    Clydie King (voc)
    Danny Kortchmar (g)
    Regina McCrary
    (= Regina Havis, voc)
    Carl Pickhardt (kb)
    Madelyn Quebec (voc)
    Steve Ripley (g)
    William »Smitty« Smith (org)
    Ringo Starr (dr)
    Fred Tackett (g)
    Benmont Tench (kb)
    Ron Wood (g)

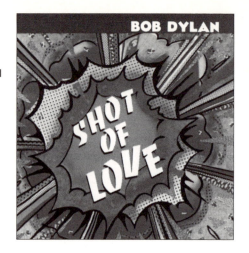

Songs:
1. Shot Of Love
2. Heart Of Mine
3. Property Of Jesus
4. Lenny Bruce
5. Watered-Down Love
6. Groom's Still Waiting At The Altar
7. Dead Man, Dead Man
8. In The Summertime
9. Trouble
10. Every Grain Of Sand
(Alle Titel Bob Dylan)

er ist bloß das Eigentum von Jesus. Ihr dagegen habt was viel Besseres – nämlich ein Herz aus Stein. Selten nur attackiert Dylan in seiner »christlichen Phase« so unverstellt und direkt; den letzten Anstoß zu dem Song gibt wohl ein Interview von Mick Jagger, der sich darin recht abfällig über Dylans religiöse Orientierung äußert.

Der Titelsong »Shot Of Love« ist musikalisch die perfekte Eröffnung des Albums, ein fetziger Bluesrock mit bemerkenswert gutem gospelartigen Zwiegesang; die Botschaft ist sehr unmittelbar: Ich brauche weder Drogen noch irgendwelche Menschen um mich herum, auch Rache oder andere negative Gefühle lass ich nicht an mich heran, ich brauche einfach nur einen Schuss Liebe. Doch diese scheinbar so sanfte Botschaft trägt Dylan ausgesprochen aggressiv, fast feindselig vor. Man darf vermuten, dass er hier

Session alle in Los Angeles/ California, Clover Studios	Bisher offiziell veröffentlicht SL – Shot Of Love BS 3 – Bootleg Series 3	Bisher offiziell unveröffentlichte Songs und Outtakes
23. April 1981	You Changed My Life (BS 3)	Magic Don't Ever Take Yourself Away (Instrumental) Be Careful Half As Much
24. April, 28. bis 30. April 1981		The Girl From Louisville The Ballad Of Ira Hayes The King Is On The Throne Fur Slippers
27. April 1981	Need A Woman (BS 3)	
1. Mai 1981	Let It Be Me (Single) Watered-Down Love (SL) Property Of Jesus (SL)	It's All Dangerous To Me My Oriental Home Ah, Ah, Ah (Instrumental) Don't Let Her Know
5. Mai 1981	Shot Of Love (SL) Every Grain Of Sand (SL) Groom's Still Waiting At The Altar (SL)	
14. Mai 1981	Dead Man, Dead Man (SL) Lenny Bruce (SL) Trouble (SL) In The Summertime (SL)	
15. Mai 1981	Heart Of Mine (SL)	Minute By Minute Glory Of Love (Instrumental) In A Battle Mystery Train

sehr vehement der Wut über seine Kritiker Ausdruck verleiht, die ihm seine Hinwendung zum Christentum verübeln, oder – was noch viel schlimmer ist – seine neue Haltung einfach nicht ernst nehmen wollen, sondern ihn spöttisch belächeln. Ihnen allen klatscht Dylan einen Song um die Ohren, dessen Stimmungslage nicht weit von »Positively 4th Street« entfernt ist, auch wenn der Text vordergründig anderes verkündet.

Der spirituelle Höhepunkt des Albums ist »Every Grain Of Sand«, hier löst sich Dylan in gewisser Weise von der orthodoxen Bibelorientierung und findet zu einer inneren Spiritualität, die weniger konfessionell gebunden ist. Ausgangspunkt ist Dylans Erkenntnis, dass alles in Gottes Plan zusammengehört. Damit verlässt er die zuweilen reichlich plumpe »Wir-und-sie«-Haltung und vermeidet die vordergründige »Kommt-mit-auf-den-richtigen-Weg«-Attitüde. Dylan scheint gelernt zu haben und findet nun die Verwirklichung der Schöpfung in jedem Körnchen Sand.

Auch das nächste Stück der Session, »Groom's Still Waitin' At The Altar«, ist außergewöhnlich. Dieser wohl mit Abstand beste und mitreißendste Song des Albums ist allerdings auf der ursprünglichen Platte gar nicht enthalten, sondern nur auf einigen Promotion-Pressungen und als Single zu finden. Erst auf der CD-Edition ist das Stück integriert: ein schwungvoller Rocksong, dessen Text ebenfalls das Niveau der holzhammerartig vorgetragenen Verkündung einfacher Botschaften verlässt und stattdessen eine Bilderwelt anbietet, die zu weiter gehender Interpretation einlädt: Es brechen neue Zeiten an, und der Bräutigam wartet darauf am Altar. Worum es konkret geht, ist komplex verpackt. Spielt Dylan auf eine neue eigene Beziehung an, wie einige Kritiker glauben, oder bezieht er sich auf Szenen im Johannesevangelium, wie Michael Gray vermutet? Fans und Kritiker atmen jedenfalls auf: nach langer Zeit wieder ein großer Dylan-Song, der auf mehreren Ebenen funktioniert und dazu musikalisch mitreißenden Rock bietet. Dagegen ist das folgende »Dead Man, Dead Man« ein nicht überzeugender Reggae, in dem Dylan die emotionale und vor allem spirituelle Blindheit der Menschen thematisiert.

Eine eher blasse und etwas larmoyante Einspielung ist »Lenny Bruce«, doch dass der Titel viel mehr hergibt, zeigt Dylan bei zahlreichen Live-Interpretationen des Liedes. Der Song ist eine Art Requiem für einen seiner frühen Helden, den Komödianten und scharfzüngigen Satiriker Lenny Bruce (eigentlich Leonard Alfred Schneider, 1925–1966). Bruce war mit seiner unverblümten Art,

> Covers von »Every Grain Of Sand«:
> Emmylou Harris, Willie Hona, Rich Lerner, Nana Mouskouri, Barbara Sfraga
>
> Covers von »Groom's Still Waitin' At The Altar«:
> Andy Coburn, Hammond Gamble, Michel Montecrossa, Rod Stewart

Wahrheiten auszusprechen, seiner Zeit weit voraus, und er kommt Dylan mit seiner Gesellschaftskritik und seiner kompromisslosen Art wie ein Seelenverwandter vor. Wegen Blasphemie, obszöner Äußerungen und Beleidigung staatlicher Organe wurde Bruce mehrmals zu teilweise hohen Geldstrafen verurteilt, am 3. August 1966 starb er in Hollywood an einem überdosierten Drogencocktail. Auch Dylan sieht sich selbst immer wieder als Vorreiter und Vorkämpfer, und seine Hommage an gerade dieses Lästermaul zeigt nach langer Zeit wieder jenen Freigeist, der sich nicht in ein Korsett zwängen lassen will: Während seine Texte auf ›Slow Train‹ und vor allem auf ›Saved‹ durchwegs so gehalten sind, dass sie mühelos dem Gesangbüchlein des CVJM entstammen könnten, wendet er sich hier – wenngleich indirekt über die Person Lenny Bruce – auch gegen die Scheinheiligkeit in christlichen Kreisen. »Lenny Bruce« ist ein durch und durch weltlicher Song auf einem religiösen Album, er steht in einer direkten Reihe von Songporträts über amerikanische Antihelden, zu der schon »Song To Woody«, »George Jackson«, »Hurricane« und »Joey« gehören.

Auch »Trouble« verlässt das unmittelbar christliche Ambiente und ist ein rhythmisch ansprechender Bluesrock, der musikalisch wie textlich im Wesentlichen aber nur Klischees aufgreift und sich auf die Aussage konzentriert: Das ganze Leben besteht aus Problemen.

»In The Summertime« ist ein einfacher Country-Rock-Song mit einer melodischen und harmonischen Struktur, wie Dylan sie schon zu Beginn der siebziger Jahre zum Beispiel auf ›New Morning‹ öfter benutzt. Geschildert wird ein geheimnisumwittertes Liebesverhältnis des vergangenen Sommers. Dabei lassen zahlreiche Textanspielungen auf Bibelstellen – vornehmlich auf alttestamentliche Passagen – diese Liebe nicht primär als zwischenmenschliches Ereignis, sondern vielmehr als spirituell religiöses Erleben erkennen. »Heart Of Mine« schießlich ist ein im Grunde unverständlich amateurhaft eingespielter Song mit der simplen Botschaft: Bedenke beizeiten dein Tun, denn du bekommst in jedem Fall die Rechnung dafür. Sehr viel intensiver als Dylans Original ist die Jazz-Blues-Version von Peter Malick zusammen mit Norah Jones.

›Shot Of Love‹ findet in Fankreisen nur wenige nennenswerte Reaktionen, fast scheint es, als würde das Album in der Öffentlichkeit kaum wahrgenommen. Bei den Kritikern hingegen wird die
Platte durchaus diskutiert, dabei scheiden sich die Geister:
Während beispielsweise Michael Gray ›Shot Of Love‹ als letztes
und zugleich schwächstes Album der christlichen Trilogie voller
eher zweitklassiger, dünner Songs abqualifiziert, halten andere
Dylan-Publizisten wie Nigel Williamson oder auch Oliver Trager
die Platte durchaus für recht gelungen. Dagegen bemängelt wiederum der ›Rolling Stone‹ die uninspirierte Produktion, deren
Orientierungslosigkeit sich auf das etwas konfuse, in jedem Fall
uneinheitliche Album übertrage. Doch zweifellos besitzt die Platte mit »Every Grain Of Sand« und »Groom's Still Waiting At The
Altar« nach längerer Zeit wieder einmal zwei große Dylansongs,
durch die das Gesamtalbum verglichen mit seinen Vorgängern ge-
lassener und versöhnlicher wirkt.

Bevor ›Shot Of Love‹ im August erscheint, tourt Dylan mit seiner Band im Juni und Juli durch Europa, dabei tritt er sechsmal in
Deutschland auf (je zweimal auf dem Freilichttheater in Bad
Segeberg und in der Olympiahalle in München sowie je einmal auf
der Freilichtbühne Lorelei und im Eisstadion Mannheim), dazu
die jeweils ersten Konzerte in Österreich (am 22. Juli in der Wie-
ner Stadthalle) und in der Schweiz (am 23. Juli in der Sporthalle
St. Jakob in Basel).[1]

---

[1] Die Setlisten für diese beiden Konzerte sind sich ähnlich: Beide Male spielte
Dylan die Titel: Saved, I Believe In You, Like A Rolling Stone, Man Gave
Names To All The Animals, Maggies Farm, Girl From The North Country,
Ballad Of A Thin Man, In The Summertime, Shot Of Love, Forever Young,
The Times They Are A-Changin', Let's Begin, Lenny Bruce, Slow Train, Mr.
Tambourine Man, Solid Rock, Just Like A Woman, Heart Of Mine, When You
Gonna Wake Up?, In The Garden, Blowin' In The Wind, It Ain't Me, Babe,
Knockin' On Heaven's Door. Dazu kam in Wien: Gotta Serve Somebody (als
zweiter Song); und in Basel: What Can I Do For You? (nach Just Like A
Woman).

Jokerman

Die öffentlichen Aktivitäten Dylans im gesamten Jahr 1982 lassen sich an den Fingern einer Hand abzählen: Am 15. März wird Dylan im Rahmen einer feierlichen Zeremonie in die renommierte »Songwriters Hall of Fame« aufgenommen. Am 6. Juni taucht er als Überraschungsgast bei einem Benefizkonzert zu Gunsten von Atomwaffengegnern auf und singt zusammen mit Joan Baez drei Songs: »With God On Our Side«, »A Pirate Looks At Forty« und »Blowin' In The Wind«.

Ein wichtiges Signal in Hinblick auf seine weiteren Perspektiven als Künstler ist im August 1982 die Unterzeichnung eines neuen Managervertrags mit Elliott Roberts. In der Phase seiner spirituellen Abkehr erwog Dylan nach eigenen Aussagen wohl mehrmals einen konsequenten Ausstieg aus der Szene, doch jetzt zeigt er sich entschlossen, seine Karriere konzentriert fortzusetzen. Im Herbst verfasst er das Material für sein neues Album und macht sich auf die Suche nach Partnern für die Produktion. Ein Gespräch mit Frank Zappa im Dezember des Jahres verläuft ergebnislos, doch im Januar 1983 einigt er sich mit Mark Knopfler hinsichtlich des neuen Projekts. Die Aufnahmen beginnen am 11. April in den New Yorker Power Station Studios und ziehen sich inklusive der Abmischungen bis zum 5. Juli hin, es ist dies die aufwändigste Studioarbeit Dylans in dessen gesamten Künstlerleben bis heute.

Aller christlichen Hinwendung zum Trotz bleibt Dylan auch seiner jüdischen Tradition treu, so reist er im September mit Sara zur Bar-Mizwa-Feier seines ältesten Sohns Jesse nach Jerusalem. Ein Foto Dylans – geschossen von Sara – in den Bergen nahe Jerusalem findet sich auf dem Innencover von ›Infidels‹, wie das neue Album schließlich heißt – ein unübersehbarer Schritt fort vom religiösen Fundamentalismus der vorangegangenen Arbeiten. ›Infidels‹ verfolgt keinen missionarischen Ansatz mehr, auch wenn dies der Titel »Ungläubige« suggerieren könnte, sondern bietet einen freien Blick auf die amerikanische Realität. Robert Shelton sieht die Platte sogar als ein klassisches Protestalbum, denn es prangert die nachlassende Vitalität Amerikas an. Dies beginnt schon mit

Album-Info

Veröffentlichung: 1. November 1983
Produzenten: Bob Dylan & Mark
   Knopfler
Gastmusiker:
   Curtis Bedeau (voc)
   Gerard Charles (voc)
   Alan Clark (kb)
   Sly Dunbar (d)
   Sammy Figueroa (perc)
   Brian George (voc)
   Lucien George (voc)
   Paul George (voc)
   Clydie King (voc)
   Mark Knopfler (g)
   Robbie Shakespeare (b)
   Mick Taylor (g)
   Ron Wood (g)
Covergestaltung: Lane/Donald

Songs:
   1. Jokerman
   2. Sweetheart Like You
   3. Neighborhood Bully

   4. License To Kill
   5. Man Of Peace
   6. Union Sundown
   7. I And I
   8. Don't Fall Apart On Me Tonight
(Alle Titel Bob Dylan)

der ersten abgeschlossenen Nummer der Sessions, »License To Kill«: eine unverblümte Anklage der Hybris des modernen Menschen, der für sich das Recht reklamiert, sich über alle Belange der Natur zu stellen und alles aus dem Weg zu räumen, was ihn stört. Dylan geht hier frontal die Haltung »Amerikas Interessen zuerst!« an, die sich die Reagan-Administration recht großmäulig auf die Fahnen geschrieben hat. Und wer glaubt, Dylan überspitzt die Analyse, indem er diesen Maßstab als selbsterteilte »Lizenz zum Töten« bezeichnet, kann sich zwanzig

Covers von »License To Kill«:
Polly Bolton, Richie Havens,
Wolfgang Niedecken, Tom Petty

Jahre später angesichts der Politik eines George W. Bush jr. und seiner Regierung nur verwundert die Augen reiben, wie rasch ein solches Szenario zur Selbstverständlichkeit geworden ist.

»Man Of Peace« ist ein swingender Blues gegen Reagan, der durch geschmacklose politische Entgleisungen vor allem dem Ostblock gegenüber zum Feindbild der amerikanischen Intellektuellen

Session	Bisher offiziell veröffentlicht	Bisher offiziell unveröffentlichte Songs und Outtakes
alle in New York, Power Station Studio	I – Infidels DG – Down In The Groove BS 3 – Bootleg Series 3	
13. April 1983	License To Kill (I)	Slow Try Baby Columbus Stockade Blues Back To The Wall
14. April 1983	Man Of Peace (I)	Clean Cut Kid Rainbow
19. April 1983	Neighborhood Bully (I)	Green Onions Love You Too
21. April 1983	Tell Me (BS 3)	
25. April 1983	Foot Of Pride (BS 3)	
26. April 1983	Someone's Got A Hold Of My Heart (BS 3)	Forever My Darling Prison Station Blues Choo-Choo Boogie Movin' On
27. April 1983	I And I (I)	Julius And Ethel
2. Mai 1983	Lord Protect My Child (BS 3) Death Is Not The End (DG) Angel Flying Too Close To The Ground (Single)	Green Green Grass Of Home
5. Mai 1983	Blind Willie McTell (BS 3)	
Diverse Sessions im Juni 1983	Jokerman (I) Sweetheart Like You (I) Don't Fall Apart On Me Tonight (I) Union Sundown (I)	

Dazu diverse Sessions vom 11. April bis 5. Juli 1983. Dabei wurden folgende unveröffent-lichte Titel eingespielt: Across The Borderline, Buttons And Bows, Cold Cold Heart, Dark As A Dungeon, Dark Groove, Don't Drink No Chevy, Glory To The King, He's Gone, Home On The Range, How Many Days, Jesus Met The Woman At The Wall, Lover's Con-certo, Oklahoma, Kansas, Silent Night, 16 Tons, This Was My Love, Wash That Man Right Out Of My Hair. Es existieren jedoch keine detaillierten Studioprotokolle, daher ist eine konkrete Songzuordnung nicht eindeutig möglich.

avanciert. Und wenn Dylan die Masken des Teufels beschreibt und sie mit biederen Saubermännern, bigotten Pfaffen und korrupten Polizeichefs vergleicht, dann entstehen unweigerlich Parallelen zu Songs wie »It's All Right, Ma (I'm Only Bleeding)«. Allerdings ist »Man Of Peace« radikaler, denn es entlarvt die konkret handelnde politische Figur Ronald Reagan als schmeichelnden Pharisäer.

In »Neighborhood Bully« bezieht Dylan ganz unmittelbar und eindeutig Stellung: Er verteidigt Israel und dessen auch viele Liberale in Amerika verstörende Politik gegenüber seinen arabischen Nachbarn, insbesondere den Einmarsch in den Libanon 1982 und die Bombardierung einer irakischen Atomfabrik ein Jahr zuvor. Wenn er in dem Lied schreibt, dass es Gründe dafür gibt, warum der ewige Störenfried Israel immer wieder aneckt, so wird dies von nicht wenigen als zionistisch anbiedernd empfunden.

Das persönlichste Lied des Albums ist »I And I«, ein vielschichtiges und sensibles Spiel mit widersprüchlichen Gefühlen – und Ambivalenzen gibt es in Dylans Introspektive dieser Lebensphase Anfang Vierzig wohl genug: die fremde Frau, die neben ihm schläft und die ihm zugleich wie ein Geschöpf aus einer anderen Sphäre erscheint; der Zwiespalt zwischen christlichen und jüdischen Werten; der Konflikt zwischen Intellekt und Emotion. »I And I« ist der herausragende Song des Albums und erinnert in seiner sprachlichen Klarheit und seiner poetisch schlichten Kraft an Titel wie »Simple Twist of Fate«.

Mit »Jokerman« wird das Album eröffnet, es ist ein brillant eingespielter Song. Mit seinen apokalyptischen Visionen und seinen poetischen Anspielungen knüpft Dylan unmittelbar an seine surrealistische Phase in der Mitte der sechziger Jahre an. Die Welt wirbelt um einen geheimnisvoll-mysteriösen Jokerman, dessen Identität zu Spekulationen einlädt: Es könnte Dylan selbst sein, aber auch Jesus oder Satan; es könnte aber auch der Joker aus »All Along The Watchtower« oder der unbeschwerte intuitive Narr des Tarot gemeint sein. Wie ein Schamane beschwört Dylan Bilder aus fernen Mythologien herauf, und sein Jokerman tanzt im

Cover von »Man Of Peace«:
The Holmes Brothers

Covers von »I And I«:
Steven Keene, Michel Montecrossa

Covers von »Jokerman«:
Wolfgang Niedecken, Caetano Veloso

Mondlicht zur Melodie der Nachtigall. Wie »Jokerman« besitzt auch »Sweetheart Like You« eine große Ausdruckskraft, die dem Betrachter aber just dann zwischen den Fingern zu zerrinnen scheint, sobald er sie dingfest zu machen sucht. Was bei »Jokerman« mythologisch interpretiert wirkt, ist hier eindeutig dem menschlichen Leben zugewiesen. Zwei Zeilen greifen die Textexegeten bevorzugt heraus: »Eine Frau wie du sollte zu Hause bleiben, da gehörst du hin, um den zu umsorgen, der dich liebt und dir nichts Böses zufügt« und »Begehst du einen kleinen Diebstahl, kommst du in den Knast, räumst du im großen Stil ab, machen sie dich zum König«. Diese beiden Gegenpole – der individuell persönliche und der gesellschaftliche – markieren die Grenzen, innerhalb derer sich die Sinnfrage des Lebens stellt: Stehen wir an dem Platz, an den wir gehören?

»Don't Fall Apart On Me Tonight« ist ein eher verhaltener Song, der als Schlusssong den Ausklang des Albums bildet: Ein wohlwollend selbstkritischer, stellenweise auch etwas herablassender Sänger bittet sein sicherlich deutlich jüngeres »Girl«, ihn heute Nacht nicht im Stich zu lassen.

Der mitreißende Rocksong »Union Sundown« beinhaltet eine verglichen mit »License To Kill« eher etwas platte Attacke gegen die kapitalistische Gier der amerikanischen Konzerne und die damit verbundene Ausbeutung der Menschen in der Dritten Welt. Zugleich ist der Song die Warnung, dass eine immer stärkere Beherrschung des amerikanischen

Covers von »Sweetheart Like You«: Judy Collins, Mary Cutrufello, Guy Davis, Jimmy LaFave, Tony Rice, Rod Stewart

Cover von »Union Sundown«: Rich Lerner

Marktes durch im Ausland produzierte Waren eine wichtige nationale Errungenschaft auf Dauer beschädigt: die selbstbewusste und qualifizierte amerikanische Arbeiterschicht.

Der eindringlichste Song der gesamten Session und zugleich Dylans wohl bester Song seit »Tangled Up In Blue« ist »Blind Willie McTell«, allerdings findet sich das Stück auf keiner ›Infidels‹-Edition. Dylan selbst ist mit der Einspielung nicht ganz zufrieden – vollkommen zu Unrecht: Der großartige Blues nur aus Stimme, Piano und Mark Knopflers akustischer Sologitarre gehört zu den eindringlichsten Stücken, die Dylan je auf ein Tonband bringt. Es stellt sich allerdings wirklich die Frage, ob dieser raue und schlich-

te Titel atmosphärisch auf ›Infidels‹ mit seinen ansonsten sehr aus-
gefeilten und glatten Arrangements passen würde.

Der Song ist eine Hommage an den legendären Bluesmusiker
Blind Willie McTell. Dieser lebte von 1901 bis 1959 und kam zeit
seines Lebens nicht aus seiner Heimat Georgia heraus. Zwischen
1927 und 1956 nahm er unter verschiedenen Pseudonymen zahlreiche Blues und spirituelle Lieder auf, über die lokalen Grenzen
hinaus wurden vor allem jene Dokumente bekannt, die er 1935
für John Lomax' »Archive Of The Library of Congress« einspielte.
Diese Aufnahmen begründeten McTells Ruf als bedeutendster 12-
String-Blues-Gitarrist in und um Atlanta, sein bekanntestes Stück
wurde der »Statesboro Blues«,
der in der Fassung der Allman
Brothers Band im Jahr 1970 geradezu Kultcharakter erhält. Dylan
ehrt den herausragenden Blues-
musiker, von dem er erstmals im Alter von achtzehn Jahren hörte,
zugleich verbeugt er sich mit seinem Song vor dem Südstaaten-
Countryblues schlechthin. (Für sein Album ›World Gone Wrong‹
– siehe Seite 282 – spielt er zehn Jahre später McTells »Broke
Down Engine« und »Delia«.)

Covers von »Blind Willie McTell«:
The Band & Champion Jack Dupree,
Black Cat Bone & Mick Taylor, Rick
Danko, Barrence Whitfield

›Infidels‹ ist das Ergebnis der längsten und intensivsten Aufnahmesessions, die Dylan je unternimmt: »Irgendwie habe ich geglaubt,
ich könnte immer damit durchkommen, meine neuen Songs einfach live im Studio zu spielen und wieder zu gehen. Aber bei ›Infidels‹ beschloss ich, mir Zeit zu nehmen, so wie die anderen auch.«
Doch die ausgefeilte Produktionsarbeit verlangt nicht nur den
Preis einer langen und ermüdenden Beschäftigung im Studio, sie
birgt auch künstlerische Risiken, wie Dylan rasch erkennt: »Wenn
du dir eine Platte der Eagles anhörst, merkst du: Ihre Lieder sind
gut, aber jede Note ist vorhersehbar, man weiß schon vorher ganz
genau, was passieren wird. Bei ›Infidels‹ begann ich etwas Ähnliches zu spüren.«

Dylans Befürchtungen sind unbegründet, und aus dem Abstand
von über zwanzig Jahren kann man feststellen: ›Infidels‹ gehört
musikalisch zum Feinsten, was er je auf Platte gepresst hat. Das
Album verzichtet auf jeglichen Schnickschnack wie Bläser oder
Damenchor, bestimmend ist die glasklare musikalische Hand-

schrift von Mark Knopfler. Die Begleitband aus Knopfler und dem zweiten Sologitarristen Mick Taylor sowie der eleganten Rhythm-Section aus Sly Dunbar und Robbie Shakespeare ergänzt Dylans Songs fast kongenial.

Insofern ist der vernichtende Verriss von Michael Gray – »keine Wärme, schwache schlampige Songs, Dylan demonstriert, dass er keine Songs mehr schreiben will« – nicht nur völlig überzogen und ungerechtfertigt, sondern auch unverständlich. Fast gegensätzlich beurteilt Martin Schäfer das kreative Potenzial Dylans bei ›Infidels‹: »Die wahre Dimension dieser künstlerischen Phase Dylans wurde allerdings erst deutlich, als die unveröffentlichten Outtakes aus ›Infidels‹ in Form von Raubpressungen und Kassetten in der Fan-Gemeinde allmählich Verbreitung fanden. So stark und aussagekräftig ›Jokerman‹, ›I And I‹ oder ›License To Kill‹ waren, diese offiziellen Veröffentlichungen wurden noch übertroffen von ›Blind Willie McTell‹, ›Foot Of Pride‹ und ›Tell Me‹. Sogar die schwächeren dieser so genannten ›Outfidels‹, ›Julius And Ethel‹ oder ›Death Is Not The End‹, waren geeignet, Aufschluss zu geben über Dylans politische und religiöse Entwicklung. Ein Lied zu Ehren der hingerichteten ›Atomspione‹ Julius und Ethel Rosenberg wäre auf ›Infidels‹ wohl eine echte Sensation gewesen; und es ist mit Recht gesagt worden, dass diese LP eigentlich ein würdiges Doppelalbum abgegeben hätte.«

Als Doppelpack wird ›Infidels‹ von den an der Produktion maßgeblich Beteiligten nie gesehen, aber die ursprüngliche Konzeption der Platte sieht bis zur letzten Minute eine stark abweichende Titelfolge vor: Für die Seite Eins sind »Jokerman«, »License To Kill«, »Man Of Peace« und »Neighbourhood Bully« eingeplant, für die Plattenseite Zwei die Songs »Don't Fall Apart On Me Tonight«, »Blind Willie McTell«, »Sweetheart Like You«, »I And I« sowie »Foot Of Pride«. Erst im allerletzten Moment und ohne Bekanntgabe der Gründe wird die schließlich veröffentlichte Zusammenstellung festgelegt.

Es wurde schon weiter oben gesagt: Mit ›Infidels‹ verlässt Dylan seine missionarischen Ambitionen. Insofern ist der Titel ›Infidels‹ – Ungläubige – etwas irreführend. Dylans Angabe zufolge hätte das Album ursprünglich »Surviving In A Ruthless World« – Überleben in einer skrupellosen Welt – heißen sollen. Dies würde zumindest die politische und gesellschaftliche Perspektive vie-

ler Songs der Platte betonen. Dylan ist nach seinen religiös-spiritu-
ellen Ausflügen wieder im Hier und Jetzt gelandet, er nimmt soziale und politische Realitäten wieder wahr. Dass dies nicht seinem Glauben widersprechen muss, zeigen Songs wie »Jokerman«
oder »I And I«, doch er thematisiert die spirituellen Fragen nicht
ausdrücklich, gibt ihnen eher unterschwellig Raum. Auffällig ist
die Einbeziehung einiger jüdischer Motive in seine Songs – wohl
das Ergebnis zahlreicher intensiver Gespräche, die Dylan in dieser
Zeit mit Chabad Lubavitch führt, einem bekannten jüdischen
Geistlichen in Brooklyn.

Never Gonna Be The Same Again

Außer mit der Einspielung und Publikation von ›Infidels‹ tritt Dylan im gesamten Jahr 1983 kaum öffentlich in Erscheinung, lediglich bei einigen Promotion-Aktivitäten wie Plattenpräsentationen und Pressekonferenzen wird er von Columbia in die Pflicht genommen. Diese PR-Termine erreichen ihren Höhepunkt, als Dylan am 22. März 1984 in der damals äußerst populären ›David Letterman Show‹ in den NBC-Studios auftritt und live die Songs »Don't Start Me To Talkin'«, »License To Kill« und »Jokerman« vorträgt.

In den Folgewochen plant er seine neu anstehende sechswöchige Europatournee, die ihn vom 28. Mai bis 8. Juli durch Italien, die Niederlande, Belgien , Schweden, Dänemark, Frankreich, Spanien, England und Irland führt. Auch in Deutschland, in der Schweiz und in Österreich gastiert er.[1] Die Tournee ist als Stadion-Tour konzipiert, bei einigen Konzerten leisten ihm Carlos Santana und auch Joan Baez Gesellschaft auf der Bühne. Ansonsten besteht seine Begleitband nur aus dem Quartett Mick Taylor an der Gitarre, Ian MacLagen an den Keyboards, Greg Sutton am Bass und Colin Allen am Schlagzeug. Drei Konzerte – am 5. Juli im St. James Park in Newcastle, am 7. Juli im Londoner Wembley Stadion sowie das Abschlusskonzert der Tour am 8. Juli im irischen Slane Castle – werden mitgeschnitten, aus den Aufnahmen wird das im Dezember erscheinende Album ›Real Live‹ zusammengestellt.

Den Sommer und Herbst des Jahres nutzt Dylan zur Regeneration sowie zur Konzeption eines Sampleralbums, das unter dem Titel ›Westwood One: Dylan On Dylan‹ ausschließlich zu PR-Zwecken für amerikanische Radiostationen produziert und ab November 1984 vertrieben wird, das aber nie offiziell an die Öffent-

---

[1] Hamburg, 31. Mai, St. Pauli Stadion; München, 3. Juni, Olympiastadion; Offenbach, 11. Juni, Stadion Bieberer Berg; Berlin, 13. Juni, Waldbühne; Köln, 16. Juni, Müngersdorfer Stadion; Basel, 2. Juni, St. Jacobs Halle; Wien, 14. Juni, Stadthalle.

Album-Info

Veröffentlichung: 27. Mai 1985
Produzent: keine Angaben
Endabmischung: Arthur Baker
Gastmusiker:
   Peggi Blu (voc)
   Debra Byrd (voc)
   Mike Campbell (g, voc)
   Alan Clark (synth, kb)
   Marvin Daniels (horn)
   Carolyn Dennis (voc)
   Darryl Dixon (horn)
   Sly Dunbar (dr, perc)
   Howie Epstein (b, voc)
   Robin Eubanks (horn)
   Anton Fig (dr)
   Bob Glaub (b)
   Don Heffington (dr)
   Ira Ingber (g)
   Bashiri Johnson (perc)
   Jim Keltner (dr)
   Stuart Kimball (g)
   Mark Knopfler (g)
   Al Kooper (g, kb, horn)
   Queen Esther Marrow (voc)
   Syd McGuinnes (g)
   Vince Melamed (synth)
   John Paris (b)
   Ted Perlman (g)
   Madelyn Quebec (voc)
   Richard Scher (synth)
   Robbie Shakespeare (b)
   Mick Taylor (g)
   Benmont Tench (p, kb)
   David Watson (sax)
   Ron Wood (g)
Coverfotos: Ken Regan

Songs:
1. Tight Connections To My Heart
   (Has Anybody Seen My Love)
2. Seeing The Real You At Last
3. I'll Remember You
4. Clean Cut Kid
5. Never Gonna Be The Same Again
6. Trust Yourself
7. Emotionally Yours
8. When The Night Comes Falling
   From The Sky
9. Something's Burning, Baby
10. Dark Eyes
(Alle Titel Bob Dylan)

lichkeit gelangt und zu einem begehrten Sammlerobjekt avanciert. Für das Album stellt Dylan 28 Songs aus allen Schaffensbereichen zusammen, darunter immerhin zwei Stücke von seinem Debüt-album (»House Of The Risin' Sun« und »Talkin' New York«), aber keine Nummern von ›Selfportrait‹ und ›New Morning‹. Auch die religiöse Phase ist mit nur einem Song aus drei Alben, »Gotta Serve Somebody«, schwach vertreten. Alles in allem bringt ›Westwood

Session	Bisher offiziell veröffentlicht EB – Empire Burlesque KL – Knocked Out Loaded BS 3 – Bootleg Series 3	Bisher offiziell unveröffentlichte Songs und Outtakes
Ende Juli 1984 New York, Delta Sound Studios	Driftin' Too Far From The Shore (KL) Clean-Cut Kid (EB)	Firebird (Groovin' At Delta) Who Loves You More (Baby I Do) Wolf Go 'Way Little Boy
6. bis 22. 12. 1984, Hollywood/California, Cherokee Studios	Something's Burning Baby (EB) Tight Connection To My Heart (Has Anybody Seen My Love) (EB)	New Danville Girl Look Yonder Gravity Song The Girl I Left Behind Prince Of Plunder
28. Januar 1985, Hollywood/California, Cherokee Studios	Seeing The Real You At Last (EB)	
5. Februar 1985, Hollywood/California, Cherokee Studios	Trust Yourself (EB) I'll Remember You (EB)	Queen Of Rock'n'Roll
14. Februar 1985, Hollywood/California, Cherokee Studios	Emotionally Yours (EB)	Straight A's In Love I See Fire In Your Eyes Waiting To Get Beat The Very Thought Of You
19. Februar 1985 New York, Power Station, Studio A	When The Night Comes Falling From The Sky (BS 3)	
20. Februar 1985 New York, Power Station, Studio A	Never Gonna Be The Same Again (EB)	
23. Februar 1985 New York, Power Station, Studio A	When The Night Comes Falling From The Sky (EB)	
3. März 1985 New York, Power Station, Studio A	Dark Eyes (EB)	

One‹ eine Zusammenstellung, wie sie sich der typische Dylanfan nur wünschen kann. Zusätzlich findet sich auf dem Album ein zwischen den einzelnen Nummern in viele Teile aufgesplittetes Interview mit Originalkommentaren Dylans zu seinen Songs.

Im Dezember 1984 beginnen die Sessions für das neue Album, ›Empire Burlesque‹, die Aufnahmen ziehen sich schließlich in zahlreichen und meist unzulänglich dokumentierten Sitzungen bis Anfang März 1985 hin. Das Material schreibt Dylan vornehmlich im Herbst 1984, das als Erstes eingespielte Stück der Platte wird aber schon Ende Juli aufgenommen, als Dylan wegen der Planung des Livealbums ›Real Live‹ mit seinen Musikern im Studio ist. Bei dieser Session werden zwei Songs aufgenommen: das erst später auf ›Knocked Out Loaded‹ integrierte »Driftin' Too Far From The Shore« sowie »Clean-Cut Kid«.

Die zeitliche Distanz der Einspielung zum Rest des Albums ist deutlich spürbar, denn während Dylan sich auf ›Empire Burlesque‹ an einem merkwürdig anmutenden, modischen und im Grunde völlig langweiligen und nichts sagenden Popsound versucht, ist »Clean Cut Kid« ein schwungvoller Rocksong mit einem brisanten Thema: die vielen Vietnam-Veteranen, die als anständige Jungs in den Krieg ziehen, dort zu Killern gemacht werden und in ihrem weiteren Leben keinen Boden mehr unter die Füße bekommen. Im konkreten Fall des Liedes stürzt sich der Gestrandete irgendwann von der Golden Gate Bridge in die China Bay.

Covers von »Clean-Cut Kid«: Carla Olson, Textones

Trotz seines düsteren Arrangements und seines schweren Sounds wirkt »Something's Burning, Baby« vor allem durch das Stimmenduett zwischen Dylan und Madelyn Quebec reizvoll. Der Song beschwört das immerhin würdevolle Ende einer Beziehung oder eines Lebensabschnittes. Demgegenüber wirkt der triviale Popsound von »Tight Connections To My Heart (Has Anybody Seen My Love)« eher verstörend. Ein Damenchor und fette Synthesizer-Streicher motzen ein ziemlich harmloses Lied auf, dessen Szenerie nicht so recht zu seinem Klangbild passen will. Das inhaltliche Ambiente und die Sprache des Songs scheinen einem Humphrey-Bogart-Thriller der vierziger Jahre entsprungen zu sein. Jedenfalls lassen sich eine Reihe von Parallelen speziell zu dem Film ›Die Spur des Malteser Falken‹ aus dem Jahr 1941 fest-stellen. Das inhaltliche Grundmotiv folgt einem klischeehaften Plot: Mann ist auf der Flucht, möchte sein Mädchen mitnehmen, aber das führt zu Problemen.

Auch »Seeing The Real You At Last« verwendet eine Reihe von Filmklischees; es ist ein Abschiedssong, dessen Musik durch schwerfällige Bläserriffs und sonstige Soundfüllsel nicht aus-drucksstärker wird. Die sehr aggressive und abwertende Wortwahl des Sängers an sein Gegenüber relativiert sich insofern, als sich immer wieder zeigt, dass letztlich er selbst es ist, der sich im Ver-hältnis der beiden täuscht: Sie ist, wie sie ist, und er erkennt ihr wahres Gesicht. Kein Beinbruch, oder? In eine grundsätzlich ähn-liche Richtung weist »Trust Yourself«, ein simpler Song mit einer simplen Botschaft: Vertrau dir selbst.

»I'll Remember You« ist ein sanfter und im Grunde unbedeu-tender Country-Schlager, bei dem zum Abschied nicht mehr als die Gewissheit bleibt: Ich werde mich immer an dich erinnern. Reizvoll ist wieder der Duettgesang Dylans mit Madelyn Quebec – übrigens der Mutter von Dylans zweiter Ehefrau Carolyn Dennis. Auch »Emotionally Yours« ist ein recht flacher Schlager und könn-te etwa von Pat Boone oder Al Martino gesungen sein. Gerüchten zufolge hat Dylan das Lied angeblich nach einer Begegnung mit Elizabeth Taylor als Hommage an die Diva geschrieben.

Das dritte schlagerartige Lied in Folge ist »Never Gonna Be The Same«, ein Song zum Thema »Erwachen am Morgen danach«, zu-gleich ein gutes Beispiel eines Stücks, das im Grunde durch-schnittlich ist, das man aber gerade einem Bob Dylan nicht ab-nimmt – schon gar nicht in einer derart kitschig verpoppten Fas-sung. Doch Oliver Trager merkt völlig zu Recht an, dass der Song, interpretiert beispielsweise von Tina Turner, durchaus Hit-Chan-cen hätte.

»When The Night Comes Fal-ling From The Sky« ist ein Stück, um das es wirklich schade ist: Ein alle Emotionen unterdrückender stupider Schlagzeugsound verhin-

Cover von »Tight Connections To My Heart (Has Anybody Seen My Love)«: John Marty

Cover von »Trust Yourself«: Carlene Carter

Covers von »I'll Remember You«: Grayson Hugh, Michel Montecrossa

Covers von »Emotionally Yours«: Hanne Boel, Andy Hill, Robyn Hitchcock, Michel Montecrossa, The O'Jays

dert den Blick auf eine reizvolle Szenerie – zwei Liebende, die eigentlich kurz davor sind, einander wieder zu finden, sich aber eher als Gegner im Spiel der Liebe gegenüberstehen denn als Partner. Alle die Komponenten – Träume, Gefühle, Befürchtungen, Hoffnungen – schwingen miteinander in einem geheimnisvollen Raum, aus dem die Nacht fällt.

»Dark Eyes« ist das vielleicht stillste Lied auf ›Empire Burlesque‹ und wird deshalb wohl am ehesten übersehen, doch im Grunde ist es das Meisterwerk der Platte, ein rein akustisches Kleinod, wie es auch auf ›Another Side‹ denkbar wäre. Eine merkwürdig irisierende Melodie führt ein Zwiegespräch mit einer zarten Mundharmonika, daraus eröffnet sich der Blick auf eine Welt, die beim Erstrahlen zweier dunkler Augen mit einem Mal recht unbedeutend wird – wieder einmal ein Beispiel für Dylans Fähigkeit, großartige »kleine Lieder« zu schreiben.

> Covers von »When The Night Comes Falling From The Sky«:
> The Black Crowes, Jeff Healy Band, Willie Hona, Rich Lerner
>
> Covers von »Dark Eyes«:
> Steve Gibbons, Susan McKeown, Michel Montecrossa, Michael Moore, Jan Preston

›Empire Burlesque‹ ist ein Album, das bei Kritikern wie Fans höchst unterschiedlich aufgenommen wird. Während Dylanpuristen wie Michael Gray die Platte völlig verreißen (»modische Popspielereien«, »völlig inakzeptable platte Schlager«) und befürchten, er verspiele damit sein Renommee endgültig, urteilen andere Kritiker milder. So findet zwar auch Nigel Williamson die Scheibe eher schwach, hält sie aber immer noch für besser als vieles, was von anderen Künstlern in dieser Zeit veröffentlicht wird. Sehr viel positiver sieht Oliver Trager das Album, dem er immerhin ein starkes Songpotenzial zuschreibt. Warum, so fragt er, soll man Dylan nicht gestatten, hier einfach mal ein bisschen mit Studiotechnik und Poptrends zu spielen. Doch derart wohlmeinende Stimmen sind selten. Vor allem bei den Fans findet ›Empire‹ wenig Anklang, die aufwändigen Arrangements und die gesamte Produktion werden als blutleer und leblos empfunden, und der Platte wird der im Grunde schlimmste Vorwurf gemacht, den man einem Musiker vom Kaliber eines Bob Dylan machen kann: er biedere sich aktuellen Poptrends an und laufe ihnen nach, anstatt eigene Duftmarken zu setzen. Dass er es auch anders kann, zeigt zumindest »Dark Eyes«.

Im Herbst 1984 flimmern in der ganzen Welt entsetzliche Bilder über eine der verheerendsten Hungerkatastrophen in Äthiopien über die Fernsehschirme. Dies löst das umfassendste Benefizprojekt aus, das bis heute aus dem Kreis der Rockmusik heraus entstanden ist. Den Anfang macht Bob Geldof, der Chef der Boomtown Rats. Er gründet in England die Initiative »Band Aid For Africa« und gewinnt bekannte Rockgrößen Großbritanniens für die Einspielung des Songs »Do They Know It's Christmas«. An der Aufnahme wirken Paul McCartney, Phil Collins, Duran Duran, George Michael, Sting, Status Quo, Elton John, David Bowie, die Eurythmics, Paul Young, U2 und viele andere Topstars mit. Rasch ziehen andere Länder nach: Deutschland liefert den Song »Nackt im Wind« mit BAP, Ina Deter, Herbert Grönemeyer, Klaus Lage, Udo Lindenberg, Wolf Maahn, Peter Maffay, Ulla Meinecke, Marius Müller-Westernhagen, Nena, Spider Murphy Gang, Spliff, Trio und anderen. Österreichische Künstler präsentieren den Song »Warum?«; mit im Boot sind unter anderen Wolfgang Ambros, Peter Cornelius, Georg Danzer, Rainhard Fendrich, André Heller, Opus, Tom Petting und STS. Kanada steuert mit »Tears Are Not Enough« einen der beeindruckendsten Songs bei, Mitwirkende sind Bryan Adams, Gordon Lightfoot, Joni Mitchell, Oscar Peterson, Neil Young und weitere.

Der spektakulärste und erfolgreichste Beitrag aber kommt aus Amerika. Unter dem Logo »U.S.A. For Africa« versammelt sich am 28. Januar 1985 ein einmaliges Staraufgebot in den A & M Studios in Hollywood, um den von Lionel Richie und Michael Jackson geschriebenen Song »We Are The World« einzuspielen. An der Session nehmen teil: Dan Aykroyd, Harry Belafonte, Lindsey Buckingham, Kim Carnes, Ray Charles, Stella E., Bob Geldof, Hall & Oates, James Ingram, die Jackson Five mit Michael Jackson, Al Jarreau, Waylon Jennings, Billy Joel, Cyndi Lauper, Huey Lewis, Kenny Loggins, Bette Midler, Willie Nelson, Jeffrey Osborne, Steve Perry, The Pointer Sisters, Lionel Richie, Smokey Robinson, Kenny Rogers, Diana Ross, Paul Simon, Bruce Springsteen, Tina Turner, Dionne Warwick, Stevie Wonder – und natürlich Bob Dylan. Eine mittlerweile erschienene Doppel-DVD mit ausführlichen Mitschnitten der Studioaufnahmen zeigt, wie sehr er mit seinem knappen Gesangspart kämpfen muss. Das gesamte Projekt gipfelt in einem der größten Events der Rockgeschichte, dem

»Live-Aid-Concert« am 13. Juli 1985, in dem zwei Mammutkon-
zerte – Teil Eins im Wembley-Stadion in London, Teil Zwei im
John-F.-Kennedy-Stadion in Philadelphia – zeitlich nacheinander
geschaltet und live in über fünfzig Länder mit geschätzten eineinhalb Milliarden Zuschauern übertragen werden. Bob Dylan ist der
Schluss- und Top-Act der gesamten Veranstaltung, doch der Auftritt gerät zum Fiasko schlechthin. Zusammen mit Keith Richards
und Ron Wood von den Rolling Stones betritt Dylan die Bühne, die
drei sind ganz offensichtlich ziemlich betrunken, ihre Gitarren sind
nicht gestimmt. Ihr Zusammenspiel scheint völlig ungeprobt, jeder
spielt für sich selbst in seiner eigenen Welt, und so liefern sie drei
Stücke (»Ballad Of Hollis Brown«, »When The Ship Comes In«
und »Blowin' In The Wind«) in einer Weise ab, die jedem unbegab-
ten Straßenmusiker die Schamesröte ins Gesicht treiben würde.
Zudem leistet sich Dylan den Fauxpas, just bei dieser Gelegenheit
an die notleidenden US-Farmer zu erinnern. Damit steuert er das
ernüchternde und peinliche Ende des historischen Rockevents bei,
der seit 2004 auch als zehnstündige Dokumentation in einer
4-DVD-Box vorliegt.[1]

Dylan nimmt sich bis auf zwei weitere Kurzauftritte bei Benefizveranstaltungen (22. September, nun wirklich zugunsten der
US-Farmer; 20. Januar 1986, Memorial Concert For Martin Luther King) bis zum Start einer einmonatigen Australien- und Asi-
entour im Februar 1986 wieder eine lange Auszeit. In diese Phase
fällt das Erscheinen der 5-LP/3-CD-Werkschau ›Biograph‹ (28. Oktober 1985), der plötzliche Herztod Albert Grossmans (25. Januar
1986) sowie am 31. Januar 1986 die Geburt von Dylans Tochter
Desirée Gabrielle Dennis-Dylan. Die Mutter ist Dylans Sängerin
Carolyn Dennis. Die Geburt wie die Hochzeit mit Carolyn am
4. Juni des Jahres (und auch die Scheidung 1992) werden streng
von der Öffentlichkeit abgeschirmt und erst viele Jahre später, in
der Dylanbiografie ›Down The Highway‹ von Howard Sounes, im
Jahr 2001 bekannt.

---

[1] Zwanzig Jahre später, am 1. und 2. Juli 2005 findet in sieben Städten (London, Paris, Philadelphia, Johannisburg, Toronto, Rom und Berlin) unter dem
Titel »Live 8« ein vergleichbarer Benefiz-Event statt, Bob Dylan ist diesmal
nicht mit von der Partie.

Brownsville Girl

Anfang Februar 1986 bricht Dylan zusammen mit Tom Petty und dessen Band Heartbreakers (und einigen Background-Sängerinnen) zu einer gut einmonatigen Tour nach Neuseeland, Australien und Japan auf. Die Konzerte am 24. und 25. des Monats im Entertainment Centre in Sydney werden gefilmt, unter dem Titel ›Hard To Handle‹ am 20. Juni im TV-Sender HBO ausgestrahlt und später als Video- bzw. DVD-Edition herausgebracht.

Zurück in den Staaten erhält Dylan am 31. März den ASCAP-Preis, die höchste Ehrung der »American Society of Composers, Authors and Publishers«, zugleich eine der bedeutendsten Kulturauszeichnungen Amerikas. Die Veranstaltung ist für Dylan überschattet, denn im gleichen Monat begeht der langjährige Vertraute und Mitmusiker Richard Manuel von The Band Selbstmord.

Für die Monate Juni und Juli ist eine Fortsetzung der sehr erfolgreichen Tournee mit Tom Petty in Nordamerika geplant, davor geht Dylan ins Studio, um mit einer wahren Heerschar von Studiomusikern die Titel für sein neuestes Album ›Knocked Out Loaded‹ aufzunehmen. Die Platte wird rasch dem Album ›Selfportrait‹ Konkurrenz machen im Wettlauf um die schwächste Dylanscheibe aller Zeiten.

Der erste Song der Platte stammt noch aus den ›Empire‹-Sessions: »Driftin' Too Far From Shore«. Er wird schon am 26. Juli 1984 als allererster Song jener Aufnahmesitzungen als Warm-up eingespielt, aber für eine Veröffentlichung als zu schlecht empfunden. Nun greift Dylan das Stück wieder auf und integriert es in einem aufgebretzelten Mix auf dem neuen Album.

Viele Kritiker sagen nicht zu Unrecht, das gesamte ›Knocked Out Loaded‹ bestehe im Grunde aus nur einem Song, der gesamte Rest ist Audio-Müll. Dieser Song ist »Brownsville Girl« – ein Lied, dessen Text Dylan zusammen mit dem Drehbuchautor Sam Shepard schreibt. Shepard, der bereits das Script zu ›Renaldo & Clara‹ verfasst hat, trägt durch eine dramatische, fast filmische Konstruktion sehr zur Wucht des Textes bei, der im Grunde das Extrakt eines Drehbuchs darstellen könnte.

220

Album-Info

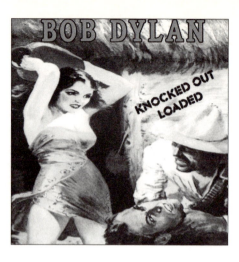

Veröffentlichung: 14. Juli 1986
Produzent: keine Angabe
Gastmusiker:
 Mike Berment (perc)
 Peggi Blu (voc)
 Clem Burke (dr)
 T-Bone Burnett (g)
 Carol Dennis (voc)
 Steve Douglas (sax)
 Anton Fig (dr)
 Milton Gabriel (perc)
 Don Heffington (dr)
 Muffy Hendrix (voc)
 Ira Ingber (g)
 James Jamerson jr. (b)
 Lyn Jones (perc)
 Al Kooper (kb)
 Steve Madaio (tr)
 Queen Esther Marrow (voc)
 John McKenzie (b)
 Vince Melamed (kb)
 Larry Meyers (mand)
 John Paris (b)
 Brian Parris (perc)
 Al Perkins (g)
 Raymond Lee Pounds (dr)
 Madelyn Quebec (voc)
 Vito San Filippo (b)
 Carl Sealove (b)
 Patrick Seymour (kb)
 Jack Sherman (g)
 Dave Stewart (g)
 Annette May Thomas (voc)
 Ron Wood (g)
 dazu ein Kinderchor sowie
 Tom Petty And The Heartbreakers
Covergestaltung: Charles Sappington

Songs:
 1. You Wanna Ramble
 2. They Killed Him
 3. Driftin' Too Far From Shore
 4. Precious Memories
 5. Maybe Someday
 6. Brownsville Girl
 7. Got My Mind Made Up
 8. Under Your Spell
(1. H. Parker Jr.,
 2. Kris Kristofferson
 3., 5., 6. Bob Dylan,
 4. Trad.; arr. Bob Dylan
 7. Bob Dylan & Tom Petty
 8. Bob Dylan & C. B. Sager)

Der Song dauert elf Minuten und liegt damit zeitmäßig im Bereich von »Desolation Row« und »Sad Eyed Lady Of The Lowlands«. Allerdings ist die Textanlage bei »Brownsville Girl« metrisch und sprachrhythmisch sehr unregelmäßig und viel gedrängter. Sam Shepard zeigt sich darüber besorgt, doch Dylan winkt ab: »Ich krieg das beim Singen schon hin.« Entsprechend zwängt er in

Session	Bisher offiziell veröffentlicht	Bisher offiziell unveröffentlichte Songs und Outtakes
28. 4. bis 16. 5.1986: Topanga Park/California, Skyline Studios		
19. und 20. 5. 1986: Van Nuys/California, Sound City	alle auf ›Knocked Out Loaded‹	
28. 4. bis 2. 5.1986	Brownsville Girl	You'll Never Walk Alone Unchain My Heart Lonely Avenue Without Love
5. Mai 1986	They Killed Him You Wanna Ramble	
6. Mai 1986	Precious Memories	It's Too Late
7. bis 9. 5. 1986	Under Your Spell	Come Back Baby (One More Time) Wild & Wicked World
14. bis 16. 5. 1986	Maybe Someday	So Good I Need Your Lovin'
19. und 20. 5. 1986	Got My Mind Made Up	

seinem völlig unmelodischen Sprechgesang Zeilen wie »Now I've always been the kind of person, that does not like to trespass, but sometimes you just find yourself over the line« in das gleiche zeitliche Fenster wie die Zeile »Well there was a movie I seen one time« oder auch »Well they were looking for somebody with a pompadour«. Allein dadurch erhält der Song eine fast beklemmende Gedrängtheit.

Grundlage des Songs ist ein Film mit Gregory Peck (›The Gunfighter‹, 1950, dt. ›Der Scharfschütze‹), in dem das Klischee des Helden umgedreht wird. Peck spielt einen müden Pistolero, der, obwohl er es versucht, seinen Ruf als Killer nicht mehr abzuschütteln vermag. Dylan und Shepard verflechten Szenen und Eindrücke aus dem Film mit allgemeinen Szenarien und Reflexionen zum Thema »Trennung und Wiederfinden«. Ausgangspunkt ist die Filmsequenz, in der Peck alias Johnny Ringo bei einem Duell er-

schossen wird. Aus dieser Rückblende heraus entwickelt sich die
Geschichte um eine Autofahrt mit einem ominösen Brownsville
Girl, das der Erzähler aber an der Grenze zu Mexiko verliert.
Irgendwann sieht man ihn schließlich mit einer anderen Person
auf der Suche nach einem gewissen Henry Porter weiterfahren.
Gemeinsam treffen sie aber lediglich auf dessen Frau Ruby, die –
völlig desillusioniert – im Grunde nur ihrer Umgebung entfliehen
will. In all diese Begebenheiten drängen sich Erinnerungsszenen
aus dem Film und Gedanken an das Brownsville Girl. Der Song ist
ein Epos, wie es in der Rockmusik wohl nur von Dylan stammen
kann. Und während dessen Stücke oft in einer Art kreativer Explosion in sehr kurzer Zeit spontan entstehen, arbeitet er an
»Brownsville Girl« über einen langen Zeitraum. Eine frühere und
erheblich kürzere Version kursiert als »New Danville Girl« (inspiriert von Woody Guthries »The Gambler«) auf einer Reihe von
Bootlegs.

Dylan spielt »Brownsville Girl« nur ein einziges Mal live: am
6. August 1986 beim Abschlusskonzert der Tour mit Tom Petty im
kalifornischen Paso Robles im Mid-State Fairground. Die Interpretation ist Kernstück von Dylans Solo-Set und dauert fünfzehn
Minuten. Ein kurzer Ausschnitt dieses Auftritts wird einen Tag
später in ABC-TV in der Sendung ›Entertainment Tonight‹ im US-
Fernsehen ausgestrahlt.

Die weiteren Stücke auf ›Knocked Out Loaded‹ sind vergleichsweise dünn und blutleer. »They Killed Him« ist das Cover
eines eher unbedeutenden Liedes der Songwriter-Ikone Kris Kristofferson, der mit »Me And Bobby McGee«, »Sunday Morning
Coming Down« und vielen anderen Stücken herausragende
Beiträge zum amerikanischen Songbook geliefert hat. »They Killed
Him« stammt aus dessen erst im März 1987 erscheinenden Album ›Repossessed‹ und ist eine sehr klischeehafte Thematisierung
eines Outlaw-Schicksals. »You Wanna Ramble« ist ein Blues aus
dem Jahr 1954 des als Junior Parker bekannten Musikers Herman
Parker (um 1927–1971), der durch Aufnahmen mit Sonny Boy
Williams und Howlin' Wolf eine gewisse Szenebekanntheit erreichte. Dylans Aufnahme ist ein flott gespielter Bluesrock und erweitert das Original textlich um ein paar Strophen.

»Precious Memories« ist ein von Dylan schmalzig-kitschig
arrangierter Country-Gospel-Song mit viel schwülstigem Chor.

Bei diesem Stück werden düstere Erinnerungen an manche Entgleisung auf ›Selfportrait‹ wach. Ebenso bei dem folgenden Song, »Under Your Spell«, den Dylan zusammen mit Carol Bayer Sager verfasst hat. Die Dame hat in den achtziger Jahren in den Staaten einen vergleichbaren Ruf wie Ralph Siegel im deutschsprachigen Raum: Sie ist eine Schlagerkomponistin und -produzentin, die mit recht platten Songs große Erfolge feiert. »Under Your Spell« kommt als Abschlusstitel auf das Album, für Dylanhörer fast unerträglich kitschig.

Die beiden als letzte Stücke eingespielten Nummern, »Maybe Someday« und »Got My Mind Made Up« hängen inhaltlich zusammen, in beiden Fällen geht es wieder einmal um Trennung. »Maybe Someday« ist ein Hass- und Rachelied an jene Frau, die den Sänger verlassen hat. Doch dem Song fehlt die Wucht früherer Zornesausbrüche Dylans, er ärgert sich sozusagen im merkwürdig gebremsten Schmalspurformat, und der Inhalt lässt sich auf eine Zeile reduzieren: Vielleicht wirst du eines Tages kapieren, was du mit mir verloren hast. »Got My Mind Made Up«, geschrieben zusammen mit Tom Petty, ist im Vergleich dazu ein musikalisch ansprechender, flotter Rocksong, in dem die Rollen nun umgekehrt sind. Hier ist Dylan derjenige, der verlässt, und er bringt dies recht unverblümt zum Ausdruck: Lieber häng ich auf einer libyschen Ölraffinerie herum, als mit dir was zu unternehmen.

Die Reaktionen auf ›Knocked Out Loaded‹ sind nahezu einhellig: Die Platte gilt als gründlich misslungen und unbefriedigend, lediglich »Brownsville Girl« ist albumtauglich, der Rest hat kaum Outtake-Niveau. Allein schon rein mengenmäßig zeigt sich die kreative Abstinenz Dylans in dieser Zeit: Die Platte enthält nur zwei reine Dylansongs, davon ist einer als ›Empire‹-Outtake schon fast zwei Jahre alt, der Rest sind Coproduktionen und Coverversionen. Das Album steht am Beginn einer Phase Dylans, die geprägt ist von viel künstlerischem Leerlauf. Einzig einige Konzerte und das Projekt der »Traveling Wilburys« (siehe Seite 282) ragen aus einer Reihe qualitativ minderwertiger Arbeiten heraus.

Am 4. Juni 1986 heiratet Dylan abgeschottet von aller Öffentlichkeit seine Sängerin Carolyn Dennis. Es wurde schon erwähnt: Die Ehe wird wie die Scheidung im Jahr 1992 bis ins Jahr 2001 geheim gehalten und generell gilt: Spätestens von diesem Zeitpunkt an gelangen so gut wie keinerlei verlässliche Informationen über Dylans Privatleben mehr in die Öffentlichkeit – was die Klatschpresse natürlich nur umso mehr zu gewagtesten Spekulationen ermuntert.

Im Spätsommer beginnt Dylan in England mit den Soundtrack- und Filmaufnahmen für ›Hearts of Fire‹. Unter der Regie von Richard Marquand erzählt der Streifen die Geschichte des alternden Rockstars Billy Parker, der die junge Musikerin Fiona unter seine Fittiche nimmt. Dylan spielt die Hauptrolle, an seiner Seite agieren Molly McGuire als Fiona und in Nebenrollen Ian Dury und Richie Havens. Die Premiere des bei Kritik und Publikum gleichermaßen durchgefallenen Films ist am 9. Oktober 1987, wenige Tage nach dem plötzlichen und frühen Tod des Regisseurs Marquand.

Political World

Das Jahr 1987 zerfällt für Dylan künstlerisch in zwei Teile. Von Januar bis Juni ist er bei zahlreichen, aber im Grunde wenig zielorientierten Sessions im Studio und spielt mit wechselnder Begleitband hauptsächlich Covers und einige wenige Neukompositionen ein. Die Titel können durch die Bank nicht überzeugen, werden aber dennoch ein Jahr später, Ende Mai 1988, unter dem Titel ›Down In The Groove‹ veröffentlicht (siehe hierzu Seite 276).

Ab Juli geht Dylan wieder auf Tour. Zunächst gibt er zusammen mit der Psychedelic-Kultband Grateful Dead sechs Konzerte in den USA. Die Auftritte werden mitgeschnitten und erscheinen im Februar 1989 unter dem Titel ›Dylan & The Dead‹ sowie als alternative Schwarzmarkt-Variante ›The Unreleased Dylan & The Dead‹ (siehe Seite 271). Im September und Oktober führen ihn seine Tourneepläne nach Europa, und Dylan gibt Konzerte in Israel, Italien, Dänemark, Finnland, Schweden, Frankreich, Belgien und England. Auch in der Schweiz und in Deutschland macht er Station.[1]

Am 20. Januar 1988 erhält Dylan eine der höchsten Auszeichnungen der Rockmusik: Im Rahmen einer pompösen Festveranstaltung im New Yorker Waldorf Astoria Hotel wird er offiziell in die »Rock'n'Roll Hall Of Fame« aufgenommen. Zweieinhalb Monate später treffen in Dylans Garagenstudio in Malibu fast zufällig George Harrison, Jeff Lynne (Electric Light Orchestra), Roy Orbison und Tom Petty zusammen, gründen spontan eine Session-Band namens Traveling Wilburys und nehmen als ersten Song »Handle With Care« auf (siehe hierzu Seite 282). Weitere Aufnahmen folgen Mitte Mai in Dave Stewarts (Eurythmics) Heim-

---

[1] 10. September, Basel, St. Jakobs Halle; 5. Oktober, Locarno, Piazza Grande; 15. September, Dortmund, Westfalenhalle 1; 16. September, Nürnberg, Frankenhalle; 17. September, Ostberlin, Treptower Festwiese; 20. September, Hannover, Messehalle 20; 28. September, Frankfurt, Festhalle; 29. September, Stuttgart, Hanns-Martin-Schleyer-Halle; 30. September, München, Olympiahalle.

Album-Info

Veröffentlichung: 22.9.1989
Produzent: Daniel Lanois
Gastmusiker:
   Malcolm Burn (kb, perc)
   Rockin' Dopsie (acc)
   Willie Green (d)
   Tony Hall (b)
   John Hart (sax)
   Daryl Johnson (perc)
   Larry Jolivet (b)
   Daniel Lanois (g, steel-g, do, omn)
   Cyril Neville (perc)
   Alton Rubin Jr. (d)
   David Rubin Jr. (sb)
   Mason Ruffner (g)
   Brian Stoltz (g)
   Paul Synegal (g)
Coverillustration: Trotsky

Songs:
1. Political World
2. Where Teardrops Fall
3. Everything Is Broken
4. Ring Them Bells
5. Man In The Long Black Coat
6. Most Of The Time
7. What Good Am I?
8. Disease Of Conceit
9. What Was It You Wanted
10. Shooting Star
(alle Titel Bob Dylan)

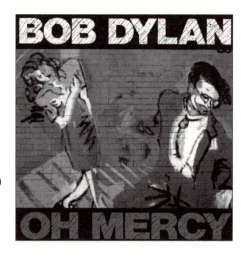

studio in Los Angeles. Die Platte kommt im Oktober auf den Markt und klettert augenblicklich unter die Top-3 der US-Album-Charts.

Ansonsten ist die zweite Hälfte des Jahres 1988 angefüllt mit einer strapaziösen Tour durch die Staaten und durch Kanada. In gut vier Monaten gibt Dylan mit seinen Musikern mehr als siebzig Konzerte. Dabei greift er auf eine »klassische« Rockbesetzung zurück, bestehend aus zwei Gitarren (Dylan & G. E. Smith), Bass (Kenny Aaronson) und Schlagzeug (Christopher Parker). Es sind weder Keyboards noch Sängerinnen integriert, vereinzelt stehen aber Gastmusiker wie etwa Neil Young, Joe Walsh oder Tracy Chapman mit auf der Bühne.

Nach der Tour zieht sich Dylan nach Minnesota zurück – vordergründig, um sich von der anstrengenden Tour zu erholen. Über die fünf Monate bis Mitte März 1989 dringt nur sehr wenig an die Öffentlichkeit. Viel zu beschäftigt scheint er mit sich selbst und

Session alle in New Orleans/ Louisiana, Studio-On-The-Move Emlah Court	Bisher offiziell veröffentlicht OM – Oh Mercy GH 3 – Greatest Hits 3 BS 3 – Bootleg Series 3	Bisher offiziell unveröffentlichte Songs und Outtakes
7. März 1989	Ring Them Bells (OM)	
8. März 1989	Political World (OM) Disease Of Conceit (OM)	
12. März 1989	Most Of The Time (OM)	God Knows
13. März 1989	Dignity (GH 3)	
30. März 1989	Series Of Dreams (BS 3)	
3. April 1989	Everything Is Broken (OM) Shooting Star (OM)	
4. April 1989	Man In The Long Black Coat (OM)	
7. April 1989	What Good Am I? (OM)	
8. April 1989	Where Teardrops Fall (OM)	
10. April 1989	What Was It You Wanted (OM)	
28. 2. bis 29. 3.1989		Born In Time Three Of Us Be Free

einer neuen, sehr grundsätzlichen Weichenstellung seines Lebens zu sein. (Einen Einblick in Szenen dieser Lebensphase gibt das vierte Kapitel, »Oh Mercy«, in Dylans Autobiografie ›Chronicles 1‹.) Das Ergebnis seiner Neuorientierung ist jedenfalls: Dylan schreibt neue Songs für ein Album, und es ist das mit Abstand Beste, was ihm in den gesamten achtziger Jahren gelingt; außerdem plant er wieder eine neue Tour ab Ende Mai 1989. Diese Konzertreise wird zum Beginn seiner so genannten »Never Ending Tour«: Bis heute tourt Dylan fast permanent und absolviert weltweit jährlich rund hundert Auftritte (mehr zur »Never Ending Tour« siehe Seite 272).

Ende Februar, Anfang März betritt Dylan nach fast zwei Jahren wieder ein Studio, um ein neues Album einzuspielen. In seinem Tross befinden sich eine Reihe hervorragender Sessionmusiker sowie vor allem sein neuer Produzent Daniel Lanois, der einen wesentlichen Anteil daran hat, dass die neuen Aufnahmen ein völlig unerwartetes Highlight in Dylans Karriere werden. Vor allem die lockere und kreative Atmosphäre, in der die Sessions zu ›Traveling Wilburys Vol. 1‹ stattfinden, scheinen Dylan zu neuen Höchstleistungen anzuspornen, wie auch George Harrison anmerkt: »Ich habe keine Zweifel, dass er ein neues großes Album aufnehmen wird. Die Wilburys haben geholfen, dass Bob seinen Enthusiasmus und seine Kreativität zurückgewinnt. Das ist doch eine Menge wert.« In der Tat überragen die Aufnahmen seines neuen Albums ›Oh Mercy‹ alles, was er nach ›Desire‹ einspielt.

Der erste Song der Sessions ist »Ring Them Bells«, ein tief spirituelles Lied, das aber im Gegensatz zu vielen Songs seiner drei »religiösen Alben« weniger durch seine textliche Penetranz beeindruckt als vielmehr durch seine unaufdringlich heitere Gelassenheit. Es besteht kein Zweifel: Hier singt ein gläubiger Mensch, aber er singt auch für den, der seinen Glauben nicht teilt – ein Gospelsong im besten modernen Kleid, sparsam und sensibel instrumentiert.

»Political World«, als zweite Nummer einen Tag nach »Ring Them Bells« eingespielt, wird zum programmatischen Eröffnungstitel der Platte: Wir leben in einer Welt, in der es nur um Macht und wirtschaftliche Interessen geht, in der aber für Liebe – Symbol für Humanität sowie soziale Gerechtigkeit – nur sehr wenig Platz ist. Dylan benutzt den Begriff »Politik« geradezu als Synonym für einen gesellschaftlichen Verfall und prangert vor allem Friedlosigkeit und Dummheit an. Dylan artikuliert in diesem Song seine Beklemmung durch einen sehr gehetzten und getriebenen, melodielosen Sprechgesang. Damit spiegelt er emotional die Unsicherheit und Angst vieler Menschen wider – ein brillantes Stück über die Kälte in unserer Welt. Oliver Trager vergleicht die Frostigkeit des Songs zu Recht mit jener von »Ballad Of A Thin Man« aus dem Jahr 1965, und mit seiner apokalyptischen

Covers von »Ring Them Bells«:
Joan Baez, Rinde Eckert, Steve Gibbons, Barb Jungr, Jubilant Sykes

Cover von »Political World«:
Michel Montecrossa

Orientierung steht »Political World« in einer Tradition mit »A Hard Rain's A-Gonna Fall«, »Desolation Row« und anderen Songs der sechziger Jahre.

Dylan selbst äußert sich zu diesem Lied ungewöhnlich konkret in ›Chronicles‹: »Songs sind wie Träume, die man wahrzumachen versucht. Manchmal kann das, was man um sich herum sieht oder hört, einen Song beeinflussen. Vielleicht war ›Political World‹ vom aktuellen Geschehen inspiriert. Der heiße Wahlkampf, der um das Amt des Präsidenten tobte [George Bush sr. gegen Mike Dukakis], konnte niemandem entgehen. Aber Politik als Kunstform interessierte mich nicht, daher glaube ich nicht, dass das schon alles war. Der Song ist zu breit angelegt. Die politische Welt, um die es geht, ist eher eine Unterwelt, nicht die Welt, in der Menschen leben, sich abrackern und sterben.«

»Disease Of Conceit« ist ein Lied mit einer für Dylans Verhältnisse harmonisch ungewöhnlich komplexen Struktur. Vordergründig ist der Song eine stille Meditation über die Krankheit des Dünkels, der Eitelkeit und des Hochmuts. Inspiriert wird Dylan nach eigenem Bekunden durch den Fall eines bekannten Baptistenpredigers, Jimmy Swaggert, der wegen seines Kontakts zu einer Prostituierten sein Amt aufgeben muss. Dylan thematisiert den Vorfall nicht ausdrücklich, doch es ist offenkundig, dass er »beide Seiten der Wahrheit« betrachtet und sich einen unverstellten Blick bewahrt: Er erkennt die anmaßende Fehleinschätzung des Geistlichen im Hinblick auf dessen öffentliche Wirkung genauso wie die bigotte Doppelmoral ebenjener Öffentlichkeit. Der Song hätte thematisch auch auf ›Shot of Love‹ gepasst, doch wäre er dort wohl »unter ferner liefen« verschwunden, während er hier auf ›Oh Mercy‹ allein schon durch seine brillante Produktion wirkungsvoll zur Geltung kommt.

»Most Of The Time« ist ein sensibles, persönliches Liebeslied über eine Beziehung, die längst vergangen ist. Waren wir überhaupt je zusammen? Es findet sich nirgendwo ein Hinweis auf die Identität der besungenen Ex-Partnerin – auch in ›Chronicles‹, wo Dylan sich sehr dezidiert zu den Songs von ›Oh Mercy‹ äußert, findet sich keine entsprechende Bemerkung –, doch sehr vieles spricht für Sara und die einzigartige Intensität der Beziehung zu ihr. Selbst in der Zeit der zweiten Ehe dürfte sie als einzige seiner Ex-Partnerinnen so viel Raum in Dylans Denken einnehmen, dass

er ihr noch Lieder schreibt, zumal der Kontakt zwischen beiden
allein schon wegen der vier gemeinsamen Kinder nie völlig ab-
reißt. Das Lied ist intensiv und zärtlich, ein idealer inhaltlicher
und emotionaler Kontrapunkt zum folgenden »Everything Is Broken«. Dieser klassische Zwölf-Takt-Blues ist quasi das Branchen-
verzeichnis einer verrückten und psychotisch kaputten Welt, in
der humane Wertmaßstäbe nicht mehr greifen. Alles ist aus den
Fugen geraten, zerbrochen. Der irisierende Vibrato-Sound der
Lead-Gitarre unterstützt dieses Fehlen jeglichen verlässlichen Un-
tergrunds auf musikalische Weise perfekt. »Shooting Star« ist ein
zartes Gute-Nacht-Lied, in dem Dylan angesichts einer Stern-
schnuppe über die Vergänglichkeit sinniert: über die Wandlungen
und Wechselfälle des Lebens und was am Ende davon übrig bleibt.
Ein stiller, träumerischer Song, zugleich der ideale Abschluss eines
hervorragenden und in jeder Hinsicht kraftvollen Albums.

Ein düsterer geheimnisvoller Song um eine von Dylans »Lieb-
lingsfiguren«, den mysteriösen Fremden, wie er schon in »Lily,
Rosemary And The Jack Of Hearts«, in »Señor« und in einer Reihe
anderer Songs auftaucht, ist »Man In The Long Black Coat«. Der
fremde Mann in seinem schwarzen Mantel bleibt völlig im Dun-
keln: Es heißt nur, er hätte aus der Bibel zitiert. Doch obwohl
(oder vielleicht auch weil) der Mann so gespenstisch ist, folgt ihm
die weibliche Hauptfigur des Songs, eine nicht minder anonyme
»Sie«, fast hypnotisiert und magnetisch angezogen. Selten gibt ein
Soundmuster auf einer Dylan-Platte eine düstere, gespenstische
Stimmung so perfekt wieder, wie das bei diesem Song der Fall ist.
Dylan erinnert sich an die Session: »Wir nahmen ›Man In The
Long Black Coat‹ auf, und eine seltsame Veränderung schlich sich
in unsere Wahrnehmung. Ich merkte das und Danny [i. e. Daniel
Lanois, der Produzent] auch. Die Akkordfolge, die Dominant-
akkorde und die Tonartwechsel verleihen dem Song von Anfang
an seine hypnotische Macht – sie deuten bereits an, worauf der
Text hinauswill. Die Aufnahme klingt nach Verwüstung, es gibt
nichts Verlässliches, selbst der Verfall verfällt. Es ist bedrohlich

Cover von »Political World«:
Michel Montecrossa

Covers von »Shooting Star«:
David Gog, Andy Hill

Covers von »Man In The Long Black
Coat«:
Emerson, Lake & Palmer,
Michel Montecrossa, Joan Osborne

und schrecklich. Der Song kam immer näher – er drängte sich in die kleinste Ritze.«

»What Good Am I?« ist wieder ein persönliches Lied, in dem Dylan, ohne zu sehr ins Detail zu gehen, grundsätzliche und existenzielle Überlegungen anstellt: Wozu bin ich gut, wenn ich bloß genauso bin wie die anderen? Dylans Anstoß für diese Frage ist kein psychischer und schon gar kein depressiver, sondern ein spiritueller: Er stellt darüber letztlich die Frage nach Gott. Ein stiller und fast schüchterner Song, den Dylan bis in die Mitte der neunziger Jahre häufig in seine Live-Programme integriert.

»Where Teardrops Fall« ist als sanfter, einschmeichelnder Countrysong mit dominierender Hawaii-Gitarre nicht nur musikalisch der absolute Gegenpol zu »Political World«. Das Stück porträtiert ein Land, in dem Tränen fallen – Freudentränen wie solche des Schmerzes. Und dieser Ort der Tränen ist ein Platz voller Emotionen, Zauber und Menschlichkeit. Das Stück endet mit einem kurzen, aber sehr genauen und eleganten Saxofon-Solo.

Der letzte Song der Sessions ist »What Was It You Wanted«, ein Lied in der direkten Tradition von »It Ain't Me, Babe« mit der zentralen Frage: Was wollt ihr eigentlich alle von mir? Dylan wünscht sich, in Ruhe gelassen zu werden, wendet sich gegen all den Trubel um seine Person und fühlt sich verraten, wie die Anspielung auf einen Judas, der ihn küsst, zeigt. Dylan greift auf sehr subtile Weise die Paranoia des Starkults an, der nicht zuletzt im Mord an John Lennon durch einen »Fan« fast zehn Jahre zuvor eine geradezu perverse Tragik entwickelt hat.

Covers von »What Was It You Wanted«: Steven Keene, Willie Nelson, Chris Smither

Zur ›Oh Mercy‹-Session gehören noch zwei Titel, die es schließlich nicht auf das Album schaffen, die aber im Nachhinein veröffentlicht sind: »Series Of Dreams« und »Dignity«. Der erste Song vermischt persönliche Reflexionen mit sehr vagen Traumsequenzen zu einer etwas blass geratenen Introspektive und fällt gegenüber dem Durchschnitt des Albums ein wenig ab. »Dignity« fügt sich hingegen thematisch eng an den Inhalt des Albums: Es stellt die Frage nach der Würde in einer aus den Fugen geratenen Welt. Der Song erscheint als Bonustitel auf ›Greatest Hits 3‹ sowie in einer Live-Version auf ›Unplugged‹.

Die achtziger Jahre sind für Bob Dylan ein künstlerisch eher enttäuschendes Jahrzehnt. Seine Arbeiten sind bis auf ›Infidels‹ und seine Beiträge zu den Traveling Wilburys kraft- und farblos, Alben wie ›Empire Burlesque‹ oder ›Knocked Out Loaded‹ werden von Fans wie Kritikern als Verirrungen gesehen und bringen ihm keinerlei Anerkennung ein. Doch das Entscheidende ist vielleicht: Nicht nur die Öffentlichkeit schreibt Dylan ab – das hat sie schon öfter getan –, auch er selbst glaubt nicht mehr an seine künstlerische Kraft, wie er in ›Chronicles‹ eindrucksvoll beschreibt:

»Ich war von jeglicher Inspiration abgeschnitten, alles lag in Trümmern. Meine eigenen Songs waren mir fremd geworden. Ich hatte die Fähigkeit verloren, ihren Nerv zu treffen; ich konnte nicht einmal mehr die Oberfläche ankratzen. Also noch einmal mit Tom Petty groß absahnen und dann Schluss. Der Spiegel hatte sich gewendet, und ich konnte in die Zukunft sehen – einen alten Schauspieler, der die Mülltonnen hinter dem Theater nach vergangenen Triumphen durchwühlt. Ich hatte in meinem Leben eine ganze Menge Songs geschrieben, ich rechnete nicht damit, jemals wieder zu schreiben. Ich brauchte keine neuen Songs. Das änderte sich eines Nachts, als alle schliefen und ich am Küchentisch saß. Ich schrieb ungefähr zwanzig Strophen für einen Song, den ich ›Political World‹ nannte, das war der erste von zwanzig Songs, die ich im Laufe des nächsten Monats schreiben sollte. Sie kamen einfach aus dem Nichts. Vielleicht hätte ich sie nicht geschrieben, wenn ich mich damals nicht so unbrauchbar gefühlt hätte. Ich hatte das Gefühl, dass mir mit ›Political World‹ irgendein Durchbruch gelungen war. Es schien, als sei ich aus einem tiefen, betäubten Schlaf erwacht – jemand schlägt auf einen kleinen silbernen Gong, und du kommst wieder zu dir.«

Das Ergebnis ist ein alle überraschendes Comeback, wie es machtvoller nicht sein könnte. ›Oh Mercy‹ ist ein eindringliches Album mit Songs voller Intuition und einer nun wieder poetischen und kraftvollen Sprache. Das Hauptthema findet sich im Eröffnungssong »Political World«: die Irrungen und Wirrungen, die der Einzelne in einer aus der Ordnung geratenen Welt erlebt. In seiner Mischung aus Liedern der Hoffnungslosigkeit und daneben des kleinen und ganz privaten Glücks zwischendrin zeigt sich ein Künstler, der seinen Platz in der Welt wieder gefunden hat, ohne diese Welt verdammen oder schönfärben zu müssen. Ein wesentlicher Beitrag zum besonderen Status von ›Oh Mercy‹ ist die hervorragende Produktion durch Daniel Lanois. Dylan und Lanois sind zwei Männer mit zum Teil sehr konträren Vorstellungen über das Wesen eines Songs. Entsprechend ist die gemeinsame Arbeit am Album durchaus spannungsreich, Kompromisse über Sound und Konzeption der einzelnen Songs müssen stellenweise hart erkämpft werden. (Einen guten Eindruck über das Ringen der beiden liefert wiederum das Kapitel »Oh Mercy« in ›Chronicles‹.) Aber jeder der beiden bringt sein Bestes ein, und in einigen ganz grundlegenden Ansätzen sind sie sich sehr einig, wie bereits das erste Aufeinandertreffen zeigt:

»Schon nach einer Stunde wusste ich, dass ich mit ihm zusammenarbeiten konnte; ich fand ihn überzeugend. Ich hatte keine Ahnung, was für eine Platte ich machen sollte. Ich wusste nicht einmal, ob die Songs etwas taugten. Ich hatte sie mir lange nicht mehr angesehen, die meisten hatten noch nicht einmal Melodien. Danny sagte: ›Also, wenn du wirklich willst, kannst du eine fantastische Platte machen.‹ Ich sagte kurz und bündig: ›Ich brauche natürlich deine Hilfe‹, und er nickte. Er meinte, Hits seien ihm egal. ›Miles Davis hat auch nie einen gehabt.‹ Das war mir ganz recht.«

Abseits von Kriterien wie Hits steuert Dylan Songs in einer Qualität bei, wie sie ihm lange nicht mehr geglückt sind – auch wenn Lanois wohl immer wieder nörgelt, dass er keine Songs wie »Masters Of War«, »Gates Of Eden« oder »With God On Our Side« und Ähnliches zur Verfügung habe. Lanois entpuppt sich als Meister der Studiotechnik. Durch seinen geschickten Einsatz aller möglichen elektronischen Hilfsgeräte gelingt ihm ein intensiver Sound, der einem Live-Auftritt sehr nahe kommt.

Under The Red Sky

Jede Dylan-Chronologie sollte für den Januar 1990 zumindest drei Einträge bereithalten: erstens den Beginn der Aufnahmesessions am 6. Januar für sein neuestes Album ›Under The Red Sky‹; zweitens den zur Legende geratenen Auftritt Dylans am 12. Januar im Toad's Place in New Haven/Connecticut; drittens die Verleihung des Titels »Commandeur des Arts et des Lettres« aus den Händen des französischen Kulturministers Jack Lang am 30. Januar.

Diese Auszeichnung gehört zu den höchsten Kulturpreisen Frankreichs, eine Ehrung, die nur wenigen Nichtfranzosen zuteil wird. Die Zeremonie wird von dem TV-Sender Europe 2 in Frankreich live im Rahmen einer Fernsehgala übertragen, Ausschnitte werden in vielen Ländern gesendet, auch das amerikanische TV-Magazin ›Entertainment Tonight‹ berichtet ausführlich.

Zweieinhalb Wochen zuvor beginnt mit einem Auftritt im New Havens Club Toad's Place Dylans nächster Tourabschnitt, zunächst durch Nordamerika und Brasilien, im Sommer dann auch durch Europa: darunter am 3. Juli auf der Freilichtbühne im Stadtpark Hamburg; am 5. Juli im Kongresszentrum Berlin; schließlich am 9. Juli im Casino de Montreux. Der Auftritt in Toad's Place vor rund 700 Zuhörern ist eigentlich nur als Warm-Up für die folgenden Konzerte in São Paulo und Rio de Janeiro geplant, doch die Show erreicht rasch den Ruf als eine der beeindruckendsten und längsten in Dylans gesamter Karriere. In vier Blöcken bringt er zwischen halb neun Uhr abends und halb drei Uhr morgens fünfzig (!) Songs, darunter auch höchst selten gespielte Nummern wie »Stuck Inside Of Mobile With The Memphis Blues Again«, »Watching The River Flow« oder »Joey«. Zeugen des Konzerts berichten von einem bestens gelaunten Dylan, der einige Titel auf Wunsch des Publikums ad hoc aufgreift und spontan improvisiert. Begleitet wird er dabei von seiner Stammbesetzung der ersten Jahreshälfte 1990: G. E. Smith an der Lead-Gitarre, Tony Garnier am Bass und Christopher Parker am Schlagzeug.

Bereits am Heilige-drei-Königs-Tag 1990 beginnen die Aufnahmesessions für das neu anstehende Album ›Under The Red

Sky‹, die ersten vier Songs werden dabei fix und fertig eingespielt. Die restlichen sechs Songs der Platte entstehen in einer nicht näher bekannten Anzahl von weiteren Sessions im März und April des Jahres.

»10,000 Men« ist ein skurriler und surrealistisch überdrehter Blues über jede Menge Männer, Frauen und deren Verhältnis zueinander. Doch am Ende des kurzen Textes sind sowohl die 10 000 Männer wie auch die dazugehörigen 10 000 Frauen verschwunden, und Dylan bedankt sich artig bei seinem Baby für den Tee, den sie ihm bereitgestellt hat. »God Knows« ist kein Song mit einer erzählten Geschichte, sondern stellt eher einen Katalog oder eine Auflistung all der kleinen Dinge dar, die vor Gott nicht verborgen werden können. Das musikalisch merkwürdig strukturierte Stück besticht durch einige packende Bluesriffs der Gitarrenlegenden Stevie Ray Vaughan und David Lindley.

»Handy Dandy« ist das bissige Portrait eines saturierten, im Grunde von allem gelangweilten und aller Dinge überdrüssigen Dandys, der nichts und niemanden wirklich an sich heranlässt und letztlich an seiner prunkvollen Nichtigkeit erstickt. Die Songeinleitung von Al Kooper an der Orgel erinnert an die ersten Töne von »Like A Rolling Stone«, wo derselbe Musiker mit einem ganz ähnlichen Riff einsteigt. Entsprechend verharrt das gesamte Stück im Soundmuster von ›Highway 61 Revisited‹ bzw. ›Blonde On Blonde‹. Darüber hinaus ist die Ähnlichkeit zwischen dem Dandy und seiner »Rolling Stone«-Parallele Miss Lonely auffallend. Dabei wird deutlich: Miss Lonely fällt zwar – drastisch ausgedrückt – böse auf die Schnauze, aber sie hat immerhin die Chance, sich wieder aufzurappeln. Dieser Ausweg steht dem Dandy nicht offen: Er ist zu hohl dafür und hat sich schon zu weit in die Abhängigkeit von seinem Mikrokosmos mit all den falschen Freunden und falschen Werten begeben.

Mit »Cat's In The Well« endet ein ertragreicher Sessiontag im Januar 1990 – das Stück ist ein schwungvoller Zwölf-Takt-Blues, in dem fast kinderliedartig allerlei biblisch besetzte allegorische Tiergestalten in verschiedenen kleinen Alltagsszenen vorbeiziehen, während eine bedauernswerte Katze in ihrer Alltagskatastrophe gefesselt bleibt: Sie ist in einen Brunnen gefallen.

Die Sessions im Frühjahr beginnen wahrscheinlich mit »Wiggle Wiggle«, einem lustigen und schwungvollen Nonsens-Rock, der

Album-Info

Veröffentlichung: 17.9.1990
Produzenten: Don Was, David Was &
    Jack Frost
Gastmusiker:
    Kenny Aronoff (d)
    Sweet Pea Atkinson (voc)
    Rayse Biggs (tp)
    Sir Harry Bowens (voc)
    Paulinho Da Costa (perc)
    David Crosby (voc)
    Robben Ford (g)
    George Harrison (g)
    Bruce Hornsby (p)
    Randy Jackson (b)
    Elton John (p)
    Al Kooper (kb)
    David Lindley (bz, g)
    David McMurray (sax)
    Donald Ray Mitchell (voc)
    Jamie Muhoberac (org)
    Slash (g)
    Jimmie Vaughan (g)
    Stevie Ray Vaughan (g)
    Waddy Wachtel (g)
    David Was (voc)
    Don Was (b)
Coverfotos: Camouflage Photo

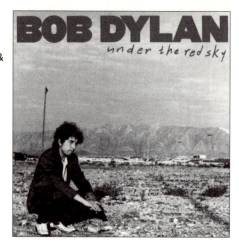

Songs:
    1. Wiggle Wiggle
    2. Under The Red Sky
    3. Unbelievable
    4. Born In Time
    5. T. V. Talkin' Song
    6. 10,000 Men
    7. 2 x 2
    8. God Knows
    9. Handy Dandy
    10. Cat's In The Well
(alle Titel Bob Dylan)

dem endgültigen Album als Auftakt dient. Das folgende »Unbelievable« ist ebenfalls ein flotter Rocktitel, allerdings – und in diesem Sinne schließt er direkt an ›Oh Mercy‹ an – mit einer eher ernsthaften Botschaft: Das Stück offenbart die Absurdität des modernen Wertesystems und zeichnet eine Welt, in der es nur noch um Kommerz und Wirtschaftlichkeit geht. Der Song kreist um die zentrale Schlüsselzeile: »Früher redeten sie vom Land, in dem Milch und Honig fließen. Heute sagen sie, dass es das Land des Geldes ist.«

»2 x 2« transportiert über eine eingängige Melodie und mit einem gefälligen Poparrangement einen Text, der im Grunde Unsinn ist und von vielen Kritikern als schlicht dämlich bezeichnet wird. Doch mit einem zwinkernden Auge betrachtet, ist der Song

Session	Bisher offiziell veröffentlicht alle auf ›Under The Red Sky‹	Bisher offiziell unveröffentlichte Songs und Outtakes
6. Januar 1990 Hollywood/California, Oceanway Studios	10,000 Men God Knows Handy Dandy Cat's In The Well	
Februar bis April 1990, Los Angeles/California, The Complex, The Record Plant und andere Studios	Wiggle Wiggle Unbelievable 2 x 2 Born In Time T. V. Talkin' Song Under The Red Sky	Some Enchanted Evening Shirley Temple Doesn't Live Here Anymore

Keine detaillierten Angaben zu einzelnen Sessions und weiteren Outtakes erhältlich.

einfach nur ein liebenswertes Hexeneinmaleins à la Dylan. »Born In Time« bietet im Gegensatz dazu eine musikalisch eher komplexe Struktur, auf der ein mystisches Gedicht über eine seltsam unkonkrete Liebe vage im Raum schwebt. Eric Clapton hat den Song mit mäßigem Erfolg gecovert.

»T. V. Talkin' Song« ist ein ironisches Lied über Massenmedien und den Voyeurismus, den sie gleichermaßen anprangern und fördern. Die Basis bildet eine Begebenheit im Londoner Hyde Park. In Speaker's Corner wettert ein Mann gegen die Schädlichkeit des Fernsehens und den Schwachsinn, der über die zahlreichen Kanäle tagein, tagaus gesendet wird. Doch irgendwann wird es den Zuhörern zu dumm: Sie vertreiben den engagierten Redner und es gibt einen Tumult. Dylan verliert im Gewühl die Orientierung und geht nach Hause. Doch am Abend kann er sich in den Nachrichten die ganze Szenerie in Ruhe nochmals ansehen.

Mit »Under The Red Sky« gibt ein reichlich merkwürdiger Song dem Album seinen Namen. Unter einem roten Himmel irren ein Junge und ein Mädchen herum und werden schließlich in einer Pastete gebacken. Inspirationsquelle für den Text sind eventuell die aufkeimenden und eskalierenden Spannungen im Nahen Osten und am Persischen Golf, andererseits fühlt man sich bei dem Kinderpaar an Motive aus dem Märchen von Hänsel und Gretel erinnert.

Die meisten Zuhörer reagieren auf ›Under The Red Sky‹ ein wenig ratlos. Das Album hat seine Qualitäten und ist in vielerlei
Hinsicht konzentrierter als das, was Dylan in den Jahren vor ›Oh
Mercy‹ eingespielt hat. Einige Songs liefern massive Gesellschaftskritik an dem, was aus dem ursprünglich so positiv besetzten
American Dream geworden ist: vor allem die immer schneller ga-
loppierende Fixierung auf wirtschaftliche Aspekte und die immer
absurder werdenden Auswüchse der Massenmedien. Auch die un-
terschwellige Angst vor neuen friedlosen Zeiten ist deutlich spürbar in Fabeln und Märchen, die das Album zumindest zur Hälfte
durchziehen und von Dylan mit seiner eigenen poetischen Sprache verknüpft werden.

Doch all diese Ansätze bleiben merkwürdig ungenau und verlaufen im Konturlosen. Dem entspricht auch die Produktion der
Platte. Nach den Auseinandersetzungen mit Lanois tut Dylan sich
diesmal gleich mit drei Produzenten aus Jack Frosts Kreis zusammen: mit Don Was, dessen Bruder David sowie Jack Frost selbst.
Ein solches Team ist etwas zu viel des Guten. Wo Lanois sehr genau und prägnant arbeitet, bleiben Frost & Co. unscharf. Daran
ändert auch das Staraufgebot an Mitmusikern nichts, zu denen
immerhin George Harrison, Elton John, David Lindley, David
Crosby, Slash, Stevie Ray Vaughan und andere gehören.

Den meisten Songs fehlt die klangliche Ausstrahlung von den
›Oh Mercy‹-Aufnahmen. Hierin liegt wohl der entscheidende
Grund dafür, dass einige Songs unauffällig und unbemerkt blei-
ben, die im Fall einer prägnanteren Produktion eine ganz andere
Kraft hätten entwickeln können. Dylan lernt daraus, und für sein
nächstes Album, ›Time Out Of Mind‹, holt er wieder Daniel
Lanois mit ins Boot.

Not Dark Yet

Nach dem Erscheinen von ›Under the Red Sky‹ vergehen aus der Sicht der Fans sieben Jahre und dreizehn Tage, bis das nächste »richtige« neue Dylanalbum erscheint. Doch anders als bei früheren weiten Publikationszyklen ist Dylan diesmal in der Öffentlichkeit äußerst präsent. Nur eine spröde Aufzählung muss genügen, um wenigstens die wichtigsten seiner Aktivitäten bis zum Jahr 1997 zusammenzufassen.

Mitte April 1990, also unmittelbar nach den Aufnahmen zu ›Red Sky‹ treffen sich Jeff Lynn, Tom Petty, George Harrison und Dylan, um nach dem überraschenden und frühen Tod von Roy Orbison zwei Monate nach dem Erscheinen von ›Traveling Wilburys Vol. 1‹ das Projekt fortzuführen. In den Bergen in der Nähe von Los Angeles richten sich die Musiker vorübergehend ein mobiles Studio ein – bezeichnet als Wilbury Mountain Studio – und spielen insgesamt elf Songs für das neue Album ›Traveling Wilburys Vol. 3‹ ein (es gibt kein Vol. 2), das am 23. Oktober erscheint. Außerdem nehmen sie als Single den Song »Runaway« auf sowie fünf Stücke, die als Outtakes schon bald auf Bootlegs kursieren: »Like A Ship (On The Sea)«, »Maxine«, »Nobody's Child«, »Fish And Chips« und »Stormy Weather«.

Am 20. Februar 1991 überreicht die amerikanische Musikindustrie Dylan gleichsam die Krone, er erhält den »Grammy Award«, die höchste Auszeichnung der US-Musikwelt, für sein Lebenswerk. Die Zeremonie, die in zahlreichen Ländern zum Teil sogar live im Fernsehen übertragen wird, zeigt wieder einmal einen von Dylans berüchtigten »Durchknallern«: Während sich der Laudator Jack Nicholson in einer Lobeshymne auf den Künstler ergeht, erscheint dieser schlampig gekleidet und offenbar ziemlich betrunken auf der Bühne der New Yorker Radio City Hall. Immerhin spielt er einen sehr passenden Song angesichts der seit einem Monat tobenden Bombardierungen durch die USA und einige ihrer Verbündeten im Irak: »Masters Of War«. Dann setzt er zu einer der merkwürdigsten Dankesreden sämtlicher Grammy-Verleihungen an:

Album-Info

Veröffentlichung: 30. September 1997
Produzent: Daniel Lanois
Gastmusiker:
    Bucky Baxter (g, steel-g)
    Brian Blade (dr)
    Robert Britt (g)
    Cindy Cashdollar (g)
    Jim Dickinson (p, kb)
    Tony Garnier (b)
    Jim Keltner (dr)
    David Kemper (dr)
    Daniel Lanois (g)
    Tony Mangurian (perc)
    Augie Meyers (org, acc)
    Duke Robillard (g)
    Winston Watson (dr)
Coverfotos: Daniel Lanois, Mark Seliger,
    Susie Q.

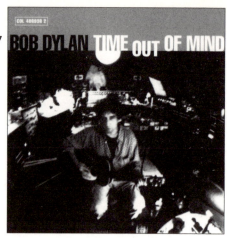

Songs:
1. Love Sick
2. Dirt Road Blues
3. Standing In The Doorway
4. Million Miles
5. Tryin' To Get To Heaven
6. 'Til I Fell In Love With You
7. Not Dark Yet
8. Cold Irons Bound
9. Make You Feel My Love
10. Can't Wait
11. Highlands
(alle Titel Bob Dylan)

»Danke … nun … ja! Also … mein Vater hat mir nicht viel hinterlassen, er war ja ein einfacher Mann, und er hatte nicht viel, was er mir hinterlassen hätte können. Aber er sagte zu mir: ›Sohn‹, sagte er … [lange Pause, verlegenes Räuspern im Publikum] … also … er hat 'ne ganze Menge gesagt. Und er sagte: ›In dieser Welt kann man leicht auf die schiefe Bahn geraten, dass sogar deine Eltern nichts mehr von dir wissen wollen. Aber wenn das passiert, wird Gott immer noch an deine Fähigkeit glauben, dich zu bessern.‹ Danke.«

Ende März wird offiziell die 5-LP-/3-CD-Box ›Rare & Unreleased – The Bootleg Series Vol. 1–3‹ veröffentlicht, eine von Fans lang ersehnte Sammlung von insgesamt 56 Titeln, die bis dahin als Raritäten nur auf Bootlegs kursierten.

Im Sommer des folgenden Jahres nimmt Dylan während einer Tourpause in seinem eigenen Studio in Malibu, Kalifornien, eine

Session	Bisher offiziell veröffentlicht alle auf ›Time Out Of Mind‹	Bisher offiziell unveröffentlichte Songs und Outtakes
13. bis 28. Januar 1997, Miami/Florida, Criteria Recording Studios	Love Sick Dirt Road Blues Standing In The Doorway Million Miles Tryin' To Get To Heaven 'Til I Fell In Love With You Not Dark Yet Cold Irons Bound Make You Feel My Love Can't Wait Highlands	Red River Shore Mississippi Not Turning Back

Keine detaillierten Angaben zu einzelnen Sessions und weiteren Outtakes erhältlich.

Reihe von Standards und Bluessongs auf. Dabei verzichtet er auf jegliche Sessionmusiker, sondern begleitet sich selbst auf der Gitarre bzw. am Klavier. Der einzige Partner ist der Toningenieur Debbie Gold, den Dylan noch von den ›Shot Of Love‹-Sessions her kennt. Gold bedient auch hier die Bandmaschine und fungiert quasi als Produzent. Unter dem Titel ›Good As I Been To You‹ erscheinen die Stücke Anfang November 1992 als erstes rein akustisches Soloalbum nach ›Another Side‹ 28 Jahre zuvor. Ein Jahr später wiederholt Dylan ein vergleichbares Projekt, das Ergebnis ist im Oktober 1993 das Album ›World Gone Wrong‹ (Näheres zu beiden Alben siehe Seite 281 und 282).

Den Großteil von Dylans Aktivitäten machen aber, wie bereits im Kapitel »Political World« erwähnt, seine nun fast permanenten Konzertreisen quer durch die ganze Welt aus. Von 1990 bis Anfang 1997 führt ihn seine Never-Ending-Tour jedes Jahr durch Nordamerika und Europa, dazu reist er zweimal nach Südamerika und je einmal nach Asien und Australien. Seine Tourprogramme sind nicht mehr an bestimmte Alben oder Motti gebunden, sondern bieten stets einen Querschnitt aus seinem gesamten Werk. Auffallend und für viele Konzertbesucher ungewohnt ist, dass Dylan seit den frühen Neunzigern zunehmend seine Gitarre auf der Bühne durch ein Keyboard ersetzt. Insgesamt absolviert er in diesem

Zeitraum über 670 Konzerte, darunter mehr als 40 in Deutschland, in Österreich und in der Schweiz.[1]

Mit Blick auf das Jahr 1992 müssen zumindest zwei Ereignisse in Dylans Umfeld erwähnt werden: erstens die (natürlich heimliche) Scheidung der immer noch geheim gehaltenen Ehe mit Carolyn Dennis; zweitens aber vor allem ein spektakuläres Konzert am 18. Oktober, das unter dem Titel »The Anniversary Concert« in Dylans Bühnenhistorie eingeht. Offiziell lädt seine Plattenfirma anlässlich seines dreißigjährigen Bühnenjubiläums zu einer Veranstaltung unter dem Titel: »Columbia Celebrates The Music Of Bob Dylan«. Zahlreiche Topstars, darunter Stevie Wonder, Kris Kristofferson, Johnny Cash, George Harrison, Eric Clapton oder Neil Young spielen Dylanlieder. Erster Höhepunkt des Events ist ein kleines Skandälchen um die irische Sängerin Sinead O'Connor. Als sie die Bühne betritt, wird sie ausgebuht, weil sie wenige Tage zuvor in einer Fernsehshow ein Bild des Papstes wegen dessen reaktionärer Einstellung zu Fragen der Geburtenkontrolle zerrissen hatte. Miss O'Connor kommt zunächst nicht zu Wort, bis sie sich schließlich die Kopfhörer von den Ohren reißt und dem Publikum in einem wütenden Sologesang Bob Marleys »War« ent-

---

[1] 1991: Zürich, 28.1., Hallenstadion; Innsbruck, 14.6., Eisstadion; Linz, 15.6., Sporthalle; Stuttgart, 17.6., Liederhalle; Essen, 18.6., Grugahalle; Offenbach, 19.6., Stadthalle; München, 21.6., Zirkus Krone; Bad Mergentheim, 22.6., Schloßhof; Hamburg, 23.6., Stadtpark Freilichtbühne
1992: Leysin, 10.7., Centre des Sports
1993: Hannover, 18.2., Musikhalle; Wiesbaden, 20.2., Rhein-Main-Halle; Bern, 17.7., Gurten Festival, Berner Hausberg
1994: Balingen, 9.7., Messegelände SWF 3; Köln, 10.7., Tanzbrunnen; Montreux, 12.7., Montreux Jazz Festival; Graz, 14.7., S.F.Z.; Wien, 15.7., Stadion Hohe Warte; Dresden, 21.7., Großer Garten; Halle, 23.7., Freilichtbühne Peißnitz; Gotha, 24.7., Schloß Friedenstein; Kiel, 25.7., Ostseehalle
1995: Fürth, 14.3., Stadthalle; Aschaffenburg, 15.3., Unterfrankenhalle; Bielefeld, 16.3., Stadthalle; Hamburg, 2.7., Stadtpark Freilichtbühne; Hannover, 3.7., Musikhalle; Berlin, 4.7., Tempodrom; Glauchau, 7.7., Freilichtbühne; München, 8.7., Riem Terminal 1; Stuttgart, 10.7., Beethovensaal; Dortmund, 12.7., Westfalenhalle; Nyon, 30.7., Paloe Nyon
1996: Berlin, 17.6., Tempodrom; Frankfurt, 19.6., Alte Oper; Münster, 1.7., Halle Münsterland; Mannheim, 2.7., Mozartsaal im Rosengarten; Konstanz, 3.7., Konstanzer Festival, Großes Zelt; Tambach, 10.7., Wildpark Schloß Tambach; Magdeburg, 12.7., Stadthalle; Hamburg, 13.7., Trabrennbahn Bahrenfeld; Cottbus, 14.7., Stadthalle.

gegenschleudert. Dann verlässt sie verstört und unter Tränen die Bühne.

Der eigentliche Höhepunkt soll natürlich Dylans Auftritt am Ende des Konzerts sein, doch wie schon bei dem »Live Aid«-Spektakel 1985 enttäuscht er sein Publikum. Drei Stücke trägt er solo vor – »Song To Woody«, »It's Alright, Ma (I'm Only Bleeding)« und »Girl From The North Country« – sowie zwei Songs zusammen mit seinen Gästen: »My Back Pages« und die bei vergleichbaren Anlässen schon fast obligatorische Zugabenhymne »Knockin' On Heaven's Door«. Dabei gibt er stellenweise ein jämmerliches Bild ab, wankt mehr, als er steht oder geht, wirkt völlig lustlos, ziemlich angetrunken und schlecht vorbereitet. Sein Mundharmonika- und Gitarrenspiel sind noch einigermaßen eindringlich, doch seine Stimme versagt fast völlig, er krächzt und näselt, dass es wahrlich ein Trauerspiel ist. Dennoch festigt auch dieser Auftritt Dylans Image als eine der bedeutendsten Kulturikonen Amerikas, und als am 17. Januar 1993 Bill Clinton in einer großen Feier als neuer Präsident das Weiße Haus in Washington bezieht, ist Bob Dylan wie selbstverständlich ein wichtiger und gern gesehener Gast.

Mitte der neunziger Jahre schwappt unter dem Stichwort »Unplugged« eine neue Modewelle durch den Musikkanal MTV: Eine Reihe von Bands und Musikern, die eigentlich bekannt für ihren »elektrischen Sound« sind, bieten ihre Erfolgsnummern in einer Version an, bei der nur akustische und möglichst unverstärkte Instrumente zum Einsatz kommen. Das überragende Produkt dieser Reihe ist zweifellos das Erfolgsalbum ›Eric Clapton Unplugged‹, doch auch Interpreten wie Paul McCartney, Bryan Adams, Neil Young, Roxette, Nirvana oder Rod Stewart feiern mit ihren Auftritten Erfolge. Und natürlich darf auch Dylan nicht fehlen: Am 16., 17. und 18. November werden vor einem kleinen Publikum in den Sony Music Studios in New York zahlreiche Songs eingespielt, Auszüge davon erscheinen ein halbes Jahr später als Album und als Video, seit 2004 gibt es sie auch als DVD. Außerdem strahlt natürlich MTV immer wieder Ausschnitte der Konzerte aus.

Während Dylan mit Verspätung auf den Unplugged-Trend aufspringt, ist er (bzw. sein Management) an anderer Stelle fast Vorreiter: Am 7. Februar 1995 erscheint unter dem Titel ›Highway 61

Interactive‹ eine der ersten CD-ROMs eines bedeutenden Rockstars. Darauf befinden sich zahlreiche Tondokumente aus den
frühen sechziger Jahren, Film- und Toneinblicke in die Studioarbeiten zu ›Highway 61 Revisited‹, speziell zum Song »Like A
Rolling Stone«, und einige Livemitschnitte aus den Neunzigern.

Zu guter Letzt eine Notiz aus Dylans Privatleben, von dem
kaum etwas an die Öffentlichkeit dringt: Im Jahr 1994 wird er
zum ersten Mal Großvater – Levi Dylan wird in der Familie seines
Sohnes Jakob geboren –, weitere Enkel folgen rasch.

Im Januar 1997 betritt Dylan mit einer Reihe von Sessionmusi-
kern unter der Produktionsregie von Daniel Lanois das Criteria
Recording Studio in Miami/Florida, um nach langen Jahren wieder ein Album mit komplett neuem Material einzuspielen. Die
Songs beschäftigen sich musikalisch wie inhaltlich mit der Vergangenheit und kreisen teilweise konkret um das Thema des Alterns
und des näher rückenden Todes. Verfasst hat sie Dylan im Wesentlichen im Herbst 1996. Es liegen zu den Sessions allerdings
keine Studiosheets oder Chroniken vor, so dass die einzelnen
Songs weder konkreten Sessions zugeordnet werden können,
noch ihre Entwicklung nachvollziehbar ist. Deshalb folgt die Darstellung der einzelnen Songs hier ihrer späteren Anordnung auf
dem Album:

Dessen Eröffnung ist »Love Sick«, ein raues Stück, beherrscht
von E-Piano, Orgel und Dylans düsterer Stimme. Er spiegelt die
Stimmung eines schwelgerischen Liebeskranken wider, der über
seiner Liebe alle weitere Lebensorientierung verloren hat. Inspiriert wurde der Song wahrschein-
lich durch den Hank Williams-
Titel »Love Sick Blues«, doch
wichtiger als der Inhalt des Songs

Covers von »Love Sick«:
Maroon, Duke Robillard, David West

ist dessen Sound und musikalische Sprache. Daniel Lanois verfolgt – wie viele herausragende Produzenten – das Prinzip »Weniger ist mehr!«. Entsprechend mutet das Arrangement bereits beim
Eröffnungstitel zwar eher schlicht, dabei aber ungemein aus-
drucksstark an.

»Dirt Road Blues« ist ein Zwölf-Takt-Blues, wie er auf jedem
Dylanalbum wenigstens einmal zu finden ist. Seine Stimme ist
hier durch ein elektronisches Echogerät gejagt, das einen Sound
heraufbeschwört, wie ihn höchstens alte 78-rpm-Schellack-Blues-

scheiben bieten. Der Titel erinnert an die Blues von Charley Patton, dem Dylan auf ›"Love and Theft"‹ mit »High Water« ein eigenes Lied widmet – ein eher harmloser Countryblues mit Textklischees aus dem einfachen Landleben der Südstaaten.

Auch »Standing In The Doorway« ist eine etwas klischeehafte Ballade, die allerdings, wie bei Dylan und einer guten Produktion oft, erstaunlich frisch und ehrlich klingt. Der Countrysong benutzt das Muster: »Ich kann machen, was ich will, aber es hilft nichts: Du hast mich weinend in der Tür stehen lassen und bist gegangen.« Dylan geht auch mit diesem Song an seine Blues- und Folkwurzeln zurück, ohne jedoch das Vergangene zu imitieren. Stattdessen transponiert er die alten Muster gleichsam in die Gegenwart. »Million Miles« ist ein weiterer Blues, getragen von einem wunderbaren Wechselspiel zwischen einer schwebenden und lebendigen Orgel und spröden Gitarrenriffs sowie der immer wiederkehrenden Erkenntnis im Refrain: So sehr ich auch versuche, dir näher zu kommen, ich bin immer noch eine Million Meilen von dir entfernt. In ›Tryin' To Get To Heaven‹ zieht Dylan sämtliche Register, um noch in den Himmel zu kommen, bevor dessen Pforten geschlossen werden – ein sehr viel drängenderes und vehementeres Anliegen als noch 24 Jahre zuvor, als Dylan in »Knockin' On Heaven's Door« nur an die Himmelspforten klopft.

»'Til I Fell In Love With You« ist wieder ein Blues in klassischer Struktur, mit unverkennbaren Klanghommagen an den großen Jazzorganisten Jimmy Smith. Der Song beinhaltet nicht gerade die Art von Liebeserklärung, die sich ein Mädel am meisten wünscht, denn der Tenor ist eher: Es war eigentlich alles in Ordnung und mir ging's gut, bis ich dich kennen lernte und mich ausgerechnet in dich verlieben musste.

Während Dylan sich auf ›Time Out Of Mind‹ oft hinter Rollen und Figuren verschanzt, gibt er in »Not Dark Yet« einen sehr persönlichen und direkten Einblick in seine Befindlichkeiten. Im Nachhinein wirkt der Song wie eine Vision seines nahen Todes, dem er mit seiner Krankheit nur Monate später wohl eher knapp entrinnt. Das Stück ist nicht gerade larmoyant, aber doch recht desillusioniert und zumindest an einer Stelle (»meine Bürde

Cover von »Million Miles«:
Alvin Youngblood Hart

Covers von »Tryin' To Get To Heaven«:
Druha Drava & Peter Rowan,
Michel Montecrossa

scheint mehr, als ich tragen kann«) etwas wehleidig. Ohne drum herumzureden, macht Dylan sich klar: Das Ende ist zwar noch nicht da, aber es wird kommen. Dabei geht es hier nicht um das verstandesmäßige und rational distanzierte Akzeptieren, dass das Leben halt irgendwann vorbei ist, sondern um die tiefe emotionale Erkenntnis, dass es eben nicht immer nur die anderen sind, die es trifft, sondern dass gerade auch das eigene Ende näher rückt. Insofern ist »Not Dark Yet« der unumstrittene Keysong eines musikalisch im positiven Sinn vergangenheitsorientierten Albums.

»Cold Irons Bound« ist ein Lied des Abschieds, das vielen Interpretationsansätzen die Türen öffnet: der Abschied von einem Menschen, von einem Ort, von einem Lebensabschnitt, vom Leben selbst. Der quirlig aufgeregte Sound des Stücks kontrastiert wunderbar mit Dylans schleppendem Gesang.

Dagegen ist »Make You Feel My Love« vom Soundambiente her eine sehr albumuntypische Popballade: Der Sänger ist bereit, seiner Geliebten jeden nur erdenklichen Beweis seiner Liebe zu erbringen und jede Last auf sich zu nehmen, damit sie nur seine Liebe spüren kann. Neben einer persönlichen Ebene ist bei diesem Stück auch eine zweite, höhere und spirituelle spürbar: das vollständige Aufgehen in Religiosität und Humanität.

Stimmungswechsel: In dem schweren Rockblues »Can't Wait« geht es um einen Mann, dem die Zeit davonläuft, mit seiner Frau die Form von Liebe zu verwirklichen, die ihm als einzig wahre erscheint. Dabei schlurft Dylan geradezu in die Stimmung des Songs, die angesichts des schweren und schleppenden Gitarrensounds einerseits bedrohlich wirkt, der der Sänger aber mit scheinbar großer Gelassenheit begegnet.

»Highlands« ist mit einer Dauer von über sechzehn Minuten der mit Abstand längste Dylan-Titel überhaupt, der aber eigentlich nicht gesungen, sondern eher vor einem gleichmütigen Begleitungshintergrund vorgetragen wird (und in seiner Art ein wenig an »Desolation Row« erinnert). Es ist die Geschichte eines einsamen Mannes, der, alt geworden, über sein Leben nachdenkt. Er

Covers von »Not Dark Yet«:
Robyn Hitchcock, Barb Jungr,
Michel Montecrossa

Cover von »Cold Irons Bound«:
Druha Drava & Peter Rowan

Covers von »Make You Feel My Love«:
Luka Bloom, Garth Brooks, Paul Evans,
Billy Joel, Carolyn Maier, Joan Osborne,
Timothy B. Schmit

erlebt ein paar kuriose, aber im Grunde harmlose Alltagssituationen – etwa die Bedienung in einem leeren Restaurant, die ihn für einen Maler hält und sich porträtieren lassen möchte. Er wandert ziellos durch die Straßen und sinniert über das Ende seines Weges – bildhaft in den Highlands vermutet, einem Naturparadies abseits aller urbanen Hektik und Verrücktheit.

In diesen Reflexionen kommen viele Themen zur Sprache, die sich unterschwellig durch das ganze Album ziehen und gewiss auch Dylans eigene Themen sind: der Verlust der Jugend; die immer bewusster werdende Realität der eigenen Sterblichkeit; die zunehmende Entfremdung von sich und jenen, denen man sich immer nahe gefühlt hat; die nachlassende körperliche Leistungsfähigkeit; der Verlust einer bestimmten sozialen Potenz. Auf all diese Punkte sucht er sowohl als Künstler wie auch als Individuum Antworten.

Der Song bildet mit »Not Dark Yet« eine inhaltliche Klammer. Die Inspiration dazu bezieht Dylan der Vermutung einiger Kritiker zufolge aus dem Gedicht »My Heart's In The Highlands« des schottischen Dichters Robert Burns (1759–1796), doch weist dessen Ausrichtung sehr stark auf ein christlich-konfessionell geprägtes, jenseitiges Paradies. Im Gegensatz dazu ist Dylans Perspektive prinzipiell diesseitig, auch wenn »die Party« sich dem Ende zuneigt. »So ein Lied wie ›Highlands‹ habe ich lange nicht mehr aufgenommen«, meinte er in einem ›Spiegel‹-Interview zum Erscheinen des Albums. »Ich würde nicht sagen, dass es wirklich improvisiert ist, aber viele Gedanken wurden während des Spielens anders verknüpft, als sie auf dem Papier stehen. Eigentlich ist es nur ein simpler Blues, der in die eine oder andere Richtung gehen kann.

Nach sieben Jahren ist ›Time Out Of Mind‹ endlich wieder ein Album mit neuem Material aus der Feder von Dylan. Die Platte trägt aber auch deutlich die Handschrift ihres Produzenten Daniel Lanois, und so ist es kein Wunder, dass sie in vielem an ›Oh Mercy‹ erinnert. Vor allem ist sie sehr kompakt und prägnant im Sound und strahlt eine enorme Gelassenheit aus. Es ist gewiss nicht nur eine Reminiszenz an den großen alten Mann des amerikanischen Rock, dass ›Time Out Of Mind‹ prompt den Grammy als bestes Album das Jahres 1997 erhält.

Inhaltlich steht mit den Keysongs »Not Dark Yet« und »Highlands« das Thema »Leben im Angesicht von Alter und Tod« im Vordergrund. Fast scheint es, als habe Dylan mit den Songs seine eigene nähere Zukunft vorausgeahnt, denn am 25. Mai, einen Tag nach seinem 56. Geburtstag, wird er mit einer potenziell lebensbedrohlichen Lungenerkrankung, Histoplasmose, ins St. John's Krankenhaus in Santa Monica eingeliefert. Eine Behandlung mit starken Antibiotika schlägt jedoch rasch an, und nach wenigen Wochen ist die Krankheit überwunden. Im August steht er wieder auf der Bühne, nachdem er die für Juni und Juli geplante Europatournee stornieren musste.

Dennoch führt ihn sein Weg auch im Jahr 1997 in die Alte Welt: Im Rahmen des eucharistischen Welt-Kirchenkongresses in Bologna spielt Dylan am 27. September bei der zentralen Kundgebung vor 350 000 Zuschauern drei Songs: »Knockin' On Heaven's Door«, »A Hard Rain's A-Gonna Fall« und »Forever Young«. An der Veranstaltung nimmt auch Papst Johannes Paul II. teil. Er drückt dem Rockpoeten nach dessen Auftritt die Hand und geht auf einen von Dylans bekanntesten Songs ein, auf »Blowin' In The Wind«: »Sie fragen in diesem Lied, wie viele Straßen ein Mensch entlangwandern muss, um sich als Mensch erkennen zu können. Ich sage Ihnen: nur eine einzige. Der Mensch muss lediglich dem Weg von Jesus Christus folgen, denn dieser ist der Weg der Wahrheit und des Lebens«, sagt der Papst. Dylans Antwort ist nicht bekannt, doch er zeigt sich vom Treffen mit dem Pontifex tief berührt.

Things Have Changed

Die überschwänglichen Reaktionen der Öffentlichkeit auf ›Time Out Of Mind‹ bestärken Dylan in seinen intensiven Konzertaktivitäten, und als hätte er im Jahr 1997 keine schwere Krankheit erlitten, tourt er unvermindert durch die ganze Welt. Seit 1998 besucht er bis heute jeden Erdteil mindestens einmal, in den Konzerthallen in Nordamerika und Europa ist er Dauergast und gibt in diesem Zeitraum rund 900 Konzerte. Darunter wiederum über 60 in Deutschland, Österreich und der Schweiz.[1] Der ungewöhnlichste Gig dürfte dabei jener am 1. Mai 1999 auf der über 2300 Meter hoch gelegenen Idalpe in Tirol sein. Die Betreiber des dortigen

---

[1]   1998: Nürburg, 30.5., Rock am Ring Festival, Nürburgring; Nürnberg, 31.5., Rock im Park Festival, Frankenstadion; Leipzig, 2.6., Messehalle; Berlin, 3.6., Waldbühne; Rostock, 4.6., Stadthalle; Hamburg, 12.6., Stadtpark; Bremen, 14.6., Stadthalle; Essen, 16.6., Grugahalle; Montreux, 3.7., Montreux Jazz Festival; Frauenfeld, 12.7., Rennstadion
1999: Zürich, 25.4., Hallenstadion; Linz, 27.4., Sporthalle; Graz, 29.4., Eishalle Lebenau; Wien, 30.4., Stadthalle; Ischgl, 1.5., Idalpe; München, 2.5., Olympiahalle
2000: Zürich, 6.5., Hallenstadion; Stuttgart, 8.5., Hanns-Martin-Schleyer-Halle; Oberhausen, 9.5., Arena; Köln, 11.5., Kölnarena; Hannover, 12.5., Stadionsporthalle; Berlin, 23.5., Arena; Dresden, 24.5., Freilichtbühne Junge Garde; Regensburg, 25.5., Donauarena; Hamburg, 28.9., Alsterdorfer Sporthalle; Frankfurt, 29.9., Jahrhunderthalle; Münster, 1.10., Halle Münsterland
2001: Braunschweig, 5.7., Stadthalle; Schwäbisch Gmünd, 7.7., Universitätspark; Montreux, 8.7., Montreux Jazz Festival; Lörrach, 17.7., Stimmen 2001 Festival; Bad Reichenhall, 18.7., Alte Saline
2002: Hamburg, 9.4., Alsterdorfer Sporthalle; Berlin, 11.4., Arena; Leipzig, 12.4., Messehalle 7; Hannover, 13.4., Stadionsporthalle; Frankfurt, 15.4., Jahrhunderthalle; Stuttgart, 16.4., Hanns-Martin-Schleyer-Halle; München, 17.4., Olympiahalle; Zürich, 21.4., Hallenstadion; Innsbruck, 23.4., Olympiahalle; Nürnberg, 24.4., Frankenhalle; Oberhausen, 27.4., Arena
2003: Hamburg, 17. & 18.10., Hafendocks; Berlin, 20.10., Arena; Leipzig, 22.10., Arena; Graz, 26.10., Eissporthalle; Wien, 27.10., Stadthalle; München, 29.10., Olympiahalle; Zürich, 3.11., Hallenstadion; Freiburg, 5.11., Stadthalle; Frankfurt, 6.11., Jahrhunderthalle; Düsseldorf, 8.11., Philipshalle [Fortsetzung S. 250]

Album-Info

Veröffentlichung: 11. September 2001
Produzent: Jack Frost
Gastmusiker:
  Larry Campbell (g, v, bj, mand)
  Tony Garnier (b)
  David Kemper (d)
  Augie Meyers (org, acc)
  Clay Meyers (perc)
  Charlie Sexton (g)
Coverfoto: David Gahr

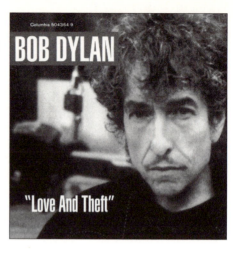

Columbia 504364 9
BOB DYLAN
"Love And Theft"

Songs:
  1. Tweedle Dee & Tweedle Dum
  2. Mississippi
  3. Summer Days
  4. Bye And Bye
  5. Lonesome Day Blues
  6. Floater (Too Much To Ask)
  7. High Water (For Charley Patton)
  8. Moonlight
  9. Honest With Me
  10. Po' Boy
  11. Cry A While
  12. Sugar Baby
(alle Titel Bob Dylan)

Wintersport-Zirkusses laden traditionell einen Topstar zum Saison-
abschluss für ein Konzert in das traumhafte Alpenszenario im Sil-
vretta-Massiv ein, und das Ambiente scheint Dylan sehr entgegen-
zukommen. Filmausschnitte der Veranstaltung im ORF zeigen
jedenfalls einen deutlich gut gelaunten und aufgeräumten Künstler.

Bis ins Jahr 2000 nimmt Dylan kaum neue Songs auf, eine Ausnahme bilden einige Stücke zu Filmen, bei denen Dylan zum Teil
auch vor der Kamera agiert (siehe hierzu im Anhang den Ab-

2004: Bonn, 29.6., Kunst- und Ausstellungshalle der BRD; Worms, 30.6.,
Jazz & Joy Festival, Platz der Partnerschaft

2005: Hamburg, 24.10., Congress Centrum; Berlin, 25.10., Arena Trep-
tow; Hannover, 26.10., AWD-Halle; Oberhausen, 29.10., König-Pilsener-
Arena; Wetzlar, 30.10., Mittelhessen Arena; Dresden, 31.10., Alter Schlacht-
hof; Erfurt, 6.11., Messehalle; München, 8.11., Zenith; Zürich, 13.11., Hallenstadion.

Session	Bisher offiziell veröffentlicht	Es sind keine Outtakes bekannt
	alle auf ›"Love And Theft"‹	
9. bis 25. Mai 2001 New York, Sony Music Studios	Tweedle Dee & Tweedle Dum Mississippi Summer Days Bye And Bye Lonesome Day Blues Floater (Too Much To Ask) High Water (For Charley Patton) Moonlight Honest With Me Po' Boy Cry A While Sugar Baby	

Keine detaillierten Angaben zu einzelnen Sessions erhältlich.

schnitt »Dylan und der Film« ab Seite 290). Herausragend hierbei ist der Song »Things Have Changed« für den Streifen ›Wonder Boys‹ unter der Regie von Curtis Hanson mit Michael Douglas in der Hauptrolle. Das Lied bringt Dylan den Oscar für den besten Filmsong des Jahres 2000 ein. Es ist sein erstes Stück nach seiner schweren Erkrankung im Jahr 1997, noch gegen Ende desselben Jahres verfasst, und der Song macht da weiter, wo Dylan mit »Not Dark Yet« und »Highlands« auf ›Time Out Of Mind‹ aufgehört hat. Der Sänger ist an einem Punkt, wo es eigentlich kein Zurück mehr gibt. Er steht unmittelbar an der großen Pforte, hat den Strick quasi schon um den Hals gelegt. Für Fluchtversuche ist es wohl zu spät, auch wenn sie na-

Covers von »Things Have Changed«: Barb Jungr, Michel Montecrossa, Pat Nevins

türlich verlockend scheinen. Doch die Menschen und mit ihnen die Zeiten sind verrückt geworden. Der Sänger nimmt an dem ganzen Wahnsinn nicht mehr teil, auch wenn er noch im Leben steht. Früher, ja!, da hat er kräftig mitgemischt. Aber jetzt haben sich die Zeiten für ihn geändert.

Auf Jahre hinaus ist »Things Have Changed« die einzige herausragende Dylanproduktion, allerdings kommt nun laufend neues »altes« Material von ihm offiziell auf den Markt: Sony/Columbia veröffentlicht peu à peu eine Reihe von Mitschnitten, die bislang nur als Bootlegs in Sammlerkreisen kursierten, so das legendäre Konzert in der New Yorker Philharmonic Hall an Halloween 1964, einen repräsentativen Auszug aus der Rolling Thunder Revue 1975 oder das komplette Manchester-Konzert der 1966er-Tour in England. Auch filmische Dokumente wie ›Don't Look Back‹ oder ›Unplugged‹ erscheinen – teils stark bearbeitet – neu auf DVD.

Und natürlich heimst Dylan weitere Ehrungen ein. Die bedeutendste neben dem Oscar für »Things Have Changed« ist wohl der Berwaldhallen Popular Music Prize der königlichen Akademie der Musik in Stockholm aus der Hand von König Carl Gustav von Schweden am 15. Mai 2000. In einer knapp zweimonatigen Tourpause macht Dylan sich an einen ganzen Schwung neuer Songs und nimmt diese in einer gut zweiwöchigen Session in den New Yorker Sony Studios auf. Wie schon bei ›Time Out Of Mind‹ liegen keine Studio-Chroniken vor, so dass die einzelnen Songs hier wieder ihrer Anordnung auf dem Album folgen.

Dieses beginnt mit »Tweedle Dee & Tweedle Dum«, ein flottes und schnelles Lied über zwei alte Männer, deren Namen aus Lewis Carrolls ›Alice im Wunderland‹ stammen. Die beiden haben alles erlebt, kennen sich in- und auswendig und sind einander überdrüssig geworden. Dylan bettet das Szenario mit seinem etwas obskuren Text in eine aphoristische Bilderwelt mit vielen Anspielungen.

Den Folgesong »Mississippi« hat Dylan bereits für ›Time Out Of Mind‹ geschrieben, dort aber nicht integriert, weil er sich mit Daniel Lanois nicht über das Arrangement einigen konnte. Das Stück behandelt das auf ›Time‹ vorherrschende Thema des nahenden Endes und des Verlustes; es geht um die Erkenntnis, dass man im Nachhinein viele Dinge nicht mehr rückgängig machen kann. Entsprechend bleibt oft nicht mehr, als sich zu entschuldigen und zu bedauern. Sheryl Crow sowie Michel Montecrossa haben diesen countryartigen Song gecovert.

»Summer Days« ist ein Rock'n'Roll im klassischen Zwölf-Takt-Schema. Der Erzähler weiß, dass die Sommertage, die er in Saus und Braus und mit voller Kraft verlebt hat, vorbei sind. Doch ist dies noch nicht das Ende, das Leben bietet immer noch eine ganze Menge. Und auch, wenn ihn schon viele als alt und überholt abgeschrieben haben, kann er noch an der großen Sause teilhaben.

Thematisch ähnlich und doch mit ganz anderer Aussage folgt
»Bye And Bye«, eine auf den ersten Blick unauffällige Jazz-Ballade,
wie sie auch von Fred Astaire oder Frank Sinatra stammen könnte.
Der Sänger weiß, er ist an den letzten Stationen des Lebens ange-
langt, er kann sein Heute noch genießen, aber er hat keine Zu-
kunft mehr. Der Song greift Motive aus »Having Myself A Time«
auf, ein Standard, der vor allem durch die legendäre Bluessängerin
Billie Holiday bekannt geworden ist. Dylan transponiert die alten
Verse auf ein persönliches Niveau, spricht konkret eine Frau an:
Sie ist seine »first love« und wird zugleich auch seine letzte sein.
Daraus aber auf eine konkrete Ex-Partnerin in Dylans Leben zu
schließen (Echo Helstrom, Suze Rotolo, Sara Dylan oder Carolyn
Dennis), wie manche Rezensenten dies versuchen, ist doch reich-
lich gewagt.

»Lonesome Day Blues« ist ein schwerer Blues im klassischen
Schema, wie Dylan ihn Mitte der sechziger Jahre etwa in »Maggie's Farm«, »Outlaw Blues«, »Just Like Tom Thumb's Blues«,
»From A Buick« oder in »Rainy Day Woman« und ähnlichen Titeln
gesungen hat – nun aber mit einer Stimme, in der ein 35 Jahre langes wildes Star-Dasein und über 2000 Konzerte liegen. Wahrscheinlich schreibt Dylan den sehr eindringlichen Song nach dem
Tod seiner geliebten und verehrten Mutter im Januar 2001.

»Floater (Too Much To Ask)« plätschert im Stile eines Swing-
jazz-Schlagers der dreißiger Jahre munter vor sich hin. Der Sänger
erzählt von einer fast kitschigen Sommeridylle, in der er sich in seine Kusine verliebt. Doch es ist nicht eine typisch stürmische jugendliche Sommerliebe, sondern die wissende Liebe eines älteren
Menschen, der weiß, wie man durchs Leben kommt, und der sich
nicht mehr als unbedingt nötig auf Konflikte einlässt. Der Song besticht durch viel Situationskomik, etwa wenn Romeo seiner Julia
ihren nicht mehr ganz jugendlichen Teint vorwirft und sie ihn
knapp abfertigt: Dann verzieh dich doch, wenn's dir nicht passt.

»High Water (For Charley Patton)« ist ein rauer Delta-Blues,
der zweite Song nach »Blind Willie McTell« aus dem Jahr 1983,
den Dylan direkt einem der Pioniere des Country-Blues widmet.
Der hier angesprochene Charley Patton wurde 1891 in Mississippi
geboren und starb dort 1934 an chronischem Fieber. Er war ein
großer Vertreter der alten Blues-Garde, zu seinen Schülern gehörte der im Blues-Revival Ende der sechziger Jahre auch in Popkrei-

sen sehr bekannt gewordene Howlin' Wolf. Dylan bezeichnet immer wieder den Delta-Blues als eine seiner großen Quellen, und die Musik von Leadbelly, Robert Johnson, Doc Watson, Al Jolson und eben auch McTell oder Patton ist ihm sein gesamtes künstlerisches Leben hindurch eine wichtige Inspiration. In »High Water« schildert er das Ambiente der Südstaaten angesichts einer schweren Überschwemmung.

»Moonlight« bildet einen harten Kontrast zum vorangegangenen Song, ein einschmeichelnder Schlager im Stile von Cole Porter oder Hammerstein/Rodgers mit sanft dahinswingenden Changes in der Rhythmusgitarre. Es ist eine sanfte Ballade, in der sich der Erzähler eine romantische Begegnung draußen im Mondlicht wünscht, solange die Nacht noch weich und sinnlich ist.

In »Honest With Me« begegnet dem Zuhörer ein treibender Bluesrock im Stile des »Tombstone Blues«, ein Song, in dem es um die Bedeutung von Ehrlichkeit der Gefühle in menschlichen Beziehungen geht. »Po' Boy« ist ein überdreht humorvolles Stück mit dem absurden Situations- und Wortwitz eines Groucho Marx; den Titel hat Dylan von einem alten Blues aus der berühmten Sammlung von Vater und Sohn Lomax entnommen.

Erneut ein klassischer Blues im Stil des Delta-Blues der zwanziger Jahre ist »Cry A While«. Inhaltlich geht es um die Bestandsaufnahme einer Beziehung: Vieles ist falsch gelaufen, obwohl es zu vermeiden gewesen wäre. Der Sänger hat sich alle Mühe beim Kampf um Gemeinsamkeit gegeben und viele Tränen über sein Misslingen vergossen, jetzt ist sein Gegenüber dran, ein bisschen zu weinen. Das Stück erinnert stark an den Standard »Cry Me A River«, den vor allem Jazz-Ladys wie Shirley Bassey, Ella Fitzgerald, Dinah Washington, Sarah Vaughan oder – neueren Datums – Diana Krall interpretiert haben, im Rock wurde der Titel vor allem durch Joe Cockers Version aus dem Jahr 1970 bekannt.

Schließlich folgt »Sugar Baby«, das düstere Ende eines ansonsten sehr kraftvollen und lebensbejahenden Albums. Das Stück ist ein Abschiedslied, das Resümee einer Beziehung, die mehr Schmerz als Freude gebracht hat. Dylan enthält sich aller aggressiven Töne etwa im Stile von »Positively 4th Street«. Seine dennoch wenig schmeichelhaften Bemerkungen über sein Gegenüber sind eher resigniert und desillusioniert: Du bist lange Zeit ohne mich ausgekommen. Dann mach jetzt doch am besten weiter so.

Wer glaubte, dass Dylan mit ›Time Out Of Mind‹ sein ultimatives Alterswerk abgeliefert habe, muss sich angesichts von ›"Love And Theft"‹ verwundert die Augen reiben. Stärker noch als 1997 gelingt Dylan ein Vermächtnis seines gesamten künstlerischen Lebens. Dabei geht er ganz zu seinen musikalischen Wurzeln zurück und verbindet diese mit sehr aktuellen Texten. Eingespielt unmittelbar vor und an seinem sechzigsten Geburtstag vermeidet das Album die durchgängige Düsterkeit von ›Time‹, ist eher optimistisch und in jedem Fall lebensbejahend.

Leider geht das Erscheinen der Platte in einer großen amerikanischen Tragödie zunächst etwas unter: Die Präsentation ist von Sony/Columbia als feierliche Veranstaltung in New York mit anschließend rauschender Party geplant für den 11. September 2001 abends – für jenen Tag also, an dem morgens der Terrorakt auf das World Trade Center und das Pentagon die Weltöffentlichkeit in Entsetzen stürzt. Es dauert dennoch nicht lange, bis ›"Love And Theft"‹ wahrgenommen wird.

Oliver Trager stellt in seiner umfassenden Arbeit über Bob Dylan ›"Love And Theft"‹ auf eine ähnliche Stufe wie ›Blonde On Blonde‹. Dabei meint er nicht vordergründig die Tatsache, dass Dylan wie in den Sechzigern Teile des Materials unmittelbar während der Sessions im Studio erst schreibt oder zumindest fertig stellt. ›"Love And Theft"‹ ist auch keine so große Sensation mehr, wie dies das magische ›Blonde On Blonde‹ seinerzeit war. Aber es ist nicht weniger provokativ und spricht sein Publikum auf sehr unterschiedlichen Ebenen an – eine perfekte Mischung aus Bibel und Blues, Shakespeare und Darwin, Balladen und Folksongs, Scott Fitzgerald und Robert Johnson, Rhythm & Blues und Jazz, Groucho Marx und japanischer Novellenkunst und nicht zuletzt: Rock'n'Roll. Ganz folgerichtig sammelt auch ›"Love And Theft"‹ höchste Preise, darunter den Grammy als bestes Folkalbum des Jahres 2002.

Rund eineinhalb Jahre nach Erscheinen der Platte erhebt das ›Wall Street Journal‹ am 8. Juli 2003 schwere Plagiatsvorwürfe und behauptet, Dylans Texte seien deckungsgleich mit einem 1991 erschienenen Buch von Junichi Saga, ›Confessions Of A Yakuza‹. Der vermeintliche Skandal schlägt hohe Wellen in der Öffentlichkeit, doch schon bald kommt Entwarnung: Zunächst meldet sich Junichi Saga selbst zu Wort. Er empfindet die Parallelen an manchen Stellen nicht als Plagiat, sondern eher als Hommage. Endgültig rehabilitiert und verteidigt wird Dylan von dem renommierten Autor der ›New York Times‹, Jon Pareles, der darauf hinweist, dass es von jeher Dylans Stil ist, alle möglichen Einflüsse aufzusaugen und in einem eigenen Kontext zu vereinen.

Nach dem Erscheinen von ›"Love And Theft"‹ geht Dylan unermüdlich wie seit Jahren auf Tour. Einige Ereignisse sollten aber, gleichsam als Abschluss dieser kursorischen Betrachtung seines Werks, nicht unerwähnt bleiben: Am 29. November 2001 stirbt ein langjähriger Freund und Wegbegleiter: Der Ex-Beatle George Harrison erliegt einer Krebserkrankung. Im Sommer 2002 beginnt Dylan mit den Filmaufnahmen zum Streifen ›Masked And Anonymous‹, er spielt darin die Hauptrolle der in die Jahre gekommenen Rocklegende Jack Fate. Unter der Regie von Larry Charles sind seine Partner Jessica Lange, Penélope Cruz sowie Jeff Bride. Am 22. Januar 2003 erlebt der Film bei dem Sundance Film Festival seine Premiere, in die Kinos kommt er ein knappes halbes Jahr später – mit nur mäßigem Erfolg. Auch die ein weiteres halbes Jahr später herausgebrachte DVD verkauft sich eher zögerlich.

Im Herbst 2004 erscheint die lange angekündigten ›Chronicles Vol. 1‹, der erste Teil seiner Autobiografie. Natürlich erliegt Dylan stellenweise der verständlichen Versuchung der Geschichtsklitterung und einer sehr subjektiven Darstellung der Ereignisse, doch beweist er mit dem Buch, dass er nicht nur zu mitreißender Lyrik, sondern auch zu kraftvoller und treffsicherer Prosa in der Lage ist.

Nach drei Jahren ohne neue Dylan-Songs erscheint im Oktober 2005 »Tell Ol' Bill« (nicht identisch mit dem ›Selfportrait‹-Outtake »Tell Old Bill«), ein rauer Hillbilly-Titel, den er für den Kinofilm ›North Country‹ verfasst. Hartnäckige Gerüchte hinsichtlich eines neuen Albums bestätigen sich dagegen nicht.

Im Jahr 2006 schließlich betritt Dylan wieder einmal Neuland: Ab März moderiert er wöchentlich eine einstündige Radiosendung des Senders XM Satellite Radio. Außerdem ist – mit seiner Zustimmung und Unterstützung – ein Filmprojekt geplant, eine kollagenartige Darstellung seines Lebens. Unter der Regie von Todd Haynes sollen sieben Schauspieler sieben Abschnitte und Aspekte in Dylans Leben darstellen. Der Arbeitstitel des Streifens: ›I'm Not There‹.

Million Miles – Dylan live in Concert

Dylans Live-Karriere lässt sich in einige sehr klar voneinander unterscheidbare Abschnitte unterteilen. Da ist zunächst seine »Club-Phase«, seine frühen Jahre 1961 bis 1963 vornehmlich im New Yorker Greenwich Village, wo er in diversen Cafés und Kleinkunstbühnen der Folkszene in Erscheinung tritt. Als das wohl besterhaltene Dokument dieses Abschnitts können die so genannten halboffiziellen ›Gaslight Tapes‹ angesehen werden.

In Phase Zwei seines Bühnenlebens ist Dylan um das Jahr 1964 herum – nach ›Freewheelin'‹ und ›The Times‹ – bereits ein etablierter Star der Szene. Seine Plattform sind nun die Bühnen größerer Konzertsäle sowie Open-Air-Veranstaltungen mit zum Teil sehr hohen Besucherzahlen. Belegt ist diese Phase seines Künstlerlebens durch das erst 2004 offiziell erschienene Doppelalbum ›The Bootleg Series Vol. 6: Live 1964, Concert At Philharmonic Hall‹. Es folgen die wilden Jahre 1965/1966. Lange Zeit kursierten Tondokumente dieses Abschnitts nur auf klanglich recht unbefriedigenden Raubpressungen, seit 1998 ist das vermeintliche »Royal Albert Hall Concert 1966« komplett als Doppel-CD veröffentlicht und zeigt Dylan und die Band in einer besonders explosiven Bühnenphase. Die Jahre von 1966 bis 1974 sind im Wesentlichen Dylans Jahre des Schweigens, und seine nennenswerten Auftritte lassen sich an den Fingern einer Hand abzählen. Rockgeschichtlich bedeutsame Sessions wie etwa das »Woody Guthrie Memorial Concert«, Dylans Auftritt bei dem Popfestival auf der »Isle Of Wight« oder beim »Concert For Bangla Desh« sind zumindest auszugsweise dokumentiert.

Mit dem Jahr 1974 beginnt der zweite Teil von Dylans Karriere, der ihn im Laufe von drei Jahrzehnten auf die Bühnen in aller Welt führt. Den Auftakt macht eine Nordamerika-Tournee zusammen mit der Band, die auf dem Doppelalbum ›Before The Flood‹ festgehalten ist. Nur ein Jahr später schließt sich die »Rolling Thunder Revue« an, deren Mitschnitte schon bald als begehrte Sammlerobjekte kursieren – vor allem das im Nachhinein verklärte »Rubin Carter Benefit Concert« am 8. Dezember 1975 im New

Yorker Madison Square Garden. Dieser Abschnitt in Dylans Bühnenleben – musikalisch der vielleicht vielseitigste und kreativste –
ist seit 2002 durch das Doppelalbum ›The Bootleg Series Vol. 5:
Live 1975 – The Rolling Thunder Revue‹ aufs Beste zugänglich.

Nach dem Erscheinen des Studioalbums ›Desire‹ im Januar
1967 kommen gleich zwei Livealben in Folge auf den Markt:
zunächst 1976 mit ›Hard Rain‹ der Mitschnitt der »Rolling Thunder Revue Teil 2« und dann der zum Teil etwas überarrangierte Set
des Jahres 1978 auf ›At Budokan‹.

Es folgen Dylans »religiöse« Jahre. Aus dieser Zeit gibt es zwar
zahlreiche Mitschnitte – im Falle des nie veröffentlichten Livealbums ›Solid Rock‹ sogar in bester Aufnahmequalität –, allerdings
hat sich weder Sony/Columbia bislang zu einer Publikation durchringen können, noch hat sich auf dem Bootleg-Markt ein Mitschnitt wirklich als Standard etabliert. Anscheinend ist die
Fangemeinde hier angesichts Dylans inbrünstiger Mission etwas
gehemmt. Mitte der achtziger Jahre erscheinen dann in vergleichsweise kurzer Folge zwei Live-Projekte: zunächst zum Jahreswechsel 1984/1985 das Livealbum ›Real Live‹ mit Ausschnitten
aus der ein halbes Jahr zurückliegenden Europa-Tournee sowie im
Sommer 1986 als TV-Mitschnitt und Video – später dann auch als
DVD – ein Konzertmitschnitt zusammen mit Tom Petty und seinen Heartbreakers, ›Hard To Handle‹.

Auch das 1989 erscheinende Livealbum ist das Ergebnis einer
künstlerischen Koproduktion: ›Dylan & The Dead‹ präsentiert,
wie der Titel schon ankündigt, Bob Dylan gemeinsam mit der
psychedelischen Westcoast-Kultband The Grateful Dead.

In dieser Zeit ist Dylan bereits auf seiner so genannten »Never
Ending Tour« unterwegs. Von diesen permanenten Tourneen ist
bislang kein geschlossenes Livealbum erhältlich, allerdings kursiert
in sehr hoher Auflage und zum Beispiel in Italien und Frankreich
quasi offiziell die CD ›Live in San José 1992‹ mit einem fast vollständigen Konzertmitschnitt. Das bis dato jüngste offizielle Livealbum ist das 1995 erschienene ›Bob Dylan MTV Unplugged‹.

Zurück ins Jahr 1962: Dylan präsentiert in den New Yorker
Künstlercafés immer wieder Lieder und begleitet auch andere
Musiker, gibt jedoch nur noch relativ wenig eigenständige Konzerte. An einem Abend ist er im Gaslight Café – die genauen Daten

sind nicht mehr recherchierbar – der einzige Vorführende, und irgendjemand hat dabei ein Tonband mitlaufen lassen. Die Aufnahmen erscheinen schon bald nach Dylans raschem Aufstieg als Bandkopien in der Szene, bis vornehmlich in Italien schließlich auch Schallplatten mit dem Material gepresst werden. Die ›Gaslight Tapes‹ haben bis heute keinen offiziellen Status, sind aber mittlerweile so weit verbreitet, dass jeder Interessierte sie für wenige Euro bei Sammlerbörsen problemlos erstehen kann. Selbst die Versandbuchhandlung Zweitausendeins hatte die entsprechende CD eine Zeit lang in ihrem Sortiment. (»No More Auction Block For Me« und »Handsome Molly« sind mittlerweile übrigens auch mit offiziellen Sony/Columbia-Weihen publiziert: auf ›Bootleg Series Vol. 1‹ bzw. auf ›Live 1961–2000‹.)

Die ›Gaslight Tapes‹ sind trotz der schlechten und amateurhaften Aufnahmequalität und nicht weniger Fehler im Vortrag ein aufschlussreiches Dokument Dylans aus dessen ganz früher Zeit. Das Programm, das auf der CD wohl vollständig wiedergegeben ist, besteht hauptsächlich aus fremden Songs, Dylans eigene Stücke wirken fast wie Experimente im Rahmen eines gängigen Folk-Repertoires. Die Stimmung der Titel ist hauptsächlich ernst und getragen, komödiantische Ausflüge, wie sie Dylan sonst in seine frühen Auftritte integriert, unterbleiben bis auf die Parodie »Cocaine« völlig. Song-Höhepunkte sind zweifellos das erstaunlich gelassene »A Hard Rain's A-Gonna Fall«, die achtminütige Ballade »Barbara Allen«, das eindringliche Anti-Kriegs-Lied »John Brown« sowie der stimmungsvolle »Kindhearted Woman Blues« von Robert Johnson.

Gaslight Tapes

A Hard Rain's A-Gonna Fall
Hezekiah Jones (Black Cross)
No More Auction Block For Me
Rocks And Gravels
Don't Think Twice, It's All Right
Barbara Allen
Moonshine Blues
Motherless Children
Handsome Molly
John Brown
Ballad Of Hollis Brown

Kindhearted Woman Blues
See That My Grave Is Kept Clean
Ain't No More Cane (Cane On The
    Brazo)
Cocaine
Cuckoo Is A Pretty Bird
West Texas (Auszüge)

Oktober 1962, Gaslight Café,
    New York
Bob Dylan voc, g, harm

Die zwei Jahre später entstandenen Aufnahmen beim Halloween-Concert 1964 in New York belegen eindrucksvoll die enorme Entwicklung Dylans. Er ist mittlerweile ein Vollprofi, der seine Stücke sehr gut im Griff hat und punktgenau und treffsicher zu platzieren weiß. Sein Gitarren- und Mundharmonikaspiel ist exakt, er scherzt mit dem Publikum und zeigt damit, dass er seine Stücke zuweilen weniger ernst nimmt, als dies seine Zuhörer offenbar tun – etwa in der Ankündigung von »If You Gotta Go, Go Now«: »Na ja, es ist Halloween, und ich hab meine Bob-Dylan-Maske auf.«

Es ist schwer, einzelne Höhepunkte des Konzerts herauszuheben, zu kompakt und vital ist der gesamte Auftritt, doch ist gewiss besonders eindrucksvoll der Auftakt mit »The Times They Are A-Changin'«, das mystische »Gates Of Eden«, das elfminütige Gänsehautstück »It's Alright, Ma (I'm Only Bleeding)« oder »Mr.

The Bootleg Series Vol. 6: Live 1964 At The Philharmonic Hall

Veröffentlichung: 29. März 2004
Produzenten: Jeff Rosen &
　　Steve Berkowitz
Covergestaltung: Geoff Gans
Liner Notes: Sean Wilentz

The Times They Are A-Changin'
Spanish Harlem Incident
Talkin' John Birch Paranoid Blues
To Ramona
Who Killed Davey Moore?
Gates Of Eden
If You Gotta Go, Go Now
It's Alright, Ma (I'm Only Bleeding)
I Don't Believe You
Mr. Tambourine Man
A Hard Rain's A-Gonna Fall
Talkin' World War III Blues
Don't Think Twice, It's All Right
The Lonesome Death Of Hattie Caroll
Mama, You Been On My Mind [I]
Silver Dagger [I]
With God On Our Side [I]
It Ain't Me, Babe [I]
All I Really Want To Do

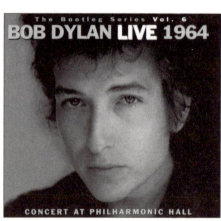

31. 10. 1964, Philharmonic Hall, New York
Bob Dylan voc, g, harm

[I] mit Joan Baez voc, g

Tambourine Man«. Bei vier Titeln am Ende des Programms ist Dylan zusammen mit Joan Baez zu hören, die wie so oft bei seinen Konzerten in dieser Zeit als Gast auftritt. Die im März 2004 erschienene Doppel-CD dokumentiert das komplette Konzert, auch die launigen Ansagen zwischen den einzelnen Songs sind weitgehend enthalten.

Ein wichtiges Moment ist der Entwicklungsprozess der Jahre 1965/1966, in dem Dylan scheinbar gegen den erbitterten Widerstand seines Publikums seine neue, raue und aggressive Musik durchsetzt und damit seine bisherigen Fans vor den Kopf stößt. Doch ist dies ein Klischee par excellence: zwar nicht völlig aus der Luft gegriffen, aber doch heftig aufgebauscht und überhöht. Fakt ist, dass Dylan eine ganze Rockgeneration mit seiner Musik anspricht und begeistert und genau mit dieser Musik zur Ikone der Beatniks und der Spätsechziger wird. Fakt ist aber auch, dass ein harter Kern bürgerrechtsbewegter Folkpuristen ihm seinen Erfolgsweg in den Pop übel nimmt und sich betrogen fühlt. Schließlich waren sie es, die dem strubbeligen Nobody in New York den Weg zum Ruhm geebnet und gewiesen haben wollen.

So gibt es in diesen Jahren tatsächlich verschiedene Unmutsbekundungen in Dylans Konzerten – mal verhaltener, mal auch heftiger. Doch Dylans cleveres Management wäre von allen guten Geistern verlassen, würde es ein solches Spannungsfeld nicht gewinnbringend für seinen Schützling nutzen. Ein gutes Abbild dieser Stimmung bietet das Konzert am 17. Mai 1966 in der Free Trade Hall in Manchester, England, das erst 1998 offiziell publiziert wird. Der Mitschnitt kursiert bereits seit den Sechzigern als Bootleg, allerdings unter dem viel besser klingenden Namen »The Royal Albert Hall Concert«. In der Tat steht Dylan genau zehn Tage später auf dieser ehrwürdigen Londoner Bühne und präsentiert ein Konzert mit identischer Titelfolge. Entsprechend übernimmt auch die CD-Edition den »falschen« Titel, natürlich mit korrekt aufgelisteten Konzertdaten im ausführlichen beiliegenden Booklet.

Das Konzert ist ein überwältigender Erfolg, doch zwischen den Songs sind immer wieder vereinzelte Zurufe und Provokationen aus dem Publikum zu hören. Zu Beginn der Zugabe »Like A Rolling Stone« schreit schließlich ein junger Mann laut und vernehmlich »Judas!«. In perfektem Timing ätzt Dylan zurück: »Das glaubst du doch selbst nicht. Du bist ein Lügner!« Und dann das Kom-

The Bootleg Series Vol. 4: Bob Dylan Live 1966 – The »Royal Albert Hall« Concert

Veröffentlichung: 28. Oktober 1998
Produzent: Jeff Rosen
Covergestaltung: Geoff Gans
Liner Notes: Tony Glover

She Belongs To Me [1]
4th Time Around [1]
Visions Of Johanna [1]
It's All Over Now, Baby Blue [1]
Desolation Row [1]
Just Like A Woman [1]
Mr. Tambourine Man [1]
Tell Me, Momma
I Don't Believe You
Baby Let Me Follow You Down
Just Like Tom Thumb's Blues
Leopard-Skin Pill-Box Hat
One Too Many Mornings
Ballad Of A Thin Man
Like A Rolling Stone

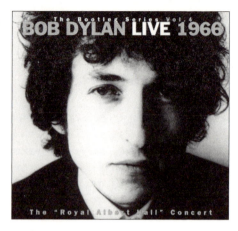

17. 5. 1966, Free Trade Hall, Manchester

Bob Dylan, voc, g, harm, p
Rick Danko b, voc
Garth Hudson org
Mickey Jones dr
Richard Manuel p
Robbie Robertson g

[1] Bob Dylan voc, g, harm

mando an die Band: »Play fucking loud!« (Die Szene ist auch im Film ›No Direction Home‹ dokumentiert, siehe Seite 295.) Was dann folgt, ist zum Abschluss des Konzerts eine der elektrisierendsten und mitreißendsten Versionen von Dylans wohl berühmtestem Song. Der kleine Zwischenfall beschert übrigens auch dem zunächst anonymen Rufer öffentliche Aufmerksamkeit: Der damals zwanzigjährige Student Keith Butler taucht nicht nur in den damaligen lokalen Berichten über das Dylankonzert auf, sondern wird auch später immer wieder zu den Ereignissen befragt, zuletzt 1999 anlässlich einer BBC-Dokumentation über das Konzert in Manchester. Laut Greil Marcus mehren sich in letzter Zeit allerdings Zweifel daran, ob der 2001 verstorbene Butler wirklich der Zwischenrufer war oder bloß ein Wichtigtuer, der sich im Nachhinein in Szene setzte. Zurück zum Konzert im Mai 1966: Das Doppelalbum dokumentiert das komplette Konzert, dessen ersten Teil Dylan unbegleitet darbietet. Der Höhepunkt des knapp fünfzigminütigen Programmteils ist eine intensive Version von »Visions Of Johanna« sowie eine fast magische Interpretation des »Tambourine Man«. Nach der Pause kommt er mit der Band auf die Bühne und rockt eine gute Dreiviertelstunde lang heftig los. Highlight neben »Like A Rolling Stone« ist das unmittelbar vorangehende »Ballad Of A Thin Man«.

Bei diesem Konzert zeigt sich bereits Dylans Fähigkeit, seine Songs immer wieder in neue Arrangements zu packen. So interpretiert er »elektrische« Titel wie »Just Like A Woman« oder eben »Visions Of Johanna« als »akustische« Nummern, während er eigentlich »akustisch« angelegte Songs wie »I Don't Believe You« oder »One Too Many Mornings« im Stile einer Rockband aufführt.

Als Dylan 1974 beginnt, mit The Band wieder auf Tour zu gehen, zeigen sich viele Beobachter skeptisch: Kann es dem Idol der sechziger Jahre nach so langer Abstinenz von der Szene gelingen, sein Publikum erneut zu begeistern? Denn dabei gilt zu bedenken, dass ein gelungenes Konzert nicht mehr nur eine Frage der künstlerischen Präsenz und Potenz des Interpreten ist, sondern einer sich rapide verändernden Technik angepasst sein muss. Zwischen den Soundvorstellungen und -erwartungen des Publikums etwa in den Vergleichsjahren 1966 und 1974 liegen Welten. Doch Dylan besteht seine zweite Feuertaufe, und fast im Sturm erobert er binnen sechs Wochen sein Publikum neu.

Die Quintessenz der Tour ist in dem Doppelalbum ›Before The Flood‹ festgehalten. Die Konzerte – wie entsprechend auch das Album – gliedern sich in drei Teile: ein akustischer Set Dylans, ein Set der Band zusammen mit Dylan sowie Nummern der Band ohne Dylan (auf dem Album: »Up On Cripple Creek«, »I Shall Be Released«, »Endless Highway«, ›The Night They Drove Old Dixie Down«, »Stage Fright«, ›The Shape I'm In«, »When You Awake« und ›The Weight‹). Von Dylans Titel ragen vor allem das treibende »All Along The Watchtower«, das mächtig rockende »Blowin' In The Wind« sowie das glänzend zelebrierte »It's Alright, Ma« heraus, doch auch alle anderen Stücke können voll und ganz überzeugen. Schade, dass man sich bei Sony/Columbia anlässlich der

Before the Flood – Live 1974

Veröffentlichung: 20. Juni 1974
Produzenten: Bob Dylan & The Band
Covergestaltung: Barry Feinstein

Most Likely You go Your Way (And I'll
    Go Mine) [3]
Lay Lady Lay [2]
Rainy Day Woman # 12 & 35 [2]
Knockin' On Heaven's Door [1]
It Ain't Me Babe [3]
Ballad Of A Thin Man [3]
Don't Think Twice, It's Alright (a) [3]
Just Like A Woman (a) [3]
It's Alright, Ma (I'm Only
    Bleeding) (a) [3]
All Along The Watchtower [3]
Highway 61 Revisited [3]
Like A Rolling Stone [2]
Blowin' In The Wind [2]

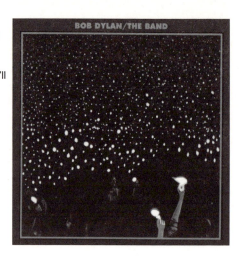

[1]   30. 1. 1974, Madison Square Garden, New York
[2]   13. 2. 1974, The Forum, Inglewood/Cal.
[3]   14. 2. 1974 The Forum, 2. Show, Inglewood/ Cal.

Bob Dylan, voc, g, harm, p
Rick Danko b, voc
Levon Helm dr, voc
Garth Hudson org, p, clav
Richard Manuel p, kb, dr, org,
    voc
Robbie Robertson g, voc

CD-Edition des Albums nicht dazu durchringen konnte, weitere Songs der Tour als Bonus-Tracks aufzunehmen.

All jene, die das Glück haben, eines der Konzerte der Rolling Thunder Revue zwischen Oktober und Dezember 1975 zu besuchen, schwärmen noch lange von Auftritten ganz besonderer Klasse und geradezu magischen Momenten. Dylan befindet sich zehn Jahre nach ›Highway 61‹ wieder auf dem Zenit seiner Kreativität, und er hat mit seiner Tourband nicht nur hervorragende und inspirierte Musiker, sondern im übertragenen Sinn auch eine ganze Familie um sich. Einen guten Einblick in die Dynamik der gesamten Truppe und über die ungewöhnliche Präsenz der Auftritte liefert natürlich der Film ›Renaldo & Clara‹ (siehe auch S. 300), doch auch wer nur das Livealbum hört, kann sich einen guten Eindruck von der Kraft und der Originalität der Performances verschaffen.

Herausragend unter lauter sehr guten Aufnahmen sind eine mitreißende Rock'n'Roll-Version von »A Hard Rain's A-Gonna Fall«,
ein überschäumendes »Isis«, ein »Hurricane«, das wahrlich unter
die Haut geht, ein fast schon esoterisch interpretiertes »One More
Cup Of Coffee« sowie nicht zu vergessen das hymnische
»Knockin' On Heaven's Door«.

The Bootleg Series Vol. 5: The Rolling Thunder Revue – 1975 Live

Veröffentlichung: 26. November 2002
Produzent: Jeff Rosen &
    Steve Berkowitz
Covergestaltung: Geoff Gans
Liner Notes: Larry »Ratso« Sloman

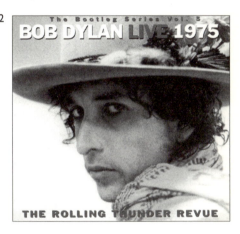

Tonight I'll Be Staying Here With
    You [5]
It Ain't Me, Babe [2]
A Hard Rain's A-Gonna Fall [5]
The Lonesome Death Of Hattie
    Carroll [4]
Romance In Durango [2]
Isis [4]
Mr. Tambourine Man (a) [3]
Simple Twist Of Fate (a) [2]
Blowin' In The Wind (b) [4]
Mama, You Been On My Mind (b) [2]
I Shall Be Released (b) [3]
It's All Over Now, Baby Blue (a) [5]
Love Minus Zero/No Limit (a) [5]
Tangled Up In Blue (a) [4]

The Water Is Wide [4]   Bob Dylan g, voc, harm
It Takes A Lot To Laugh, It Takes A Train To Cry [4]   Ronee Blakely voc
Oh, Sister [4]   T-Bone J. Henry Burnett g
Hurricane [1]   David Manfield g, mand, v, do
One More Cup Of Coffee (Valley Below) [4]   Bobby Neuwirth g, voc
Sara [3]   Scarlet Rivera v
Just Like A Woman [4]   Luther Rix dr, perc
Knockin' On Heaven's Door (c) [2]   Mick Ronson g
                                            Steven Soles g, voc

[1] 19. 11. 1975, Memorial Theater, Worcester/Mass.   Rob Stoner b
[2] 20. 11. 1975, Harvard Square Theater,   Howie Wyeth p, dr
            Cambridge/Mass.
[3] 21. 11. 1975, Music Hall, 1. Show, Boston/Mass.   (a) Bob Dylan voc, g, harm
[4] 21. 11. 1975, Music Hall, 2. Show, Boston/Mass.   (b) mit Joan Baez g, voc
[5] 4. 12. 1975, The Forum, Montreal/Quebec   (c) mit Roger McGuinn g, voc

Die akustischen Solonummern Dylans bewahren ein hohes Maß intimer Vertrautheit, allen voran das brüchige »Mr. Tambourine Man« und das eindringliche »Tangled Up In Blue«. Außerdem steht Dylan zum ersten Mal seit über zehn Jahren zusammen mit Joan Baez auf der Bühne; auf dem Album sind drei Songs der beiden zu hören, wobei allein »I Shall Be Released« das Geld für das ganze Album wert ist. Insofern bleibt es ein Rätsel, weshalb sich Sony/Columbia immerhin bis November 2002 Zeit gelassen hat, um dieses hervorragende Material zu veröffentlichen – für viele der bisher beste Mitschnitt eines Dylanauftritts überhaupt.

Durch die Publikation des Albums ist die Bedeutung eines der bekanntesten illegalen Mitschnitte eines Dylankonzerts etwas in den Hintergrund getreten: das »Rubin ›Hurricane‹ Carter Benefit Concert« am 8. Dezember in New York – zugleich der Abschluss der Tour. Auf dem zwar inoffiziellen, aber doch bei Fans und Sammlern recht verbreiteten Album finden sich einige Stücke, die nicht auf dem offiziellen Album enthalten sind: »When I Paint My Masterpiece«, »The Times They Are A-Changin'«, »Dark As A Dungeon«, »Never Let Me Go«, »I Dreamed I Saw St. Augustine« und »This Land Is Your Land«.

Nur kurz nach Abschluss der überwältigenden Rolling Thunder Revue plant Dylan ein Remake dieser Konzerttour. Im Frühjahr 1976 ist eine Aufzeichnung des Konzerts in Clearwater/Florida für den Fernsehsender NBC geplant. Doch die Ergebnisse dieses Mitschnitts am 22. April sind ausgesprochen mangelhaft, deshalb stornieren die Verantwortlichen das Projekt zunächst und wiederholen die Aufnahmen am 16. und 23. Mai in Fort Collins/Colorado. Die TV-Sendung wird schließlich am 10. September als ›Hard Rain‹ ausgestrahlt, am selben Tag erscheint das gleichnamige Livealbum.

Ausstrahlung und Schallplatte unterscheiden sich in einer Reihe von Songs (so sind »Blowin' In The Wind«, A Hard Rain's A-Gonna Fall«, »Mozambique«, »Railroad Bill« und »I Pity The Poor Immigrant« nicht auf dem Album enthalten), aber der Grundcharakter der Versionen ist in beiden Fällen identisch. (Die verworfenen Aufnahmen vom April kursieren – nebenbei bemerkt – unter dem Titel ›Original Hard Rain‹ als Bootlegalbum.)

›Hard Rain‹ ist geprägt von einem verschwommenen, etwas breiig anmutenden, schweren Rocksound, der in manchem an

Hard Rain

Veröffentlichung: 10. September 1976
Produzent: Don De Vito & Bob Dylan
Covergestaltung: Paula Scher/
    Ken Regan

You're A Big Girl Now
Shelter From The Storm
Lay Lady Lay [1]
Maggie's Farm Stuck Inside Of Mobile
    With The Memphis Blues Again [1]
I Threw It All Away [1]
One Too Many Mornings
Oh, Sister [1]
Idiot Wind

[1] 16. 5. 1976, Tarrant County
    Convention Center Arena,
    Fort Worth/Texas
alle anderen: 23. 5. 1976 Colorado
    State University, Fort Collins/
    Colorado

Bob Dylan voc, git, harm
Gary Burke dr
T-Bone J. Henry Burnett g, p
David Mansfield g
Scalet Rivera v
Mick Ronson g
Steven Soles g, voc
Rob Stoner b, voc
Howard Wyeth dr, p

Neil Youngs Gruppe Crazy Horse erinnert. Dabei geht viel von
der Prägnanz und der Konzentration der ersten Rolling-Thunder-
Aufnahmen verloren. Mit ihnen kann sich ›Hard Rain‹ an keiner
Stelle messen.

   Der auffälligste Titel ist wohl »Lay Lady Lay«, dessen Anmut
Dylan geradezu mit Gewalt zu zerstören trachtet. Dies geschieht
musikalisch durch ein rhythmisch asymmetrisch gesetztes Arran-
gement, das den sanften Fluss des Originals gar nicht erst entste-
hen lässt. Auch im Text deutet Dylan den Song um. Die zärtliche
Liebesbeschwörung mündet hier in eine recht unromantische
Aufforderung zum Sex: »Forget this dance – let's go upstairs.«
Höhepunkte des Albums sind das als Hardrock-Ballade intonierte
»One Too Many Mornings«, das treibende »Shelter From The
Storm« und »Idiot Wind«.

Mit ›At Budokan‹ dokumentiert Dylan seinen Sound der Welttournee 1978. Weshalb hierfür ausgerechnet Konzerte aus dem allerersten Abschnitt der Tour aufgezeichnet werden müssen, wo die einzelnen Bestandteile der Band noch sehr holprig ineinandergreifen, bleibt ein Geheimnis der Plattenfirma. Hätte man ein Konzert aus einem späteren Tourblock genommen – etwa den viel umjubelten Auftritt auf dem Nürnberger Zeppelinfeld –, das Album wäre sicherlich ein Highlight geworden. Doch in der veröffentlichten Form ist es, man muss es so deutlich sagen, recht dünne Kost, vor allem wenn man die brillante Aufnahmetechnik und die teilweise sehr originellen neuen Songarrangements berücksich-

Bob Dylan At Budokan

Veröffentlichung: 23. April 1979
Produzent: Don De Vito
Covergestaltung: Teruhisa Tajima
Liner Notes: Bob Dylan

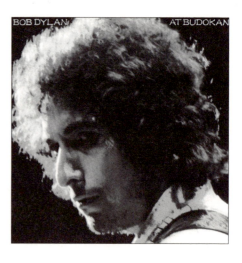

Mr. Tambourine Man
Shelter From The Storm |
Love Minus Zero/No Limit |
Ballad Of A Thin Man
Don't Think Twice, It's Alright |
Maggie's Farm
One More Cup Of Coffee (Valley
  Below)
Like A Rolling Stone
I Shall Be Released
Is Your Love In Vain?
Going, Going, Gone
Blowin' In The Wind
Just Like A Woman
Oh, Sister

Bob Dylan g, voc, harm
Billy Cross g
Steve Douglas sax, fl, rec
Debi Dye voc
Bobbye Hall perc
Jo Ann Harris voc
David Mansfield g, v, mand, do
Alan Pasqua kb
Steven Soles g, voc
Helena Springs voc
Rob Stoner b, voc
Ian Wallace dr

Simple Twist Of Fate |
All Along The Watchtower
I Want You
All I Really Want To Do
Knockin' On Heaven's Door
It's Alright, Ma (I'm Only Bleeding) |
Forever Young |
The Times They Are A-Changin'

| 28. 2. 1978, Budokan Hall, Tokyo
alle anderen: 1. 3. 1978, Budokan Hall, Tokyo

tigt: »Don't Think Twice« und »Knockin' On Heaven's Door«
kommen, musikalisch kaum wiederzuerkennen, als Reggae-Num-
mern daher, »Blowin' In The Wind« wird wie eine eindringliche
Predigt zelebriert, »All Along The Watchtower« als gekonnte Mixtur aus Gospel und Hardrock, dem ursprünglich regelrecht ätzen-
den »I Want You« fehlt durch seine etwas kitschige Interpretation
jede Schärfe, und »All I Really Want To Do« erklingt wie ein fröh-
licher Gassenhauer. Die Highlights des Albums sind »Ballad Of A
Thin Man«, »One More Cup Of Coffee«, »I Shall Be Released«
und das als krachender Hardrock intonierte »It's Alright, Ma (I'm
Only Bleeding)«.

Dylan arbeitet mit sehr ausgeklügelten Arrangements und mit
sehr präsentem Backgroundchor. An die Stelle von Scarlett Riveras Sologeige zwei Jahre zuvor tritt nun die Flöte von Steve
Douglas. Doch dieser macht aus seinem großen künstlerischen
Freiraum viel zu wenig, spielt sehr an der Oberfläche und dominiert manche Stücke mit regelrecht hohlen Soundphrasen. Was
die Produktion anbelangt, ist Dylan auf der Höhe seiner Zeit, der
Sound ist kristallklar, sehr differenziert, treibend, allerdings – im
Hinblick auf die Gewichtung der einzelnen Instrumente – an
manchen Stellen etwas unglücklich ausbalanciert.

Sechseinhalb Jahre liegen zwischen den Aufnahmen in der
Budokan Hall und in Europa im Sommer 1984. Dylan kehrt
zurück zu einem klaren Rocksound ohne Chor und verspielte
Arrangements, doch das Feuer von ›Before The Flood‹ und auch
›Hard Rain‹ scheint verloschen. Die Aufnahmen sind merkwürdig
blass und leblos. So mag es nicht verwundern, dass die Höhepunkte des Albums vor allem aus den beiden akustisch und solo eingespielten Songs »Tangled Up In Blue« und dem sehr stimmungsvol-
len »Girl From The North Country« bestehen. Dylan präsentiert
»Tangled« mit zahlreichen Textvarianten, die eine schöne Ergänzung zum Original darstellen. Von den Bandaufnahmen kann nur
das sehr rockende »Masters Of War« überzeugen, während das
Gastspiel von Carlos Santana auf »Tombstone Blues« völlig ver-
zichtbar ist und über recht banale Sologitarren-Klischees nicht
hinauskommt.

Im Winter 1988/1989 versetzt die Nachricht, dass die Publikation eines gemeinsamen Albums von Bob Dylan zusammen mit der
psychedelischen Westcoastband The Grateful Dead geplant ist, die

Real Live

Veröffentlichung: 3. Dezember 1984
Produzent: Glyn Johns

Highway 61 Revisited [2]
Maggie's Farm [2]
I And I [3]
License To Kill [1]
It Ain't Me, Babe (a) [2]
Tangled Up In Blue (a) [2]
Masters Of War [2]
Ballad Of A Thin Man [2]
Girl From The North
   Country (a) [3]
Tombstone Blues (b) [1]

[1] 5. 7. 1984, St. James Park,
    Newcastle/England
[2] 7. 7. 1984, Wembley Stadium,
    London/England
[3] 8. 7. 1984, Slane Castle, Slane/Irland

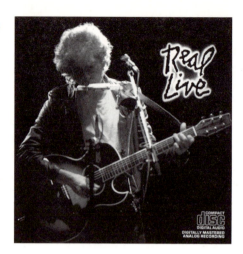

Bob Dylan g, voc, harm
Colin Allen dr
Ian McLagen kb
Greg Sutton b
Mick Taylor g;

(a) Bob Dylan g, voc, harm
(b) mit Carlos Santana g

Fans und Kritiker in helle Vorfreude, umso größer ist die Enttäuschung, als die Platte schließlich erscheint. Dylan und den Dead gelingt keine gemeinsame Annäherung an die Songs, der Kontrast zwischen Dylans sehr direktem Zugriff und dem etwas abgehobenen und verspielten Ansatz der Gruppe ist offenbar unüberwindlich. Am ehesten funktioniert noch »Slow Train«, während beim Abschluss »Knockin' On Heaven's Door« die prominenten Musiker wie eine bekiffte und besoffene Garagenband bei Probedurchgängen klingen.

Als Bootleg kursiert noch eine Variante des Albums unter dem Titel ›The Unreleased Dylan & The Dead‹. Neben einigen Titeln des offiziellen Albums finden sich dort die Songs »John Brown«, »The Wicked Messenger«, »The Ballad Of Frankie Lee & Judas Priest«, »It's All Over Now, Baby Blue«, »Rainy Day Woman # 12 & 35« sowie »Chimes Of Freedom«.

Ende 1994 wird im Rahmen der »Unplugged«-Serie auch Bob Dylan für einen Auftritt gewonnen, die Sessions finden vor kleinem Publikum Mitte November in den Sony Studios in New York statt. Das Ergebnis wird von manchen Kritikern als Dylans endgültiger Niedergang bezeichnet. So spricht etwa Michael Gray vom übelsten, schäbigsten und anbiederndsten Produkt eines großen Künstlers aller Zeiten. Sicherlich kann der Auftritt nicht mit den großen Dylan-Performances Mitte der sechziger und siebziger Jahre mithalten, aber ein solch vernichtendes Urteil ist dennoch völlig ungerechtfertigt. Dylan bietet mit seiner kompakt agierenden Band sehr professionelle Versionen einiger seiner Songs, wobei als Highlights das schwungvolle »All Along The Watchtower«, das eher selten gehörte »Dignity«, die – trotz mancher Textschwächen – sehr abgeklärte und eindringliche Version von »Like A Rolling Stone« sowie »With God On Our Side« her-

Dylan & The Dead

Veröffentlichung: 6. Februar 1989
Produzenten: Jerry Garcia &
    John Cutler
Covergestaltung: Rick Griffin

Slow Train [1]
I Want You [3]
Gotta Serve Somebody [4]
Queen Jane Approximately [2]
Joey [1]
All Along The Watchtower [4]
Knockin' On Heaven's Door [4]

[1] 4. 7. 1987, Sullivan Stadium,
    Foxboro/Massachusetts
[2] 19. 7. 1987 Autzen Stadium,
    Eugene/Oregon
[3] 24. 7. 1987 Alameda County
    Stadium, Oakland/California
[4] 26. 7. 1987 Stadium, Anaheim/
    California

Bob Dylan g, voc, harm
Jerry Garcia g
Mickey Hart dr
Bill Kreutzmann dr
Phil Lesh b
Brent Mydland kb
Bob Weir g

MTV Unplugged

Veröffentlichung: 25. April 1995
Produzenten: Jeff Kramer & Jeff Rosen
Covergestaltung: Allen Weinberg

Tombstone Blues [1]
Shooting Star
All Along The Watchtower
The Times They Are A-Changin'
John Brown
Desolation Row [1]
Rainy Day Woman # 12 & 35
Love Minus Zero/No Limit [1]
Dignity
Knockin' On Heaven's Door
Like A Rolling Stone
With God On Your Side [1]

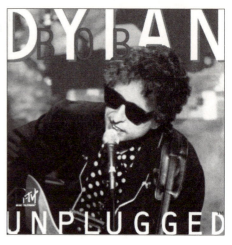

[1] 17. 11. 1994, Sony Music Studios,
    New York
alle anderen: 18. 11. 1994, Sony Music
    Studios, New York

Bob Dylan g, voc, harm
Bucky Baxter g, mand
Tony Garnier b
John Jackson g
Brendan O'Brien kb
Winston Watson dr

ausragen. Ein merkwürdiger Aufnahmefehler findet sich auf der CD übrigens bei »Knockin' On Heaven's Door«: Dort erklingt als eigene Tonspur auf dem rechten Stereo-Kanal den ganzen Song hindurch zugespielter Applaus. Neben den offiziell veröffentlichten Songs werden bei den Sessions weitere Stücke eingespielt, die vereinzelt auf Bootlegs auftauchen: »I Want You«, »Don't Think Twice«, »Hazel«, »Everything Is Broken«, »The Times They Are A-Changin'«, »Absolutely Sweet Marie«, »My Back Pages« und »Tonight I'll Be Staying Here With You«.

Seit Juni 1988 tourt Dylan fast permanent in der ganzen Welt und absolviert dabei jedes Jahr über hundert Auftritte. Diese als »Never Ending Tour« titulierte unglaubliche Konzertreihe erbringt qualitativ höchst unterschiedliche Auftritte. Je nach Tagesform zeigt Dylan sich sehr zugänglich und offen, dann wieder wie eine exzentrische Diva. Er stellt auch hohe Anforderungen an seine Band: Die Musiker müssen im Prinzip alle seine Songs parat haben, denn manchmal beginnt der Meister, eines von seinen alten Liedern ohne vorherige Absprache zu spielen. Zuweilen kommt es auch vor, dass Dylan während des Singens Textteile nicht präsent hat.

Doch mit dieser Haltung bleibt Dylan authentisch. Er bildet einen wohltuenden Kontrast zu den perfekt geschliffenen Konzerten seiner Starkollegen und macht seine Auftritte auch nach vierzig Jahren noch lebendig und spannend. Der Abend kann ein totaler Flop werden, bei dem Dylan seine Stücke nur lieblos herunterleiert, aber man kann auch Glück haben: Dann zeigt er sich inspiriert und entfacht ein Feuerwerk an Spielfreude und Power. Man muss eben bei einem Dylan-Konzert auf vieles gefasst sein. Und es gehört zu den Besonderheiten des Künstlers, dass er sich in kein Korsett pressen lässt. Vereinzelte Aufnahmen der Never Ending Tour sind auf diversen Single- und Bonus-Editionen enthalten, auch auf dem Live-Sampler ›Bob Dylan 1961 – 2000‹ finden sich einige Stücke; ein offizielles Album eines einigermaßen kompletten Auftritts ist aber bis heute noch nicht veröffentlicht. Es gibt aber zahlreiche Mitschnitte, die teilweise sehr verbreitet sind und – vergleichbar mit den ›Gaslight Tapes‹ – quasi halboffiziell kursieren. Man kann sie relativ einfach erstehen und sie etwa in Italien oder Frankreich sogar zuweilen in regulären Plattenläden finden. Die bekanntesten dieser Alben sind wohl die Mitschnitte der Konzerte am 9. Mai 1992 im kalifornischen San José sowie am 30. Oktober 2002 in St. Paul, Minnesota.

Neben den genannten Livealben Dylans finden sich freilich zahlreiche Songs und Einspielungen, die verstreut auf Benefiz-Mitschnitten, Sampler-Alben und anderweitig publizierten Plat-

San José '92

Rainy Day Woman # 12 & 35	
Positively 4th Street	Highway 61 Revisited
Union Sundown	Absolutely Sweet Marie
Just Like A Woman	All Along The Watchtower
Drifters Escape	
Most Of The Time	9. 5. 1992, San Jose State University,
Shelter From The Storm	Event Center Arena, San Jose/Cal.
Love Minus Zero/No Limit	Bob Dylan voc, g, harm, kb
Little Moses	Bucky Baxter g, mand, do
Boots Of Spanish Leather	Tony Garnier b
It's All Over now, Baby Blue	John Jackson g
Idiot Wind	Ian Wallace dr

St. Paul 2002

Seeing The Real You At Last
In The Summertime
Tombstone Blues
The End Of Innocence
Watching The River Flow
Brown Sugar
Forever Young
It's Alright, Ma (I'm Only Bleeding)
The Times They Are A-Changin'
Cold Irons Bound
Girl From The North Country
Old Man
Honest With Me
Love Minus Zero/No Limit

High Water (For Charley Patton)
Mutineer
Summer Days
Blowin' In The Wind
All Along The Watchtower

30.10. 2002, Excel Energy Center
  St. Paul/Minnesota
Bob Dylan voc, g, harm, kb
Larry Campbell g, mand, v, steel-g, voc
Tony Garnier b
George Receli dr
Charlie Sexton g, voc

ten erschienen. Einen Überblick darüber gibt die Tabelle im Anhang ab Seite 302.

Mit den ›Gaslight Tapes‹, ›Live in San José '92‹ und ›St. Paul 2002‹ sind bereits drei inoffizielle Mitschnitte erwähnt, die fast problemlos auf Sammlerbörsen erstanden werden können. Ebenfalls relativ weit verbreitet sind folgende inoffizielle Livealben:

›In Concert‹ (Aufnahmen vom 12.4. und 26.10.1963)
›Live At The BBC‹ (Aufnahmen vom 1.6.1965)
›Eat The Document‹ (Live Mai 1966)
›Songs From »Renaldo & Clara«‹ (Oktober bis Dezember 1975)
›Solid Rock‹ (Aufnahmen vom 19.4.1980)
›Westwood One‹ (Aufnahmen vom Februar und Juni 1986)
›Live In Virginia‹ (Aufnahmen vom 20.7.1991 in Vienna, Virginia)

Zum Schluss sei noch das – allerdings in Europa sehr schwer erhältliche – 9-CD-Set (!) ›The Never Ending Covers‹ genannt, das ausschließlich Versionen von fremden Songs aus zahlreichen Konzerten zwischen den Jahren 1988 und 2000 enthält, darunter, nur als Beispiele: »Elleen Aroon«, »Big River«, »Dock Of The Bay«, »Nowhere Man«, »Willin'«, »Dust My Broom«, »Homeward Bound«, »Tupelo Honey«, »Hey Joe«, »Not Fade Away«, »The Sound Of Silence« oder »The Wanderer«.

World Gone Wrong – Bob Dylans Coveralben

In diesem Kapitel richtet sich zumindest ein kurzer Blick auf vier Alben, die insofern aus Dylans Werk herausfallen, weil sie ausschließlich fremdes Songmaterial beinhalten: auf ›Dylan‹, ›Down In The Groove‹, ›Good As I Been To You‹ und ›World Gone Wrong‹. (Streng genommen gehört ›Down In The Groove‹ nicht in diese Kategorie, denn das Album enthält mit »Death Is Not The End« und »Had A Dream About You, Baby« zwei Dylan-Originale, allerdings sind diese beiden Nummern auch beim allerbesten Willen lediglich als Ausschuss zu werten, der wohl nur auf das Album gelangt ist, um die Laufzeit der Platte auf eine übliche Länge zu tunen.)

Der überwiegende Teil von Dylans Alben ist ausschließlich mit eigenen Songs bestückt, lediglich das Debütalbum ›Bob Dylan‹, ›The Freewheelin'‹, ›Selfportrait‹, ›Saved‹ und ›Knocked Out Loaded‹ beinhalten neben eigenem Material auch Fremdkompositionen bzw. Traditionals. Dabei fällt auf, dass bis auf das bahnbrechende ›Freewheelin'‹-Album alle anderen Arbeiten eher am schwächeren Ende innerhalb des Gesamtwerks anzusiedeln sind. Dies gilt, wenngleich aus unterschiedlichen Gründen, auch für Dylans Coveralben.

Den Anfang macht ›Dylan‹, ein Zusammenschnitt verschiedener Outtakes der ›Selfportrait‹- und ›New Morning‹-Sessions, die Columbia ohne Einverständnis Dylans kurzerhand auf den Markt wirft, als Dylan für einige Alben einen Vertrag bei David Geffens Asylum-Label unterschreibt. Vielerorts ist die Rede davon, dass Columbia sich mit der Platte für Dylans Firmenwechsel rächen wollte, doch das scheint weit hergeholt. Auch wenn man bei Columbia mit Sicherheit enttäuscht war, einen seiner Topstars zu verlieren, wollte man wohl kaum dessen Werk und damit auch die eigenen Umsätze zerstören. Richtig ist wohl eher, dass man bei Columbia bemerkte, dass in diesen Tagen Anfang der siebziger Jahre sich praktisch alles gut verkaufte, was den Namen Dylan trug. Und tatsächlich ging das Konzept auf: ›Dylan‹ erreichte den 17. Platz der Albumcharts.

Dylan

Veröffentlichung: 16. 11. 1973
Produzent: Bob Johnston
Cover-Fotografie: Al Clayton

Titel und Sessions siehe
gegenüber stehende Tabelle

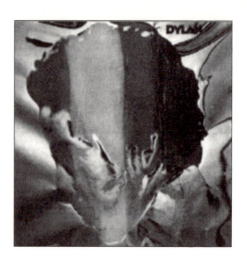

Als Bob Dylan allerdings zwei Jahre später wieder zu Columbia zurückkehrt, ist eine seiner Bedingungen, ›Dylan‹ so schnell wie möglich wieder vom Markt zu nehmen. Das Album ist die einzige offizielle Dylanplatte, die niemals auf CD veröffentlicht worden ist – mit Recht, sagt nicht nur der eingefleischte Dylan-Fan, auch wenn Dylan selbst zuweilen anmerkt, »so schrecklich finde er das Album gar nicht«. In anderen Aussagen nimmt er kein Blatt vor den Mund: »Als ich die Sachen zum ersten Mal gehört habe, konnte ich es nicht glauben. Die Aufnahmen waren nie zur Veröffentlichung bestimmt. Ich dachte, das wäre eindeutig vereinbart gewesen. Da lief nur die Bandmaschine mit, als wir uns für die Sessions ein wenig warmgespielt haben. Aber niemals sollte das Zeug herauskommen.« Wie dem auch sei: Längst ist die Platte aus Dylans Werk-Katalog verschwunden, und nur wenige Fans weinen den Aufnahmen eine Träne nach.

›Down In The Groove‹ ist eine der uninspiriertesten Arbeiten Dylans in seiner Phase völliger musikalischer Desorientierung in der zweiten Hälfte der achtziger Jahre. Das Album enthält zwar die Dylan-Kompositionen »Death Is Not The End« und »Had A Dream About You, Baby«, die allerdings das Etikett eines »Originals« kaum verdienen. »Death« ist ein Outtake der Infidels-Session und wird dort sofort nach der Einspielung als missraten und untauglich wieder ver-

Spanish Is The Loving Tongue (Charles Badger Clark J., J. Williams)	24. 4. 1969 Nashville, Tennessee, Columbia Studios	Charlie Daniels g, do Lloyd Green v Charlie McCoy b Norman Spicher steel-g
A Fool Such As I (Bill Trader)	26. 4. 1969 Nashville, Tennessee, Columbia Studios	Kenny Buttrey dr Charlie Daniels g Peter Drake dr Charlie McCoy b Robert Wilson p
The Ballad Of Ira Hayes (Peter LaFrage)	1. 6. 1970 New York, Columbia Studios, Studio E	David Bromberg g, do Charlie Daniels g Al Kooper org Russ Kunkel dr
Sarah Jane (Trad.)	1. 6. 1970 New York, Columbia Studios, Studio E	David Bromberg g, do Ron Cornelius g Al Kooper org Russ Kunkel dr
Mr. Bojangles (Jerry Jeff Walker)	2. 6. 1970 New York, Columbia Studios, Studio E	David Bromberg g, do Lloyd Green v Al Kooper org Russ Kunkel dr Charlie McCoy b Norman Spicher steel-g
Mary Ann (Trad.)	2. 6. 1970 New York, Columbia Studios, Studio E	David Bromberg g, do Ron Cornelius g Charlie Daniels g Al Kooper org Russ Kunkel dr
Can't Help Falling In Love (George Weiss, Hugo Peretti, Luigi Creatore)	3. 6. 1970 New York, Columbia Studios, Studio E	Ron Cornelius g Charlie Daniels g Al Kooper org Russ Kunkel dr
Lily Of The West (Trad., E. Davis, J. Peterson)	3. 6. 1970 New York, Columbia Studios, Studio E	David Bromberg g, do Charlie Daniels g Al Kooper org Russ Kunkel dr
Big Yellow Taxi (Joni Mitchell)	4. 6. 1970 New York, Columbia Studios, Studio E	David Bromberg g, do Ron Cornelius g Al Kooper org Russ Kunkel dr

worfen. Ähnliches gilt für »Had A Dream«, ein Abfallprodukt der Sessions für die Filmmusik zu ›Heart Of Fire‹.

Fans wie Kritiker reagieren sehr ratlos auf die Platte, die nicht nur flaches und nichts sagendes Material enthält, sondern zu allem Überfluss auch noch ausgesprochen lieblos und schlampig eingespielt und produziert ist. Zuweilen werden Parallelen zu ›Selfportrait‹ gezogen, doch kann man dieser Platte noch zugute halten, dass sie zumindest Dylans Einflüsse und Inspirationsquellen zitiert. ›Down In The Groove‹ hingegen scheint das Produkt völliger Beliebigkeit zu sein. Wie ›Dylan‹ ist auch dieses Album aus dem offiziellen Katalog seiner Werke mittlerweile wieder verschwunden. Daran kann auch die illustre Gastmusiker-Schar – unter an-

Down In The Groove

Veröffentlichung: 31. 5. 1988
Produzent: keine Angaben

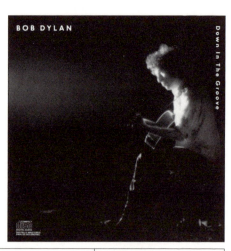

Death Is Not The End	2. 5. 1983 New York, Power Station Studio	Alan Clark kb Sly Dunbar d Clydie King voc Mark Knopfler g Robbie Shakespeare b Mick Taylor g Ron Wood g
Had A Dream About You, Baby	27. 8. 1986 London/England, Townhouse Studios	Eric Clapton g Beau Hills kb Harry Spinetti dr Kip Winger b Ron Wood b, g

Sally Sue Brown (Arthur Alexander, E. Montgomery, T. Stafford)	27. 3. 1987 Hollywood/California, Sunset Studios	Carolyn Dennis voc Willie Green voc Myron Grombacher dr Steve Jones g Bobby King voc Kevin Savigar kb Paul Simonon b
Ninety Miles An Hour (Down A Dead End Street) (Hal Blair, Don Robertson)	3. 4. 1987 Hollywood/California, Sunset Studios	Carolyn Dennis voc Willie Green voc James Jamerson b Bobby King voc Raymond Lee Pounds dr Jack Sherman g
Let's Stick Together (Wilbert Harrison)	1. 5. 1987 Hollywood/California, Sunset Studios	Randy Jackson b Stephan Jordan dr Danny Kortchmar g
Ugliest Girl In The World (Ian Hunter & Dylan)	16. 6. 1987 Hollywood/California, Sunset Studios	Carolyn Dennis voc Randy Jackson b Stephan Jordan dr Danny Kortchmar g Madelyn Quebec voc
Rank Strangers To Me (Albert E. Brumley)	16. 6. 1987 Hollywood/California, Sunset Studios	Randy Jackson b Stephan Jordan dr Danny Kortchmar g
Silvio (Ian Hunter & Dylan)	16. 6. 1987 Hollywood/California, Sunset Studios	Mike Baird dr Nathan East b Jerry Garcia g, voc Brent Mydland kb Bob Weir g, voc
Shenandoah (Trad.)	Juni 1987 Hollywood/California, Sunset Studios	Mike Baird dr Carolyn Dennis voc Nathan East b Danny Kortchmar g Madelyn Quebec voc
When Did You Leave Heaven (Walter Bullock, Richard A. Whiting)	Juni 1987 Hollywood/California, Sunset Studios	Mike Baird dr Carolyn Dennis voc Nathan East b Danny Kortchmar g Madelyn Quebec voc

derem Paul Simonon von den Clash, Steve Jones von den Sex Pistols, dazu Eric Clapton, Mark Knopfler, Jerry Garcia und Ron Wood – nichts ändern.

Im Laufe eines Jahres nimmt Dylan in zwei Blöcken Material für zwei Alben auf, die ihn zu seinen Wurzeln zurückführen: zum Folk und Blues. Erstmals seit ›Another Side‹ aus dem Jahr 1964 spielt Dylan seine Stücke wieder nur mit der akustischen Gitarre ein; damit scheint sich eine Klammer um Dylans Werk zu schließen, denn auch was die Songauswahl betrifft, knüpft Dylan im Grunde an seine Anfänge an: Beide Platten, ›Good As I Been To You‹ und ›World Gone Wrong‹ beinhalten ausschließlich Traditionals aus dem Blues- und Folkbereich sowie einige Bluesnummern von Musikern, die Dylan immer wieder als seine Wegbereiter bezeichnet.

Beide Alben stehen außerhalb aller kommerziellen Überlegungen und wirken in den neunziger Jahren, als sich schon fast jeder Schüler eine passable Mehrkanal-Aufnahmemöglichkeit leisten kann, wie ein Relikt aus längst vergangenen Zeiten. Nur eingefleischte Fans und wenige Traditionalisten können mit dem Material wirklich etwas anfangen, und Dylan selbst sagt von den Aufnahmen: »Solche Songs wird es nicht noch mal geben. Aber wenn man etwas mit Tiefgang sucht, dann muss man zum Alten zurückgehen.« Zumindest, wenn einem nichts Neues mehr einfällt, möchte man erwidern, doch Dylans Weg der beiden Alben ist stimmig: Bevor er sich mit ›Time Out Of Mind‹ dem Prozess des Alterns und Sterbens – und damit vor allem natürlich seinem eigenen Alterswerk – nähert, weist er noch einmal deutlich auf jene Wurzeln und Einflüsse, die ihn sein gesamtes Künstlerleben lang begleiten.

Manko beider Platten ist wieder einmal eine sehr unprofessionelle Aufnahmetechnik. Zwar finden die Aufnahmen akustisch vielleicht nicht sehr glücklich angelegt in Dylans Homestudio in seiner Garage im kalifornischen Malibu statt. Bedenkt man aber, dass etwa seine Gitarre verglichen mit jener, mit der er in New York im November 1962 erstmals das Columbia Studio betritt, gewiss nicht schlechter sein dürfte, und bedenkt man auch die vielfach verbesserten Bandmaschinen, so ist es schon fast blamabel, wie flach und wenig prägnant die Aufnahmen hier klingen – und das, obwohl ihm mit dem Tontechniker Debbie Gold ein

Good As I Been To You

Veröffentlichung: 2. 11. 1992
Cover-Fotografie: Jimmy Wachtel

Frankie & Albert
Jim Jones
Blackjack Davey
Canadee-I-O
Sitting On Top Of The World
Little Maggie
Hard Times
Set It Up And Go
Tomorrow Night
Arthus McBride
You're Gonna Quit Me
Diamond Joe
Froggie Went A Courtin'

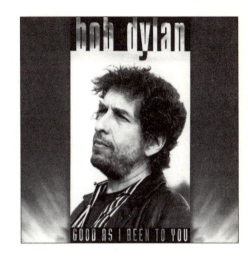

(Alle Traditionals)

Alle Titel aufgenommen im Juli/August 1992 in Dylans Homestudio in Malibu/California, keine genauen Angaben zu den Sessions erhältlich

Einzig bekanntes Outtake:
You Belong To Me

Profi assistiert. Dennoch finden sich neben blassen und eher oberflächlich eingespielten Titeln auch einige sehr intensive Highlights.

Auf ›Good As I Been To You‹ sind dies wohl: »Hard Times«, ein Song, der auf einem Stück aus dem 19. Jahrhundert basiert; »You Gonna Quit Me«, ein Blues, den Dylan von Rev Gary Davis her kennt; die Cowboy-Ballade »Diamond Joe« und das sehr originell interpretierte Kinderlied »Froggie Went A-Courtin'«. Auf ›World Gone Wrong‹ ragen heraus: der Titeltrack aus der Tradition der Südstaatenblues der dreißiger Jahre; die Ballade »Love Henry«; der Blues »Ragged & Dirty«, den Dylan in den Notes Willie Browns zuschreibt, der aber eher auf Sleepy John Estes zurückgeht; »Delia« und »Broke Down Engine« von Blind Willie McTell, dem er 1983 einen seiner größten Songs widmet, sowie »Lone Pilgrim«, ein Blues aus der Tradition von Doc Watson.

World gone wrong

Veröffentlichung: 26. 10. 1993
Cover-Fotografien: Ana Maria Velez,
  Randee Saint Nicholas

World Gone Wrong (Traditional)
Love Henry (Tom Paley)
Ragged & Dirty (Willie Browns)
Blood In The Eyes (Traditional)
Broke Down Engine (Blind Willie
  McTell)
Delia (Blind Willie McTell)
Stack A Lee (Frank Hutchinson)
Two Soldiers (Traditional)
Jack-A-Row (Tom Paleay)
Lone Pilgrim (Doc Watson)

Alle Titel aufgenommen im
Mai 1993 in Dylans Homestudio
in Malibu/California, keine genauen Angaben zu den Sessions erhältlich

Bekannte Outtakes:
Twenty One Years
32.20 Blues
Hello Stranger
Goodnight My Love

Am Ende dieses Kapitels sei auch ein kurzer Blick auf das Allstar-Projekt »Traveling Wilburys« geworfen: Eher per Zufall – zumindest wenn man den Erinnerungen der Beteiligten Glauben schenkt – finden sich an einem Apriltag des Jahres 1988 in Dylans Garagenstudio Jeff Lynn (Electric Light Orchestra), Roy Orbison, George Harrison und Tom Petty ein, um spontan den Song »Handle With Care« einzuspielen. Das Ergebnis macht allen Beteiligten offenbar so viel Spaß, dass sie beschließen, unterstützt von Jim Keltner, Jim Horn und Ray Cooper ein ganzes Album unter dem Titel der fiktiven Band Traveling Wilburys aufzunehmen.

Die Platte besticht durch eine ungemein lockere, relaxte und leichte Stimmung, und was als Jux älter werdender Rockstars beginnt, endet auf Platz Drei der britischen Album-Charts. Auch die Single »Handle With Care«/»Margarita« wird ein Achtungserfolg. Die maßgeblich von Dylan (alias Lucky Wilbury) geschriebenen Songs sind das bissig-ironische »Congratulations«, »Dirty World«,

Traveling Wilburys Vol I

Veröffentlichung: 19. 10. 1988
Produzenten: Jeff Lynn und George Harrison

Handle With Care	Anfang April 1988 Malibu/California, Bob Dylans privates Homestudio George Harrison g, voc, mand, sitar Jim Keltner dr Jeff Lynn g, voc, b, kb Roy Orbison g, voc Tom Petty g, voc
Dirty World Rattled Last Night Not Alone Any More Congratulations Heading For The Light Margarita Tweeter And The Monkey Man End Of The Line Keine Outtakes der Sessions bekannt.	7. – 16. 5. 1988 Los Angeles/California, Dave Stewarts mobiles Homestudio Ray Cooper perc George Harrison g, voc, mand, sitar Jim Horn sax Jim Keltner dr Jeff Lynn g, voc, b, kb Roy Orbison g, voc Tom Petty g, voc

bei dem Dylan Überschriften aus Klatschmagazinen verknüpft, sowie die fast filmszenisch dramatisch gestaltete Ballade »Tweeter And The Monkey Man«.

Angeregt vom großen Erfolg von ›Vol. 1‹ nehmen Harrison, Lynn, Petty und Dylan – Roy Orbison stirbt am 6. Dezember 1988 nach einem Herzanfall – ein Folgeprojekt in Angriff. Das Ergebnis, ›Traveling Wilburys Vol. 3‹, kann allerdings mit dem Debüt nicht mithalten. Sei es eine gewisse Erfolgsorientierung, die Spontaneität und Lockerheit verhindert, oder sei es allein das Fehlen Orbisons – die Songs sind durch die Bank schwächer und ungenauer, die Stimmung der Platte angespannter. Zwar bürgt die hochkarätige Besetzung immer noch für einen erheblichen kommerziellen Erfolg, doch nach ›Vol. 3‹ verfolgen die Musiker das Projekt nicht weiter. Die profiliertesten Stücke des Albums stammen hauptsächlich aus der Feder von Bob Dylan (diesmal unter

Traveling Wilburys Vol III

Veröffentlichung: 23. 10. 1990
Produzenten: George Harrison und Jeff Lynn

She's My Baby

Inside Out

If You Belonged To Me

The Devil's Been Busy

Seven Deadly Sins

Poor House

Where Were You Last Night?

Cool Dry Place

New Blue Moon

You Took My Breath Away

Wilbury Twist

Alle Aufnahmen erste Aprilhälfte 1990,
Bel Air/California, Wilbury
Mountain Studio

Ray Cooper perc
George Harrison g, voc, mand, sitar
Jim Horn sax
Jim Keltner dr
Jeff Lynn g, voc, b, kb
Gary Moore g
Tom Petty g, voc

Outtakes:
Like A Ship (On The Sea)
Maxine
Nobody's Child
Fish And Chips
Runaway
Stormy Weather

dem Pseudonym Boo Wilbury): das verrückt verdrehte »Inside Out«; seine Selbstparodie auf »She Belongs To Me«: »If You Belonged To Me«; sein kinderliedhaft moralisierendes »Seven Deadly Sins« sowie das vorwurfsvolle »Where Were You Last Night?«.

Anhang

Bob Dylans Bootlegs

Bootlegs sind ursprünglich illegale Kopien in meistens deutlich schlechterer Qualität, die auf dem Schwarzmarkt als Ersatz für Originalplatten zu einem sehr viel günstigeren Preis gehandelt werden. In der zweiten Hälfte der sechziger Jahre verlagert sich der Schwerpunkt der Bootlegs auf widerrechtlich mitgeschnittene Konzertaufnahmen sowie Titel, die auf dunklen Kanälen aus den unveröffentlichten Archiven in die Hände von Schwarzpressern kommen. Damit bieten Bootlegs nicht mehr primär Billigkopien bekannter Aufnahmen, sondern vor allem offiziell unveröffentlichtes Material. Dies wiederum ruft vor allem jene Sammler auf den Plan, denen es nicht reicht, die offiziell publizierten Arbeiten berühmter Gruppen und Musiker zu besitzen.

Im Grunde ist jeder renommierte Künstler auf die eine oder andere Weise Opfer der Raubkopiererei, der wirtschaftliche Schaden, der durch die Musik-Piraten entsteht, liegt allein bis zum Jahr 1998 nach Berechnungen der internationalen Vereinigung der Musikindustrie IFPI bei rund 50 Milliarden Dollar. Clinton Heylin hat 1994 eine 440 Seiten starke Studie unter dem Titel ›The Great White Wonders‹ über das Phänomen veröffentlicht. Darin wird deutlich, dass die am häufigsten »gebootlegten« Künstler The Beatles sowie die vier Ex-Beatles solo, Grateful Dead, Jimi Hendrix, Led Zeppelin, Van Morrison, Graham Nash, Pink Floyd, Elvis Presley, Prince, Lou Reed, The Rolling Stones, The Sex Pistols, Pattie Smith, Bruce Springsteen, Velvet Underground und The Who sind. Die allermeisten Raubkopien gibt es jedoch von Bob Dylan.

Dabei stellt sich die Frage nach dem Sinn solcher Mitschnitte heute mehr denn je. Blieben zur Zeit der guten alten Schallplatte in der Tat noch manche ungeschliffenen Diamanten unbekannt (Beispiele aus Dylans Werk: »Lay Down Your Weary Tune«, »Percy's Song« oder »Blind Willie McTell«), so werden die meisten dieser Titel im Nachhinein veröffentlicht, um Nachauflagen und Neueditionen auf CD auch für jene Käuferschichten interessant zu machen, die bereits auf Vinyl alles von ihren Bands und Künstlern besitzen. Nur so sind die zahllosen ›The Complete …-Sessions‹ vieler Künstler zu verstehen, bei denen man sich zuweilen wirklich fragen muss, ob denn jeder falsche Songeinstieg und jede (meist aus guten Gründen) verworfene Version einer breiten Öffentlichkeit zugänglich gemacht werden muss. Der Nebeneffekt dieser Verkaufsstrategie: Die sechs CDs der Beatles-Anthology-Reihe beispielsweise haben den meisten Bootlegs

der Fab Four die Existenzberechtigung entzogen, sind aber für die Plattenfirma durchaus auch ein gutes Geschäft. Dasselbe gilt für Bob Dylan: Je
konsequenter Sony/Columbia die Politik verfolgt, wirklich Hörenswertes
im Rahmen der ›Bootleg Series‹ nach und nach offiziell herauszubringen,
umso weniger Sinn machen weiter gehandelte Bootlegplatten – freilich mit
der Ausnahme reiner Sammelleidenschaft.

Grundsätzlich gilt es zu unterscheiden zwischen illegalen Mitschnitten
bei Konzerten und Studiokopien von unveröffentlichtem Material. Einige
der wichtigsten inoffiziellen Livemitschnitte sind im Kapitel über Dylans
Livealben aufgeführt, deshalb ist hier nur ein kurzer Überblick über die
wichtigsten und bekanntesten Bootlegs mit Studioaufnahmen angebracht.

Great White Wonder

Baby Please Don't Go
Pete Seeger Chat
Dink's Song
See That My Grave Is Kept Clean
East Grange, N.J.
Man Of Constant Sorrow
New Orleans Rag (Fragment)
If You Gotta Go, Go Now
Only A Hobo
Killing Me Alive
Mighty Quinn
This Wheel's On Fire

Candy Man
Ramblin' Round
Hezekiah Jones (Black Cross)
I Ain't Got No Home
The Death Of Emmett Till
Poor Lazarus
I Shall Be Released
Open The Door Homer
Too Much Of Nothing
Tears Of Rage
Living The Blues

The Minnesota Hotel Tapes
(Dezember 1961)

Candy Man
Baby Please Don't Go
Hard Times In New York Town
Stealin'
Poor Lazarus
I Ain't Got No Home
Dink's Song
It's Hard To Be Blind
Man Of Constant Sorrow
Omnie Wise
Wade In The Water
V.D. Waltz
V.D. City

I Was Young When I Left Home
In The Evening
Baby Let Me Follow You Down
Sally Gal
Gospel Plow
Long John
Cocaine
See That My Grave Is Kept Clean
Ramblin' Round
V.D. Blues
V.D. Gunner's Blues
Black Cross

Historical Archives Vol. 1 & 2

Man On The Street
He Was A Friend Of Mine
Talkin' Bear Mountain Picnic
    Massacre Blues
Song To Woody
Car Car
Pretty Polly
Two Trains A-Runnin'
Ramblin' On My Mind

Rocks And Gravels
Quit Your Low Down Ways
He Was A Friend Of Mine
Let Me Die In My Footsteps
The Death Of Emmett Till
Stealin'
Hiram Hubbard
Blowin' In The Wind

The Little White Wonder Vol. 1–3
(aka Rare Batch of Little White Wonder Vol. 1 & 2)

California
Who You Really Are
Baby Please Don't Go
Man Of Constant Sorrow
Only A Hobo
Candy Man
I Ain't Got No Home
The Death Of Emmett Till
Poor Lazarus
Farewell
Stealin'
Hard Times In New York Town
Wade In The Water
That's All Right Mama
Bob Dylan's New Orleans Rag
Baby Let Me Follow You Down

V. D. Blues
The Cough Song
All Over You
Cocaine Blues
Sally Gal
Long Time Gone
Omnie Wise
Whatcha Gonna Do
John Brown
I Shall Be Free
Ain't Gonna Grieve
V.D. Woman (V.D. Gunner's Blues)
Long Ago, Far Away
See That My Grave Is Kept Clean

Broadside Ballads

John Brown
Only A Hobo
Talkin' Devil
Train A-Travelin'
Oxford Town
Paths Of Victory
Masters Of War
Walkin' Down The Line
I Shall Be Free

I'd Hate To Be You On That
    Dreadful Day
The Ballad Of Emmett Till
The Ballad Of Donald White
Cuban Blockade (World War III)
Ye Playboys And Playgirls
Farewell
Let Me Die In My Footsteps

The Witmark Demos
(aka Poems In Naked Wonder)

Blowin' In The Wind
Long Ago, Far Away
A Hard Rain's A-Gonna Fall
The Death Of Emmett Till
Let Me Die In My Footsteps
Ballad Of Hollis Brown
Quit Your Low Down Ways
Tomorrow Is A Long Time
Baby, I'm In The Mood For You
Long Time Gone
Masters Of War
Farewell
Oxford Town
Don't Think Twice, It's All Right
Walkin' Down The Line
I Shall Be Free
Bob Dylan's Dream
Boots Of Spanish Leather

Bob Dylan's Blues
Girl From The North Country
Seven Curses
Hero Blues
Whatcha Gonna Do?
Gypsy Lou
John Brown
When The Ship Comes In
The Times They Are A-Changin'
Paths Of Victory
Baby Let Me Follow You Down
Guess I'm Doin' Fine
I'd Hate To Be You On That Dreadful
   Day
Talkin' John Birch Paranoid Blues
Mr. Tambourine Man
Mama You Been On My Mind
I'll Keep It With Mine

The Lonesome Sparrow Sings
(aka Rare Batch of Little White Wonder Vol. 3)

Sitting On A Barbed-Wire Fence
If You Gotta Go, Go Now
She Belongs To Me
Love Minus Zero/No Limit
Dusty Old Fairgrounds
Can You Please Crawl Out Your
   Window

From A Buick 6
Lay Down Your Weary Tune
It's All Over Now, Baby Blue
It Takes A Lot To Laugh, It Takes
   A Train To Cry

A Tree With Roots
(die ausführlichste erhältliche Ausgabe der Basement Tapes, 4 CDs)

Lock Your Door
Baby, Won't You Be My Baby
Try Me Little Girl
Young But Daily Growin'
Bonnie Ship The Diamond
The Hills Of Mexico
Down On Me
I Can't Make It Alone
Don't You Try Me Now
One For The Road

Big River (2 Takes)
Folsom Prison Blues
The Bells Of Rhymney
I'm A Fool For You
Next Time On The Highway
Tupelo Honey
Quit Kickin' My Dog Aroun'
See You Later Allen Ginsburg
Tiny Montgomery
The Spanish song (2 Takes)

I'm Alright
One Single River
People Get Ready
I Don't Hurry Anymore
Be Careful Of The Stones You Throw
One Man's Loss
Baby Ain't That Fine
Rock Salt And Nails
A Fool Such As I
Silhouette
Bring It On Home
King Of France
900 Miles
Goin' Down The Road
Spanish Is The Loving Tongue
Po' Lazarus
On A Rainy Afternoon
I Can't Come In With A Broken
   Heart (2 Takes)
Come All Ye Fair And Tender Ladies
Under Control
Ol' Roison The Beau
I'm Guilty Of Loving You
Johnny Todd
Cool Water
Banks Of The Royal Canal
Belshazzar
I Forgot To Remember To Forget Her
You Win Again
Still In Town Still Around
Waltzin' With Sin
Instrumental Jam
The Flight Of The Bumble Bee
Confidential To Me
Odds And Ends (2 Takes)

I'm Your Teenage Prayer
Four Strong Winds
The French Girl (2 Takes)
Joshua Gone Barbados
I'm In The Mood For Love
All-American Boy
Sign On The Cross
Santa Fe
Silent Weekend
Don't Ya Tell Henry
Bourbon Street
Million Dollar Bash (2 Takes)
Yea! Heavy And A Bottle Of Bread
   (2 Takes)
I'm Not There
Please Mrs Henry
Crash On The Levee (2 Takes)
Lo And Behold (2 Takes)
You Ain't Going Nowhere (2 Takes)
Too Much Of Nothing (2 Takes)
This Wheel's On Fire
I Shall Be Released
Tears Of Rage (3 Takes)
Quinn The Eskimo (2 Takes)
Open The Door Homer (3 Takes)
Nothing Was Delivered (3 Takes)
Goin' To Acapulco
Gonna Get You Now
Wildwood Flower
See That My Grave Is Kept Clean
Comin' Round The Mountain
Get Your Rocks Off
Clothes Line Saga
Apple Suckling Tree (2 Takes)
All You Have To Do Is Dream
   (2 Takes)

Nashville Sunset
(aka The Dylan/Cash Session, alle Aufnahmen mit Johnny Cash)

One Too Many Mornings
Good Ol' Mountain Dew
I Still Miss Someone
Careless Love
Matchbox
That's All Right Mama
Big River

I Walk The Line
You Are My Sunshine
Ring Of Fire
Guess Things Happen That Way
Just A Closer Walk With Thee
»T« For Texas

More Infidels
(aka Rough Cuts, aka Outfidels)

Blind Willie McTell   You're A Big Girl Now
Ain't No Goin' Back   Heart Of Mine
I Wanna Be Your Lover   I Love You Still
If You Gotta Go, Go Now   Nearer To The Fire
Mighty Quinn   Romance In Durango

Kleiner Auszug weiterer Bootlegs mit diversen Titeln, zusammengestellt
aus unterschiedlichen künstlerischen Phasen

A Taste Of The Special Stash
Aspects Of Bob Dylan On Tour
At Home
Bridgett's Album
Burn Some More
Daddy Rolling Stone
Don't Look Back
Emotions
Forty Red, White And Blue Shoestrings
Help!
Joaquin Antique
Passed Over
The Great White Wonder – A Thousand Miles Behind

Masked & Anonymous – Bob Dylan und der Film

Zu den Mechanismen des Rockbusiness gehört schon seit den späteren
Fünfzigerjahren der Einsatz des Films als zusätzliches Medium. Bob Dylan macht hier keine Ausnahme, doch gelingt es ihm meist, sich von allzu
vordergründigen Projekten fernzuhalten und auch in der Filmbranche seinen recht unabhängigen Status zu bewahren. Der Großteil der Filme mit
und um ihn sind entsprechend auch Konzertfilme oder Tournee-Doku-
mentationen. Die folgende Auflistung gibt einen kursorischen Überblick
über wesentliche Konzertmitschnitte und Filmprojekte, in denen Dylan
eine exponierte Funktion innehat. Keine Berücksichtigung finden margi-
nale Kurzauftritte sowie jene zahlreichen TV-Auftritte in aller Welt, die
hauptsächlich im Zusammenhang mit jeweiligen Tourneen ausgestrahlt
wurden.

Konzertmitschnitte

Live At The BBC, Teil 1
Ausgestrahlt am 19. 6. 1965

Ballad Of Hollis Brown
Mr. Tambourine Man
Gates Of Eden
If You Gotta Go, Go Now
The Lonesome Death Of Hattie Carroll
It Ain't Me, Babe

Live At The BBC 2
Ausgestrahlt am 26. 6. 1965

Love Minus Zero/No Limit
One Too Many Mornings
Boots Of Spanish Leather
It's Alright, Ma (I'm Only Bleeding)
She Belongs To Me
It's All Over Now, Baby Blue

Die Aufnahmen zu beiden Sendungen finden am 1. Juni 1965 im kleinen
Konzertsaal der BBC-Studios statt.

Festival
USA, 1967, 87 Min; R: Murray Lerner

All I Really Want To Do (1964 nur Fragment, 1965)
Mr. Tambourine Man (1965)
Maggie's Farm (1965)

Die Musikdokumentation behandelt die Newport Folk Festivals von 1963
bis 1966, neben Dylan treten unter anderen auch Joan Baez, Paul Butterfield, Judy Collins und Donovan auf. Der Film wird 1967 für den Oscar
in der Rubrik »Dokumentarfilm« nominiert.

Concert For Bangla Desh
USA, 1972, 95 Min; R: Saul Swimmer

A Hard Rain's A-Gonna Fall
It Takes A Lot To Laugh, It Takes A Train To Cry
Blowin' In The Wind
Just Like A Woman

Der im Kino recht erfolgreiche Mitschnitt der beiden Benefiz-Konzerte am 1. August 1971 im New Yorker Madison Square Garden versammelt Titel von Ravi Shankar, George Harrison, Eric Clapton, Ringo Starr, Leon Russell, Billy Preston und anderen.

Hard Rain

A Hard Rain's A-Gonna Fall
Blowin' In The Wind
Railroad Boy
Deportees (Plane Wreck At Los Gatos)
I Pity The Poor Immigrant
Shelter From The Storm
Maggie's Farm
One Too Many Mornings
Mozambique
Idiot Wind

Anlässlich eines Remakes der erfolgreichen Rolling Thunder Revue im Spätherbst 1975 wird am 23. Mai 1976 in Fort Collins, Colorado, ein komplettes Konzert Dylans mitgeschnitten. Ein knapp einstündiger Auszug wird am 10. September beim TV-Sender NBC unter dem Titel ›Hard Rain‹ ausgestrahlt, am selben Tag erscheint das gleichnamige, inhaltlich aber abweichende Livealbum (siehe Seite 267).

The Last Waltz
USA, 1978, 120 Min; R: Martin Scorsese

Forever Young
Baby Let Me Follow You Down
I Shall Be Released

Der Mitschnitt des Abschiedskonzerts von The Band gilt als einer der besten Musikfilme aller Zeiten. Scorseses Kombination aus Konzertausschnitten und Interviews mit Mitgliedern der Band ergibt ein authentisches Bild der Rockmusik in den sechziger und siebziger Jahren. Mitwirkende unter anderen Eric Clapton, Muddy Waters, Neil Young, Van Morrison, Joni Mitchell, Neil Diamond und Ringo Starr.

We Are The World – Video-Event
USA, 1985, 52 Min
USA, 2004, Neuausgabe auf 2 DVD, 258 Min

Der Film zeigt das spektakuläre Benefiz-Video »We Are The World«, aufgenommen am 28. Januar 1985 von der Crème der amerikanischen Rockmusik (mit Quincy Jones, Ray Charles, Stevie Wonder, Michael Jackson,
Lionel Ritchie, Bruce Springsteen, Tina Turner, Kenny Rogers, Diana Ross,
Paul Simon, Al Jarreau und vielen anderen), sowie das »Making of …« des
Videos. »We Are The World« war der US-Beitrag zum »Live Aid«-Projekt.
Die Neuedition auf Doppel-DVD enthält fast dreieinhalb Stunden Bonus-
material, darunter in einem eigenen Kapitel einen ausführlichen Mitschnitt der Aufzeichnung von Dylans Gesangspart.

Live Aid

Die weltweite Ausstrahlung der Kombination zweier Konzerte am 13. Juli 1985 – im Londoner Wembley Stadion und im J.F.K. Stadion in Philadelphia – gilt als das größte TV-Spektakel aller Zeiten. Die Benefiz-Veran-
staltung anlässlich einer verheerenden Hungerkatastrophe in Afrika im
Jahr 1984 wurde initiiert von Bob Geldof und spülte zig Millionen Dollar
in die Kassen zahlreicher Hilfsorganisationen. Eine rund zehnstündige
Dokumentation der Konzerte ist mittlerweile auch als 4-DVD-Set erhältlich. Der Auftritt Dylans (siehe auch Seite 218) beinhaltet:

Blowin' In The Wind
We Are The World

Hard To Handle. Bob Dylan mit Tom Petty And The Heartbreakers
USA, 1986, 56 Min; R: Gillian Armstrong

In The Garden
Just Like A Woman
Like A Rolling Stone
It's Alright, Ma (I'm Only Bleeding)
Girl From The North Country
Lenny Bruce
When The Night Comes Falling From The Sky
Ballad Of A Thin Man
I'll Remember You
Knockin' On Heaven's Door

Die Aufnahmen zeigen Ausschnitte der Konzerte am 24. und 25. Februar
1986 im Entertainment Centre in Sydney. Der Mitschnitt wurde
zunächst im amerikanischen TV-Sender HBO am 20. Juni 1986 ausgestrahlt, danach lief der Streifen kurz in den Kinos, bevor er als Video bzw.
als DVD verkauft wurde. Ein ursprünglich geplantes paralleles Livealbum
wurde nie offiziell publiziert.

Bob Dylan 30th Annivarsary Concert Celebration

Song To Woody
It's Alright, Ma (I'm Only Bleeding)
My Back Pages
Knockin' On Heaven's Door

Am 16. Oktober 1992 fand unter der Federführung von Columbia die so
genannte »Bob Dylan 30th Annivarsary Concert Celebration« statt. Mitwirkende waren unter anderem Stevie Wonder, George Harrison, Jeff
Lynn und Eric Clapton, der mehr als dreistündige Filmmitschnitt wurde
weltweit auf zahlreichen TV-Kanälen ausgestrahlt.

MTV Unplugged: Bob Dylan
USA, 1995, 82 Min

Tombstone Blues
Shooting Star
All Along The Watchtower
The Times They Are A-Changin'
John Brown
Desolation Row
Rainy Day Woman # 12 & 35
Love Minus Zero/No Limit
Dignity
Knockin' On Heaven's Door
Like A Rolling Stone
With God On Our Side

Filmmitschnitt der Unplugged-Sessions vom 17. und 18. November
1994; siehe hierzu Seite 272. Die erste Ausstrahlung fand am 14. Dezember 1994 auf MTV statt, bis heute gibt es stetig Wiederholungen.

Dokumentationen über Bob Dylan

Don't Look Back
USA, 1967, 95 Min; R: D. A. Pennebaker

Subterranean Homesick Blues
She Belongs To Me
All I Really Want To Do
Only A Pawn In Their Game
The Times They Are A-Changin'
To Ramona
The Lonesome Death Of Hattie Carroll

Don't Think Twice, It's All Right
It's All Over Now, Baby Blue
Talkin' World War III Blues
It's Alright, Ma (I'm Only Bleeding)
Gates Of Eden
Love Minus Zero/No Limit
It Ain't Me, Babe

Die abendfüllende Kinodokumentation zeigt Dylan bei seiner England-Tournee 1965. Es ist eine künstlerisch ambitionierte Collage aus Bühnenauftritten, Backstage-Szenen, Interviews und Begegnungen mit Szenegängern und anderen Künstlern.

Eat The Document
USA, 1971, 52 Min; R: D. A. Pennebaker

Tell Me Momma
Like A Rolling Stone
I Don't Believe You
Ballad Of A Thin Man
Just Like Tom Thumb's Blues
Baby Let Me Follow You Down
Mr. Tambourine Man
One Too Many Mornings

Fortführung des Konzepts von ›Don't Look Back‹ bei Dylans England-Tournee 1966, nur wenige Tage nach Erscheinen wieder zurückgezogen.

Bob Dylan: World Tour 1966 – The Home Movies
USA, 2002, 91 Min; R: Mickey Jones, Joel Gilbert

Im Wesentlichen zweitklassiges Backstage-Material von Dylans Tour 1966, gefilmt von Dylans Drummer Mickey Jones. Die Aufnahmen galten lange Zeit als verschollen, sind heute aber in einer DVD-Edition offiziell erhältlich.

Bob Dylan: No Direction Home
USA, 2005, 204 Min; R: Martin Scorsese

Sehenswerte Dokumentation über Dylans Jahre 1956 bis 1966. Weggefährten Dylans wie Bruce Langhorne, Suze Rotolo, Dave Van Ronk, Allen Ginsberg, Al Kooper, Bob Johnston, Bobby Neuwirth oder Pete Seeger kommen ebenso zu Wort wie Dylan selbst in seltener Ausführlichkeit und Mitteilungsbereitschaft. Dazu viele selten zu sehende Konzertmitschnitte von Dylan, Odetta, Woody Guthrie und vielen anderen. Auch die Newport-Festivals 1964 und 1965 sind ausführlich dokumentiert.

Like A Rolling Stone   Just Like Tom Thumb's Blues
Mr. Tambourine Man   When The Ship Comes In
Leopard-Skin Pillbox Hat   Chimes Of Freedom

Desolation Row	Mr. Tambourine Man
Man Of Constant Sorrow	It's Alright, Ma (I'm Only Bleeding)
Baby Let Me Follow You Down	Gates Of Eden
A Hard Rain's A-Gonna Fall	Subterranean Homesick Blues
Ballad Of A Thin Man	Love Minus Zero / No Limit
Only A Pawn In Their Game	Maggie's Farm
With God On Our Side	It's All Over Now, Baby Blue
Talking World War III Blues	Tell Me Momma
Blowin' In The Wind	Visions Of Johanna
All I Really Want To Do	Like A Rolling Stone

Auch in Dokumentationen über andere Künstler ist Dylan zuweilen eine gefragte Persönlichkeit. Die folgende Tabelle listet eine gute Hand voll filmischer Musikerportraits auf, in denen Dylan ausführlich zu Wort kommt.

Titel	Film-Info	Kurz-Kommentar
Scruggs	USA, 1970, 87 Min	Dokumentation über den Beat-Musiker Earl Scruggs
The Other Side Of Nashville	USA, 1984, 118 Min; R: Etienne Mirlesse	u.a. mit Johnny Cash, Kris Kristofferson, Willie Nelson
Woody Guthrie: Hard Travelin'	USA, 1984, 74 Min; R: Jim Brown	Filmclips von Guthrie, dazwischen Covers und Kommentare u.a. von Arlo Guthrie, Pete Seeger, Judy Collins
Sun City – Artists United Against Apartheid	USA, 1985, 45 Min; Warner Home Video	u. a. mit Steve Van Zandt, Bruce Springsteen, Pete Townshend, Bono
A Vision Shared: A Tribute To Woody Guthrie And Leadbelly	USA, 1988, 70 Min; R: Robbie Robertson	Dokumentation, u. a. mit John Mellencamp, Willie Nelson, Bruce Springsteen, U2
The Story Of The Clancy Brothers & Tommy Makem	USA, 1991, 60 Min	Ausführlicher Interviewbeitrag

Spielfilme

Dylans Tätigkeit im Spielfilm-Bereich beschränkt sich naturgemäß hauptsächlich auf die Filmmusik. Die folgende Tabelle gibt einen Überblick über Filme, in deren Soundtracks Dylans Musik eine nennenswerte Rolle spielt.

Titel	Film-Info	Dylans Beitrag
Easy Rider	USA, 1969, 94 Min; R: Dennis Hopper; D: Dennis Hopper, Peter Fonda, Jugendszene	einzelne Songs
Little Fauss And Big Halsy	USA, 1970, 99 Min; R: Sidney J. Furie; D: Robert Redford, Michael Pollard, Jugendszene	Filmmusik (zusammen mit Johnny Cash und Carl Perkins)
Jud, The Savage Soldier	USA, 1971, 80 Min; R: Gunther Collins; D: Joseph Kaufmann; Vietnam-Drama	einzelne Songs
Parole	USA, 1982, 100 Min; R: Michael Tuchner; D: Ellen Barkin; Sozialstudie	Filmmusik (zusammen mit Sting und George Fenton)
Band Of The Hand	USA, 1986, 109 Min; R: Paul Michael Glaser; D: Stephen Lang, Laura Holly, Drogenthriller	einzelne Songs
Five Corners	Großbritannien, 1987, 92 Min; R: Tony Bill; D: Jodie Foster, Tim Robbins, Sozialstudie	einzelne Songs
Hamburger Hill	USA, 1987, 104 Min; R: John Irvin; D: Anthony Barrile, Michael Boatman; Vietnam-Drama	einzelne Songs
Withnail & I	Großbritannien, 1987, 105 Min; R: Bruce Robinson; D: Richard E. Grant, Medien-Comedy	einzelne Songs
High Stakes	USA, 1989, 102 Min; R: Amos Kollek; D: Sally Kirkland, Robert LuPone, Beziehungsdrama	Filmmusik (zusammen mit Mira J. Spektor)

The Freshman	USA, 1990, 102 Min; R: Andrew Bergman; D: Bruno Kirby, Marlon Brando, Medien	einzelne Songs
Flashback	USA, 1990, 110 Min; R: Franco Amurri; D: Kiefer Sutherland, Dennis Hopper, Beziehungs-komödie	einzelne Songs
Bird On A Wire	USA, 1990, 110 Min; R: John Badham; D: Mel Gibson, David Carradine, Drogenthriller	einzelne Songs
Wonder Boys	USA, 2000, 112 Min; R: Curtis Hanson; D: Michael Douglas, Frances McDormand, Beziehungskomödie	Titelsong »Things Have Changed« (Song erhält den Oscar für den besten Filmsong des Jahres)
North Country	USA, 2005, 126 Min; R: Niki Caro; D: Charlize Theron, Frances McDormand; Sozialdrama	einzelne Songs, darunter neu »Tell Ol' Bill«

Daneben tritt Dylan bei einigen wenigen Filmen auch als maßgeblicher Akteur in Erscheinung:

Pat Garrett And Billy The Kid
USA, 1973, 106 Min; R: Sam Peckinpah
D: Kris Kristofferson, James Coburn, Bob Dylan

Der Film erzählt die Geschichte eines Verrats: Der Outlaw Billy The Kid (Kris Kristofferson) ist das Symbol der alten wilden Freiheit des Westens, sein Freund, der Sheriff Pat Garrett (James Coburn) geht der Moderne zuliebe einen faustischen Pakt ein, der ihn letztlich zwingt, Billy zu erschießen. Bob Dylan spielt die Rolle des mysteriösen, meist schweigenden Alias, der sich zwar auf die Seite Billy The Kids schlägt, diesen aber doch nicht vor einer Verschwörung warnt.

Auch der Soundtrack des Films stammt ausschließlich von Bob Dylan. Die Einspielungen dazu entstehen parallel zu den Filmaufnahmen am 20. Januar sowie im Laufe des Februars 1973 (genaue Sessiondaten sind nicht erhältlich) im CBS Disco Studio in Mexico City (20.1.) sowie im kalifornischen Burbank Studio. Der Soundtrack erscheint am 13. Juli 1973 als Album ›Pat Garrett & Billy The Kid‹ mit den Titeln:

Billy 1	Working For The Law (Instrumental)
Billy 4	Bunkhouse Theme (Instrumental)
Billy 7	River Theme (Instrumental)
Knockin' On Heaven's Door	Turkey Chase (Instrumental)
Billy (Main Title) (Instrumental)	Final Theme (Instrumental)

Unveröffentlicht sind bis heute die Outtakes:

Goodbye Holly	Billy Surrenders (Instrumental)
Sweet Amarillo	And He's Killed Me Too
Rock Me Mama	(Instrumental)
The Crippled Cow	Pecos Blues (Instrumental)
Turkey (Instrumental)	Ride Billy Ride (Instrumental)

Hearts Of Fire
USA, 1987, 90 Min; R: Richard Marquand
D: Bob Dylan, Rupert Everett, Fiona, Julian Glover, Ian Dury, Richie Havens

In dem Musik-Drama nimmt Dylan in der Rolle des alternden Rockstars Billy Parker die junge Musikerin Molly McGuire (Fiona) unter seine Fittiche. Er begleitet sie auf ihrer England-Tournee, damit sie von seiner Erfahrung profitieren kann. Zu tiefen Spannungen kommt es, als der Manager James Colt (Rupert Everett) Molly »entdeckt« und sie dem Einfluss Parkers entzieht. Dieser kehrt verbittert zurück in die Staaten auf seine Hühnerfarm, während Molly große Karriere macht. Zur Versöhnung kommt es, als Molly zurück in den USA zusammen mit Parker auf Tour geht. Dylans Songs im Film, alle eingespielt am 28. und 29. August 1986 in den Londoner Townhouse Studios:

The Unusual
Had A Dream About You, Baby
Night After Night
A Couple More Years

Masked And Anonymous
USA, 2003, 112 Min; R: Larry Charles
D: Bob Dylan, John Goodman, Jessica Lange, Jeff Bridges

Der Film ist eine Satire auf die immer absurder werdenden Auswüchse des Rockbusiness. Der skrupellose Konzertmanager Uncle Sweetheart (John Goodman) plant, mit einem fingierten Benefizkonzert zugunsten eines nie so ganz genau erwähnten Zwecks den großen Reibach zu machen. Dazu tut er sich mit der TV-Produzentin Nina Veronica (Jessica Lange) zusammen, die ihm die Türen zu allen Massenmedien öffnet. Als

Künstler wird Jack Fate (Bob Dylan) engagiert, ein in die Jahre gekomme-ner legendärer Songwriter, der eine Strafe im Gefängnis verbüßt. Das ganze Vorhaben scheitert schließlich an dem rührigen Journalisten Tom Friend, gespielt von Jeff Bridges. Der Filmplot ist relativ vordergründig und nichts sagend, aber er gibt Dylan die Möglichkeit zu einem ausführ-lichen Auftritt mit seiner neuen Band, bestehend aus Larry Campbell (g, voc), Tony Garnier (b), George Recile (dr) und Charlie Sexton (g, voc). Die Konzertsequenz wurde am 18. Juli 2002 als Direktmitschnitt im Ca-noga Park, California, in den Ray-Art Studios, Stage 6, aufgenommen. Dabei wurden folgende Songs eingespielt:

Down In The Flood [1]	Watching The River Flow
Amazing Grace	Cold Irons Bound [1]
Diamond Joe [1]	Dirt Road Blues
Dixie [1]	Standing In The Doorway
I'll Remember You	If You See Her, Say Hello
Drifter's Escape	

[1] Enthalten auf dem Soundtrack-Album ›Masked And Anonymous‹-Sound-track (erschienen am 21. Juli 2003).

In zwei weiteren Filmen mimt Dylan bei nur kurzen Auftritten einen Künstler: in dem Thriller ›Backtrack‹ (USA, 1991, 102 Min; R: Dennis Hopper; D: Jodie Foster, Dennis Hopper, Vincent Price) sowie in dem Beziehungsdrama ›Blinded By The Light‹ (USA, 1982, 90 Min; R: John A. Alonzo; D: Kristy McNichol, Anne Jackson). Ebenfalls nur kurze Gast-auftritte hat Dylan in der experimentellen Filmcollage ›Cathode Ray Theatre‹ (USA, 1974, 30 Min) von Tom DeWitt sowie in ›Grandeure et Décadence D'Un Petit Commerce De Cinema‹ (Frankreich, 1986, 52 Min; R: Jean-Luc Godard; D: Jean-Pierre Léaud, Maria Valera) – ein sati-rischer Experimentalfilm über das Showgeschäft.

Renaldo & Clara
USA, 1978, 232 Min; R: Bob Dylan
D: Bob & Sara Dylan, Ronnie Hawkins, Ronee Blakely

Dieses Experimentalfilm-Epos ist Dylans cineastische Visitenkarte. Die Aufnahmen dazu entstehen im Spätherbst 1975 während der Rolling Thunder Revue, deren ungebändigte Kreativität und Spielfreude sich auch auf den Film überträgt. Im Laufe der Jahre 1976 und vor allem 1977 arbeitet Dylan zusammen mit Howard Ark an dem über hundert-stündigen Filmmaterial. Schließlich schneiden die beiden das Ganze auf einen knapp vierstündigen Experimentalfilm zusammen, der nach der Uraufführung am 25. Januar 1978 im Fernsehen und auch in einigen

Filmkunsttheatern gezeigt wird. Hauptakteure des Film sind Dylan (Renaldo), Sara Dylan (Clara), Ronnie Hawkins (Mr. Dylan) und Ronee Blakely (Mrs. Dylan), dazu kommt der gesamte Stab der Rolling Thunder Revue mit Joan Baez, Roger McGuinn, Scarlet Rivera, Allen Ginsberg, Rubin Carter und vielen anderen. Der Film ist sehr frei, ungestüm und ungewöhnlich, Dylan gelingt eine stimmige filmische Umsetzung seiner oft stark verschachtelten Bilderwelten. Allen Ginsberg beschreibt den Film so: »Das Ganze ist sehr interessant aufgebaut, man müsste es wie ›Finnegan's Wake‹ oder einen Cézanne studieren, um die Struktur, die Komposition des Film zu erkennen, der wie ein Wandteppich zusammengesetzt ist. Da sind fünfzehn oder zwanzig Leitgedanken, die Dylan beim Drehen im Kopf hat: Gott, Rock'n'Roll, Kunst, Frauen, Ehe, Dichtung, Sex, Bob Dylan, Tod, Liebe und so weiter. Dies alles ist miteinander verflochten, wie in einer Komposition. Der Film erzählt keine Geschichte, sondern ist eine Komposition aus diesen Themen.«

Das Publikum kann, zumindest in der breiten Masse, diesen Gedankenbildern Dylans nicht folgen, zu sehr widerspricht der Film jeglicher Erwartung an ein cineastisches Ereignis. Entsprechend fällt ›Renaldo & Clara‹ in der Kritik und bei den Fans völlig durch und ist alles andere als ein kommerzieller Erfolg. Doch, auch wenn man sich nicht auf das intellektuelle Labyrinth Dylans einlassen will, bietet der Film gelungene Konzertaufnahmen der Rolling Thunder Revue mit den Songs:

When I Paint My Masterpiece	Romance In Durango
Kaw Liga	One Too Many Mornings
Isis	She Belongs To Me
A Hard Rain's A-Gonna Fall	House Of The Rising Sun
People Get Ready	One More Cup Of Coffee (Valley
I Want You	Below)
What Will You Do When Jesus Comes	Sara
Little Moses	The Water Is Wide
It Ain't Me, Babe	Patty's Gone To Laredo
Knockin' On Heaven's Door	Never Let Me Go
Hurricane	Sad Eyed Lady Of The Lowlands
It Takes A Lot To Laugh, It Takes A Train	Tangled Up In Blue
To Cry	Just Like A Woman
If You See Her, Say Hello	

Es wurde bereits erwähnt: Im Jahr 2006 ist mit Dylans Zustimmung das Filmprojekt ›I'm Not There‹ geplant, eine kollagenartige Verfilmung seines Lebens. Regie wird Todd Haynes führen, bekannt durch sein bizarres Biopic ›The Karen Carpenter Story‹. Sieben Schauspieler repräsentieren sieben Abschnitte und Aspekte in Dylans Leben, im Gespräch sind derzeit unter anderem Cate Blanchett, Adrien Brody, Colin Farrell, Charlotte Gainsbourg, Richard Gere und Julianne Moore.

Diverse offiziell veröffentlichte Liveaufnahmen

A Hard Rain's A-Gonna Fall	26. 10. 1963, Carnegie Hall, NY	Bootleg Series 7
A Hard Rain's A-Gonna Fall	1. 8. 1971, Madison Square Garden, NY	George Harrison, Concert For Bangla Desh
Baby Let Me Follow You Down	25. 11. 1976, Winterland Palace, San Francisco	The Band, Last Waltz
Baby Let Me Follow You Down (Reprise)	25. 11. 1976, Winterland Palace, San Francisco	The Band, Last Waltz (Deluxe Box Edition)
Ballad Of A Thin Man	20. 5. 1966, ABC Theatre, Edinburgh	Bootleg Series 7
Blind Willie McTell	17. 8. 1997, Jones Beach Theater, Wantagh	Single »Love Sick«
Blowin' In The Wind	16. 3. 2000, Civic Auditorium, Santa Cruz	Bonus CD Best Of Bob Dylan Vol 2
Blowin' In The Wind	12. 4. 1963, Town Hall, NY	Bootleg Series 7
Blowin' In The Wind	2. 7. 1962, Finjan Club, Montreal	CD-ROM Highway 61 Interactive
Blowin' In The Wind	1. 8. 1971, Madison Square Garden, NY	George Harrison, Concert For Bangla Desh
Blowin' In The Wind	13. 7. 1985, JFK Stadium, Philadelphia	DVD Live Aid
Born In Time	1. 2. 1998, Prudential Hall, Newark, New Jersey	Bob Dylan, Live 1961–2000
Can't Wait	20. 12. 1997, El Rey Theater, Los Angeles	Single »Love Sick«
Chimes Of Freedom	26. 7. 1964, Newport Folk Festival, Rhode Island	Bootleg Series 7
Cocaine	16. 12. 1997, El Rey Theater, Los Angeles	Single »Love Sick«
Cold Irons Bound	16. 12. 1997, El Rey Theater, Los Angeles	Single »Love Sick«
Country Pie	24. 9. 2000, Portsmouth Guildhall, Portsmouth	Bob Dylan, Live 1961–2000

Dead Man, Dead Man	10. 11. 1981, Saenger Performing Arts Center, New Orleans	Bob Dylan, Live 1961–2000
Dear Mrs. Roosevelt	20. 1. 1968, Carnegie Hall, NY	Various Artists, Tribute To Woody Guthrie
Forever Young	25. 11. 1976, Winterland Palace, San Francisco	The Band, Last Waltz
Girl From The North Country	16. 10. 1992, Madison Square Garden, NY	Bob Dylan, The 30th Anniversary Concert
Grand Coulee Dam	20. 1. 1968, Carnegie Hall, NY	Various Artists, Tribute To Woody Guthrie
Handsome Molly	Oktober 1962, Gaslight Club, NY	Bob Dylan, Live 1961–2000
Hazel	25. 11. 1976, Winterland Palace, San Francisco	The Band, Last Waltz (Deluxe Box Edition)
Heart Of Mine	10. 11. 1981, Saenger Performing Arts Center, New Orleans	Bob Dylan, Biograph
Highlands	16. 3. 2000, Civic Auditorium, Santa Cruz	Bonus CD Best Of Bob Dylan Vol 2
I Ain't Got No Home	20. 1. 1968, Carnegie Hall, NY	Various Artists, Tribute To Woody Guthrie
I Don't Believe You	25. 11. 1976, Winterland Palace, San Francisco	The Band, Last Waltz
I Don't Believe You	6. 5. 1966, ABC Theatre, Belfast	Bob Dylan, Biograph
I Shall Be Released	25. 11. 1976, Winterland Palace, San Francisco	The Band, Last Waltz
It Ain't Me, Baby	10. 5. 1965, London	DVD Don't Look Back Bonus Audio Tracks
It Takes A lot To Laugh, It Takes A Train To Cry	1. 8. 1971, Madison Square Garden, NY	George Harrison, Concert For Bangla Desh
It's All Over Now, Baby Blue	10. 5. 1965, London	DVD Don't Look Back Bonus Audio Tracks
It's Alright, Ma (I'm Only Bleeding)	16. 10. 1992, Madison Square Garden, NY	Bob Dylan, The 30th Anniversary Concert
Just Like A Woman	1. 8. 1971, Madison Square Garden, NY	George Harrison, Conc. For Bangla Desh
Knockin' On Heaven's Door	16. 10. 1992, Madison Square Garden, NY	Bob Dylan, The 30th Anniversary Concert

Last Thoughts On Woody Guthrie	12. 4. 1963, Town Hall, NY	Bootleg Series 1
Like A Rolling Stone	31. 8. 1969, Live-Mitschnitt vom Isle Of Wight Popfestival	Bob Dylan, Selfportrait
Love Minus Zero/No Limit	1. 8. 1971, Madison Square Garden, NY	George Harrison, Concert For Bangla Desh, DVD-Edition
Love Minus Zero/No Limit	30. 4. 1965, Sheffield	Don't Look Back Bonus
Maggie's Farm	25. 7. 1965, Newport Folk Festival, Rhode Island	Bootleg Series 7
Make You Feel My Love	21. 5. 1998, Pauley Pavillon, Los Angeles	Single »Things Have Changed«
Masters Of War	12. 4. 1963, Town Hall, NY	Bootleg Series 7
Million Miles	19. 2. 1999, Broome County Arena, Binghampton	Single »Million Miles« Live
Minstrel Boy	31. 8. 1969, Live-Mitschnitt vom Isle Of Wight Popfestival	Bob Dylan, Selfportrait
Mr. Tambourine Man	1. 8. 1971, Madison Square Garden, NY	George Harrison, Concert For Bangla Desh
My Back Pages	16. 10. 1992, Madison Square Garden, NY	Bob Dylan, The 30th Anniversary Concert
No More Auction Block	Oktober 1962, Gaslight Club, NY	Bootleg Series 1
One Too Many Mornings	16. 11. 1993, Supper Club, NY	CD-ROM Highway 61 Interactive
Queen Jane Approximately	17. 11. 1993, Supper Club, NY	CD-ROM Highway 61 Interactive
Romance in Durango	4. 12. 1975, The Forum, Montreal	Bob Dylan, Biograph
Roving Gambler	17. 12. 1997, El Rey Theater, Los Angeles	Single »Love Sick«
Seven Days	21. 4. 1976, Curtis Hixon Center, Tampa	Bootleg Series 3
She Belongs To Me	31. 8. 1969, Live-Mitschnitt vom Isle Of Wight Popfestival	Bob Dylan, Selfportrait

Shelter From The Storm	23. 5. 1976, Colorado State University, Fort Collins	Bob Dylan, Live 1961–2000
Somebody Touches Me	24. 9. 2000, Portsmouth Guildhall, Portsmouth	Bob Dylan, Live 1961–2000
Song To Woody	16. 10. 1992, Madison Square Garden, NY	Bob Dylan, The 30th Anniversary Concert
Talkin' John Birch Blues	26. 10. 1963, Carnegie Hall, NY	Bootleg Series 1
The Lonesome Death Of Hattie Carroll	10. 5. 1965, London	DVD Don't Look Back Bonus Audio Tracks
The Mighty Quinn (Quinn The Eskimo)	31. 8. 1969, Live-Mitschnitt vom Isle Of Wight Popfestival	Bob Dylan, Selfportrait
Things Have Changed	25. 9. 2000, Portsmouth Guildhall, Portsmouth	Bob Dylan, Live 1961–2000
This Land Is Your Land	4. 11. 1961, Carnegie Chapter Hall, NY	Bootleg Series 7
This Land Is Your Land	20. 1. 1968, Carnegie Hall, NY	Various Artists, Tribute To Woody Guthrie
This Train Is Bound For Glory	20. 1. 1968, Carnegie Hall, NY	Various Artists, Tribute To Woody Guthrie
To Ramona	10. 5. 1965, Royal Albert Hall, London	Bob Dylan, Live 1961–2000
Tomorrow Is A Long Time	12. 4. 1963, Town Hall, NY	Bob Dylan, Greatest Hits Vol. 2
Visions Of Johanna	26. 5. 1966, Royal Albert Hall, London	Bob Dylan, Biograph
When The Ship Comes In	26. 10. 1963, Carnegie Hall, NY	Bootleg Series 7

Literatur

Von Bob Dylan

Dylan, Bob: Tarantula. Macmillan Publ., New York 1971 (zweisprachige
    Ausgabe amerikanisch-deutsch: Tarantel. Übertragung aus dem
    Amerikanischen von Carl Weissner. Zweitausendeins Verlag,
    Frankfurt a. M. 1976)
Dylan, Bob: Lyrics – Songtexte 1962–1985. Zweisprachige Ausgabe.
    Übertragung aus dem Amerikanischen von Carl Weissner und Walter
    Hartmann. Zweitausendeins Verlag, Frankfurt a. M. 1989
Dylan, Bob: Lyrics 1962–2001 – Sämtliche Songtexte. Zweisprachige
    Ausgabe. Übertragung von Gisbert Haefs, Hoffmann und Campe,
    Hamburg 2004
Dylan, Bob: Chronicles, Volume One. Simon & Schuster, New York
    2004 (dt.: Chronicles Volume One. Aus dem Amerikanischen von
    Kathrin Passig und Gerhard Henschel. Hoffmann und Campe,
    Hamburg 2004)
Dylan, Bob: The Bob Dylan Scrapbook 1956–1966 – An American
    Journey. Simon & Schuster, New York 2005

Spezielle Literatur zu Dylan

Blumenstein, Gottfried: Mr. Tambourine Man – Leben und Musik von
    Bob Dylan. Henschel Verlag, Berlin 1995
Cable, Paul: Bob Dylan – His Unreleased Recordings. Scorpion Publ.,
    London 1978
Charpentier, Renaldo (Hg.): Bob Dylan – Drei Interviews 1977/78.
    Privatdruck, Hamburg 1978
Dundas, Glen: Tangled – A Recording History Of Bob Dylan. SMA
    Services, Thunder Bay, Ontario 2004
Faulstich, Werner: Von Rock'n'Roll bis Bob Dylan. Tübinger Vorlesungen
    zur Rockgeschichte. Rockpaed, Gelsenkirchen 1983
Gill, Andy: My Back Pages – Classic Dylan 1962–1969. Carlton Books
    bei Edition Olms, Zürich 1998
Graf, Christof: Bob Dylan – Man On The Road. The Never Ending Tour
    1988–1999. Zweisprachige Ausgabe. Editions Phi, Echternach 1999
Gray, Michael: Song And Dance Man III – The Art Of Bob Dylan.
    Continuum, London, New York 2000
Hetman, Frederik: Bob Dylan – Bericht über einen Songpoeten.
    Rowohlt, Reinbek 1976
Heylin, Clinton: Bob Dylan – A Life In Stolen Moments Day By Day:
    1941–1995, Schirmer Books, New York 1996

Heylin, Clinton: Bob Dylan – Behind the Shades Revisited.
HarperCollins, New York 2001

Heylin, Clinton: Bob Dylan – The Recording Sessions 1960–1994.
St. Martin's Press, New York 1995

Krogsgaard, Michael: Twenty Years Of Recording – The Bob Dylan
Reference Book. Scandinavian Institute For Rock Research,
Copenhagen 1981

Marcus, Greil: Invisible Republic – Bob Dylan's Basement Tapes. Henry
Holt, New York 1997 (dt: Basement Blues – Bob Dylan und das alte,
unheimliche Amerika. Aus dem Amerikanischen von Fritz Schneider.
Rogner & Bernhard, Hamburg 1998)

Marcus, Greil: Like A Rolling Stone – Bob Dylan at the Crossroads.
PublicAffairs, New York 2005 (dt: Bob Dylans Like A Rolling Stone –
Die Biografie eines Songs. Aus dem Amerikanischen von
Fritz Schneider. Kiepenheuer & Witsch, Köln 2005)

Scaduto, Anthony: Dylan – An Intimate Biography. Grosset & Dunlap,
New York 1973 (dt: Bob Dylan – Die Biografie. Aus dem
Amerikanischen von Carl Weissner. Zweitausendeins Verlag,
Frankfurt a. M. 1976)

Shelton, Robert: No Direction Home – The Life And Music Of Bob
Dylan. Da Capo Press, New York 1997

Shepard, Sam: The Rolling Thunder Logbook. Penguin Books, New York
1978; Neuausgabe, Vorwort von T-Bone Burnett, Da Capo Press, New
York (dt: Rolling Thunder – Unterwegs mit Bob Dylan. Aus dem
Amerikanischen von Uda Strätling. Fischer Verlag, Frankfurt a. M.
2005)

Sounes, Howard: Down The Highway – The Life Of Bob Dylan.
Doubleday, London 2001

Stein, Georg: Bob Dylan – Temples In Flame. Text von Martin Schäfer.
Vorwort von Wolfgang Niedecken. Palmyra, Heidelberg 1989

Trager, Oliver: Keys To The Rain. The Definitive Bob Dylan
Encyclopedia. Billboard Books, New York 2004

Williams, Christian: Bob Dylan In His Own Words. Vorwort von Bono.
Omnibus Press, London 1993 (dt: Bob Dylan in eigenen Worten.
Aus dem Amerikanischen von Clemens Brunn. Palmyra, Heidelberg
2001)

Williams, Paul: Bob Dylan – Performing Artist. The Early Years,
1960–1973. Underwood-Miller, Lancaster/Pen., 1990 (dt: Like A
Rolling Stone – Die Musik von Bob Dylan 1960–1973. Aus dem
Amerikanischen von Kathrin Razum, Palmyra, Heidelberg 1993)

Williams, Paul: Bob Dylan – Performing Artist. The Middle Years,
1974–1986. Underwood-Miller, Lancaster/Pen., 1992 (dt: Forever
Young – Die Musik von Bob Dylan 1974–1986. Aus dem
Amerikanischen von Kathrin Razum, Palmyra, Heidelberg 1995)

Williams, Paul: Bob Dylan – Mind Out Of Time. Performing Artist
    1986–1990 & Beyond. Underwood-Miller, Lancaster/Pen., 2004
Williamson, Nigel: The Rough Guide to Bob Dylan. Penguin Books,
    London 2004.
Winkler, Willi: Bob Dylan – Ein Leben. Alexander Fest Verlag, Berlin 2001

Nachschlagewerke

Brackett, Nathan & Christian Hoard: Rolling Stone Album Guide.
    Completely Revised And Updated Fourth Edition. Simon & Schuster,
    New York 2004
Buckley, Jonathan & Mark Ellingham: The Rough Guide To Rock.
    London 1996 (dt: Rock Rough Guide. Metzler, Stuttgart 1998)
Graf, Christian: Lexikon der Singer & Songwriter – Vom Protestsong
    zum Neofolk. Lexikon Imprint Verlag, Berlin 2001
Graf, Christian: Rockmusiklexikon Amerika, Afrika, Australien. 2 Bände.
    Fischer Verlag, Frankfurt a. M. 1996
Graf, Christian: Rockmusiklexikon Europa. 2 Bände. Fischer Verlag,
    Frankfurt a. M. 1996
Graves, Barry, Siegfried Schmidt-Joos & Bernward Halbscheffel: Rock-
    Lexikon. 2 Bände. Vollständig überarbeitete und erweiterte
    Neuausgabe. Rowohlt, Reinbek 1998
Halbscheffel, Bernward & Tibor Kneif: Sachlexikon Rockmusik.
    Rowohlt, Reinbek 1992
Laufenberg, Frank & Ingrid: Laufenbergs Rock & Pop Lexikon. 2 Bände.
    Econ Taschenbuch, München 1998
Schmid, Bernhard: Rock 'n' Read – Slang und Songlines der Rockmusik.
    Rowohlt, Reinbek 2000
Schmidt-Joos, Siegfried & Wolf Kampmann: Pop-Lexikon. Rowohlt,
    Reinbek 2002
Siniveer, Kaarel: Folk Lexikon. Rowohlt, Reinbek 1981
Stambler, Irwin & Grelun Landon: Country Music. The Encyclopedia.
    St. Martin's Press, New York 2000
Stambler, Irwin & Lyndon: Folk And Blues. The Encyclopedia.
    St. Martin's Press, New York 2001
Strong, Martin C.: The Great Rock Discography. Seventh Edition.
    Canongate Books, Edinburgh 2004
Wicke, Peter, Kai-Eric & Wieland Ziegenrücker: Handbuch der
    populären Musik. Schott, Mainz 1997

Sonstige verwendete Literatur

Benzinger, Olaf: Rock-Hymnen – Das Lexikon. Bärenreiter Verlag, Kassel 2002

Bishop, Stephen: Songs In The Rough – From »Heartbreak Hotel« To »Higher Love«. St. Martin's Press, New York 1996

Crampton, Like & Dafydd Rees: Rock & Pop. Die Chronik von 1950 bis heute. In Kooperation mit der Rock And Roll Hall Of Fame And Museum, Cleveland, Ohio. Dorling Kindersley, dt. Ausgabe Starnberg 2004

Dister, Alan: The Story Of Rock – Smash Hits And Superstars. New Horizon, New York 1993

Fischer, Günther & Manfred Prescher: We Will Rock You. Lexikon berühmter Popsongs. Eichborn, Frankfurt a. M. 2003

Fornatale, Pete & Bill Ayres: All You Need Is Love … and 99 Other Life Lessons From Classic Rock Songs. Fireside Books, New York 1998

Gillett, Charlie: The Sound Of The City. Outerbridge & Dienstfrey, New York 1970 (dt: The Sound Of The City. Aus dem Amerikanischen von Teja Schwaner. Zweitausendeins Verlag, Frankfurt a. M. 1978)

Heidkamp, Konrad: It's All Over Now. Musik einer Generation – 40 Jahre Rock und Jazz. Alexander Fest Verlag, Berlin 1999

Heylin, Clinton: The Great White Wonders. A History Of Rock Bootlegs. Penguin, London 1994

Hoffmann, Raoul: zoom boom. Die elektrische Rock- und Popmusik. Deutscher Taschenbuch Verlag. München 1974

Hoffmann, Raoul: Zwischen Galaxis & Underground. Die Neue Popmusik. Deutscher Taschenbuch Verlag. München 1971

Johnston, Nick: The Melody Maker History Of 20th Century Popular Music. Bloomsbury, London 1999

Marcus, Greil: Mystery Train – Images Of America In Rock'n'Roll Music. Dutton, New York 1998 (dt. Mystery Train – Rock'n'Roll als amerikanische Kultur. Aus dem Amerikanischen von Nikolaus Hansen und Fritz Schneider. Rogner & Bernhard, Hamburg 1998)

McDonald, Ian: Revolution In The Head – The Beatles Records And The Sixties. Fourth Estate, London 1997 (dt. The Beatles – Das Song-Lexikon. Aus dem Englischen von Corinna Steinbach. Bärenreiter Verlag, Kassel 2000)

Morse, Tim: Classic Rock Stories – The Stories Behind The Greatest Songs Of All Times. St. Martin's Press, New York 1998

Palmer, Tony: All You Need Is Love. Grossman Publ., New York 1976 (dt: All You Need Is Love. Droemer, München 1977)

Steinfeld, Thomas: Riff. Tonspuren des Lebens. DuMont Buchverlag, Köln 2000

Tilgner, Wolfgang: Psalmen, Pop und Punk. Populäre Musik in den USA. Henschel, Berlin 1993

Wicke, Peter: Von Mozart zu Madonna – Eine Kulturgeschichte der Popmusik. Gustav Kiepenheuer Verlag, Leipzig 1998

Sonstiges, Zeitschriften etc.

du. Die Zeitschrift der Kultur. Sonderausgabe: Bob Dylan – Der Fremde. Mai 2001. Verlag Tamedia AG, Zürich 2001

Freewheelin'. Fanzeitschrift seit 1985, bislang über 200 Ausgaben, Bezug über www.freewheelin-on-line.info

Isis. Fanzeitschrift seit 1985, Reines Printmedium, Bezug über Isis, PO Box 1182, Bedworth, Warwickshire, CV12 0ZA

On The Tracks. Sammlung zahlreicher Titel und Besprechungen von Dylans Werken. Bezug über www.b-dylan.com

The Bridge. Fanmagazin, erscheint seit 1998 drei Mal im Jahr. Bezug über die E-Mail-Adresse the.bridge@virgin.net

Bob Dylan im Internet

www.angelfire.com/de/dylanite. Umfassende Bildergalerie, Links zu Poster-Händlern

www.bjorner.com/bob.htm. Fanseite des Schweden Olof Björner

www.bobdylan.com. Offizielle Webseite Bob Dylans

www.bobdylanroots.com. Fanseite des Deutschen Manfred Helfert, beschäftigt sich vor allem mit dem frühen Bob Dylan

www.bosboots.com. Seite des inoffiziellen »Bob Dylan Bootleg Museum«, Links zu Verkäufern und Sammlerbörsen

www.execpc.com/~billp61/dates.html. Gute Quelle für Tourdaten, Links zu Ticket-Agenturen

www.expectingrain.com. Links zu zahlreichen Artikeln über Bob Dylan

Spezialhandlung für Dylan-Raritäten und Sammlerstücke aller Art

Esprit International Limited (E.I.L.)
Esprit House,
Railway Sidings, Meopham
Kent DA13 0YS,
United Kingdom
tel: +44 (0)1474-815010 fax: +44 (0)1474-815030
http://eil.com

Songregister